道路与桥梁专业“十一五”高职高专规划教材

路基路面施工技术与案例分析

主　编　付　慧　梁世栋
副主编　韩家宝
主　审　于景臣　郭毅先

黄河水利出版社
·郑州·

内 容 提 要

本书是以高等职业教育教学改革和人才培养为出发点，面向高职高专道路与桥梁专业的教材。内容包括公路工程概况，路基工程，填方路堤施工，挖方路基施工，特殊地区的路基施工，防护、支挡工程施工，软土地基处理，路面设计，路面基层、底基层施工，沥青路面工程施工和水泥混凝土路面机械化施工等施工技术。本书全面介绍了公路工程的施工方法，并在所述施工方法后配有工程实例；详细讲解了具体施工技术及工艺步骤。

本书既可作为道路与桥梁专业、工程监理专业、工程检测专业及相关土建类专业教材，也可作为有关专业的继续教育或职业培训教材，同时可作为土建类工程技术人员的参考用书。

图书在版编目(CIP)数据

路基路面施工技术与案例分析/付慧，梁世栋主编. —郑州：黄河水利出版社，2009.7 (2017.1 重印)
ISBN 978-7-80734-670-8

Ⅰ.路… Ⅱ.①付…②梁… Ⅲ.①公路路基-工程施工-高等学校:技术学校-教材②路面-工程施工-高等学校:技术学校-教材 Ⅳ.U416

中国版本图书馆CIP数据核字(2009)第103698号

出 版 社：黄河水利出版社
地址：河南省郑州市顺河路黄委会综合楼14层　邮政编码：450003
发行单位：黄河水利出版社
发行部电话：0371-66026940、66020550、66028024、66022620(传真)
E-mail：hhslcbs@126.com
承印单位：河南承创印务有限公司
开本：787 mm×1 092 mm　1/16
印张：19.5
字数：475千字　　印数：2 101—3 000
版次：2009年7月第1版　　印次：2017年1月第2次印刷

定价：35.00元

前　言

路基路面施工技术与案例分析是道路与桥梁专业的一门主干课程。在本书编写过程中以培养面向生产和管理第一线的高素质技术人才为目标，突出职业教育的特点，以实用、实际、实效为原则，论述了道路施工中出现问题的解决方法，选取了“四新”技术运用的成果，采用了国家及行业最新的技术标准和技术规范。本书具有科学性、先进性和实用性的特点，符合高等职业教育人才培养的时代要求。

全书共分十一章：第一、二章介绍了公路工程概况和路基工程，重点阐述了公路设计的基本要求，详细介绍了土石方数量的计算和调配方法；第三、四章重点介绍了填方路堤、挖方路基的施工方法和技术要求；第五章通过工程实例，全面阐述了公路在特殊地区的路基施工；第六章介绍了公路防护、支挡工程的施工方法；第七章介绍了软土地基处理；第八章主要介绍了路面设计的程序和原则，重点阐述了沥青路面的结构和混凝土路面的板厚设计计算；第九章、第十章和第十一章全面介绍了公路路面各结构层的施工方法、施工工艺、机械设备和公路机械化施工技术。根据课程要求，为了更好地进行课堂实践教学，本书在每种施工方法后都附有针对性强的工程实例，详细讲解了具体施工技术及工艺步骤。

本书由哈尔滨铁道职业技术学院付慧、梁世栋担任主编，哈尔滨工业大学交通学院韩家宝担任副主编，哈尔滨铁道职业技术学院于景臣和中铁六局集团有限公司桥隧分公司郭毅先担任主审。具体编写情况如下：第一章由东北林业大学梁蕴峰编写，第二章、第六章、第八章和第九章由梁世栋编写，第三章由哈尔滨职业技术学院吴丽萍编写，第四章、第十章和第十一章由付慧编写，第五章由黑龙江建筑职业技术学院梁彬编写，第七章由韩家宝编写。本书在编写过程中，得到了哈尔滨铁道职业技术学院、黑龙江建筑职业技术学院、东北林业大学、中铁六局集团有限公司桥隧分公司和哈尔滨职业技术学院的同仁和有关工程部门的大力支持和帮助，在此深表感谢。

由于时间仓促，加上编者水平有限，不妥之处在所难免，恳请各位读者批评和指正。

编　者
2009 年 3 月

目　录

第一章　公路工程概况

职业能力目标与学习要求

通过对公路工程概况等内容的学习，使学生对公路工程的发展和组成、公路分级与技术标准、公路设计的基本要求有一定的了解和掌握，为今后从事施工员工作奠定良好的基础。

教学重点

1. 公路分级与技术标准；
2. 公路设计的基本要求。

第一节　公路发展概况及其主要组成部分

一、公路运输的特点

交通运输是国民经济的动脉，是国家经济发展的基础产业之一。随着交通运输的发展和人民生活水平的提高，它在联系工业与农业、城市与乡村、生产与消费等各个领域方面起着十分重要的作用。

现代交通运输由铁路、公路、水路、航空及管道五种运输方式组成。这些运输方式在技术经济上各有特点，它们根据运输的需要合理分工、相互衔接、互为补充，形成完整的国家综合运输体系。铁路运输对于中、远程的大宗货物及人流运输具有运输量大、成本低的特点；水路运输在通航地区具有运输量大、运价低廉的特点；航空运输具有速达效果，但成本高，能耗大；管道运输则多用于运输液体和气态或散装物品。与其他运输方式相比，公路运输具有以下特点：

（1）机动灵活性高，能迅速集中和分散货物，在规定的时间和地点可做到"门到门"的直达运输而不需要中转，节约了时间和中转费用，减少了货损，经济效益高。

（2）适应性强，服务面广，适应于小批量运输和大宗运输，可以深入到城市、乡村及工矿企业。

（3）建设投资相对较省，见效快，经济效益和社会效益显著。

（4）由于公路运输服务人员多，单位运量小，故汽车运输费用比铁路和水运高。

二、公路的发展

我国的公路建设历史悠久，早在公元2 000年前，就有了可以行驶牛车和马车的道路。到清代全国已形成了层次分明、功能较完善的"官马大路"、"大路"、"小路"等道路系统，即京城到各省城、省城到重要城市、重要城市到一般市镇的三级道路。其中，"官马大路"就达2 000余km。但由于封建主义对生产力的束缚，使我国公路建设事业发展缓慢，交通运输工具也很少改进，长期停留在人力、畜力拉车的水平。直到1949年，全国才修建了13万km的公路，能勉强维持通车的公路仅有8.1万km，而且标准低，质量差，分布也极不合理，大部分公路都集中在东部沿海地区。占全国土地面积2/3的山区和边疆少数民族地区几乎没有公路。

新中国成立以后，为了恢复和发展国民经济、改善人民生活、巩固国防、促进民族团结，党和国家对公路建设作出了很大努力，取得了显著成就。特别是改革开放后的十几年，公路建设高速发展，截至2001年底，公路总里程已达到169.8万km，居世界第4位，并实现了县县通公路，98%的乡和80%以上的村通了汽车。我国大陆自1988年实现了高速公路零的突破以后，截止到2001年底已有30个省、市、自治区修建了高速公路，通车总里程已达19 453 km，居世界第2位。在高速公路建设方面，我国已跨入了世界先进行列。

我国公路建设虽然得到了快速发展，但仍不能完全适应国民经济发展对公路运输的要求，与世界上发达国家相比仍存在着较大的差距。公路网标准低、数量少、布局不尽合理是当前存在的突出问题。从高速公路在各地区分布情况看，东、中、西各地区高速公路总量以及所占比重都存在较明显的差异。东部地区共有高速公路10 878 km，占全国高速公路总里程的56%；中部地区共有高速公路5 014 km，占全国高速公路总里程的25.8%；西部地区共有高速公路3 545 km，仅占全国高速公路总里程的18.2%。公路密度低，高等级公路总量不足，仍影响西部地区经济发展水平的进一步提高。据2001年统计，在通车里程中我国二级及二级以上的公路只占总里程的13.4%，达不到技术标准的等外公路占21.3%，高级、次高级路面里程只占总里程的3.96%。因此，加快公路网新线建设、对原有公路进行技术改造、逐步提高技术标准和通行能力，仍然是我国当前的主要任务。根据我国交通发展规划，从“八五”开始用30年左右的时间，修建“五纵七横”共12条国道干线公路，总长达3.5万km，其中2.2万km为高速公路。我国在2005年公布了国家高速公路网发展规划，预计2020年基本建成国家高速公路网，届时，我国高速公路通车总里程将达10万km。新路网由7条首部放射线、9条南北纵向线和18条东西横向线组成，简称“7918网”。

三、公路基本组成部分

公路是承受行车荷载的结构，它主要由路基、路面、桥涵、隧道、排水系统、防护工程和交通服务设施组成。

（一）路基

路基是在天然地面上填筑成路堤（填方路段）或挖成路堑（挖方路段）的带状结构物，主要承受路面传递的行车荷载，是支撑路面的基础。设计时必须保证路基变形小且具有足够的强度和稳定性，并防止水分及其他自然因素对路基本身的侵蚀和损害。

（二）路面

路面是用各种材料或混合料分单层或多层铺筑在路基顶面供车辆行驶的层状结构物。设计时必须保证路面具有足够的强度、刚度、平整度和粗糙度，以满足车辆在其表面能安全、迅速、舒适地行驶。

（三）桥涵

桥梁是为公路跨越河流、山谷或人工建筑物而建筑的构筑物。涵洞是为排泄地面水流或满足农田灌溉需要而设置的横穿路基的小型排水构筑物。

（四）隧道

隧道是公路根据设计需要为穿越山岭、地下或水底而建造的构筑物。

（五）排水系统

排水系统是为了排除地面水和地下水而设置的，由各种拦截、汇集、输送及排放等排水设施组成的构筑物。除桥梁、涵洞外，排水系统主要有路基边沟、截水沟、排水沟、暗沟、渗沟、渗井、排水隔离层、暗管、跌水与急流槽、渡槽等路基排水构筑物。

（六）防护工程

防护工程是为加固路基边坡，确保路基稳定而修建的结构物。按其作用不同，可分为坡面防护、冲刷防护和支挡构筑物等三大类。路基边坡坡面防护一般有植物防护、坡面处治及护坡与护面墙等；冲刷防护除上述防护外，为调节水流流速及流向、防护路基免受水流冲刷，在沿河路基可设置顺坝、丁坝、格坝等导流结构物；支挡构筑物一般是指填（砌）石边坡、挡土墙、护脚及护面墙等。

（七）交通服务设施

交通服务设施一般是指公路沿线设置的交通安全、养护管理、服务环境保护等设施，一般有交通标志、交通标线、护栏、护墙、护柱、中央分隔带、隔音墙、隔离墙、照明设备、停车场、加油站、汽车修理站、养护管理房屋和绿化美化设施等。

第二节　公路分级与技术标准

一、公路分级

公路是为汽车运输或其他交通服务的工程结构物。交通部 2003 年颁布的中华人民共和国行业标准《公路工程技术标准》（JTG B01—2003），根据公路的使用任务、功能和适应的交通量把公路分为五个等级：高速公路、一级公路、二级公路、三级公路和四级公路。

（1）高速公路：专供汽车分向、分车道行驶，并应全部控制出入的多车道公路。它具有四个或四个以上车道，设有中央分隔带，全部立体交叉，并具有完善的交通安全设施与管理设施、服务设施。

四车道高速公路应能适应将各种汽车折合成小客车的年平均日交通量 25 000 ~ 55 000 辆，六车道高速公路应能适应将各种汽车折合成小客车的年平均日交通量 45 000 ~ 80 000 辆，八车道高速公路应能适应将各种汽车折合成小客车的年平均日交通量 60 000 ~ 100 000 辆。

（2）一级公路：供汽车分向、分车道行驶，并可根据需要控制出入的多车道，为连接高速公路或是某些大城市结合部、开发经济带及人烟稀少地区的干线公路。其设施与高速公路基本相同，只是部分控制出入。一般应设置分隔带，当受到特殊条件限制时，必须设置分隔设施。

四车道一级公路应能适应将各种汽车折合成小客车的年平均日交通量 15 000 ~ 30 000 辆，六车道一级公路应能适应将各种汽车折合成小客车的年平均日交通量 25 000 ~ 55 000 辆。

（3）二级公路：供汽车行驶的双车道公路，为连接中等以上城市的干线公路，或者是通往大工矿区、港口的公路。

双车道二级公路应能适应将各种汽车折合成小客车的年平均日交通量 5 000 ~ 15 000 辆。

(4) 三级公路:主要供汽车行驶的双车道公路,为沟通县、城镇之间的集散公路。

双车道三级公路应能适应将各种车辆折合成小客车的年平均日交通量 2 000 ~6 000 辆。

(5) 四级公路:主要供汽车行驶的双车道或单车道公路,为沟通乡、村等的地方公路。

双车道四级公路应能适应将各种车辆折合成小客车的年平均日交通量 2 000 辆以下,单车道四级公路应能适应将各种车辆折合成小客车的年平均日交通量 400 辆以下。

以上五个等级的公路构成了我国的公路网。其中,高速公路、一级公路为公路网骨干线,二、三级公路为公路网内基本线,四级公路为公路网的支线。

《公路工程技术标准》(JTG B01—2003)是国家颁布的法定技术准则,反映了我国公路建设的方针、政策和技术要求,是公路设计、施工和养护的依据。因此,在公路设计、施工和养护中,必须严格遵守。同时,在符合《公路工程技术标准》(JTG B01—2003)要求和不过分增加工程造价的前提下,根据技术经济原则尽可能采用较高的技术指标,以充分提高公路的使用质量和效益。

二、公路等级的选用

公路等级应根据公路网的规划和流量,从全局出发,结合公路的使用任务和性质综合确定。在确定公路等级时,应明确以下几个问题:

(1) 公路等级的选用应根据公路功能、路网规划、交通量,并充分考虑项目所在地区的综合运输体系、远期发展等,经论证后确定。

(2) 一条公路,可分段选用不同的公路等级或同一公路等级不同的设计速度、路基宽度,但不同公路等级、设计速度、路基宽度间的衔接应协调,过渡应顺适。

(3) 当预测的设计交通量介于一级公路与高速公路之间,拟建公路为干线公路时,宜选用高速公路;拟建公路为集散公路时,宜选用一级公路。

(4) 干线公路宜选用二级及二级以上公路。

三、公路设计的主要技术指标

(1) 公路设计所采用的设计车辆外廓尺寸如表 1-1 所示。

表 1-1　设计车辆外廓尺寸　(单位:m)

车辆类型	总长	总宽	总高	前悬	轴距	后悬
小客车	6	1.8	2	0.8	3.8	1.4
载重汽车	12	2.5	4	1.5	6.5	4
鞍式列车	16	2.5	4	1.2	4 + 8.8	2

(2) 交通量换算采用小客车为标准车型。确定公路等级的各汽车代表车型与车辆折算系数规定如表 1-2 所示。

(3) 各级公路设计速度如表 1-3 所示。

表 1-2　各汽车代表车型与车辆折算系数

代表车型	车辆折算系数	说明
小客车	1.0	≤19 座的客车和载质量≤2 t 的货车
中型车	1.5	>19 座的客车和 2 t<载质量≤7 t 的货车
大型车	2.0	7 t<载质量≤14 t 的货车
拖挂车	3.0	载质量>14 t 的货车

注:1. 畜力车、人力车、自行车等非机动车,在设计交通量换算中按路侧干扰因素计。

2. 一、二级公路上行驶的拖拉机按路侧干扰因素计,三、四级公路上行驶的拖拉机每辆折算为 4 辆小客车。

3. 公路通行能力分析所要求的车辆折算系数应针对路段、交叉口等形式按不同的地形条件和交通需求,采用相应的折算系数。

表 1-3　各级公路设计速度

公路等级	高速公路			一级公路			二级公路		三级公路		四级公路
设计速度（km/h）	120	100	80	100	80	60	80	60	40	30	20

注:1. 高速公路特殊困难的局部路段,且因新建工程可能诱发工程地质病害时,经论证并报主管部门批准,该局部路段的设计速度可采用 60 km/h,但长度不宜大于 15 km,或仅限于相邻两互通式立体交叉之间,与其相邻路段的设计速度不应大于 80 km/h。

2. 一级公路作为干线公路时,设计速度宜采用 100 km/h 或 80 km/h;一级公路作为集散公路时,根据混合交通量、平面交叉间距等因素,设计速度宜采用 60 km/h 或 80 km/h。

3. 二级公路作为干线公路时,设计速度宜采用 80 km/h;二级公路作为集散公路时,混合交通量较大、平面交叉间距较小的路段,设计速度宜采用 60 km/h。

4. 二级公路位于地形、地质等自然条件复杂的山区,经论证该路段的设计速度可采用 40 km/h。

(4)高速公路、一级公路采用分离式断面时,应设置左侧硬路肩,其宽度应符合表 1-4 的规定,左侧硬路肩宽度包含左侧路缘带宽度。

表 1-4　分离式断面高速公路、一级公路左侧路肩宽度

设计速度（km/h）	左侧硬路肩宽度（m）	左侧土路肩宽度（m）	设计速度（km/h）	左侧硬路肩宽度（m）	左侧土路肩宽度（m）
120	1.25	0.75	80	0.75	0.75
100	1.00	0.75	60	0.75	0.50

(5)圆曲线最小半径应符合表 1-5 的规定。

表 1-5 圆曲线最小半径

设计速度(km/h)	一般值(m)	极限值(m)	不设超高最小半径(m)	
			路拱≤2.0%	路拱>2.0%
120	1 000	650	5 500	7 500
100	700	400	4 000	5 250
80	400	250	2 500	3 350
60	200	125	1 500	1 900
40	100	60	600	800
30	65	30	350	450
20	30	15	150	200

(6)最大纵坡和最小坡长应符合表 1-6 的规定。

表 1-6 最大纵坡和最小坡长

设计速度(km/h)	最大纵坡坡度(%)	最小坡长(m)	设计速度(km/h)	最大纵坡坡度(%)	最小坡长(m)
120	3	300	40	7	120
100	4	250	30	8	100
80	5	200	20	9	60
60	6	150			

(7)不同纵坡、不同设计速度的最大坡长应符合表 1-7 的规定。

表 1-7 不同纵坡、不同设计速度的最大坡长

纵坡坡度	设计速度(km/h)						
	120	100	80	60	40	30	20
3	900	1 000	1 100	1 200	—	—	—
4	700	800	900	1 000	1 100	1 100	1 200
5	—	600	700	800	900	900	1 000
6	—	—	500	600	700	700	800
7	—	—	—	—	500	500	600
8	—	—	—	—	300	300	400
9	—	—	—	—	—	200	300

(8)公路纵坡变更处应设竖曲线。竖曲线最小半径和最小长度应符合表 1-8 的规定。

表 1-8　竖曲线最小半径和最小长度

设计速度(km/h)	凸形竖曲线半径(m)		凹形竖曲线半径(m)		竖曲线最小长度(m)
	一般值	极限值	一般值	极限值	
120	17 000	11 000	6 000	4 000	100
100	10 000	6 500	4 500	3 000	85
80	4 500	3 000	3 000	2 000	70
60	2 000	1 400	1 500	1 000	50
40	700	450	700	450	35
30	400	250	400	250	25
20	200	100	200	100	20

第三节　公路设计的基本要求

公路是一种线形带状的三维空间结构物,包括路基、路面、桥涵、隧道等工程实体。因此,公路设计是由线形设计和结构设计两大内容组成的。

公路设计是以满足汽车行驶的要求为前提的,因而公路设计要满足行车安全、迅速、经济、舒适和美观的基本要求。这些要求是靠驾驶者、汽车、公路和交通管理等方面来保证的。就公路设计而言,线形设计和结构设计应满足以下基本要求。

一、对公路线形设计的基本要求

公路线形是公路的骨架,它支配着整个公路的规划、设计、施工及以后的养护和营运,直接影响公路构筑物设计、排水设计、土石方数量、路面工程等,对汽车行驶的安全、舒适、经济以及公路的通行能力等起着重要的作用,而且在公路建成以后,对公路沿线的经济发展、居民生活、土地利用以及自然景观、环境协调等都将产生很大的影响。因此,在公路设计中,通常将线形设计的质量作为一条公路总体效果评价的主要标志。对线形设计的基本要求有以下几点。

(一)满足汽车行驶的力学要求

公路线形设计应满足汽车行驶的力学要求,即汽车在公路上行驶时应满足行车安全、经济及旅客舒适的要求。因此,在线形设计中要注意合理运用平、纵、横各项技术指标,根据具体条件,在不过分增加工程量的情况下,尽量采用较高的技术指标。为使汽车行驶时速度均衡,要注意公路平、纵面线形要素的连续性,避免线形产生突变。

(二)满足驾驶员视觉、心理要求

公路线形设计应使公路具有视觉的舒顺性,使驾驶员在行驶过程中不易疲劳,有良好的视觉效果和心理诱导作用。因此,在设计中应注意线形要素之间以及与其他设施之间的相互平衡协调。如直线、圆曲线、缓和曲线的组合协调,平曲线与竖曲线的组合协调,平面线形与纵面线形的协调以及路线与公路构造物、沿线设施的协调等。此外,还应注意保证行车视距,以创造良好的行车视线,提高行车的安全性和舒适度。

（三）注意与周围地形、地物、环境相协调

公路线形设计要结合沿线地形、地物等条件，合理运用各种线形要素进行线形组合，使线形与沿线地形、地物相适应，从而设计出技术合理、行车安全舒适、经济节约的公路线形。此外，线形设计还应注意使线形与周围环境相协调，使公路建设不破坏环境的自然景观，减少对环境的干扰，尽量利用环境、改造环境，使之协调、融为一体。

（四）要与沿线自然、经济、社会条件等相适应

公路是社会空间的一个组成部分，它与沿线的自然资源及经济开发、工农业发展、居民条件、区域规划的关系十分密切。因此，在线形设计中：一方面必须要符合国家有关土地、环境保护、水土保持、资源开发等法规的相关要求；另一方面还必须注意少占农田，少拆建筑物，少破坏原有植物、地貌和减少噪声、废气等对环境的污染，以使公路建成后能发挥最大的社会综合效益。

二、对路基的基本要求

路基是公路的重要组成部分，它与路面共同承受行车荷载和自然因素的影响，所以它既是路线的主体，又是路面的基础，其本身的强度与稳定性直接影响路面的使用寿命和公路的使用质量。为保证公路的使用质量，对路基的基本要求有以下几点。

（一）具有足够的稳定性

在地表面上修筑路基必然产生填筑或开挖，这种不填即挖的结果改变了原地表面的天然平衡状态，其结果是有可能使原先处于稳定状态的地基由于受力状态的改变而导致路基失稳。例如，产生路堤沉陷、边坡塌方、路基翻浆以及路基沿山坡滑动等变形与病害，从而导致交通阻断或行车事故。因此，为保证路基的安全与稳定，必须正确采用路基的断面形式与尺寸，采取有效的路基排水、工程防护与加固等措施，确保路基在最不利的行车荷载与自然因素条件下具有足够的稳定性。

（二）具有足够的强度和变形小

路基及路基以下的地基在自重和行车荷载作用下会产生变形。当地基软弱、路基填土不密实或过分潮湿时，所产生的沉陷、固结变形和不均匀变形会使路面结构出现过量变形和应力增大，从而导致路面过早损坏，影响公路的使用质量。因此，对路基要采取选择合适的填料、进行充分的压实、改善和调节水温状况、加固软弱地基等工程措施，以保证在外力因素作用下，不产生超过允许范围的变形，具有足够的强度和变形小的能力，确保路面的使用寿命和服务水平。

三、对路面的基本要求

路面是在路基表面上用各种不同材料或混合料分层铺筑而成的一种层状结构物，它的功能不仅是提供汽车在公路上能全天候地行驶，而且要保证汽车以一定的速度，安全、舒适且经济地运行。因此，对路面的基本要求有以下几点。

（一）具有足够的强度和刚度

汽车在路面上行驶，通过车轮把垂直力、水平力以及车辆产生的振动力和冲击力传给路面，使路面结构内部产生大小不同的压应力、拉应力和切应力。如果这些应力超过路面结构整体或某一组成部分的强度，路面就会出现断裂、沉陷、波浪和磨损等破坏。因此，路面结构整体及其各组成部分应具有足够的强度以抵抗在行车作用下所产生的各种应力,避免破坏。

刚度是指路面抵抗变形的能力,当路面结构整体或某一组成部分刚度不足时,即使强度足够,在车轮荷载作用下也会产生过量的变形,而形成车辙、沉陷或波浪等破坏。因此,路面结构应具有足够的刚度,使整个路面结构及其各组成部分的变形量控制在允许范围内。

(二)具有足够的稳定性

路面结构袒露在大气之中,长期经受温度和水分变化的影响,其力学性能也随之不断发生变化,以致强度和刚度不稳定而使路况时好时坏。如沥青路面夏季高温变软产生车辙和推挤,冬季低温可能因收缩或变脆而开裂;水泥路面在高温时发生拱胀破坏,温度急骤变化时会因翘曲而发生破坏;砂石路面在雨季时会因雨水渗入路面结构,使其含水量增多,强度下降,产生沉陷、轮辙或波浪。因此,要研究温度和湿度对路面结构性能的影响,使修筑的路面具有足够的稳定性。

(三)具有足够的耐久性

路面结构要承受行车荷载和冷热、干湿气候因素的重复作用,从而逐渐产生疲劳破坏和塑性形变累积。此外,路面材料还可能由于老化衰变而导致破坏。这些都将缩短路面的使用年限。因此,路面结构必须具备足够的抗疲劳强度以及抗老化和抗形变累积的能力。

(四)具有良好的表面平整度

不平整的路表面会增大行车阻力,并使车辆产生附加的振动作用,造成行车颠簸,影响行车速度和乘客的舒适度;同时,振动作用还会对路面施加冲击力,从而加剧路面和汽车机件的损坏及轮胎的磨损,并增大油料的消耗,而且不平整的路面还会积滞雨水,加速路面的破坏,并增大噪声。因此,平整的路面要靠优良的施工机具、精细的施工工艺、严格的施工质量控制和及时的养护来保证。

(五)具有良好的表面抗滑性能

汽车在路面上行驶,车轮与路面之间要具有足够的附着力或摩阻力,防止汽车因路面光滑而使车轮产生空转或打滑,致使车速降低,甚至引起交通事故。

路表面的抗滑能力可通过采用坚硬、耐磨、表面粗糙的集料组成路面表层材料来实现,也可采用一些工艺性措施来实现,如水泥混凝土路面的刷毛或刻槽等。此外,路面上的积雪或污泥等也会降低路面的抗滑性,必须及时予以清除。

(六)具有良好的环保性

路面扬尘会加速汽车机件的损坏、影响行车视距、降低行车速度,而且对乘客和沿线居民的环境卫生以及货物和路旁农作物都带来不良影响。因此,要求路面在行车过程中尽量减少扬尘。

本章小结

(1)公路运输的特点:机动灵活性高,能迅速集中和分散货物,节约时间和费用,减少货损,经济效益高;适应性强,服务面广,可独立实现“门到门”的直达运输;建设投资相对较省,见效快,经济效益和社会效益显著。

(2)公路基本组成部分:主要由路基、路面、桥涵、隧道、排水系统、防护工程和交通服务设施组成。

(3)公路分级:根据公路的使用任务、功能和适应的交通量分为五个等级,即高速公路、一级公路、二级公路、三级公路和四级公路。

(4)公路设计的基本要求:公路是一种线形带状的三维空间结构物,包括路基、路面、桥涵、隧道等工程实体,它是以满足汽车行驶的要求为前提的,因而公路设计要满足行车安全、迅速、经济、舒适和美观的基本要求。

【小知识】浆砌片石第一层石块的砌法

第一层石块是建筑物的根基,位置是否正确、砌筑是否稳妥,对以后的接高砌筑有很大的影响,所以必须予以重视。

砌筑时,首先按照墨线位置砌四角的转角石,选用较方正、有三个相邻面大致垂直的大块石料作为角石;然后在角石上挂线作为砌筑镶面石的依据,镶面石也应选用较为方正的石块;最后砌填腹石。所有石块必须大面朝下放稳,达到脚踩不晃动的程度。砌填腹石时也应挑选合宜的石块,按照石块的形状顺其自然地交错搭紧,尽量减小石块间空隙,但石块与石块不可紧紧地靠拢,避免造成石块之间无砂浆的瞎缝。石块之间的窿隙,可选形状大小恰当的小石块填塞,应先铺砂浆,再填小石块,并用手锤敲打小石块,挤出砂浆,这就是砂浆已饱满的标志。

复习思考题

1-1　简述公路运输的特点。

1-2　公路由哪几部分组成?

1-3　公路是如何分级的?

1-4　简述公路设计的基本要求。

1-5　简述路基设计的基本要求。

1-6　简述路面设计的基本要求。

第二章　路基工程

职业能力目标与学习要求

通过对公路路基工程的学习，使学生对路基工程的特点和施工方法、公路横断面的组成和设计、土的种类及其性质、土石方计算与调配有一定的了解和掌握，为今后从事施工员、技术员、管理员工作奠定良好的基础。

教学重点

1. 路基施工的基本方法；
2. 公路横断面的组成和设计；
3. 土的种类及其性质；
4. 土石方计算与调配。

第一节　概　述

路基是公路的重要组成部分，是路面的基础。路基的强度和稳定性不仅要通过设计予以保证，而且还要通过施工得以实现。路基的施工质量直接影响到路面，有些新建公路投入运行不久路面就发生破坏或下陷，其主要原因之一就是路基的施工质量有问题。路基的各种病害关系到养护维修费用的增加，并影响交通运输的畅通与安全，因此对路基施工要充分重视。

一、路基工程的特点

路基土石方工程量大，沿线分布不均匀，不仅与路基工程相关的设施如路基排水、防护与加固等相互制约，而且同公路工程的其他项目，如桥涵、隧道、路面及附属设施相互交错。因此，路基施工在质量标准、技术操作、施工管理等方面具有特殊性，必须予以研究并不断改进。就整个公路工程的施工而言，路基施工往往是施工组织管理的关键。

路基工程的项目较多，如土方、石方及圬工砌体等，在施工方法与技术操作方面各具特点。路基包括路堤与路堑，基本操作是挖、运、填，工序比较简单，但条件比较复杂，因而施工方法多样化，简单的工序中常常遇到极为复杂的技术方面和管理方面的难题。

公路施工是野外操作，经常会遇到自然条件差、运输不便、设备与施工队伍的供应与调度困难，路基工地分散、工作面狭窄、遇有特殊地质等不良现象，使一般的技术问题变得复杂化，而复杂的技术问题更是难以用常规的方法去解决。此外，路基施工中还存在着场地布置难、临时排水难、用土处置难、土基压实难等不利因素。路基的隐蔽工程较多，施工质量不符合标准会给路面及自身留下隐患，一旦产生病害，不仅损坏道路使用品质、妨碍交通及造成经济损失，而且往往后患无穷、难以根治。因此，路基工程必须采取合理的施工方法、选择合适的填筑材料、采用先进的施工技术和机械设备以及周密的施工组织和科学的管理，才能实现快速、高效、安全施工，才能有效地保证路基工程的施工质量。

二、路基施工的基本方法

路基土石方的施工作业主要包括开挖、运输、铺填、压实和修整等工作。有时为了提高挖土的效率，还要先松土。路基施工的基本方法可分为以下几种：

(1)人工和半机械化施工。主要依靠人力，使用手工工具和简易的机械设备。适用于缺乏机械的地方道路工地和工程量小而分散的零星工程点，以及某些辅助性工作。

(2)水力机械施工。运用水泵、水枪等水力机械喷射强力水流，把土冲散并泵送到指定地点沉积。这种方法可用来挖掘比较松散的土层和进行软土地基加固的钻孔工作，但施工现场需要有充足的水源和电源。

(3)爆破施工。这是开挖岩石路堑的基本方法。如果采用钻岩机钻孔，爆破后机械清理运碴便是岩石路基机械化施工的必备条件。除用于岩石路堑开挖外，爆破法还可用于冻土(硬土)、泥沼等特殊路基施工和开采石料。定向爆破可将路基挖方直接移作填方。

(4)机械化施工。采用推土机、铲运机、平地机、挖掘机、压路机及松土机等机械，经过选配，共同协调地进行施工。这种方法可以极大地提高劳动生产率，显著地加快施工进度，并有效地保证了工程质量。

上述施工方法的选择，应根据工程性质条件、施工期限、现有施工条件等因素而定，同时要因地制宜和综合配套使用各种方法。

高速公路、一级公路以及在特殊地区或采用新技术、新工艺、新材料进行路基施工时，应采用不同的施工方案做试验路段，从中选出路基施工的最佳方案指导全线施工。试验路段位置应选择在地质条件、断面形式均具有代表性的地段，路段长度一般不宜小于 100 m。

三、公路工程机械化施工的意义

公路工程机械化施工是指通过合理地选用施工机械，科学地组织施工，以完成工程作业的全过程。公路工程机械化的度量用机械化程度表示为

$$\text{机械化程度}=\frac{\text{利用机械完成的实物工程量}}{\text{全部工程量}}\times 100\% \tag{2-1}$$

机械化程度还远不能表示机械化施工的意义。机械化施工有着更广泛的含义，不仅体现于机械化程度，而且更注重于机械的管理水平，应当理解为涉及施工机械、施工技术、施工组织及施工管理等多学科的现代化施工技术。它包含以下 3 个方面的意义：

(1)在公路工程的机械化施工中提高机械化装备水准，对可采用机械作业的，应尽可能地采用机械以减轻人的繁重体力劳动，改善劳动条件并节省人工。施工中还要注意根据不同的施工对象和要求，选择最适宜的机械，进行各种不同机械的合理组合，充分发挥机械的效能，加快施工进度，降低消耗和施工成本，保证工程质量，最终取得显著的经济效益。

(2)要有科学的施工组织设计指导工程施工。公路工程不仅受各种自然因素的影响很大，而且战线长、工程量大、运用机械数量多、种类繁杂。因此，应运用先进的管理科学技术，对施工组织计划进行优化，以最佳方案组织施工，更好地发挥机械化施工的作用，体现其优越性。

(3)不断采用先进的机械设备，取代使用中的低效、高能耗的落后机械，加强使用维修和科学管理是提高机械化施工水平的重要途径。

第二节　横断面设计

一、公路横断面的组成

公路中线的法线方向剖面图称为公路横断面图，简称横断面。它是由横断面设计线与横断面地面线所围成的图形。在横断面上的内容包括行车道、中间带、路肩、边坡、边沟、截水沟、护坡道以及专门设计的取土坑、弃土堆、环境保护等设施，各部分的位置、名称如图 2-1 所示。

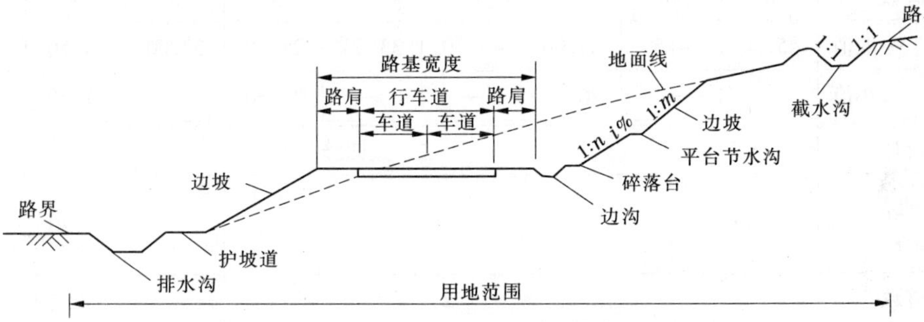

(a)二、三、四级公路

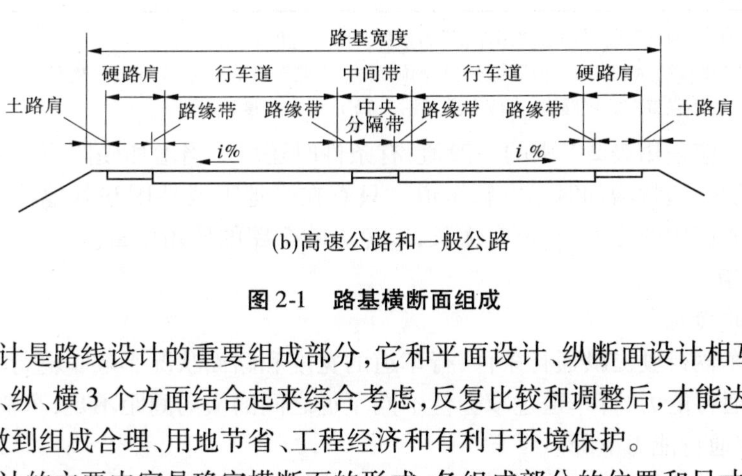

(b)高速公路和一般公路

图 2-1　路基横断面组成

横断面设计是路线设计的重要组成部分，它和平面设计、纵断面设计相互影响，所以在设计中应把平、纵、横 3 个方面结合起来综合考虑，反复比较和调整后，才能达到各元素之间的协调一致，做到组成合理、用地节省、工程经济和有利于环境保护。

横断面设计的主要内容是确定横断面的形式、各组成部分的位置和尺寸以及路基土石方的计算和调配，路拱、路面结构和厚度，路基的强度和稳定性以及超高、加宽等。

(一)横断面分类

高速公路和一级公路的路基横断面分为整体式和分离式两类。上下行的公路的横断面由一个路基形成称为整体式，由两个路基分别独立形成称为分离式。整体式横断面上包括行车道、中间带、路肩、紧急停车带、爬坡车道、变速车道等；分离式横断面没有中间带，其他部分和整体式横断面相同。

二、三、四级公路采用整体式横断面，不设中间带，其组成包括行车道、路肩、错车道等，如图 2-1 所示。

(二)路基宽度

路基宽度是指在一个横断面上两路肩外缘之间的宽度，一般是指行车道与路肩宽度之和，当设有中间带、紧急停车带、爬坡车道、变速车道、错车道时，应包括在路基宽度内，《公路工程技术标准》(TJG B01—2003)规定的各级公路路基宽度如表 2-1 所示。

表 2-1　各级公路路基宽度

项目		高速公路、一级公路								
设计速度(km/h)		120			100			80		60
车道数		8	6	4	8	6	4	6	4	4
路基宽(m)	一般值	45.50	34.50	28.00	44.50	33.50	26.00	32.00	24.50	23.00
	最小值	—	—	26.00	—	—	24.50	—	21.50	20.00

项目		二、三、四级公路					
设计速度(km/h)		80	60	40	30	20	
车道数		2	2	2	2	2 或 1	
路基宽(m)	一般值	12.00	10.00	8.50	7.50	6.50(双车道)	4.50(单车道)
	最小值	10.00	8.50	—	—	—	

注：1. "一般值"为正常情况下的采用值，"最小值"为条件受限制时可采用的值；

2. 八车道高速公路路基宽度"一般值"为设置左侧硬路肩、内侧车道采用 3.50 m 时的宽度，八车道高速公路路基宽度"最小值"为不设置左侧硬路肩、内侧车道采用 3.75 m 时的宽度。

一般情况下应采用表 2-1 中的一般值，有条件时还可适当增加硬路肩和路基宽度，以利交通组织和日后交通量增加时拓宽行车道。只有在受地形或特困和其他特殊情况限制时，在局部路段才能使用变化值，且不宜太长，以免影响全路的使用质量。

(三)行车道

1. 行车道的功能

行车道为车辆行驶提供通行条件，行车道的宽度和路面状况影响车辆行驶的安全性、舒适性和公路的通行能力，行车道过窄会使不同车道之间的横向间距不足，车辆的横向干扰增加，平均速度和通行能力下降。

2. 车道数

公路的车道数主要根据该路的预测交通量来确定，行车道的基本数目应在一个较大的路线长度内保持不变，而且当车道数目需要增加或减少时，一次应不多于一条车道，各级公路的车道数如表 2-1 所示。

3. 行车道宽度

一条车道的宽度必须能满足设计车辆在有一定横向偏移的情况下运行，并能为相邻车道上的车流提供余宽，所以汽车所需车道的宽度受车速、交通量、驾驶员的驾驶能力、会车等影响。

车道应有一定的宽度，车道过窄容易发生交通事故；车道过宽不仅不经济，而且会误导驾驶员，造成一个车道两列小车并行。因此，《公路工程技术标准》（JTG B01—2003）规定了各级公路的行车道宽度和车道数，如表 2-2 所示。

表 2-2　设计速度与车道宽度

设计速度（km/h）	120	100	80	60	40	30	20
车道宽度（m）	3.75	3.75	3.75	3.50	3.50	3.25	3.00（单车道时为 3.50）

注：高速公路为八车道，当设置左侧硬路肩时，内侧车道宽度可采用 3.50 m。

（四）变速车道

当车辆需要加速合流或减速分流时，应根据公路的等级、使用性质等增加一段使车辆速度过渡的车道，使变速车辆不致因速度的变化而影响其他车辆的正常行驶。在高速公路和一级公路的互通式立体交叉、服务区等与主线连接处设有变速车道，其宽度一般为 3.5 m，长度与速度变化范围、车辆特性等因素有关，可经计算确定，一般情况下可采用《公路路线设计规范》（JTG D20—2006）规定的数值。

（五）错车道

四级公路路基宽度采用 4.5 m 时，路面只能设一个车道。错车道是为了解决双向行车的错车而设置的，错车道应设在有利地点，使驾驶员能够看清相邻两错车道间的车辆，错车路段的路基宽度不小于 6.5 m，有效长度不小于 20 m，错车道的间距应根据错车时间、视距、交通量等确定，一般不大于 300 m。

（六）中间带

中间带由路线双向的两条左侧路缘带和中央分隔带组成。中央分隔带是分隔高速公路或一级公路上对向行车道的地带。

1. 中间带的功能

（1）分离不同方向的交通流，减少车辆的对向干扰，以防止无序的交叉运行和转弯运行；

（2）在不妨碍公路限界的前提下，作为设置公路标牌的场地；

（3）在交叉路口为左转车辆提供避让区域；

（4）提供绿化带，以遮挡对向车灯的眩光；

（5）引导驾驶员的视线，同时为失控车辆提供救险区域；

（6）埋设管线等设施。

2. 中间带的宽度

中间带的作用明显，但投资、占地多。一般均采用窄分隔带高出行车道表面的中央分隔带，称为凸形；也有宽度大于 4.5 m 的凹形，表面采用植草、栽灌木或铺面。

中间带可不等宽，也不一定等高，应与地形、景观等配合。不等宽的中间带应逐步过渡，避免突变。中央分隔带每隔 2 km 设置一处开口，供紧急特殊情况使用。中间带宽度如表 2-3 所示，正常情况下采用一般值，当遇特殊情况时可以采用低限值。

表 2-3　中间带宽度

计算行车速度（km/h）	中央分隔带宽度(m)		左侧路缘带宽度(m)		中间带宽度(m)	
	一般值	最小值	一般值	最小值	一般值	最小值
120	3.00	2.00	0.75	0.75	4.50	3.50
100	2.00	2.00	0.75	0.50	3.50	3.00
80	2.00	1.00	0.50	0.50	3.00	2.00
60	2.00	1.00	0.50	0.50	3.00	2.00

(七)路肩

路肩位于行车道外缘至路基边缘之间,是具有一定宽度的带状结构物。高速公路和一级公路的路肩包括硬路肩和土路肩两部分,二、三、四级公路的路肩一般只设土路肩。路肩的主要作用是保护行车道,供行人、自行车通行和临时停放车辆。《公路工程技术标准》(JTG B01—2003)规定的各级公路路肩宽度如表 2-4 所示。

表 2-4　各级公路路肩宽度

公路等级	设计速度（km/h）	右侧硬路肩宽度(m)		土路肩宽度(m)	
		一般值	最小值	一般值	最小值
高速公路、一级公路	120	3.00 或 3.50	3.00	0.75	0.75
	100	3.00	2.50	0.75	0.75
	80	2.50	1.50	0.75	0.75
	60	2.50	1.50	0.50	0.50
二、三、四级公路	80	1.50	0.75	0.75	0.50
	60	0.75	0.25	0.75	0.50
	40	—		0.75	
	30	—		0.50	
	20	—		0.25(双车道) 0.50(单车道)	

注:1.“一般值”为正常情况下的采用值,“最小值”为条件受限制时可采用的值;

2. 设计速度为 120 km/h 的四车道高速公路采用 3.50 m 的右侧硬路肩,六车道、八车道高速公路采用 3.00 m 的右侧硬路肩。

(八)路缘带

路缘带既可以是硬路肩的一部分,又可以是中间带的一部分,这主要取决于它的位置。在中间带范围内的路缘带是中间带的组成部分,在路肩范围内的路缘带是路肩的组成部分。路缘带的主要功能是诱导驾驶员视线和提供部分侧向余宽,当汽车越出行车道时能加强行车安全。

(九)应急停车带

应急停车带是车辆发生故障时紧急停车的区域。当硬路肩宽度足以停车时就无须设置应急停车带;当高速公路和一级公路右侧硬路肩宽度小于2.5 m不足以停车时,为使发生故障的车辆尽快离开行车道,就必须设置应急停车带。其他等级的公路是否设置应急停车带应根据实际情况而定。

停车带的间距的确定主要考虑发生故障车辆可能滑行的距离和工程量、交通量等因素,使其既能发挥应急停车的作用,又不造成工程量的大幅增加,所以《公路工程技术标准》(JTG B01—2003)规定,应急停车带的间距不宜大于500 m。

应急停车带的宽度包括硬路肩在内为3.5 m,有效长度不小于30 m。此外,在应急停车带的两端还须设置一个斜线的缓和过渡段,长度为20 m(对低等级公路可为10 m)。

二、路基典型横断面

在公路设计中,我们把起伏不平的地形变成了可供汽车行驶的公路,因此原地面低于公路的设计线时,就需要填筑不足部分;反之,就需要挖去多余部分。若上述两种情况同时出现在一个断面内,就形成既填又挖。我们把高于原地面的填方路基称为路堤,低于原地面的挖方路基称为路堑。在一个断面内,一部分要填,另一部分要挖的路基称为半填半挖路基,如图2-2所示。

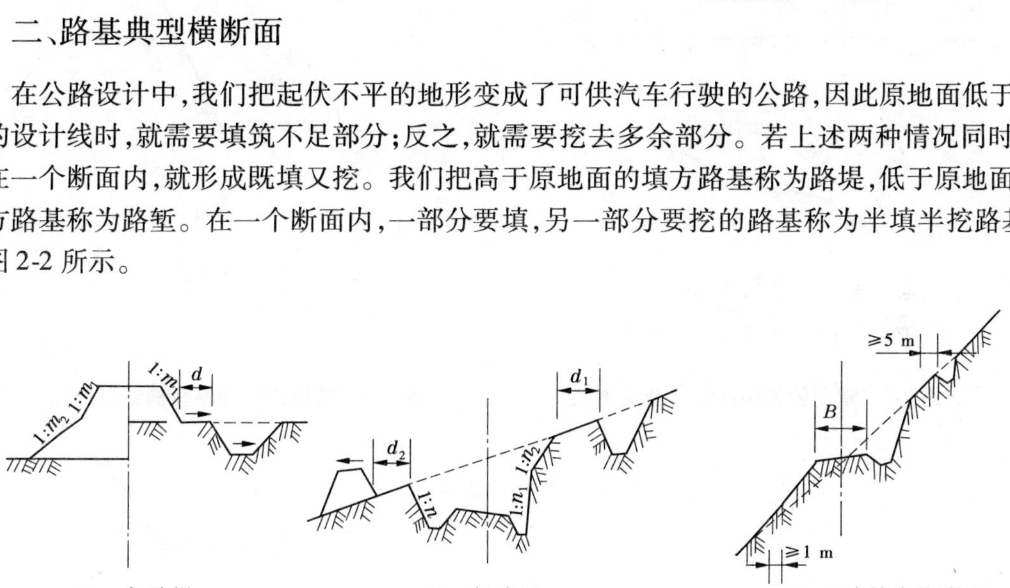

(a)一般路堤　(b)一般路堑　(c)半填半挖路基

图2-2　路基横断面的基本形式

以上介绍的路基横断面的三种基本形式,由于自然地形、地质条件的多样性,因此可派生出一系列类似的横断面形式,它们在公路设计中经常被采用,故称为典型横断面。了解典型横断面的特点,对于结合地形正确地设计路基横断面是十分必要的。常用的各种路堤、路堑以及半填半挖路基横断面形式如图2-3~图2-5所示。

(一)路堤

(1)一般路堤:填土高度大于1 m小于20 m的路堤。

(2)矮路堤:填土高度小于1 m的路堤,为排水常须设置边沟。

(3)沿河路堤:浸水部分的路堤边坡采用1∶2,并视水流冲刷情况采用一定的加固防护措施。

(4)陡坡护脚路堤:当路堤的坡脚伸出较远且不稳定或坡脚占用耕地较多时,用护脚取代坡脚的路堤。

(5)利用挖渠土填筑路基:这是农田水利建设与公路建设相结合的形式,但需要考虑渠道的水流是否影响公路的正常使用,以及路基在渠道设计水位的影响下强度、稳定性是否满足要求。

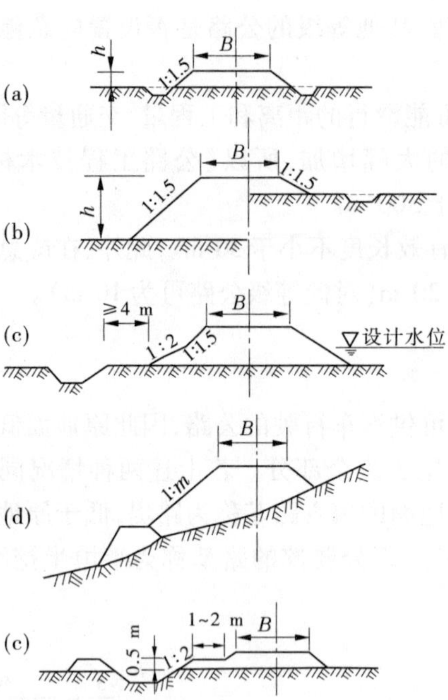

图 2-3　常用的各种路堤横断面形式

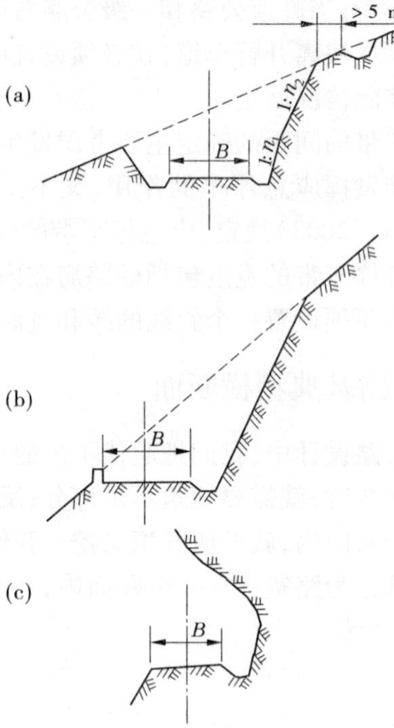

图 2-4　常用的各种路堑横断面形式

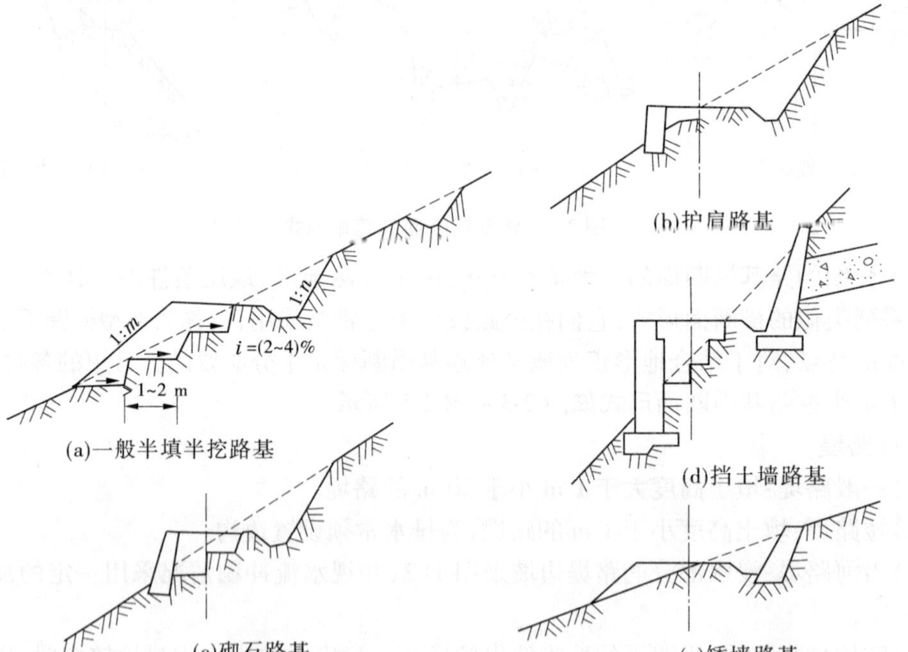

图 2-5　常用的半填半挖路基横断面形式

(二)路堑

(1)一般路堑:路堑必须设置边沟,以排除路面积水;为拦截山坡上方的地面水流向路基，在坡顶外至少5 m处设置截水沟。路堑挖出的废弃土石方，置于地形下侧的路堑坡顶以外至少3 m形成弃土堆。

(2)台口式路堑：山体的自然坡面为路堑的下边坡，适用于地质状况良好的地段。

(3)半山洞：适用于整体坚硬的岩石层上，为节省工程量采用的一种形式，应用时注意公路的安全和建筑限界的要求。

(三)半填半挖路基

(1)一般半填半挖路基：是比较经济的断面形式，注意当原地面横坡大于1∶5时，将原地面挖成台阶，以保证填土的稳定。

(2)护肩路基：用于填土高度不大，但坡脚太远不易填筑时的情况，护肩高度一般不超过2 m。

(3)砌石路基：用于地面横坡太陡，坡脚落空，不能填筑时。

(4)挡土墙路基：挡土墙是不依靠路基独立稳定的结构物，它也能支挡填方，稳定路基。

(5)矮墙路基：用于挖方边坡土质松散，易产生碎落的情况。

各种典型路基横断面要结合实际地形选用，且应以路基稳定、行车安全、工程量小和经济适用为前提。

三、路基的附属设施

为了保证路基稳定和行车安全，根据实际需要设置取土坑、弃土堆、护坡道、碎落台、堆料坪等路基附属设施，这些都应视为路基主体工程不可缺少的部分。

(一)取土坑与弃土堆

公路土石方数量在调配过程中或在公路养护过程中，不可避免地会在公路沿线附近借土或弃土。在公路沿线挖取土方填筑路基或作为养护材料所留下的整齐土坑，称为取土坑(见图2-6)。将开挖路基所废弃的土按一定的规则形状堆放于公路沿线一定距离内的整齐土堆称为弃土堆(见图2-7)。无论借土或取土，首先，要选择合理的地点，一般应从土质、数量、占地及运输等方面考虑选点；其次，要结合农田水利、改地造田、少占或不占良田、维护自然生态平衡合理选点，从而做到“借之有利，弃之无害”。

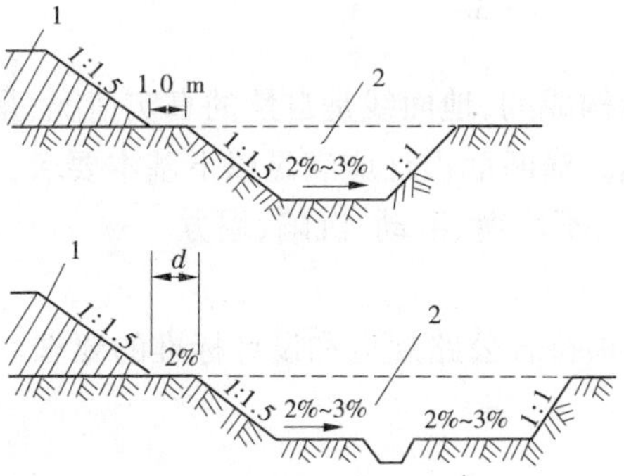

1—路基；2—取土坑

图2-6　取土坑示意图

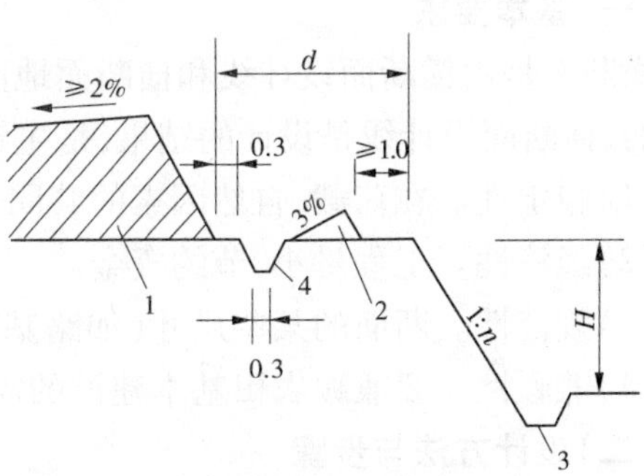

1—弃土堆；2—三角平台；3—边沟；4—截水沟

图2-7　弃土堆横断面图　(单位：m)

取土坑一般设置在地势较高的一侧，其深度和宽度应视取土数量、施工方法及用地许可条件而定。平原区一般深度为1.0 m。为防止坑内积水，当堤顶与坑底高差超过2 m时，路基坡脚与坑之间需设置宽度为1.0 m的护坡道，坑底设纵横排水坡及相应设施。

河流淹没地段的桥头引道两侧一般不设取土坑。河滩上的取土坑应与调治构筑物的位置相适应，一般距河流水位界10 m以外，并不得长期积水危害路基或构筑物的稳定。

开挖路基的废方应妥善处理、充分利用，如用于公路、农田水利、基建等，做到变废为宝，弃而不乱；对无法加以利用的弃土，应防止乱弃而造成水土流失，危害路基及农田水利，淤塞河道。

废方一般选择在沿线附近低洼荒地或路堑下坡一侧堆放。沿河路基的废石方在条件允许时可以部分占用河道，但不能造成河道上游壅水，危及路基及附近农田。若需在路堑上侧弃土，则要求堆弃平整，顶面具有适当横坡，并设置平台三角土埂及排水沟渠。

为有利防砂、防雪，积砂或积雪地段的弃土堆一般设在迎风一侧。路堑深度大于1.5 m时，弃土堆距坡顶至少20 m。浅而开阔的路堑两旁不得设弃土堆。

（二）护坡道与碎落台

当路堤较高时，为保证边坡稳定，在取土坑与坡脚之间或边坡坡面上，沿纵向保留或筑成有一定宽度的平台称为护坡道。其目的是加宽边坡横距，减缓边坡平均坡度。护坡道愈宽，愈有利于边坡稳定，但工程量随之增加。根据实际情况，护坡道宽度至少为1.0 m，并随填土高度增加而增大。一般情况下，护坡道宽度 d：$h<3.0$ m，$d=1.0$ m；$h=3\sim6$ m，$d=2$ m；$h=6\sim12$ m，$d=2\sim4$ m。

碎落台通常设置在路堑边坡坡脚与边沟外侧边缘之间，有时也设在边坡中部。碎落台宽度一般为1.0～1.5 m，兼顾护坡道作用，又可适当放宽。对风化严重的岩石边坡或不良土质边坡，碎落台宽一般为1.0～1.5 m，其顶部宽度大于0.5 m，墙高1～2 m。

（三）堆料坪

为避免在路肩上堆放路面养护用料，在用地条件许可时可在路肩外缘或边沟外缘设置堆料坪，一般每隔50～100 m设置一个，其长度为5～8 m，宽度为2 m左右。

四、断面设计方法

（一）基本要求

横断面是由横断面设计线和横断面地面线所构成的，地面线是自然的真实情况，是客观存在的，横断面设计线是设计的结果，是主观表达。横断面设计应满足以下基本要求：

（1）稳定性。在荷载、自然因素的共同作用下，不倾覆、滑动、沉陷、塌方。

（2）经济性。工程量小，节约资金。

（3）规范性。断面的某些尺寸（如路基宽）必须符合公路规范和设计标准的要求。

（4）兼顾性。要兼顾农田基本建设的需要。

（二）设计方法与步骤

横断面设计俗称“戴帽子”，它是设计横断面的常用方法，其过程就是绘制横断面图的过程，它有三种基本形式（路堤、路堑、半填半挖），一旦地面线、路线设计标高和路基宽度、边坡等确定后，则只有一种基本横断面形式能够采用。“戴”就是要判定哪种“帽子”能戴在相应桩号的地面线上，在此基础上进一步确定哪种"规格"（各种典型断面）的帽子满足横断面设计的要求，然后把它绘在横断面图上，从而完成"戴帽子"的工作。

横断面设计在平面设计、纵断面设计完成后进行，其方法与步骤如下：

(1)逐桩绘制横断面地面线（一般在现场与外业同时进行），各桩号在图纸上从左到右、从下到上的顺序排列，绘图比例一般为1∶200。

(2)逐桩标注相应桩的填(T)或挖(W)高度、路基宽度、超高(h_c)和加宽(B_j)的数值。

(3)根据地质调查资料标出各断面、土石分界线，确定边坡坡度和边沟形状、尺寸。

(4)用三角板（也可用"帽子板"）逐桩绘出路基横断面设计线，通常用左右路肩边缘的连线代替路面的路拱横坡线，然后再按边坡坡度绘出边坡线，与地面线相交得坡脚点（路堤）或坡顶点（路堑）。

(5)有超高时，应按旋转方式绘出有超高横坡度的路肩边缘连线；有加宽时，按加宽后的路基宽度绘出左右路肩边缘的连线；两者都存在时，按上述方法同时考虑超高、加宽绘出横断面设计线。

(6)根据需要绘制护坡道、边沟、取土坑、截水沟、挡土墙等横断面设计内容。

(7)分别计算各桩号断面的填方面积(A_t)和挖方面积(A_w)并标注于图上。

在以上横断面设计时，尽管在横断面图上按比例绘出了边沟、截水沟、护脚、挡土墙等设施，但一般不标注详细尺寸，仅注明其起讫桩号，其设计的详细尺寸可见该设计路段的标准横断面图。

对于特殊路基还应单独设计，绘制特殊路基设计图。

第三节　土的种类及其性质

土的种类繁多，其工程性质如密度、含水量、土的可松性质、土的坚实性质等会直接影响土方工程施工方法的选择、劳动量的消耗和工程费用，施工前应进行综合调查和试验。

土的工程分类方法较多，有的按普氏法分为16类，有的分为6类，也有的分为8类。目的不同或用途不同，则分类方法也不同。岩土、多年冻土的施工工程分级见表2-5、表2-6，土的颗粒组成及塑性指数分类见表2-7。

表2-5　岩土的施工工程分级

等级	类别	岩土名称及特征	开挖方法
Ⅰ	松土	砂类土、种植土、未经压实的填土	用铁锹挖，脚蹬一下到底的松散土层，机械能全部直接挖装，普通装载机可满载
Ⅱ	普通土	坚硬的、可塑的粉质黏土，膨胀土，粉土，Q_3、Q_4黄土，稍密、中密的角砾土、圆砾土，松散的碎石土、卵石土，压密的填土，风积砂	部分用镐刨松，再用铁锹挖，脚蹬数次才能挖动。挖掘机、带齿尖口装载机可满载，普通装载机可直接铲挖，但不能满载

续表 2-5

等级	类别	岩土名称及特征	开挖方法
Ⅲ	硬土	坚硬的黏性土、膨胀土，Q_1、Q_2 黄土，稍密、中密的碎石土、卵石土，密实的角砾土、圆砾土，各种风化成土状的岩石	必须用镐先全部刨挖过才能用铁锹挖。挖掘机、带齿尖口装载机不能满载，大部分采用松土器松动方能挖装
Ⅳ	软石	块石土、漂石土，含块石、漂石 30% ~ 50%的土及密实的碎石土、卵石土，岩盐；各类较软岩、软岩及成岩作用差的岩石：泥质岩类、煤、凝灰岩、云母片岩、千枚岩	部分用撬棍及大锤开挖或挖掘机、单钩裂土器松动，部分需借助液压冲击镐解碎或部分采用爆破法开挖
Ⅴ	次坚石	各种硬质岩：硅质页岩、钙质岩、白云岩、石灰岩、泥灰岩、玄武岩、片岩、片麻岩、正长岩、花岗岩	能用液压冲击镐解碎，大部分需采用爆破法开挖
Ⅵ	坚石	各种极硬岩：硅质砂岩、硅质砾岩、白云岩、石英岩、大理岩、玄武岩、闪长岩、花岗岩	可用液压冲击镐解碎，需采用爆破法开挖

表 2-6　多年冻土的施工工程分级

等级	类别	多年冻土类型及岩性特征
Ⅲ	硬土	地层为粉砂、细砂、中砂、粗砂、角砾土（圆砾土）、碎石土（卵石土）的少冰冻土
Ⅳ	软石	地层为粉土、黏性土的各类冻土：地层为粉砂、细砂、中砂、粗砂、砾砂、角砾土（圆砾土）的多冰、富冰和饱冰冻土，地层为碎石土（卵石土）的多冰冻土，地层为块石土（漂石土）的少冰冻土，各类地层的含土冰层及纯冰层
Ⅴ	次坚石	地层为碎石土（卵石土）的富冰、饱冰冻土；地层为块石土（漂石土）的多冰、富冰和饱冰冻土

土具有可松性。自然状态下的土经开挖后，其体积因松散而增加，虽经回填压实，仍不能恢复其原来的体积。土的可松性参考数值如表 2-8 所示。土具有压缩性，其压缩率参考值如表 2-9 所示。土的工地鉴别方法如表 2-10 所示。

表 2-7　土的颗粒组成及塑性指数分类

基本分类	亚类	土粒含量（%）			塑性指数
		>2 mm	0.05 ~ 2 mm	<0.05 mm	I_P
砂土类	粗砂	<10	>0.5 mm 含量多于 50	0 ~ 3	<1
	中砂	<10	>0.25 mm 含量多于 50	0 ~ 3	<1
	细砂	<10	>0.1 mm 含量多于 75	0 ~ 3	<1
	粉砂	<10	>0.1 mm 含量多于 75	0 ~ 3	<1
亚砂土类	粗亚砂土	<10	>0.25 mm 含量多于 50	3 ~ 10	1 ~ 7
	细亚砂土	<10	>50	3 ~ 10	1 ~ 7
粉土类	粉质亚砂土	<10	15 ~ 20	3 ~ 10	1 ~ 7
	粉土	<10	<20	3 ~ 10	1 ~ 7
	轻粉质亚黏土	<10	<40	10 ~ 20	7 ~ 12
	重粉质亚砂土	<10	>40	20 ~ 30	12 ~ 17
亚黏土类	轻亚黏土	<10	>40	10 ~ 20	7 ~ 12
	重亚黏土	<10	>40	20 ~ 30	12 ~ 17
黏土类	轻黏土	<10	<50	30 ~ 50	12 ~ 17
	重黏土	<10	<50	>50	>27

注：1. 表中土粒含量小于 0.05 mm 一栏系参考条件；

2. 砂土类土从大于 0.5 mm 颗粒部分开始，依次查表，采用第一适合的名称；

3. 一般情况下可用基本分类，只有在必要时采用亚类。

表 2-8　土的可松性参考数值

土的类别	体积增加百分比（%）		可松性系数	
	最初	最后	K_p	$K_{p'}$
一类土（种植土除外）	8 ~ 17	1 ~ 2.5	1.08 ~ 1.17	1.01 ~ 1.025
一类土（种植土、泥炭）	20 ~ 30	3 ~ 4	1.20 ~ 1.30	1.03 ~ 1.04
二类土	14 ~ 28	1.5 ~ 5	1.14 ~ 1.28	1.015 ~ 1.05
三类土	24 ~ 30	4 ~ 7	1.24 ~ 1.30	1.04 ~ 1.07
四类土（泥炭岩，蛋白石除外）	26 ~ 33	6 ~ 9	1.26 ~ 1.32	1.06 ~ 1.09
四类土（泥炭岩，蛋白石）	33 ~ 37	11 ~ 15	1.33 ~ 1.37	1.11 ~ 1.15
五 ~ 七类土	30 ~ 45	10 ~ 20	1.30 ~ 1.45	1.10 ~ 1.20
八类土	45 ~ 50	20 ~ 30	1.45 ~ 1.50	1.20 ~ 1.30

注：1. 最初体积增加百分比 $= \dfrac{(V - V_1)}{V_1} \times 100\%$；最后体积增加百分比 $= \dfrac{(V_3 - V_1)}{V_1} \times 100\%$；最初可松性系数 $K_{p'} = \dfrac{V_2}{V_1}$；最后可松性系数 $K_{p'} = \dfrac{V_3}{V_1}$（其中，$V_1$ 为开挖前土的自然体积，V_2 为开挖后的土的松散体积，V_3 为运至填方处压实后之体积）。

2. 在土方工程中：K_p 是计算装运车辆及挖土机机械的重要参数，$K_{p'}$ 是计算填方所需挖土量的重要参数。

表 2-9　土的压缩率参考值

土的类别		土的压缩率	1 m^3 松散土压实后体积(m^3)
一、二类土	种植土	20%	0.80
	一般土壤	10%	0.90
	砂土	5%	0.95
三类土	天然湿度黄土	12% ~17%	0.85
	一般土壤	5%	0.95
	干燥坚实土壤	5% ~7%	0.94

表 2-10　土的工地鉴别方法

项次	土壤名称	工地鉴别方法				
		在手掌中搓捻时的感觉	用放大镜看和用眼看的情况	土的情况		搓揉试验
				干土	湿土	
1	砂土	感觉是砂粒	看到的绝大部分是砂粒	松散	无塑性	搓不成土条
2	亚砂土	感觉有砂粒也有些黏土	砂粒比黏土多	土块用手捏或抛扔时易碎	无塑性	搓不成土条
3	细亚砂土	细砂粒较多也有些黏土	细砂粒比粗砂多	土块结合比亚砂土坚固	无塑性	可搓成直径为 5 mm 左右的短土条
4	粉土	大部分是干粉末	砂粒少,绝大部分是粉砂土	土块结合比亚砂土坚固	有流动性,土球经震动可成饼,在手中可成团	搓成土条时表面有水渗出
5	亚黏土	感觉有砂粒,小土粒易用手指捻碎	细土末中有砂粒	土块需要用力压碎	塑性小,有黏结力	不易搓成长条
6	粉质亚黏土	砂粒少,小土粒易用手指捻碎	有一部分细粉砂土颗粒	土块不坚硬,用锤可打成细土粒	有塑性,黏结力较大	不易搓成直径为 3 mm 的长条
7	重亚黏土	黏土中感觉有砂粒	砂土多于粉砂土	土块不太坚硬,用锤可打成细土块	有塑性,黏结力大	能搓成直径为 1 ~ 2 mm 的长条
8	黏土	不感觉有砂粒	大多是很细的粉末,一般没有砂粒	土块很坚硬,用锤可打成碎块	塑性大,黏结性很大,土团压成饼时,边缘不起裂缝	能搓成直径为 1 mm 的长条

第四节 土石方数量的计算与调配

路基土石方工程的工程量在整个工程项目中所占比例较大，它影响公路的造价、工期、用地等许多方面，是主要技术经济指标之一。土石方的数量及其调配关系到取土或弃土地点、公路用地范围，同时对工程造价、所需劳动力和机具设备的数量以及施工期限有一定影响。

土石方计算与调配的主要任务是计算每千米路段的土石数量和全线总土石方工程数量，设计挖方的利用和填方的来源及运距，为编制工程预(概)算、确定合理的施工方案以及计量支付提供依据。

由于自然地面起伏多变，填挖体积不可能是一个简单的几何体，若依实际地面起伏变化情况来进行土石方数量的计算，不仅繁杂，而且实用意义不大。因此，在公路的测设过程中，土石方的计算通常采用近似方法，计算精度按工程的要求而定。一般情况下，横断面的面积以平方米为单位，取小数后一位；土石方的体积以立方米为单位，取至整数。

一、横断面面积计算

路基填挖的横断面面积是指横断面图中地面线与路基设计线所围成的面积，常用的计算方法有以下几种。

(一)积距法

积距法的原理是把横断面面积垂直分割成宽度相等的若干条块，由于每一条块的宽度相等，所以在计算面积时只需量取每一条块的平均高度，然后乘以宽度即可得出每一条块的面积(见图 2-8)。

$$A_1 = b \times h_1, A_2 = b \times h_2, \cdots, A_i = b \times h_i (i = 1,2\cdots)$$

总面积
$$A = \sum A_i = b \times \sum h_i \tag{2-2}$$

式中 A——横断面总面积，m^2；

A_i——各横断面所分成的三角形或梯形条块的面积，m^2；

b——横断面所分成的三角形或梯形条块的宽度，m，通常为 1 m 或 2 m；

h_i——各横断面所分成的三角形或梯形条块的平均高度，m。

由此可见，积距法求面积就是在实际操作中转化为量取 h_i 的累加值，这种操作可以用分规按顺序连续量取每一条块的平均高度 h_i，分规最后的累计高就是 $\sum h_i$，将条块宽度乘以累计高度 $\sum h_i$，即为填或挖的面积。积距法也可以用厘米格纸拆成窄条作为量尺，每量一次 h_i 在窄条上画好标记，从开始到最后标记的累计距离就是 $\sum h_i$，然后乘以条块宽度 b，即为所求面积。

(二)坐标法

如图 2-9 所示建立坐标系，给定多边形各顶点的坐标，由解析几何可得多边形面积的计算公式为

$$A = \frac{1}{2} \sum (x_i y_{i+1} - y_i x_{i+1}) \tag{2-3}$$

式中 x_i, y_i——设计线和地面线围成面积的各顶点的坐标，m；

其他符号意义同前。

坐标法精度较高，方法较繁，适用于计算机计算。

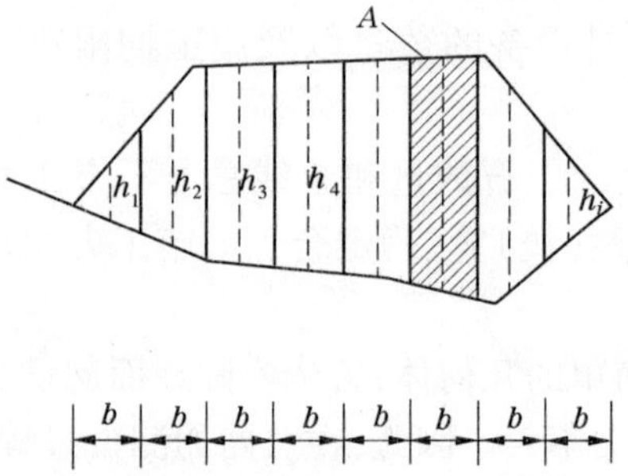

图 2-8 积距法计算示意图

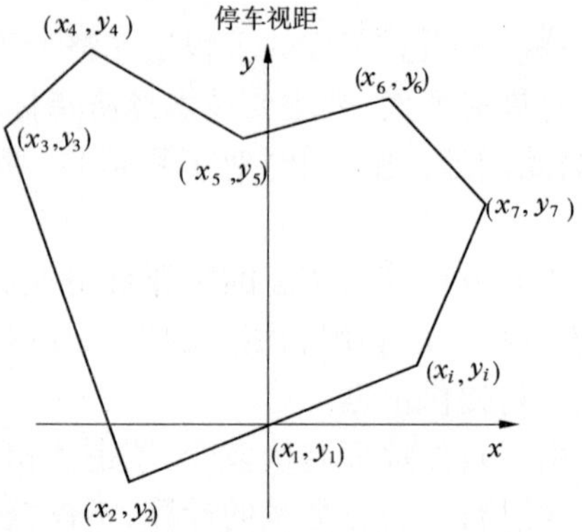

图 2-9 坐标法计算示意图

(三)几何图形法

当横断面的地面线较规则且横断面面积较大时，可将路基横断面分为几个规则的几何图形，分别计算各图形面积后相加得到总面积。

(四)混合法

在一个较大的横断面中，通常是几何图形法和积距法共用，即混合法，以加快计算速度。

在横断面面积计算中应注意以下几个问题：

(1)填方和挖方的面积应分别计算。

(2)填方或挖方中的土石因工程造价不同也应分别计算。

(3)有些情况下横断面上的某一部分面积可能既是挖方面积，又要算做填方面积。例如，遇淤泥既要挖除，又要回填其他材料。

二、填挖方体积计算

(一)平均断面法

假定两相邻断面组成一棱柱体，如图 2-10 所示，两断面即为棱柱体的上下底，中线距离(两桩号里程差)即为棱柱的高，其体积为

$$V = \frac{1}{2}(A_1 + A_2)L \tag{2-4}$$

式中 V——两断面间的体积，m^3；

A_1，A_2——横断面填或挖的面积，m^2；

L——两断面间的中线距离，m。

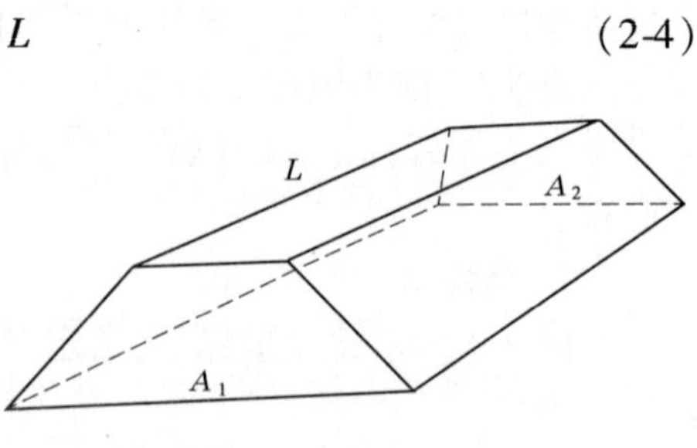

图 2-10 土石方计算示意图

(二)棱台体积

两个横断面面积相差较大时，用棱台体积公式计算误差相对较小，其公式为

$$V = \frac{1}{3}(A_1 + A_2)L\left(1 + \sqrt{\frac{m}{1+m}}\right) \tag{2-5}$$

其中 $m = \frac{A_1}{A_2}, A_1 > A_2$。

从式(2-4)与式(2-5)比较可知

当 $A_1 = A_2$ 时

$$V = \frac{1}{2}(A_1 + A_2)L = A_1L \quad (平均断面法)$$

$$V = A_1L \quad (棱台体积法)$$

当 $A_2 = 0$ 时

$$V = \frac{1}{2}A_1L \quad (平均断面法)$$

$$V = \frac{1}{3}A_1L \quad (棱台体积法)$$

只有在 $A_1 = A_2$ 时,平均断面法才是准确的,其他情况下这种计算结果比实际偏大;在极端情况 $A_2 = 0$ 时,平均断面法比棱台体积法计算结果扩大了20%。尽管如此,为简化计算,目前一般仍采用平均断面法计算填挖方体积。

三、路基土石方的调配

在路基的施工过程中,就某一断面的土石方而言,会发生三种情况:一是挖去多余的土形成路基,或者本桩有填有挖,利用了本桩的土后还有多余,需要调走(挖余);二是借其他地方的土形成路基,或者本桩有填有挖,利用了本桩的土后还不够,需要借土(填缺);三是本桩有填有挖,利用本桩的土填挖平衡(本桩利用)。

针对这些情况,"挖余"有两种处理方法:调至其他断面利用或弃土废方。"填缺"也有两种解决办法:从其他断面调土或从路外借土。土方调配就是要解决这些问题。

(一)调配原则

(1)先横向后纵向,填方首先考虑本桩利用,以减少借方和调运方数量。

(2)综合考虑不同的施工方法、运输条件、地形情况等因素,采用合理的经济用距。

(3)保护生态环境,避免或防止由于取土或弃土导致水土流失、河道堵塞、塌方等生态环境的恶化,要把保护生态环境放在重要的位置。这样工程造价可能有所提高,但远低于由于生态破坏后为恢复生态环境所付出的代价。

(4)土和石应分别调配。不同性质的土石应分别调配,以便分层填筑,分别计价。

(5)考虑到施工的因素,土石方一般不跨深沟或上坡调运;借土、废方要考虑借土还田,整地造田,排灌养殖,使公路建设和其他相关方面形成良性循环。

(二)调配计算中出现的问题

1.免费运距

根据公路工程概算定额和预算定额,土方作业包括挖、装、运、卸等工序,这里的运是指在规定的距离范围内,只按土石方数计价,计价中包括了挖、装、运、卸的所有工作,而不再计算运费,这个不再计算运费所规定的距离就是免费运距。施工方法不同,免费运距也不同,如人工作业时,人工运输的免费运距为20 m,铲运机的免费运距为100 m,各种作业方法的免费运距可以在《公路工程概算定额》和《公路工程预算定额》中查到。

2. 经济运距

填方用土来源：一是路上纵向调土，二是路外就近借土。一般情况下，调运路堑挖方来填筑距离较近的路堤是比较经济的，但如果调运距离过长，以致运价超过了在填方附近借土所需费用时，这种以挖作填就不如在附近借土经济，因此采用“调”还是“借”，有个限度距离，这个限度距离称为经济运距，可按式(2-6)计算为

$$L_{经} = \frac{B}{T} + L_{免} \tag{2-6}$$

式中 $L_{经}$——经济运距，m；

B——借方单价，元/m^3；

T——超运运费单价，元/（m^3 · m）；

$L_{免}$——免费运距，m。

这个公式的含义是在考虑了免费运距之后，调土的费用和借土的费用相等时的距离即经济运距，换言之，纵向调土超过了经济运距，就不如借土合算了。

在计算运距时注意预算定额的规定：土石方的运距，第一个 20 m(指人工运输)为免费运距，如不足 20 m 也按规定以 20 m 计，此后每增加 10 m 为一个超运运距单位，尾数不满 5 m 时不计，满 5 m 时按 10 m 计。这个超运运距单位称为“级”。

3. 平均运距

调土一般是分段进行的，从挖方段体积重心到填方段体积重心之间的距离称为平均运距。判断调土是免费运距还是经济运距，只需和平均运距比较即可。为了简化计算，通常用挖方段的中心到填方段的中心的距离来表示平均运距。在纵向调运中，当其平均运距超过免费运距时，应按其超运运距计算土石方运量。

4. 运量

调配土石方的数量与调运距离的乘积称为运量。在这里调运距离是指超运运距，而不包括免费运距，而且运距在计价中是按“级”来计算的，因此运量为

$$W = QN \tag{2-7}$$

式中 W——运量，m^3；

Q——调配土石方数量，m^2；

N——平均超运运距单位，其值为

$$N = (L - L_{免}) / T$$

L——平均运距，m；

$L_{免}$——免费运距，m；

T——超运运距单位，m。

5. 计价土石方数量

在土石方计算与调配中，所有挖方均应计价，但填方则应按土的来源决定是否计价，如果是路外借土就应计价，如果是移“挖”作“填”的纵向调配利用方，则不应再计价，否则形成双重计价(即路堑挖方和路堤填方两次计价)。计价土石方数量为

$$V_{计} = V_{挖} + V_{借} \tag{2-8}$$

式中 $V_{计}$——计价土石方数量，m^3；

$V_{挖}$——挖方数量，m^3；

$V_{借}$——借方数量，m^3。

或

$$V_{计} = 挖方 + 填方 - 利用方$$

（三）调配方法

路基土石方数量计算表调配法是土石方调配常用方法之一，它具有简捷、方便、清晰、精度符合要求的特点。调配的方法与步骤如下：

（1）填表计算。在完成了路基土石方数量计算并复核无误后，计算并填写路基土石方计算表中的"本桩利用"、"填缺"、"挖余"各栏，其闭合式为

$$填方 = 本桩利用 + 填缺$$

$$挖方 = 本桩利用 + 挖余$$

（2）分析判断。根据"填缺"、"挖余"的分布情况，分析调土的方向和大致的数量，然后按施工方法、运输方式选定经济运距，并以此综合其他因素确定最大调运距离、调配方向和数量。经纵向调运后如有填方不足，应考虑借方，本桩利用后又未调运的挖方按废方计。

（3）表格填写。在分析的基础上进行计算，并把结果填入相应栏中。在"远运利用纵向调配示意"栏内，用箭头线表示调配方向，并标注调运土石方数量及超运运距的级数（一级记为①，二级记为②，其余依次类推），在"借方数量及运距"和"废方数量及运距"栏内分别填入本桩路外借土的数量和本桩的废方，分别填入相应的级数。最后计算总运量，总运量是本桩废方、借方、调运数量与级数乘积的总和。

（4）复核。调配完成后按下式分项核算

$$填缺 = 远运利用 + 借方$$

$$挖余 = 远运利用 + 废方$$

每千米核算：

$$（跨千米调入方）+ 挖方 + 借方 =（跨千米调出方）+ 填方 + 废方$$

每千米土石方数量计算与调配完成后，填写"路基每千米土石方数量表"，并进行全线总计和复核。

四、横断面设计成果

横断面设计成果主要是横断面图和路基土石方数量计算表。

（一）横断画图

比例尺一般用1:200，每页图纸的右上角应标明横断面图的总页数和本页图纸的编码数，在横断面图上要标注桩号、填（挖）高度、填（挖）面积、边坡坡度，在有超高、加宽的断面还要标明其相应数值。

（二）路基土石方数量计算表

路基土石方数量计算和调配是计算工程数量的主要环节，它直接影响工程数量正确与否。因此，在填表和计算中要注意每一栏的相互关系，做到填表、计算、复核三个环节协调统一，以保证数据的准确性。

第五节　路基施工的程序

一、进行施工调查、审核设计文件

施工单位接到施工设计文件后，组织有关技术人员进行审核，充分了解设计意图，核对地形及地质资料，如发现误差，应与设计人员联系更正设计错误。审核后的设计文件，应作好审核记录和审核人签字。

路基施工调查是进行路基土石方调配和施工组织设计的第一手资料，除了解当地地形条件、水文气象等资料外，应着重收集下列资料：

(1)特殊土地区和特殊条件下路基地质情况、河道情况、地下水位、冻结深度、风沙或泥石流季节等。

(2)核对土石方类别及其分布，进行填料初步核查和试验。调查高填、深挖、站场施工环境条件及取土、弃土困难地段的填料来源、弃土位置和运土条件(包括运距、道路交通情况)等。

(3)大量石方爆破地段的地形、地貌、地质、附近居民、建筑物、交通与通信设施情况。

(4)农作物收、种季节及平均产量和办理用地补偿工作所需的资料。

(5)为办理房屋、道路、管路、线路等拆迁补偿工作和清理施工场地所需的资料。

(6)改建既有线路或增建二线并行路基时，既有线路的运营情况、路基状况，以及为采取安全合理、施工方便的工程措施所需的资料。

(7)修筑各项临时工程、施工机械及运输组装场地、施工防排水措施所需的资料。

(8)施工组织总设计和合同要求情况。

根据沿线调查资料，写出调查报告，提出施工初步安排意见、施工中存在的问题及解决的措施。

二、测量放线

完成现场交桩之后，必须完成中线、水准的贯通测量，并与相邻地段贯通闭合，然后才施放线路中线桩和路基边桩，中线、边桩的测量误差必须符合测量技术规则的有关规定。测量工作必须贯彻双检制。

三、征租土地

工程用地及界内(俗称红线内)设施的拆迁、补偿必须遵守现行的《国家建设征用土地条例》的有关规定。通常的办法是依据设计规定的路基用地与取、弃土用地范围划定用地界限，计算征地数量；同时依据施工准备、料场、生产和生活房屋等计算租地数量，向政府土地管理机关报送征、租地计划，经批准后按政府统一定价补偿。

四、拆迁建筑物

用地范围内的既有房屋、道路、水渠、水井、通信电力设施、各种管道、坟墓、祠堂庙宇以及文物、永久测量标桩、地质或地震长期观察设施等公私建筑和土地附着物，应按设计详细核查清楚，会同业主及有关单位依据设计部门提供的协议书确定搬迁、拆除或防护方案和完成期限，并明确负责者，订立合同（或协议），写明补偿依据和标准金额，于开工前办妥拆迁。

五、修建施工便道（包括渡口、码头等）

施工便道宜结合地方交通部门规划的永久性道路计划，参照临时道路标准进行修建，并力求避免与铁路、通信电力线路、农田灌渠和各种大型管道平交，当无法避免时，应与所属业主订立协议，按有关安全技术规定设置标志。

六、设置排水系统

不论是填方、挖方，开工前应按设计图纸和规范的有关规定将急需的永久性排水工程先行施工，并按施工过程的需要设置临时排水系统，以降低土壤含水率和地下水位，确保基底稳定。

七、编制土石方调配方案

路基土石方工程的施工工程数量并不取决于路基建筑物几何体积的计算，而是取决于路基土石方的调配方案。路基工程是一种填挖相间的建筑物，在比较经济的前提下，争取最大限度地移挖作填，就能最大限度地降低施工工作量。土石方调配方案是解决这一问题的工具。

八、编制路基工程施工组织设计

对于路基工程，只是重点土石方地段或特殊地质地段须编制单位工程实施性施工组织设计；对于一般路基地段，多包含在施工组织总设计中。

九、组织路基工程的开挖或填筑

按施工组织设计开挖或填筑路基。

十、组织路基的平整工作

路基平整工作就是按照设计标准平整路面，修刷路堑边坡，开挖侧沟，整理弃土堆，修整路堤边坡、护道、取土坑等。

十一、修建路基支挡建筑物及路基加固防护工程

有关修建路基支挡建筑物及路基加固防护工程，项目众多且较零星，往往受到忽视，然而该工程是保证路基主体工程得以稳固的根本措施，如各种天沟、侧沟、排水沟等地面排水工程；抹面、喷浆、勾缝、砌护墙、砌护坡、栽草、铺草皮等坡面防护工程，防淘、防冲刷、导流、改河等治河工程。

十二、整修工作

整修工作是基本工作完成后的最后一道工作，可以使用机械或人力进行，使路基部分的几何形状和尺寸符合设计要求。

第六节 公路自然区划

我国地域辽阔，各地气候、地形、地貌、水文地质等自然条件相差很大，而这些自然条件与公路建设密切相关。为区分不同地理区域的自然条件对公路工程影响的差异性，并在路基路面的设计、施工和养护中采取适当的技术措施和合适的设计参数，以体现各地公路设计与施工的特点，侧重必须解决的问题，更有利于保证公路的质量和经济合理，经过长期研究，制定了《公路自然区划标准》(JTJ 003—86)。

制定公路自然区划的原则是：①道路工程特征相似；②地表气候区划差异性；③自然气候因素既有综合作用又有主导作用。为使自然区划便于在实践中应用，结合我国地理、气候特点，将全国的公路自然区划分为三个等级。

一、一级区划

首先将全国划分为多年冻土、季节冻土和全年不冻土3大地带，然后根据水热平衡和地理位置，划分为冻土、温润、干湿过渡、湿热、潮湿、干旱、高寒7个大区。即

Ⅰ——北部多年冻土区； Ⅱ——东部温润季冻区； Ⅲ——黄土高原干湿过渡区；

Ⅳ——东南湿热区； Ⅴ——西南潮湿区； Ⅵ——西北干旱区；

Ⅶ——青藏高寒区。

7个一级自然区的路面结构设计注重的特点各有不同，根据各地区经验可归纳如下。

(一) Ⅰ区——北部多年冻土区

该区北部为连续分布多年冻土，南部为岛状分布多年冻土。对于泥沼地多年冻土层，最重要的道路设计原则是保温，不要轻易挖去覆盖层，使路堤下保持冻结状态，若受大气热量影响融化，则后患无穷。对于非多年冻土层的处理方法则不同，需将泥炭层全部或局部挖去，排干水分，然后填筑路堤。该区主要是林区道路，路面结构为中级路面。林区山地道路因表土湿度大，地面径流大，最易翻浆，应采取换土、稳定土、砂垫层等处理方法。

(二) Ⅱ区——东部温润季冻区

该区路面结构的突出问题是防止翻浆和冻胀。翻浆的轻重程度取决于路基的潮湿状态，可根据不同的路基潮湿状态采取不同的措施。该区缺乏砂石材料，采用稳定土基层已取得一定的经验。

(三) Ⅲ区——黄土高原干湿过渡区

该区的特点是黄土对水分的敏感性，干燥土基强度高、稳定性好。在河谷盆地的潮湿路段以及灌区耕地，土基稳定性差、强度低，必须认真处理。

(四) Ⅳ区——东南湿热区

该区雨量充沛集中，雨型季节性强，台风暴雨多，水毁、冲刷、滑坡是道路的主要病害，路面结构应结合排水系统进行设计。该区水稻田多，土基湿软、强度低，必须认真处理。由于气温高、热季长，要注意沥青类面层材料的热稳定性和防透水性。

(五) Ⅴ区——西南潮湿区

该区山多，筑路材料丰富，应充分利用当地材料筑路，对于水文不良路段，必须采取措施，稳定路基。

（六）Ⅵ区——西北干旱区

该区大部分地下水位很低，虽然冻深多在 100～150 cm 以上，但一般道路冻害较轻。个别地区（如河套灌区、内蒙古草原洼地）地下水位高，翻浆严重。丘陵区 1.5 m 以上的深路堑冬季积雪厚，雪水浸入路面造成危害，所以沥青面层材料应具有良好的防透水性，路肩也应作防水处理。由于气候干燥，砂石路面经常出现松散、搓板和波浪现象。

（七）Ⅶ区——青藏高寒区

该区局部路段有多年冻土，须按保温原则设计。由于地处高原，气候寒冷，昼夜气温相差很大，日照时间长，沥青老化很快，又因为年平均气温相对偏低，路面易遭受冬季雪水渗入而破坏。

二、二级区划

二级区划仍以气候和地形为主导因素，但具体标志与一级区划有显著区别。一级自然区的共同标志为气候因素潮湿系数 k（年降水量与年蒸发量之比）和地形因素是独立的地形单元。二级区划的划分则需因区而异，将上述标志具体化或加以补充，其标志是以潮湿系数 k 为主的一个标志体系。

根据二级区划的主导因素与标志，在全国 7 个一级自然区内又分为 33 个二级区和 19 个副区（亚区），共有 52 个二级自然区。各二级区的区界、自然条件对工程的影响详见有关标准。

三、三级区划

三级区划是二级区划的进一步划分。三级区划的方法有两种：一种是按照地貌、水文和土质类型将二级自然区进一步划分为若干类型单元，另一种是继续以水热、地理和地貌等标志将二级区划细分为若干区域。各地可根据当地的具体情况选用。

本章小结

（1）路基工程的特点：路基土石方工程量大，沿线分布不均匀。路基工程的项目较多，施工方法多样化，简单的工序中常常遇到极为复杂的技术方面和管理方面的难题。公路施工是野外操作，经常会遇到自然条件差，运输不便，设备与施工队伍的供应与调度困难；路基工地分散，工作面狭窄，遇有特殊地质不良现象。

（2）路基施工的基本方法：人工和半机械化、水力机械、爆破施工、机械化施工。

（3）公路横断面的组成：行车道、中间带、路肩、边坡、边沟、截水沟、护坡道以及专门设计的取土坑、弃土堆、环境保护等。

（4）路基的附属设施：取土坑、弃土堆、护坡道、碎落台、堆料坪等路基附属设施。

（5）断面设计的基本要求：稳定性、经济性、规范性、兼顾性。

（6）路基填挖的横断面面积是指横断面图中地面线与路基设计线所围成的面积。

（7）公路自然区划的原则是：①道路工程特征相似；②地表气候区划差异性；③自然气候因素既有综合作用又有主导作用。

【小知识】砂浆砌体的养护

为了使砂浆能在适当温度与湿度条件下凝结、硬化,使之达到设计强度,防止出现裂纹、松散现象,必须对砌体进行养护。养护时应注意以下几点:

(1)已砌好但未凝固好的砌体不得受震,也不准承受荷重。砌体砂浆凝固之后,若有个别石块松动应拆除重砌。拆除时,要特别注意不要影响邻近石块。

(2)新砌圬工已完工(或告一段落),应用湿草袋将砌体盖好。一般情况下,砌完 0 ~ 12 h(气候炎热为 2 ~ 3 h)之后,就须洒水养护。养护时间为 7 ~ 14 d(根据天气条件、水泥品种而定)。当气温低于 5 ℃时,不得对砌体洒水,只宜覆盖保湿保温。

(3)养护应有专人负责,经常洒水,洒水的次数以能保持砌体湿润为度。一般情况下,最初的 3 d,白天至少每隔 3 h 洒水一次,夜间一次;3 d 后,每昼夜至少洒水 3 次。

(4)养护期内应注意天气变化,防止冻害。一般情况下,当砂浆强度未达到设计强度的 70% 时,不得遭受冻害。

复习思考题

2-1　路基工程有哪些特点?

2-2　如何保证路基工程的高质量标准和要求?

2-3　路基施工有哪些基本方法?各自适用性如何?

2-4　怎样理解机械化施工的意义?

2-5　简述路基横断面的设计步骤。

2-6　路基横断面由哪几部分组成?各种典型路基横断面分别适用于什么情况?

2-7　简述路基土石方调配的原则和方法。

2-8　路基横断面图上包括哪些内容?它们各自的功能是什么?

2-9　公路自然区划的原则是什么?

第三章　填方路堤施工

职业能力目标与学习要求

通过对公路填方路堤施工的学习，使学生对路堤工程施工的特点、施工方法、土质、机械的使用有一定的了解和掌握，通过学习提高学生分析问题的能力，为今后从事施工员、试验员、管理员工作奠定良好的基础。

教学重点

1. 填方路堤施工特点；
2. 各类土方路堤施工的方法和要求。

第一节　填方路堤施工要求和准备

一、施工要求

（1）由于路堤存在沉降和稳定问题，特别是高路堤可能发生的稳定性问题，因此要求其施工质量较高，无论对基底的处理、填料的选择、排水措施、压实标准的控制等方面都要求较严，从而保证路基的稳定性与耐久性。

（2）高速公路路堤一般都比较高，所需土方量又很大，为确保施工质量和进度，所以以机械化作业为宜。基底处理，填料的开挖、运送、摊铺、压实均宜采用一系列的机械进行施工。

（3）高速公路采用封闭形式，桥涵、孔道（汽孔、人孔、拖孔）较多，结构增多势必带来结构物两端路堤的填筑与压实困难问题。因此，在施工中应采用各种技术措施，确保路堤的填筑压实质量，从而减少桥头跳车。

（4）为尽量减少路堤沉降，提高路堤稳定性，必须广泛采用新材料、新工艺、新设备和新的检测手段，如采用粉煤灰填筑路堤和重型压实标准等。

（5）高速公路施工中必须做好环境保护和绿化工作。施工过程中原有的水土、植被、地貌都不应由于施工而遭到破坏，填料中不能含有有害物质，以防止环境受到污染。

二、路堤施工前准备工作

（1）开工前，应在全面熟悉设计文件的基础上进行现场核对和施工调查，发现问题及时根据有关程序提出修改意见并报请变更设计。

（2）施工前调查的内容包括：①工程范围内的地形、地质、水文和地面排水情况；②工程范围内的交通和地上、地下的构筑物及公用管线情况；③施工现场的供水、供电、电信设备及场内外运输线路、生产和生活设施的设置地点等情况；④沿线附近可供取土的地点和可供排水的沟渠和涵管等情况；⑤施工现场附近测量标志及需要保护的植物和构筑物等情况。

(3)根据现场收集到的情况、核实的工程数量,按工期要求、施工难易程度和人员、设备、材料准备情况,编制实施性的施工组织设计,并报监理工程师审批。经批准同意后,即可提出开工报告,获准后方可开工。

(4)征地拆迁、场地清理,其内容包括由业主办理征地用地手续;对用地范围内的既有房屋、道路、河沟、通信、电力设施、上下水道、坟墓及其他建筑物,应协助有关单位事先拆迁或改造;对路基附近的危险建筑物予以适当加固;对文物古迹应妥善保护。

路基用地范围内的树木、灌木丛等均应在施工前砍伐或移植清理并将树根全部挖除,将坑穴填土夯实。

此外,还应根据图纸要求进行放样、编制施工预算,对准备用做填料的土进行物理、力学性质试验。

(5)做好排水设施。应事先做好截水沟、排水沟等排水及防渗设施,特别是多雨地区和雨季施工更要加强这方面的工作。路堤施工中各施工层表面不应有积水,表面应做成2% ~ 4%的横坡。雨季施工或因故中断施工时,必须将施工层表面及时修理平整并充分压实。

三、填方路堤边坡坡度

水稻田或长年积水地带,用细粒土填筑高度在6 m以上时,其他地带填土或填石路堤高度在20 m以上时,应按高填方路堤处理。通常采用折线形或阶梯形边坡。折线形边坡为自上而下逐渐放缓边坡斜度,阶梯形边坡是在中间设置护坡平台,平台上下段的边坡斜度可以相同,也可以不同。路堤的边坡坡度可参照表3-1执行。路肩边缘应设置护栏,路基宽度可相应增加边坡适当进行防护与加固。

表3-1　路堤边坡坡度

填料种类	边坡高度(m)			边坡坡度	
	全部高度	上部高度	下部高度	上部坡度	下部坡度
细粒土	20	≤8	≤12	1:1.5	1:1.75
粗粒土	20	≤8	≤12	1:1.5	1:1.75
巨粒土	20	≤8	≤12	1:1.3	1:1.5

注:采用台阶式边坡时,下部边坡可采用与上部边坡一致的坡度。

在地势低、水文条件较差的地段,应特别注意控制最小填土高度,力求不低于按自然区划和土质等所规定的临界高度,使路基处于干燥或中湿状态。在矮路堤高度小于1.0 m时往往接近或小于应力作用区深度,除填方本身要求高质量外,地基往往需特殊加以处理和加固,如清除基底、换土、设置隔离层和地下排水、加铺砂砾石垫层或用砂桩、石灰桩等加固。

当填方高度在2.0~3.0 m时,填方数量较少,可在路基两侧设置取土坑,使之与排水沟渠结合。路堤近旁的沟渠较宽或沿河浸水路堤,为保护填方坡脚不受流水侵害,可在坡脚与沟渠之间预留1.0~2.0 m甚至4.0 m宽的护坡道。

原地面倾斜的全填路堤,当倾斜度陡于1:5时:若为土质地面需将原地面挖成台阶土质地面,台阶宽度等于或大于1.0 m,向内倾斜1% ~2%;若为石质地面,则须将原地面凿毛。原地面坡度陡于1:2时,宜设置石砌护脚等断面形式,倾斜地面的填方上方坡脚,需采取措施阻止地面水渗入路基内。

四、填方路堤一般要求

(一)路堤填料要求

(1)不得使用淤泥、沼泽土、冻土、有机土、含草皮土、生活垃圾、树根和具有腐朽特征的土。

(2)液限大于50%,塑性指数大于26的土以及含水量超过规定的土,不得直接作为路堤填料。需要使用时必须采取满足设计要求的技术措施进行处理,经检验合格后方可使用。

(3)采用粉煤灰等工业废料作为路堤填料时,应按照设计或有关规定进行施工。

(4)路基填方材料应有一定的强度要求,野外取土试验,其填料最小强度(*CBR*)值应符合表3-2的规定。

表3-2　高速公路路基填料最小强度(*CBR*)和最大粒径

填料应用部位(m)(路面底面以下深度)		填料最小强度(*CBR*)(%)			填料最大粒径(mm)
		高速公路、一级公路	二级公路	三、四级公路	
路堤	上路床(0~0.30)	8	6	5	100
	下路床(0.30~0.80)	5	4	3	100
	上路堤(0.80~1.50)	4	3	3	150
	下路堤(>1.50)	3	2	2	150
零填及挖方路基	(0~0.30)	8	6	5	100
	(0.30~0.80)	5	4	3	100

注:1. 表中填料最小强度按《公路土工试验规程》(JTJ E40—2007)规定的浸水96 h的*CBR*值试验方法测定;

2. 三、四级公路铺筑沥青混凝土和水泥混凝土路面时,应采用对二级公路*CBR*值的规定;

3. 表中对上、下路堤填料最大粒径为150 mm的*CBR*值的规定不适用于填石路堤和土石路堤。

(二)施工方法

土方路堤根据路段地段的不同,分别采用水平分层填筑法和纵向分层填筑法两种。水平分层填筑法,即按设计断面分成水平层次,逐层向上填筑,每填一层,需经压实符合要求后,再填一层。纵向分层填筑法,原地纵坡大于12%的路段,应沿纵坡分层,逐层填压密实,采用机械碾压时,分层最大松铺厚度不超过30 cm。

路堤填筑一般应采用机械化施工,操作程序如图3-1所示。

图3-1　路基填筑机械化施工程序

机械作业时,应根据工地地形、路基横断面形状和土方调配图等,合理确定机械运行路线。土方集中工点应有全面、详细的机械运行作业图据以施工。填高在3 m以内的路堤,可采用两侧取土,以推土机从两侧分层推填,并配合平地机分层整平。土的含水量不够时,用洒水车洒水,用压路机分层碾压。

取土场运距在1 km范围内时,可用铲运机运送,辅以推土机开道、翻送硬土、平整取土段、清除障碍和助推。超过1 km范围时,可用松土机械翻松,用挖掘机或装载机配合自卸车运输。用平地机平整填土,配合洒水车和压路机碾压。汽车配备数量应根据运距远近及车型确定。当卸装范围内有一定高差,汽车等运输方式受到地形和其他条件限制时,可采用卷扬机牵引、空中索道运输。

表3-3为路堤填筑机械化施工主要机械设备,可作为一般参考。

表3-3　路堤填筑机械化施工主要机械设备

机械种类	数量	说明	机械种类	数量	说明
挖掘机(1.5 m^3)	2台	运距在5 km以内	平地机(16G)	2台	
自卸车(15~20 t)	10辆		羊足碾、振动压路机(16 t)	1台	
推土机(GH-140)	2台		振动压路机(YZ16)	2台	

(三)路基压实

填土经过挖掘、搬运,原状结构已被破坏,土团之间留下了许多孔隙。在荷载作用下,可能出现不均匀或过大的沉陷或坍落,甚至失稳滑动,所以路基填土必须进行压实。对于由土层构成的路堑表面,为改善其工作条件,也应予以压实。

影响压实效果的因素主要包括以下几个方面。

1. 含水量

土的含水量对压实效果的影响比较显著。当含水量较小时,由于粒间引力,使土保持着疏松状态,土中孔隙大都互相连通,但由于水膜润滑作用不明显,土粒相对移动也不容易,因此压实效果较差。当含水量逐渐增大时,水膜变厚,起着滑润作用,引力缩小,外部压实功能易使土粒移动,压实效果渐佳。当土中含水量过大时,孔隙中出现了自由水,压实功能的一部分被自由水抵消,效果反而降低。由击实试验所得的曲线图可以看出曲线有一峰值,称为最大干密度,与之对应的称最佳含水量。这就得出一个结论,只有在最佳含水量的情况下压实效果才最好。

但当含水量较小时,土粒间引力较大,虽然干密度较小,但其强度可能比最佳含水量时还要高。可是此时因密实度较低,孔隙多,一经饱水,其强度会急剧下降。这又得出一个结论,在最佳含水量情况下,压实的土水稳性最好。

2. 填土类别

在同一压实功能作用下,含粗粒越多的土,其最大干密度越大,而最佳含水量越小,即随着粗粒含量增多,其击实曲线峰点向左上方移动。因此,施工时应提前做好取土地点的代表性土样做击实试验。若发现土质有变化,应及时补做,并应做好试验路段,从中选出路基压实的最佳方案,以确定层铺厚度与碾压机械类型和碾压遍数的关系。

碾压机械的要求和选择可参见表3-4。

3. 压实功能

同一类土,其最佳含水量随压实功能的加大而减小,而最大干密度则随压实功能的加大而增大。当土偏干时,增加压实功能对提高干密度影响最大;偏湿时,则收效甚微。因而对偏湿的土,企图用加大压实功能的办法来提高土的密实度是不经济的。若土的含水量过大,此时就会出现弹簧现象。

表 3-4　各种土质适宜的碾压机械

机械名称	土的类别				说明
	细粒土	砂类土	砾石土	巨粒土	
6～8 t 两轮光轮压路机	A	A	A	A	用于预压整平
12～18 t 三轮光轮压路机	A	A	A	B	最常使用
25～50 t 轮胎压路机	A	A	A	A	最常使用
羊足碾	A	C 或 B	C	C	粉、黏土砂可用
振动压路机	B	A	A	A	最常使用
凸块式振动压路机	A	A	A	A	最宜使用于含水量较高的细粒土
手扶式振动压路机	B	A	A	C	用于狭窄地点
振动平板夯	B	A	A	B 或 C	用于狭窄地点，机械质量 800 kg 的可用于巨粒土
手扶式振动夯	A	A	A	B	用于狭窄地点
夯锤（板）	A	A	A	A	夯击影响深度最大
推土机、铲运机	A	A	A	A	仅用于摊平土层和预压

注：1. 表中符号：A 代表适用，B 代表无适当的机械时可用，C 代表不适用；

2. 土的类别按《公路土工试验规程》（JTJ E40—2007）的规定划分；

3. 对特殊土和黄土（CLY）、膨胀土（CHE）、盐渍土等的压实机械选择可按细粒土考虑；

4. 自行式压路机宜用于一般路堤、路堑基底的换填等的压实，宜采用直线式进退运行；

5. 羊足碾（包括凸块式碾、条式碾）应有光轮压路机配合使用。

4. 压实标准

路堤、路堑和路堤基底均应进行压实。土方路堤（含土、石）的压实度应不低于表 3-5 中的标准。

路堤基底应在填筑前进行压实。高速公路、一级公路和二级公路路堤基底的压实度不应小于 85%；当路堤填土高度小于路床厚度（80 cm）时，基底的压实度不宜小于路床的压实标准。

零填及路堑路床压实，应符合表 3-5 的规定，换填超过 30 cm 时，按表中压实度数值的 90% 的标准执行。天然稠度小于 1.1，液限大于 40%，塑性指数大于 18 的黏质土，用于下路床及上下路堤时，应进行处治或采用重型压实标准。

表 3-5　土方路堤压实度标准

填挖类型		路床顶面以下深度(m)	压实度(%)		
			高速公路、一级公路	二级公路	三、四级公路
路堤	上路床	0～0.30	≥96	≥95	≥94
	下路床	0.30～0.80	≥95	≥95	≥94
	上路堤	0.80～1.50	≥94	≥94	≥93
	下路堤	＞1.50	≥93	≥92	≥90
零填及挖方路基		0～0.30	≥96	≥95	≥94
		0.30～0.80	≥96	≥95	—

注:1. 表中压实度以《公路土工试验规程》(JTJ E40—2007)规定的重型击实试验法为准;

2. 三、四级公路铺筑水泥混凝土路面或沥青混凝土路面时,其压实度应采用二级公路的规定值;

3. 路堤采用特殊填料或处于特殊气候地区时,压实度标准根据试验路段在保证路基强度要求的前提下可适当降低;

4. 特别干旱地区的压实度标准可降低2%～3%。

路堤填筑至设计标高并整修完成后,其施工质量应符合表3-6的规定。

表 3-6　土方路堤施工质量标准

序号	检查项目	允许偏差			检查方法或频率
		高速公路、一级公路	二级公路	三、四级公路	
1	路基压实度	符合规定	符合规定	符合规定	施工记录
2	弯沉	不大于设计值	不大于设计值	不大于设计值	—
3	纵断高程(mm)	+10,-15	+10,-20	+10,-20	每200 m测4断面
4	中线偏位(mm)	50	100	100	每200 m测4点弯道加HY、YH两点
5	宽度	不小于设计值	不小于设计值	不小于设计值	每200 m测4处
6	平整度(mm)	15	20	20	3 m直尺:每200 m测2处×10尺
7	横坡(%)	±0.3	±0.5	±0.5	每200 m测4个断面
8	边坡坡度	不陡于设计坡度	不陡于设计坡度	不陡于设计坡度	每200 m抽查4处

5. 取土坑和弃土堆

路侧取土坑的设置应有统一规划,使之具有规则的形状及平整的底部。平原地区的高速公路及一级公路不宜设路侧取土坑。路线外集中取土坑应尽量设在荒坡、高坡上,使之能兼顾农田、水利、鱼池等设施。

取土坑底应设纵、横向坡度,以利排水。坑底纵坡坡度不宜小于0.3%,横坡坡度宜为

2% ~3%,并向外侧倾斜。取土坑出水口应与路基排水系统衔接。取土坑边坡坡度视土质性质而定,不宜陡于1:1,靠路基一侧不宜陡于1:1.5。

当地面横坡坡度陡于1:10时,路侧取土坑应设在路基上方一侧。填方路基设置路侧取土坑,路基边缘与取土坑底的高差大于2.0 m时,对于一般公路应设置护坡道,宽度为1~2 m,对于高速公路、一级公路护道坡宽度不小于3.0 m。

路基开挖的弃方首先考虑充分使用,如用于加宽路基或加固路堤,填补坑洞或路旁洼地,亦可兼顾农田水利或基建等所需,做到变废为用,弃而不乱。

第二节 粉煤灰路堤施工

一、一般要求

凡是电厂排放的硅铝型低铝粉煤灰都可作为路堤填料。由于是轻质材料,对减轻土体结构自重、减少软土地基路堤沉降、提高土体抗剪强度,均有很好的效果,且有废物利用、节约投资、减少污染和占地等社会效益。因此,目前在高速公路中,粉煤灰路堤已得到普遍采用。

粉煤灰路堤一般由路堤主体部分、护坡和封顶层(黏性土或其他材料),以及隔离层、排水系统等组成,其结构如图3-2所示。

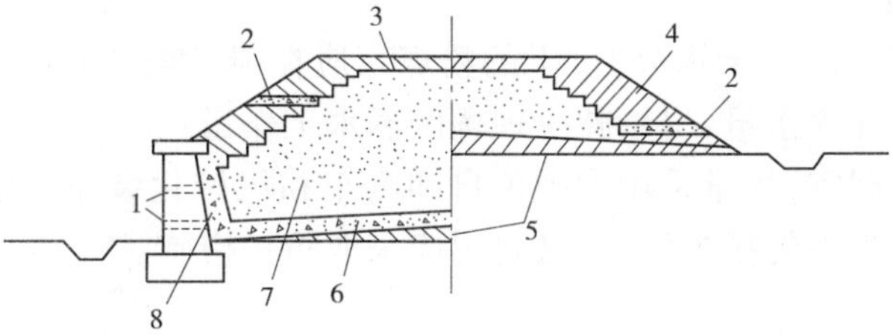

1—泄水孔;2—盲沟;3—封顶层;4—土质护坡;
5—土质路拱;6—粒料隔离层;7—粉煤灰;8—反滤层

图3-2 粉煤灰路堤结构示意图

粉煤灰路堤应先调查料源,做好必要的室内试验,以便掌握材料工程特性。室内试验可按表3-7进行。

表3-7 室内试验一览表

序号	试验内容	应提交的试验结果	说明
1	含水量	天然含水量范围	
2	相对密度	相对密度	必要时测定
3	密度	天然密度变化范围	
4	液限	液限	
5	颗粒分析	粒组成分、级配曲线	小于0.074 mm含量应大于45%
6	天然休止角	天然休止角度(干燥、水中)	必要时测定

续表 3-7

序号	试验内容	应提交的试验结果	说明
7	毛细水上升高度	强烈毛细水上升高度	必要时测定
8	化学分析	化学成分、烧失量、pH 值	烧失量小于 12%
9	重金属含量测定	浸出液有害微量元素含量报告	
10	击实试验	最大干密度、最佳含水量	重型击实
11	不排水抗剪强度	黏结强度 C、内摩擦角(饱水、不饱水)	
12	回弹模量	回弹模量值(饱水、不饱水)	必要时测定
13	承载比	*CBR* 值	必要时测定

对采用的护坡土,其塑性指数 I_p 应大于 6,并采用重型击实法进行击实试验。以上项目的试验方法均遵照《公路土工试验规程》(JTJ E40—2007)的规定执行。

二、粉煤灰路堤填筑施工步骤

工序包括基底处理、粉煤灰储运、摊铺、洒水碾压、养护与封层等,尤其是压实度能否满足要求又取决于摊铺厚度、含水量控制、压实机械种类和碾压遍数。因此,在正式施工前应先做试验路段,以便取得参数,指导施工。

(一)粉煤灰储运

过湿的粉煤灰应堆高沥干水分,过干的粉煤灰应在摊铺前 2 ~ 3 d 堆场洒水闷料,使含水量调节到略高于最佳含水量,尽量减少现场的洒水工作量。

运输方式要因地制宜,尽量采用大吨位自卸汽车和机械化装车,减少中转环节,降低运输成本。为防止运输途中的扬尘污染,必要时应采取防护措施。

(二)粉煤灰摊铺

粉煤灰摊铺前先放样画出路堤边线、土质护坡界线、盲沟位置等。边线要准确、顺直,弯道要圆顺,摊铺长度应以能够当天摊铺当天碾压完成为宜。粉煤灰路堤应采用水平分层填筑法施工,当分成不同作业段填筑时,先填地段应分层留台阶,使每个压实层相互重叠搭接,长度应大于 150 cm,以保证相邻作业段接头范围内的压实度。

土质护坡应与粉煤灰填筑同步进行。土质护坡摊铺宽度应保证削坡后的宽度满足设计要求,并做好土质护坡的排水盲沟。

摊铺前应在路堤中心、路堤边缘等处设置松铺厚度控制桩,粉煤灰松铺系数应通过试验确定,当无实测资料时,可按下列数值选用:人工摊铺 1.5 ~ 1.7、推土机摊铺 1.2 ~ 1.3、平地机摊铺 1.1 ~ 1.2,并在施工中予以调整。

(三)粉煤灰的含水量控制

虽然粉煤灰吸水量大,但泄水也快,所以控制碾压时的含水量应略大于最佳含水量是至关重要的一环。现场压实作业的实践证明:当含水偏小时,表层易起壳松散,在压路机轮下有推移现象产生,影响压实效果;当含水量略大于最佳含水量的 3% ~ 5% 时,碾压过程中表层略有溅水,碾压结束时表层较密实,且能达到要求的压实度。

已摊铺的粉煤灰因故造成过湿或过干,应晾晒或喷洒水分调整含水量,以达到 1.0 ~

1.1倍的最佳含水量为度。

(四)粉煤灰碾压

压实厚度应根据压实机械种类和压实功能大小而定,事先应进行碾压试验。一般20~30 t的中型振动压路机每层压实厚度不大于20 cm,中型振动羊角碾或40~50 t的重型振动压路机每层压实厚度不得大于30 cm。

碾压应遵循先轻后重、先低后高、先慢后快的原则。对人工摊铺的灰层宜先用履带式机具或3~12 t压路机静压1~2遍,稳压后,用振动压路机碾压3~4遍。机械摊铺的灰层可直接用20 t以上中型或重型振动压路机碾压3~4遍,再静压1~2遍。每层粉煤灰碾压结束后,应对其质量进行检测,检测项目如表3-8所示。

表3-8　中间质量检测项目频率及标准

序号	项目	频率	质量标准	说明
1	含水量	异常时随时测	在最佳含水量范围内	
2	外观	随时全面观察	无湿软弹簧、无明显轮迹	目测
3	填筑厚度	每层每100 m设控制断面	符合要求	挖坑检查
4	压实度	每层每100 m检查2处	不小于设计规定	环刀法或灌砂法
5	护坡宽度	每100 m检查1处	不小于设计值	皮尺丈量

对局部边角地带,如检查井周围、桥台或挡土墙后背、沟槽回填处等不能使用压路机碾压的部位,应采用小型手扶式振动压路机、蛙式夯实机进行碾压达到要求的压实度。由于粉煤灰压实时的含水量较高,为防止粉煤灰含有大量冰晶而影响压实效果和工程质量,施工气温应在0 ℃以上。铺筑上层时,应控制卸料汽车的行驶方向和速度,并不得在下层灰土上调头、高速行驶、急刹车等,以免造成压实层的松散。当粉煤灰填筑到路槽以下30 cm后,可换用与护坡土相同的黏性土进行封顶,以确保粉煤灰层的稳定性。

粉煤灰路堤压实度要求如表3-9所示。

表3-9　粉煤灰路堤压实度标准

填料应用部位(m)(路床顶面以下深度)		压实度(%)	
		二级及二级以上公路	其他等级公路
上路床	0.0~0.30	≥95	≥93
下路床	0.30~0.80	≥93	≥90
上路堤	0.80~1.50	≥92	≥87
下路堤	>1.50	≥90	≥87

注:1. 表中压实度以《公路土工试验规程》(JTJ E40—2007)规定的重型击实试验法为准;

2. 特别干旱或潮湿地区的压实度标准可降低1%~2%;

3. 封顶土层一般厚度为20~30 cm,按土方路基压实标准要求;

4. 灰土间隔路堤压实度要求可参照表3-9执行。

三、粉煤灰路堤施工实例

(一)已知条件

工程地处沉积平原地段,起讫桩号为 K120 + 000 ~ K125 + 600,全长 5.6 km。本段内地下水丰富,水位较高,沿线农田及排灌水渠纵横交错,大部分沟渠常年积水,水深达 1.2 ~ 6.3 m,属软弱地基。

由于粉煤灰自身具有重量轻、强度高、透水性好的特点,因此利用粉煤灰填筑路堤,沉降变形相对减少,从而也相应提高了地基的抗滑稳定性。此外,既能节约土地,又能减少污染和便于雨季施工,全线除桥头和涵洞两端外,均采用了超载预压 + 粉煤灰 + 砂砾垫层 + 土工织物砂垫层的方法进行处理。

粉煤灰路堤的施工全部采用电厂的湿排灰,共使用 23.92 万 m^3。粉煤灰路堤的结构形式如图 3-3 所示。

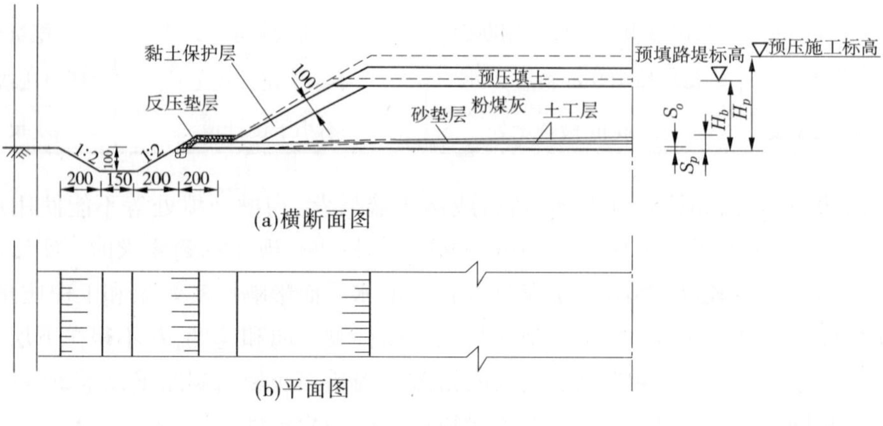

图 3-3 粉煤灰路堤结构形式 (单位:cm)

(二)粉煤灰击实标准的确定

目前,国内绝大部分电厂排放的粉煤灰均属硅铝型低钙粉煤灰,都可作为路堤填筑料使用。电厂的湿排灰也不例外,其烧失量在 8% 左右,但材质很不均匀,经多次取样进行筛分试验,发现灰场顶层的粉煤灰粒径小,底层粒径大,而使用的单位又较多,因此在装车时,按从上到下有顺序地进行,导致运输到路堤施工现场的粉煤灰粗细混合不均。试验人员如果按一般常规方法,确定一组最大干密度和最佳含水量值,并以这一组值去检测路堤压实度情况,就不能反映施工现场粉煤灰材质变化随意性很大的特点。如果在每次检查压实度前都进行击实试验,试验人员不仅劳动强度大,且跟不上进度的要求,很不可取。

把灰场的粉煤灰按粗、中、细、粗中混合、粗细混合、特细 6 个等级,分别取 6 组试样做击实试验。然后将样品装瓶保留,把试验结果用标签分别贴于标准样瓶上。检测人员在检测压实度前,先对照样品,根据其粗细等级确定击实标准。这样基本上能比较准确地检查出粉煤灰路堤填筑时的压实度。从表 3-10 中明显看出,由于细度不同,其击实标准差别也较大。

表 3-10　粉煤灰击实标准

试样编号	最大干密度（g/cm^3）	最佳含水量（%）	试样编号	最大干密度（g/cm^3）	最佳含水量（%）
1	1.161	29.4	4	1.068	35.7
2	1.153	301	5	1.053	35.9
3	1.138	32.4	6	1.027	42.1

（三）灰土下封层的施工

由于地下水位高，地表水又十分丰富，地面潮湿，而粉煤灰的渗透性比黏性土大得多，毛细现象又十分强烈，如果地下水透过粉煤灰反渗到路堤中，将很难保证路堤的稳定。因此，在填筑之前应先做灰土下封层，隔断地下毛细水对路堤的不利影响。所以，保证灰土下封层的厚度及压实度以及横坡坡度与宽度就显得非常重要。

（四）排水盲沟的施工

在第一层包边土碾压成型后，应立即进行测量放样，定出盲沟的中心点位置，按照设计尺寸开挖盲沟槽，然后在沟槽里先铺上 200～400 g/m^2 的无纺土工布，再填满碾压。为防止排水盲沟的淤塞，必须用土工布将碎石包裹严密，并保证盲沟一端紧贴粉煤灰，另一端刚好露出包边土外。由于包边土压实后，人工开挖有些困难，有的施工人员为了省力，在第一层包边土及粉煤灰没有压实前，就开挖沟槽做盲沟，然后再碾压。这样压路机直接碾压在盲沟上，很容易将包裹盲沟碎石的土工布压破，同时也易将沟槽两边的土挤入盲沟中，影响排水效果，所以安排好盲沟开挖与第一层包边土碾压施工顺序是保证盲沟质量的重要环节。

（五）粉煤灰洒水和成型

由于粉煤灰在灰场堆积时间很久，水分大部已蒸发，而灰场又不具备洒水条件，只能将粉煤灰运到路基再洒水调节其含水量。为避免运输车辆的停滞，应根据施工现场的洒水条件及摊铺碾压能力来合理组织运输设备，尽可能减少中转环节，以降低运输成本。力争做到摊铺一段，洒水一段，碾压成型一段。

在洒水过程中，有时只重视调整粉煤灰的含水量，使过多的水透过粉煤灰渗透到两侧包边土中，致使包边土含水量过大，出现翻浆而达不到要求的压实度。根据土的压实度与渗透的关系特点，同时也按照规范要求的“粉煤灰与包边土同步碾压”的原则，在上完包边土和粉煤灰后，应先将包边土用 F－410 推土机履带进行初步推压，然后再对粉煤灰洒水，将其含水量调节到比最佳含水量大 3% 左右，用平地机按 1.27 的摊铺系数整平。

（六）粉煤灰路堤接头的处理

按规范要求，先填筑的地段应留有台阶，使每个压实层相互重叠搭接，搭接长度应大于 150 cm。但在实际施工中，虽按要求分层留了台阶，而有时因施工组织不当，导致前后作业段间隔时间过长，或前面段落已完第二层，后面的段落还在上第一层，造成接头处的粉煤灰水分蒸发过大，使已碾压好的台阶失水而松散。这就需要重新洒水调整，同时应把原来的台阶长度往后加长到压实效果较好的粉煤灰层，再进行后面段落的施工。

（七）上封层的施工

公路地处软弱地区时，按设计要求，粉煤灰路堤填筑后，应进行上封层灰土的施工，然后填筑 110 cm 厚的预压土,进行超载预压 6 个月,再将土卸走,最后做路面结构层。但由于地基软弱层厚度不同,预压期的下沉深度也不会相同,于是产生不均匀沉降。顶层的上封层灰土很有可能因路基不均匀沉降而发生龟裂,并与粉煤灰层分离。因此,先进行超载预压,预压期完成卸载后,将粉煤灰顶层重新整平,恢复到原要求压实度,最后进行灰土上封层的施工。

第三节　桥涵等构筑物处的路堤施工

桥台台背、涵洞两侧及涵顶、挡土墙墙背的填筑,在这些构筑物基本完成后进行。由于场地狭窄,死角较多,又要保证不损坏构筑物,所以填筑压实比较困难,而且容易积水。如果填筑不良,完工后填土与构筑物连接部分出现沉降差,会发生跳车,影响行车速度、舒适与安全,甚至影响构筑物的稳定,所以要注意选好填料并认真施工。

一、一般要求

(一)填料

在下列范围内一般应选用渗水性土填筑:台背顺路线方向,上部距翼墙尾端不少于台高加 2 m 范围内,下部距基础内缘不少于 2 m 范围内;拱桥台背不少于台高的 3 ~4 倍范围内;涵洞两侧不少于孔径的 2 倍范围内。挡土墙回填部分,如果采用渗水土有困难时,在冰冻地区自路堤顶面起 2.5 m 以下,非冰冻地区高水位以下,可用与路堤相同的填料填筑。特别要注意的是不要将构筑物基础挖出来的劣质土混入填料中。

当不得不采用非渗水性土时,应在土中掺加石灰或水泥等稳定材料进行处理。

(二)填筑

桥台背后填土应与锥坡填土同时进行,涵洞、管道缺口填土应在两侧对称均匀回填。涵顶填土的松铺厚度小于 50 ~100 cm 时,不得通过重型车辆或施工机械;靠构筑物 1.0 m 范围内不得有大型机械行驶或作业。

(三)排水

桥涵等结构物处填土时,在施工中要竭力防止雨水流入,对已有的积水应挖沟或用水泵将其排除。对于地下渗水可设盲沟引出。当用非渗水土填筑时,应在其上设置横向盲沟或用黏性土等不透水材料封顶。挡土墙墙背应做好反滤层,使水能顺利地从泄水孔流出。

(四)压实

应在接近最佳含水量状态下,分层填筑,分层压实。每层松铺厚度不宜超过 20 cm。当采用小型夯实机具时,松铺厚度不应超过 15 cm,并应充分压(夯)实到规定的要求。

二、填土基底的加固处理

高速公路桥台填土路堤时,工后沉降控制标准一般在 10 cm 以内。因此,为尽量减少路、桥衔接处的沉降差异,往往采用加设钢筋混凝土搭板的形式。

正确处理好桥背软弱土地基,也是减少工后沉降、控制桥头跳车的重要技术措施。目前,处理软弱土地基的方法很多,如换土法、超载预压法、排水固结法、粉体搅拌法、高压喷射注浆法以及振动碎石桩和矿渣桩等复合地基法,这些方法均已广泛应用于高速公路的路堤施工中,并取得了显著的效果。

三、施工实例

(一)构筑物处路堤回填

1. 回填材料

除管涵外,所有构筑物的台背以及锥体护坡和基坑均回填透水性较好的砂性土(或用石灰土,管涵用路基土)。为了便于边坡植草,台后回填部分横向外侧两侧,各有 1.0 m 厚的路基土包封,并同路基顺接。

2. 回填范围

(1)台后部分:顺路线方向长度,底部离台身 1.0 m,然后按 1:1的边坡开挖台阶回填至与路面底基层底面交会处;当涵顶填土大于等于 40 cm 时,台背回填高度与板顶高度一致,板顶与路基用同一材料同时填筑(见图 3-4)。

(2)垂直线路方向至锥坡坡脚(1:1.5 方向)。

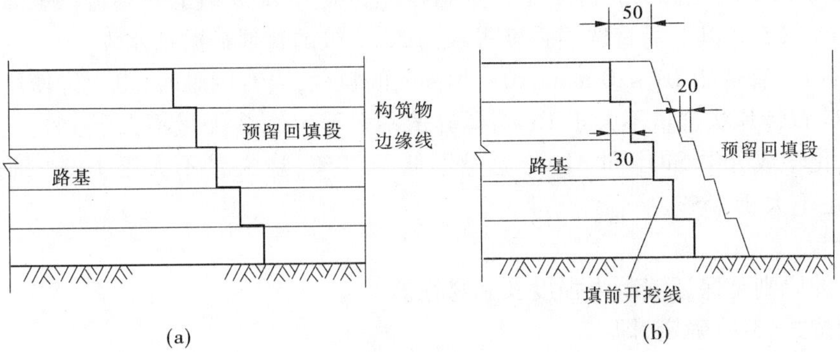

图 3-4　结合面预留台阶及分层填压　(单位:cm)

3. 压实度要求

(1)基坑回填压实度为 90%。

(2)台背部分:高度至路面底层以下 0 ~ 0.8 m 深度压实度为 95%,0.8 cm 以下压实度为 90%,锥坡压实度为 90%。

4. 施工中采取的主要技术措施

(1)构筑物有防水要求时,要先做好防水层,才能回填。

(2)每层松铺厚度原则上不大于 15 cm。从基础顶面开始,把每层填筑厚度在台背墙上作记号,以参照进行每层的施工。

(3)与台背相接的路基端头是控制的重点,对压实度应进行复测,以消除隐患。路基端头每层检查 3 个点,中间 1 个,两侧各 1 个。如果临近台背的第一桩号检测不满足要求,继续向路基方向的下一个桩号检测,直至合格为止,这样就可确定台背回填的实际范围。

(4)如台背回填为砂砾料,为解决顶层松散现象,顶层应做 30 cm 厚的 8% 灰剂量的石灰土封层,但回填总高度不变。

(二)无砂大孔混凝土回填桥涵台背的应用

高速公路地处山岭重丘区,路基土方施工难度大,高填方地段很多,工期要求又短,所以很多结构物施工采用先填后挖工艺。为避免结构物及桥头填土的漏压或压而不实,或局部沉降,采用粉煤灰无砂大孔混凝土作为所有管涵的基础和结构物回填及桥台台背填料。

1. 无砂大孔混凝土材料及配比

无砂大孔混凝土是指配合料中不掺砂,由少量水泥和粗集料及适量的水混合搅拌而成的混凝土。由于内部存在较大较多的孔隙,表观密度为 1 600 ~ 1 800 kg/m^3。根据集料不同可分为 A 型料、B 型料两种。A 型料主要用于台背回填及管涵两侧,B 型料主要用于管涵基础。

掺入少量的粉煤灰,以取代部分水泥的无砂大孔混凝土,称为粉煤灰无砂大孔混凝土。

1) 强度等级

其强度等级可划分为 C1.5、C2.5、C3.5、C5.0、C9.5 和 C10 六个等级。用做基础时的强度等级应达到 C2.5 以上,用做结构物回填部分时的强度等级应在 C1.5 以上,用做透水基层时的强度等级应在 C5.0 以上。

2) 材料要求

水泥。C5.0 以下的无砂大孔混凝土宜选用强度等级为 42.5 级的普通硅酸盐水泥或矿渣水泥。C5.0 及 C5.0 以上的宜选用强度等级为 52.5 级的普通硅酸盐水泥。

碎石(砾石)。宜选用 10 ~ 20 mm 、10 ~ 30 mm 的粒径,当有困难时,也允许使用 10 ~ 40 mm 的粒径。碎石针片状含量不大于 15% ,压碎值不大于 5% ,含泥量不大于 1% 。

粉煤灰。化学成分中 SiO_2 和 Al_2O_3 总量不低于 70% ,烧失量不大于 10% ,细度以 80 μm 标准筛测定不大于 25% 。

3) 配比设计

配比设计的原则是保证混凝土强度及和易性。

水泥用量按式(3-1)确定,即

$$C = A + BR_p \qquad (3\text{-}1)$$

式中 C——单位水泥用量,kg/m^3;

A、B——与集料品种、水泥强度等级有关的系数,按表 3-11 取值;

R_p——配制强度,MPa, $R_p = R_{28}(1 - C_v)$, R_{28} 为 28 d 设计强度,MPa,C_v 为变异系数,在 10% ~25% 内取值,一般水平取 15% 。

表 3-11 A、B 系数值

集料种类	水泥品种及强度等级	A	B
卵石	强度等级为 42.5 的普通硅酸盐水泥	37.19	20.5
卵石	强度等级为 52.5 的普通硅酸盐水泥	59.58	13.78
碎石	强度等级为 42.5 的普通硅酸盐水泥	69.36	$284.93/R_c$

注:R_c 为水泥 28 d 的测定强度,单位为 MPa。

水灰比按式(3-2)确定,即

$$W/C = a - bc \qquad (3\text{-}2)$$

a、b 值可按表 3-12 选取。

表 3-12　a、b 取值

集料种类	水泥品种标号	插捣方式	a	b
卵石	强度等级为 42.5 级的普通硅酸盐水泥	不插捣	0.560 0	0.001
卵石	强度等级为 52.5 级的普通硅酸盐水泥	不插捣	0.579 7	0.000 715
碎石	强度等级为 42.5 级或 52.5 级的普通硅酸盐水泥	人工全插捣	0.580 0	0.000 715
碎石	强度等级为 42.5 级或 52.5 级的普通硅酸盐水泥	锤击板法	0.537 2	0.000 791 4

每 1 m^3 无砂大孔混凝土的粗骨粒用量为碎(砾)石的紧堆密度的 0.98 倍。

2. 无砂大孔混凝土施工

1)搅拌

可采用各种普通混凝土拌和机搅拌无砂大孔混凝土。采用自落式搅拌机搅拌时，投料顺序为：①投入一半的水；②从前面加入石子和水泥；③投入余下一半的水；④搅拌 5 min；⑤出料。

2)成型

无砂大孔混凝土应分层浇筑，每层厚度为 20～30 cm，浇筑时自由落下高度应以不产生离析为前提，一般在 1.0 m 左右为宜。浇筑时，除转角处用插杆轻微插捣外，不允许强烈振捣或夯实，可用人工踩实，并对混凝土水平面整平。

3)养护

混凝土浇筑后，用麻袋或草袋覆盖以防止水分大量损失，浇筑后 1 d 开始洒水养护，养护 3～7 d，在终凝前不得被水冲淋。干热天气时，应在 8 h 后开始养护，淋水时不得用压力水直接冲淋混凝土表面。

4)质量评定标准

(1)无砂大孔混凝土的粗集料、水泥应经过试验，并满足规范要求。

(2)应进行配合比设计，选择最佳的水灰比以及最节省的单位水泥用量。

(3)浇筑的混凝土应做到粗集料分布均匀，无整片水泥浆或粗集料窝。

(4)施工中每一配比或每一结构部位至少取样两组，做 28 d 抗压强度试验，以试件平均强度作为验收强度。

(5)几何尺寸的要求与相应结构部位的质量检验评定要求相同。

(三)各种结构物回填形式

1. 涵洞通道的回填(先填后挖的涵洞)

(1)采用无砂大孔混凝土 A 型料满槽回填范围如图 3-5 所示。回填长度与涵长相同，其中图 3-5(b)是盖板涵洞，其回填范围从基础襟边外 30 cm 起至顶部(顶宽 1.0 m)的范围进行回填计量(包括涵洞顶 50 cm 厚)。

对于开挖基坑超宽部分，出于经济方面的考虑，可不采用无砂混凝土满槽回填而先填土。为保证回填土与混凝土接触处的压实度，应沿混凝土边开挖出宽 30 cm、深 150 cm、长度与涵长相同的坑槽，用无砂大孔混凝土 A 型料回填，如此反复，直至涵顶。

2. 桥台台背回填

U 形桥台台背回填：在 U 形桥台台背中先用无砂大孔混凝土 A 型料满槽回填，回填高

300 cm(自基底算起),然后再用上路床填料回填主台背顶,上路床填料与台背周边接触处应再挖 30 cm 宽,回填无砂大孔混凝土 A 型料,保证台背周边的压实度,见图 3-6。

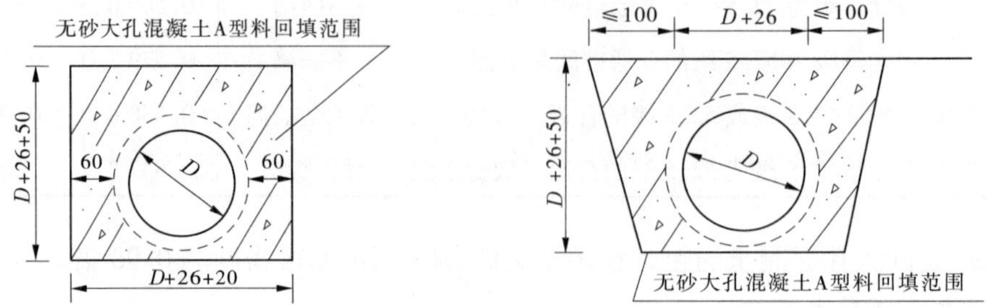

(a)圆管涵

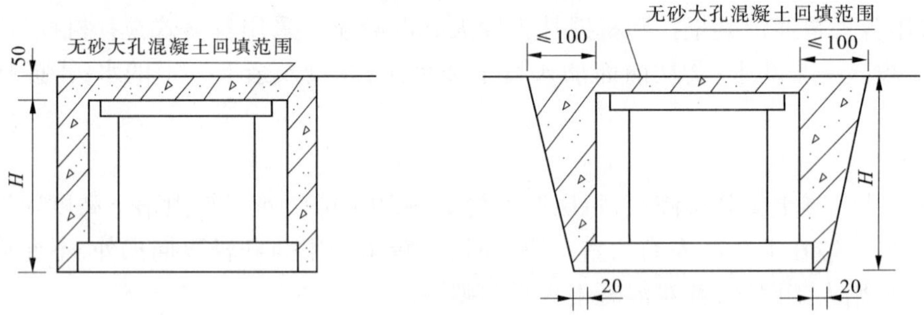

(b)盖板涵

图 3-5　回填范围示意图　(单位:cm)

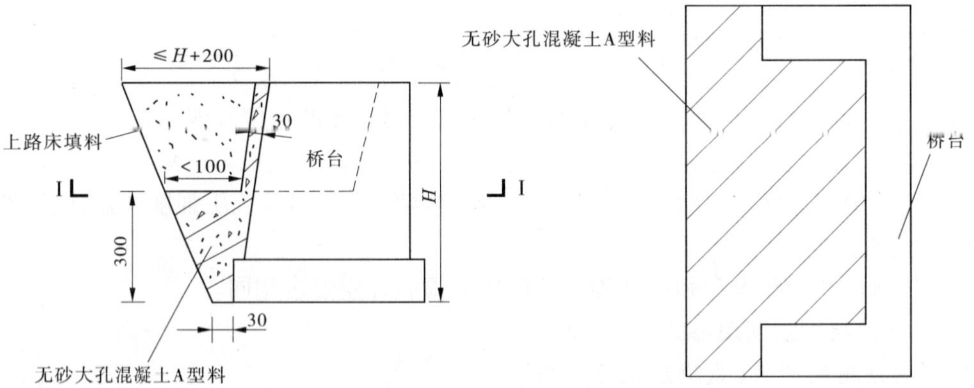

(a)U形桥台立面　　(b) I — I 剖面

图 3-6　U 形桥台回填　(单位:cm)

埋置式桥台的回填:沿桥台基础周边用无砂大孔混凝土 A 型料满槽回填,回填高度与基础同高,回填顶宽不大于 30 cm,基础顶面以上用路床填料回填,回填范围如图 3-7 所示。桥台肋板周围厚的无砂大孔混凝土 A 型料应在上路床填料分层压实至适当高度后再开挖进行回填,为确保能用压路机对回填料进行压实,桥台盖梁应在回填完成后再浇筑。

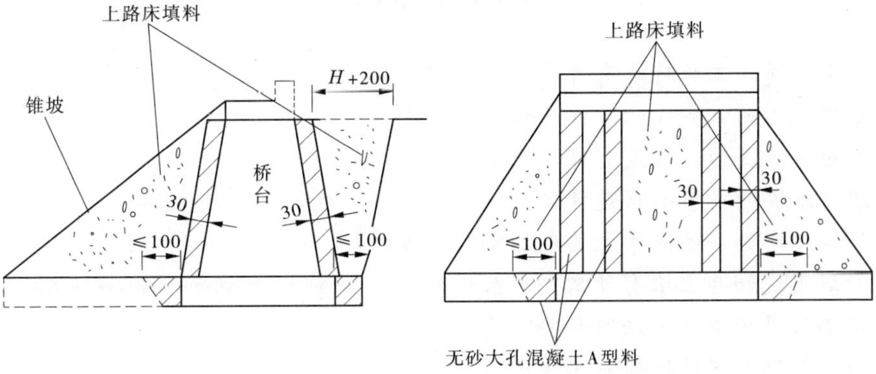

图 3-7　埋置式桥台回填　（单位:cm）

本章小结

(1)填方路堤施工要求:保证路基的稳定性与耐久性,确保施工质量和进度,必须广泛采用新材料、新工艺、新设备和新的检测手段,必须做好环境保护和绿化工作。

(2)路堤施工前准备工作:开工前,应全面熟悉设计文件和内容,根据现场收集到的情况、核实的工程数量,征地拆迁、场地清理,根据图纸要求进行放样、编制施工预算,对准备用做填料的土进行物理、力学性质试验。

(3)做好排水设施:应事先做好截水沟、排水沟等排水及防渗设施,特别是多雨地区和雨季施工更要加强这方面的工作。路堤施工中各施工层表面不应有积水,表面应做成2% ~4%的横坡。雨季施工或因故中断施工时,必须将施工层表面及时修理平整并充分压实。

【小知识】干砌片石的要求

不用砂浆而将片石垒砌起来,叫做干砌片石。常用于桥头锥体护坡,河床护底、护岸和护坡等处。干砌片石的一般要求和注意事项如下:

(1)干砌片石应铺砌在平整而充分密实的基底上,如有个别坑洼应用碎石夯填。在土质边坡上铺砌时要设垫层。垫层的材料应用含泥量不超过5%的卵石、砂砾或碎石,其厚度不小于10 cm。

(2)砌筑方法分栽砌、立砌和平砌三种。栽砌和立砌适用于干砌片石护坡,前者是使片石的长轴垂直于坡面,后者是使短轴垂直于坡面。平砌适用于干砌片石垛,砌筑时层间石块要错缝和压根(上层石块压着下层石块的尾部),填腹石应交错嵌砌互相错缝。

(3)砌筑时应先试砌,找出并记住不平稳的部位,而后翻开片石,用手锤敲去棱角,在不平稳的部位用大小合适的小片石或碎石垫实。翻回片石,若位置不当则用小撬棍拨移,并用手锤敲击使片石坐稳。

(4)所有空隙须用碎石填塞紧密,以增加砌体的稳固性,但不得集中填塞。

复习思考题

3-1　填方路堤施工的特点有哪些?

3-2　路堤施工前需完成的准备工作有哪些?

3-3　对填方路堤边坡坡度有什么要求?

3-4　填方路堤的一般要求是什么?

3-5　影响压实效果的因素主要包括哪几个方面?

3-6　对取土坑和弃土堆有什么要求?

3-7　填石路堤的施工方法有哪些?

3-8　叙述粉煤灰路堤填筑施工步骤。

3-9　桥涵构造物处的路堤有哪些施工方法?

第四章　挖方路基施工

职业能力目标与学习要求

通过对公路挖方路基施工的学习，使学生对路基工程施工的特点、施工方法、土质、机械的使用有一定的了解和掌握，结合工作过程，通过案例分析提高学生分析问题和解决问题的能力，为今后从事施工员、试验员、管理员工作奠定良好的基础。

教学重点

1. 挖方路基施工特点；
2. 土方路堑开挖的方法和要求；
3. 石方路堑开挖的方法和要求。

第一节　概　述

一、施工特点

挖方路基施工是路基工程中的一个重点，在山岭重丘区往往是控制工程进度的关键。公路建成通车后，又是养护工程的重点。

由于路堑开挖后破坏了地层的平衡状态，其稳定性主要取决于地质与水文条件，以及边坡深度和边坡坡度。一般情况下，地质条件较差主要表现为岩层倾向边坡、岩层软弱极易风化、岩石破碎成碎块土状；水文状况不利主要表现为地层含有地下水或渗水层，暴雨集中或地面排水不畅等。在这些地段，如开挖较深路堑，则边坡稳定性差，路基的后遗病害较多，诸如滑坡、崩坍、落石、路基翻浆等，严重时影响整个工程进度。

二、横断面组成

挖方路基一般由路床、边沟、碎落台、挖方边坡及截水沟组成，其横断面及各部分组成，如图4-1所示。

（一）路床

路床是指路面底面以下30 cm范围内的路基部分。与填方路基的路床一样，挖方路基需要有足够的强度，高速公路路床材料的*CBR*值不小于8%，压实度不小于95%。

挖方地段的路床在岩石或土质良好时，可直接作为路床，并应平整碾压密实。地质条件不良或土质松散、渗水、湿软、强度低时，应采取防水、排水措施或掺石灰处理和换填

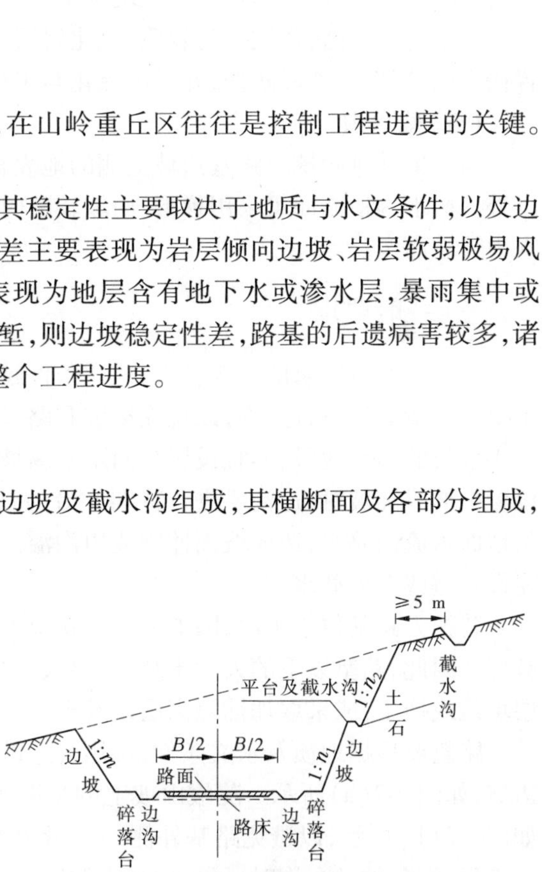

图4-1　挖方路基横断面

渗水性土等。处理深度可视情况而定。

（二）边沟

挖方路基应设置边沟，边沟横断面一般采用梯形，石方路段的边沟横断面宜采用矩形，少雨浅挖地段的土质边沟横断面可采用三角形断面。高速公路边沟的深度及底宽不应小于0.6 m，边沟纵坡不宜小于0.5%。边沟应全部采用浆砌片石防护。

（三）碎落台

容易产生碎落的风化破碎岩石、软质岩石、砾（碎）类土地段的挖方路基，应在边沟外侧设置碎落台，宽度不宜小于1.0 m。为了给养护人员提供通路，高速公路挖方路基边沟外侧应设置碎落台。当边坡高度超过12.0 m时，碎落台宽度不宜小于2.0 m。

（四）挖方边坡

挖方地段边坡的稳定性主要与当地的工程地质、水文地质和地面排水条件有关。

土质挖方边坡坡度应根据边坡高度、土的湿度、密实程度、地下水及地表水等情况确定。岩石挖方边坡坡度应根据岩性、地质构造、岩石的风化破碎程度、边坡高度、地下水和地面水等因素综合分析确定。

挖方边坡形式主要有直线形、折线形、台阶形。当挖方边坡较高时，可根据不同的土、石性质和稳定要求开挖成折线形或台阶形边坡。高速公路挖方边坡宜采用台阶形，边坡高度方向每隔6～10 m设平台一道，宽度为1～3 m，视需要设置平台排水沟。

对于高速公路，当挖方为软质、风化岩层及土质边坡时，可根据坡面状况和碎落情况设置挡土墙、矮墙或坡面防护，并考虑绿化与工程措施相结合。

（五）截水沟

为汇集并排除挖方路基边坡上侧的地表径流，应设置截水沟，其位置应设在坡顶5.0 m以外。截水沟横断面可采用梯形，山坡较陡时，也可采用矩形，其尺寸大小根据汇水面积经水力计算而定。

三、一般要求

水文状况对路堑的影响较大，地质条件越差，水的破坏作用越明显，因此路堑排水至关重要。路堑必须设置边沟，以排除边坡和路基表面的降水。边沟排水要求具有合适的纵坡，对于较长的路堑地段，不宜设置纵向水平纵坡或超过边沟允许水流冲刷的较大纵坡。必须设置平坡或陡坡时，边沟要进行特别处治，如加深、加固或改用跌水与急流槽等。为防止大量地面水流向路基，造成坡面冲刷或边沟溢流，路堑两侧坡面上方的坡顶距离不小于5.0 m需设一道或多道截水沟。

若挖方路基位于土层，因地下水文状况不利，经常产生水分聚积现象，可能导致路面的破坏。因此，路堑以下的天然土基，需要人工压实到规定的压实度，必要时还应翻挖重新分层填筑或换土，或采取加铺隔离层以及土工织物设置必要的地下水排水设施。

路堑要根据地质及水文条件，选用合适的边坡坡率，并以自下而上逐层放缓而成折线形边坡，如图4-2(a)所示。陡峻山坡上的半路堑，路中线宜向内移动，尽量采用台口式路基，如图4-2(b)所示，以避免路基外侧的少量填方。当遇有整体性的坚硬岩层，为节省大量石方工程，而条件又允许时，可采用半山洞路基，如图4-2(c)所示。

如果山坡比较平稳，路中心线的填挖很小，路基全宽将形成半挖半填的横断面。事实上山坡并非平整，路中心线标高受纵坡设计制约，任一横断面的挖填比例随着山坡横坡度大小不同变化很大。从路基稳定性需要出发，较陡山坡上的路基宁挖不填或多挖少填。在陡峭山坡上尤其是沿溪路线，为减少石方的开挖数量，避免较多废方阻塞溪流，有时又需少挖多填。因此，挖填结合的路基在选定路线和线形设计时，应予以统一安排，进行路线的平、纵、横综合考虑。

挖填结合的路基横断面兼有路堤和路堑的设置要求，均应对照采用。如图 4-3(a)所示，因填方部分的地面陡于 1∶5，土质应挖台阶，石质应凿毛，挖方部分应设边沟，并同时设置截水沟。

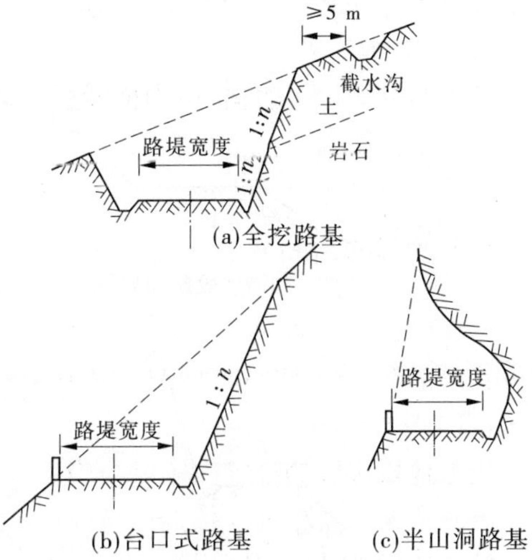

图 4-2　挖方路基的几种横断面形式示意图

当挖方边坡较陡，坡面岩土性质较差或有其他不良地质现象时，可设置上方挡土墙，以支撑边坡不致滑动。若坡面为易风化的岩土，将产生坡面剥落现象，零碎岩土不断落下，经常堵塞边沟时，坡面就需要防护，同时也可在挖方坡脚处设置高度为 1.0 m 左右的矮挡土墙，顶宽适当放大，兼起碎落台作用，定期予以清理，如图 4-3(b)所示。

填方部分的局部路段，若遇原地面的短缺口，可采用砌石护肩。当填方量较大且地面横坡陡峻，填方不易稳定或无法填筑时，则可就近利用废石方，选择较大石块，采用石砌护坡或护墙，其边坡坡度可采用 1∶0.5 或更陡，如图 4-3(c)、(d)、(e)所示。石砌护坡和护墙相当于简易式挡土墙，承受一定的侧向压力，要求坚固稳定，并埋置一定深度，基底应具有足够的稳定性。

图 4-3(f)所示为挡土墙支撑路基，以确保路基稳定和进一步压缩用地宽度。当填方部分悬空，而纵向又有适宜的基岩时，可沿路基纵向设置单跨或连跨的石拱，以支挡上部填方，形成半山桥路基，如图 4-3(g)所示。

四、施工准备

(一)征地拆迁

征地拆迁范围可分为临时设施用地(包括生活区、生产区、临时道路用地等)和路基施工占地两部分。施工单位进场前应提供给施工业主一份用地平面位置图，说明用途，拆迁建筑物的结构类型，建筑面积以及其他构筑物的规格、数量。

(二)测量放样

施工恢复定线测量及施工放样是施工准备阶段的主要技术工作，承包单位根据设计图纸、监理提供的各导线点坐标及水准点标高进行复测，闭合后将复测资料交监理工程师审核。承包人应根据监理工程师批准的定线数据进行施工放线。按相关规范中规定，路基施工前，应根据恢复的路线中线标、设计图、施工工艺和有关规定钉出路基用地界、路堑坡顶、边沟、取土坑、护坡道、弃土堆等的具体位置桩。道路中线桩直线部分每 20 m 一个，每 100 m 设一个永久性固定桩，曲线部分除 20 m 设一整里程桩外，曲线的起点、终点、圆缓点、缓圆

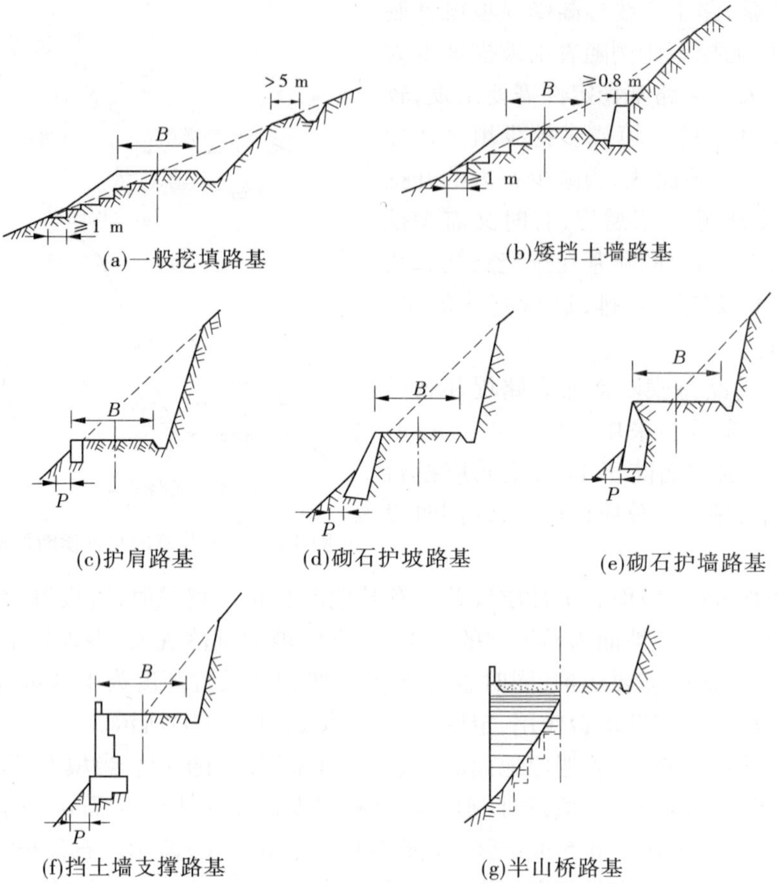

B—路堤宽度;*P*—挡墙趾至边坡的水平距

图 4-3　挖填结合的几种路基横断面示意图

点都应设置固定桩。在中线桩施测后,进行横断面测量,然后根据路基横断面图及实测标高进行边桩放线。在挖方断面的坡顶点位置上,钉开挖断面的边桩,边桩上应注明里程、挖深,左右边桩以拼音字头或英文字头表示。一般在距边桩一定距离的外侧,设拴(护)桩,以备边桩丢失后及时恢复。同时,导线点、水准点应设立特殊标志,对其进行保护以免施工中遭到破坏。

承包人经过准确放样后,应提供放样数据及图表,报监理工程师审批。经批准后承包人才可进行清表开挖。测量精度应满足交通部颁发的有关公路工程验收标准或合同规定标准。

(三)施工预算

依据设计图纸和交通部颁发的《公路工程预算定额》编制的预算为施工图预算,在许多场合用来作为工程成本控制、编制施工组织设计的基础资料。对于一些管理上比较成熟的施工企业,为了加强企业内部的经济核算,实行班组承包,还应根据施工图纸和施工定额编制工程施工预算。其性质与工程概算和施工图预算不同,属于施工阶段企业内部为了提高经济效益所采取的一种手段,编制的依据是经监理工程师批准的设计图纸、有关的施工定额,以及已经确定的施工组织设计。其劳动定额、材料消耗定额、机械台班定额与费用,多为企业内部进行过查定与测算的,通过施工图预算与施工预算进行两算对比,可以得到本工程的成本降低额,用来保证工程计划利润的实现。

(四)施工前的复查和试验

公路的路基是一种线形构筑物,贯穿地域广,施工周期长,受自然条件的影响和制约较大。路基施工前,施工人员应对路基工程范围的地质水文情况进行详细调查,通过取样试验确定其性质和范围,并了解附近既有建筑物对特殊土的处理方法。对有岩石的地段要掌握岩层风化、龟裂程度,岩层的层理、节理、片理状态,对于易崩塌地带的断层和土质变化区段尤应给予特别的重视。

土工试验取样一般按设计文件提供的资料每一种土类取样不少于三组,也有按桩号取样进行土工常规试验的。

《公路路基施工技术规范》(JTJ F10—2006)规定,挖方、借土场用做填料的土应进行下列试验项目,其试验方法按《公路土工试验规程》(JTJ E40—2007)进行:

(1)液限、塑限、塑性指数、天然稠度和液性指数;

(2)颗粒大小分析试验;

(3)含水量试验;

(4)密度试验;

(5)相对密度试验;

(6)土的击实试验;

(7)土的强度试验(*CBR* 值);

(8)有机质含量试验(必要时);

(9)易溶盐含量试验(必要时)。

对特殊土,除进行以上试验外,还应结合各种土定名的需要,辅以相应的专门鉴别试验,以确定其种类及处治方法。

(五)开挖前路堑的排水设施

由于水是造成路堑各种病害的主要原因,所以不论采取何种开挖方法,均应保证开挖过程中及竣工后的有效排水。开挖前路堑的排水设施如下:

(1)在路堑开挖前做好截水沟,土方工程施工期间应修建临时排水沟。

(2)临时排水设施与永久性排水设施相结合,流水不得排于农田、耕地,污染自然水源,也不得引起淤积和冲刷。

(3)路堑施工时应注意经常维修排水沟道,保证流水畅通。渗水性土质或急流冲刷地段的排水沟应予以加固,防渗防冲。水文地质不良地段,必须严格做好堑顶排水。

(4)引走一切可能影响边坡稳定的地面水和地下水,在路堑的线路方向上保持一定的纵向坡度(单向或双向),以利排水。

(六)施工组织设计与工程监理

施工前的各项准备工作都是围绕施工组织设计总体安排进行的,承包单位在开工前应将编制好的施工组织设计方案报监理工程师审批。工程组织与施工进度计划应满足工程总体安排。承包单位应按批准的施工组织设计积极做好施工前的准备工作,当组织机构就位、机械设备进场、材料供应渠道及其他各项准备工作完成后,经审批同意,工程承包人应填报“路基工程开工申请单”,并附有施工进度计划及说明。监理工程师在详细调查后,确认承包人为完成工程而提供的进度计划是切实可行的,则下达路基工程开工令。

事实上,承包人在施工准备阶段即处于监理工程师的全面监督之下,这对于加强企业管理、完成工程进度、落实合同条款是十分必要的。

第二节　土方路堑的开挖

路堑是由天然地层构成的,在生成和演变的长期过程中,一般具有复杂的地质结构。处于地壳表层的路堑边坡,开挖后暴露于大气中,受到各种自然因素和人为因素的影响,比路堤边坡更容易发生变形和破坏。路堑边坡的稳定与施工方法有着密切关系,若施工开挖边坡过陡,弃土堆距坡顶太近,施工中排水不良,支挡工程未能及时做好,就会引起边坡失稳,发生坍滑。

路堑开挖方式应根据深度和纵向长度以及地形、土质、土方调配情况和开挖机械设备等因素确定,以提高工作效率,加快施工进度。

一、土方路堑的开挖方法

(一)横挖法

1. 一层横挖法

对路堑整个横断面的宽度和深度从一端或两端逐渐向前开挖的方法称为横挖法。这种开挖方法适用于开挖深度小且较短的路堑,如图 4-4(a)所示。

2. 多层横挖法

如图 4-4(b)所示,路堑虽也较短,但深度较大时,可分成几个台阶进行开挖。但各层要有独立的出土道和临时排水设施。分层横挖法使得工作面纵向拉开,多层多向出土,可容纳较多的施工机械,若用挖掘机配合自卸汽车进行,台阶高度可采用 3 ~4 m。采用人力横挖法时,一般为 1.5 ~2.0 m。

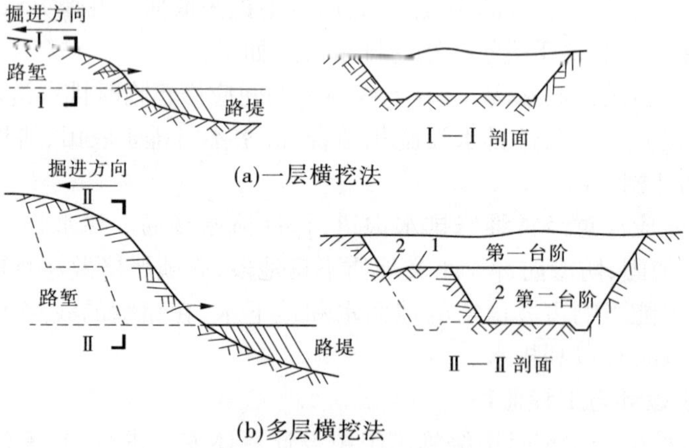

1—第一台阶运土道;2—临时排水沟

图 4-4　横向全宽挖掘法

(二)纵挖法

1. 分层纵挖法

沿路堑全宽以深度不大的纵向分层挖掘前进的作业方式称为分层纵挖法,见图 4-5(a)。

施工中,当路堑长度较短(< 100 m),开挖深度不大于3.0 m,地面较陡时,宜采用推土机作业,其适当运距为20 ~ 70 m,最远不宜大于100 m。当地面横坡较平缓时,表面宜横向铲土,下层宜纵向推运。当路堑横向宽度较大时,宜采用两台或多台推土机横向联合作业。当路堑前方为陡峻山坡时,宜采用斜铲推土。

2. 通道纵挖法

沿路堑纵向挖掘一通道,然后将通道向两侧拓宽,如图4-5(b)所示。上层通道拓宽至路堑边坡后,再开挖下层通道,按此方向直至开挖到挖方路基顶面标高,称为通道纵挖法。这是一种快速施工的有效方法,通道可作为机械行驶、运输土方车辆的道路,便于挖掘和外运的流水作业。

3. 分段纵挖法

沿路堑纵向选择一个或几个适宜处,将较薄一侧路堑横向挖穿,将路堑在纵方向上按桩号分成两段或数段,各段再纵向开挖,称分段纵挖法,如图4-5(c)所示。该方法适用于路堑较长、弃土运距过远的傍山路堑,或一侧的堑壁不厚的路堑开挖。同时,还应满足其中各段有经批准的弃土场,土方调配计划有多余的挖方废弃的条件。

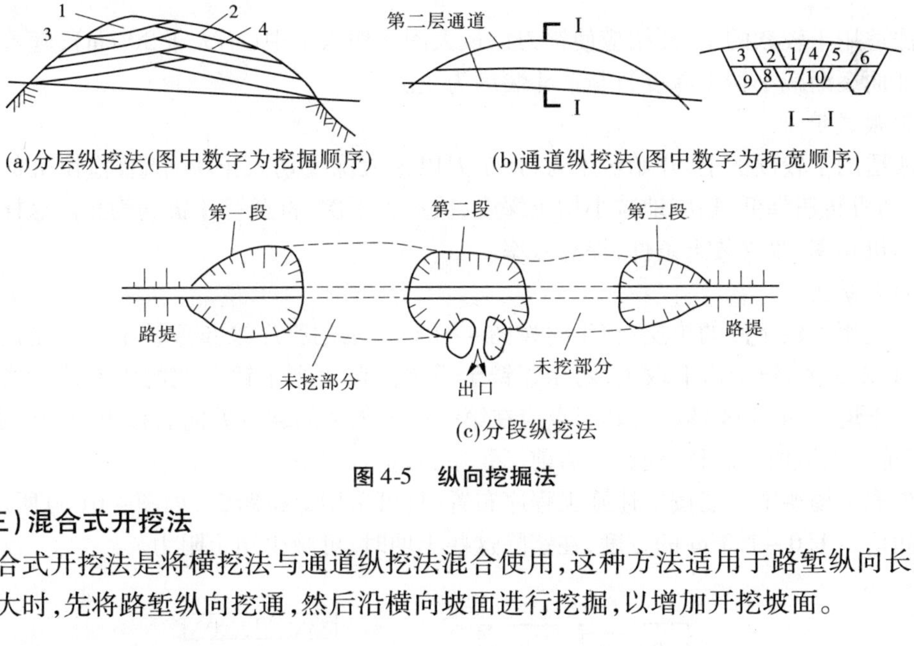

(a)分层纵挖法(图中数字为挖掘顺序)

(b)通道纵挖法(图中数字为拓宽顺序)

(c)分段纵挖法

图4-5 纵向挖掘法

(三)混合式开挖法

混合式开挖法是将横挖法与通道纵挖法混合使用,这种方法适用于路堑纵向长度和深度都很大时,先将路堑纵向挖通,然后沿横向坡面进行挖掘,以增加开挖坡面。

二、土方机械作业

(一)推土机作业

推土机作业由切土、运土、卸土、倒退(或折返)、回空等过程组成一个循环。影响作业效率的主要因素是切土和运土两个环节。其基本作业方式有以下几种:

(1)下坡推土。利用下坡时推土机重力加速切土,增加推土量。但坡度不宜超过20%,否则回空时爬坡困难。

(2)并列推土。两台或三台推土机并列同速推土,可减少土的流失。两铲刀间距一般为15 ~ 20 cm。

(3)拉槽推土。连续多次在同一处推土,形成一条线槽,在槽内推运可以减少土的漏失。槽深一般不大于铲刀高度。

(4)接力推土。在取土场较长而土质较硬时,可自近而远分段将土推送成堆,然后再由远而近将各段土堆一次推送至卸土点。该方式既可以提高运土效率又可以减少运土时间。

(5)波浪式推土。开始切土时,应将铲刀最大可能地切入土中,当发动机稍有超负现象时,将铲刀缓缓提起,直到发动机恢复正常运转,再将铲刀降下切土。起刀时不应离开地面,这样多次起伏,直至铲刀前堆满土为止。

推土器进行傍山铲土和单侧弃土作业时,通常采用斜铲推土,铲刀的水平回转角一般可取 25°,将土一边切削,一边移至弃土一侧。当在坡度不大的斜坡上削土或挖沟时,采用侧铲作业,即铲刀在垂直平面内转动 9°左右。这种作业适用于场地纵坡不大于 30°,横坡不大于 25°的情况。在地基松软时,可使用湿地推土机。

(二)铲运机作业

1. 铲土方法

铲运机能够独立完成土方的铲装、运输、铺填、整平和预压等作业,具有相当的机动灵活性。一般有以下几种铲土的方法。

1)一般铲土

该法适用于较软的土,开始应使铲刀以最大深度切入土中(不大于 30 cm),随着行驶阻力的增加而逐渐减小切土深度直至铲斗装满为止。

2)波浪式铲土

该法适用于较硬的土,开始铲土时,使铲刀以最大深度切入土中,随着拖拉机负荷逐渐增加,发动机转速降低,相应地减小切土深度,反复若干次,直至铲斗铲满为止。这样可充分利用发动机功率,改善装土条件,提高效率。

3)跨铲铲土

该法适用于较坚硬的土层,铲土时按图 4-6(a)所示的程序来布置铲土道。先在取土场第一排(1、2、3 区)铲土道上取土,两相邻铲土道之间留出半个铲斗宽的土不铲。然后再在第二排铲土道上(4、5 区)取土,其起点应在第一排铲土道的起点处向后移半个铲土道长度。第三、四排铲土道依次后移,使铲土道前、后、左、右重合起来。

如果取土场狭窄不能按上述施工程序布置时,可采用单排跨铲,如图 4-6(b)所示,每条铲土道间留出 1.0 ~ 1.3 m 的宽度,在铲除这些土埂时,可减少切土阻力。

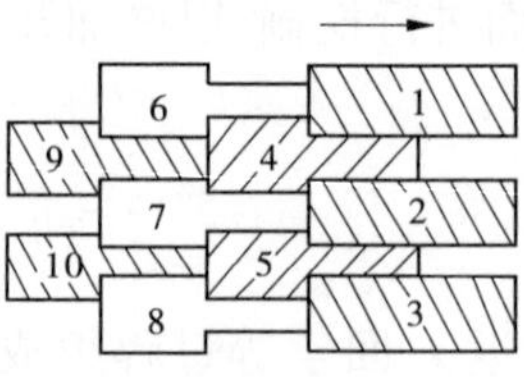

(a)跨铲铲土

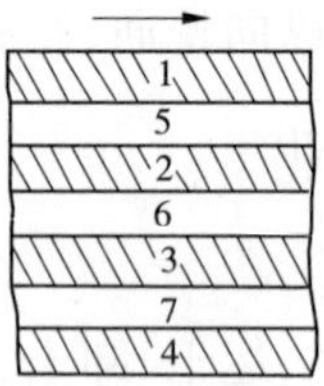

(b)单排跨铲铲土

图 4-6　铲运机跨铲铲土

4)下坡铲土

铲土下坡角一般为 7° ~ 8°,最大不超过 15°。若在平地取土坑铲土,应先将一端铲低,然后保持一定的坡度向后延伸铲土道,人为地创造下坡铲土的有利地形。一般下坡时铲运机应低速行驶，当进入坡道地段时应立即放下铲斗，以便利用铲斗与地面之间的阻力降低铲运机的行驶速度。当铲斗铲满，而后轮未进入缓坡地段前，不应提升铲斗和关闭斗门，以利用斗前土的阻力起到制动作用。

5）顶推铲土

铲运机在坚硬的土、冻深在 20 cm 以内的土、干砂中作业，由于拖拉机的附着力不足，牵引力不能充分发挥时，可用推土机在铲运机铲土过程中进行顶推助铲。这种办法须有一定的工程量和工作面方可避免推土机窝工。一般要求取土场的宽度不小于 20 m，长度不短于 80 m，铲运机半周程运距不短于 80 m。

2. 运行线路

铲运机施工运行路线的选择要综合考虑施工效率、地形条件、机械磨损等因素，在填筑路堤和开挖路堑工程中，常用的有椭圆形、“8”字形、“之”字形、穿梭形与螺旋形等。

1）椭圆形运行路线

这种路线如图 4-7（a）所示。它的最大优点是可在不同地形条件下灵活布置，顺逆运行方向可以随时改变，运行中干扰也少；缺点是重载上坡的转向角大，转弯半径较小。

2）“8”字形运行路线

该路线实际上是两个椭圆形的连接，如图 4-7（b）所示。不同的是减少了两个 180°的急转弯。它在一次循环运行中，可以完成两次铲土和两次卸土。

3）“之”字形运行路线

该路线是若干“8”字形首尾相接的路线，如图 4-7（c）所示。其适用于较长的地段施工，并宜机群作业，各机列队间隔 20 m 依次进行填挖到尽头。

4）穿梭形与螺旋形运行路线

如图 4-7（d）、（e）所示穿梭形、螺旋形运行路线，与上述几种路线相比，该路线空载行驶距离短，在一个循环中可以两次铲卸土。缺点是对一侧取土坑有局限性，完成一个循环有四次转弯，增长了运行时间，拖拉机单侧磨损较重。

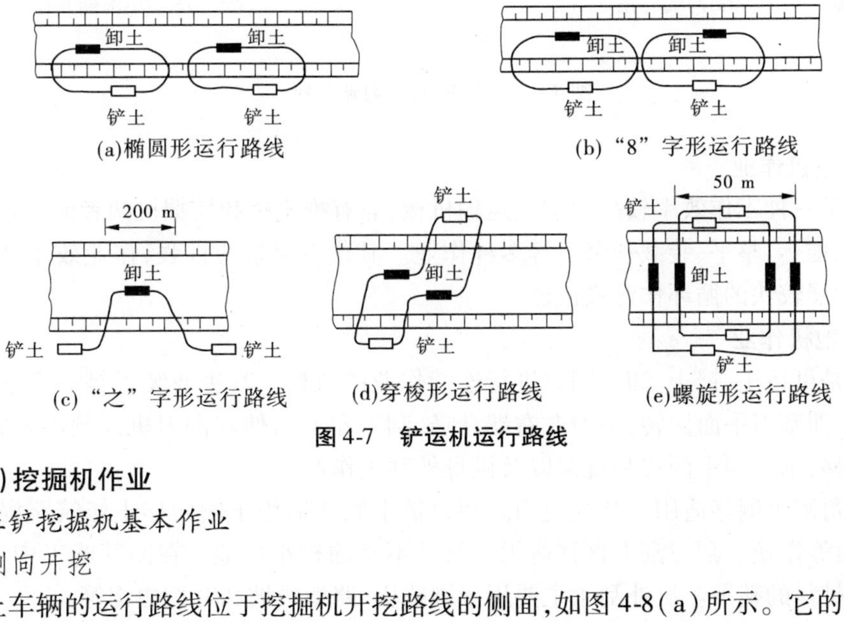

(a)椭圆形运行路线　(b)“8”字形运行路线　(c)“之”字形运行路线　(d)穿梭形运行路线　(e)螺旋形运行路线

图 4-7　铲运机运行路线

（三）挖掘机作业

1. 正铲挖掘机基本作业

1）侧向开挖

运土车辆的运行路线位于挖掘机开挖路线的侧面，如图 4-8（a）所示。它的特点是卸土时平均回转角小于90°,车辆可直线进出,缩短了循环时间。

2)正向开挖

装车时车辆停在挖掘机的后方,如图4-8(b)所示。其卸土转角大于90°,增加了循环时间,但开挖面较宽,车辆要调头和倒驶,只适用于挖掘进口处。

2. 反铲挖掘机的基本作业

1)沟端开挖

从沟的一端开始,然后沿沟中线倒退开挖,如图4-9(a)左图所示。运输车辆停在沟侧,此时动臂只回转40°~45°即可卸料。若挖掘沟渠较宽,可分段进行,如图4-9(a)右图所示。当挖到尽头时,再调头开挖相邻的一段。

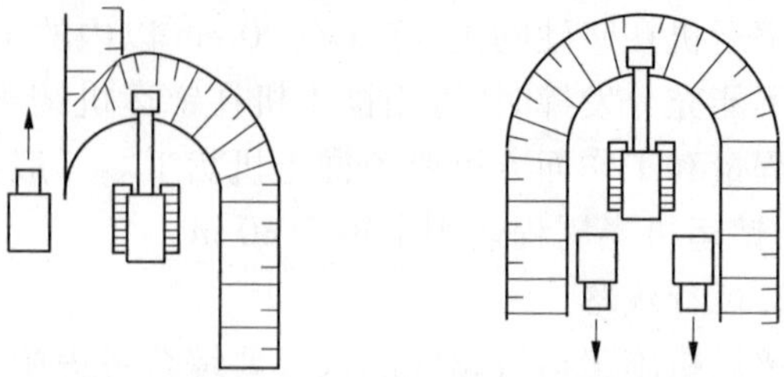

(a)侧向开挖　(b)正向开挖

图4-8　正铲挖掘机基本作业

2)沟侧开挖

沟侧开挖与沟端开挖不同的是车辆停在沟端,挖掘机在沟侧,动臂回转小于90°即可卸料,如图4-9(b)所示。效率较高,但挖掘机始终沿沟侧行驶,开挖边坡较陡。

3. 拉铲挖掘机的基本作业

拉铲挖掘机的开挖方法与反铲挖掘机基本相同,只是挖掘的半径大、深度深。

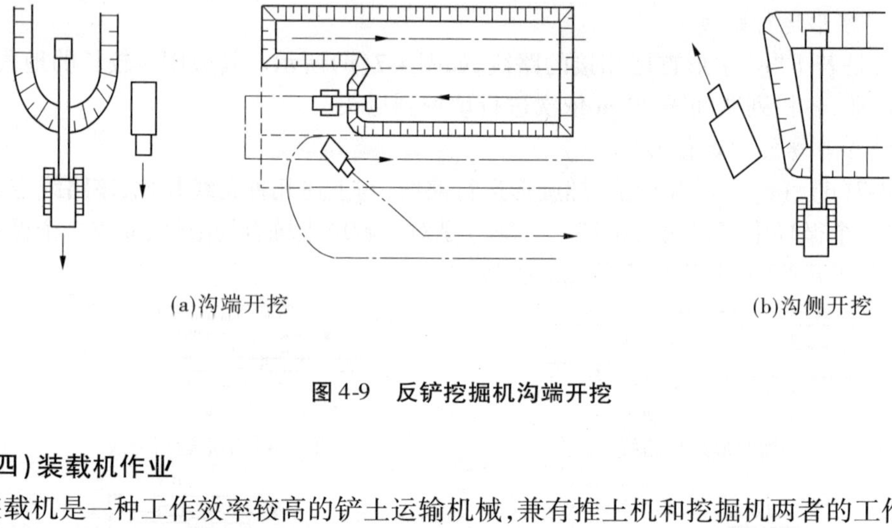

(a)沟端开挖　(b)沟侧开挖

图4-9　反铲挖掘机沟端开挖

(四)装载机作业

装载机是一种工作效率较高的铲土运输机械,兼有推土机和挖掘机两者的工作能力,可以进行铲掘、推运、整平、装载和牵引等多种作业。其优点是适应性强,作业效率高,操纵简便,是一种发展较快的循环作业式机械。

(五)平地机作业

平地机是可运土、铲土、卸土同时进行连续作业的机械。其主要装置是一把刮刀,可调整四种作业,即刮刀平面回转、刮刀左右端升降、刮刀左右引伸和刮刀机外倾斜来完成刮刀刀角刮土侧移,刮刀刮土侧移和直移以及机身外刮土作业。

刮刀刀角刮土侧移适用于开挖边沟。刮刀铲土侧移适用于侧向移土修筑路堤、平整场地、回填沟渠等作业。刮刀刮土直移适用于修筑不平的较小场地。在路基施工中可用于路拱的修整和材料的整平。机外刮土主要用于刷路堤、路堑边坡和开挖边沟等。

三、土方机械的类型、性能以及适用范围

(一)推土机

1. 分类

推土机按其行走方式、推土板安装方法、操纵系统形式及发动机功率进行分类。

按行走方式分为履带式和轮胎式两种;按推土板安装方法分为固定式和回转式两种;按推土板的操纵系统形式分为机械式和液压式两种;按发动机功率分为小型(37 kW 以下)、中型(37 ~250 kW)、大型(250 kW 以上)三种。履带推土机是使用最广泛的一种,它适用于Ⅳ级以下土的推运。当推运Ⅳ级以上土或冻土时,应先进行松土。

2. 适用范围

国产推土机适用范围见表 4-1。

表 4-1　国产推土机适用范围

型号		额定功率(kW)	结构质量(kg)	推土装置				松土器		经济运距(m)	接地比压(kPa)	最大牵引力(kN)
				推土板(长×宽)(mm×mm)	安装方式	操纵方式	切土深度(mm)	形式	松土深度(mm)			
履带式推土机	移山 -80	66.2(90)	14 886	3 100×1 100 3 720×1 040	固定式 回转式	机械式				500~100	63	99
	T1 -80			3 030×1 100	固定式	机械式	180			500~100		
	T1 -100(T3 -100)	66.2(90)	13 430	3 030×1 100	回转式	机械式	180			500~100		90
	T2 -100(DY2 -100)	66.2(90)	16 000	3 800×860	回转式	液压式	650	4~5 齿	550	500~100	68	90
	T2 -120A	103.0(140)	16 880	3 910×1 000	回转式	液压式	300			500~100	63	117.6
	T2 -120(上海 -120)	88.3(120)	16 200	3 760×1 000	回转式	液压式	300			500~100	65	118
	TY -180(T -180)	132.4	21 750	4 200×1 100	回转式	液压式	530	3 齿		500~100	81	187.4
	TY -240	176.5(240)	36 500	4 200×1 600	回转式	液压式	500			500~100		320
	TY -320	235.4(320)	37 000	4 200×1 600	回转式	液压式	600	4~5 齿	550	500~100	98	320
湿地推土机	TS -120	88.3(120)	16 900	4 000×960	回转式	液压式	400				28	112

续表 4-1

型号		额定功率(kW)	结构质量(kg)	推土装置				松土器		经济运距(m)	接地比压(kPa)	最大牵引力(kN)
				推土板(长×宽)(mm×mm)	安装方式	操纵方式	切土深度(mm)	形式	松土深度(mm)			
轮胎推土机	TL-160	117.7(160)	12 800	3 190×998	回转式	液压式	400			50~80		85
水陆两用推土机		88.3(120)	14 000							作业水深3 m	陆地20;水下15	

注:( )里数字的单位为马力(HP)。

(二)铲运机

1. 分类

按铲斗容量分为小容量(3 m^3 以下)、中等容量(3~10 m^3)、大容量(10~30 m^3)和特大容量(30 m^3 以上)四种,按卸土方法分为强制式、半强制式和自由式三种,按操纵系统形式分为钢索轮式和液压操纵式两种,按行走方式分为拖式、半拖式和自行式三种。

2. 适用范围

铲运机的适用范围和使用条件如表 4-2 和表 4-3 所示。

表 4-2 各种铲运机的适用范围

类别			堆装斗容量(m^3)		经济运距(m)		道路坡度(%)
			一般	最大	一般	最佳	
托式铲运机			2.5~18	24	100~500	100~300	15~25
自行式铲运机	单发动机	一般铲运机	10~30	50	200~2 000	200~1 500	5~8
		链板铲运机	10~30	35	200~1 000	200~600	5~8
	双发动机	一般铲运机	10~30	50	200~2 000	200~1 500	10~15
		链板铲运机	10~16	34	200~1 000	200~600	10~15

表 4-3 几种国产铲运机的使用条件

型号		斗容量(m^3)	牵引方式及动力(kW)	操纵方式	卸土方式	切土深度(mm)	卸土深度(mm)	适用运距(m)
拖式铲运机	CT6	6~8	履带拖拉机 58.8~73.6(80~100)	机械式	强制式	300	380	100~700
	CTY7	7~9	履带拖拉机 88.3(120)	液压式	强制式			100~700
	CTY9	9~12.5	履带拖拉机 132.4~161.8(180~220)	液压式	强制式	300	350	100~700
	CTY10	10~12	履带拖拉机 95.6~147.1(130~200)	液压式	强制式	300	300	100~700
自行式铲运机	CL7	7~9	单轴牵引机 132.4(180)	液压式	强制式	300	400	800~1 500

注:( )里数字的单位为马力(HP)。

(三)平地机

1. 分类

平地机按铲刀长度或发动机功率等分轻、中、重型,见表4-4。

表4-4 平地机分类

类型	铲刀长度(m)	发动机功率(kW)	质量(kg)	车轮数
轻型	≤3	44~66	500~9 000	四轮
中型	3~3.7	66~110	9 000~14 000	五轮
重型	3.7~4.2	110~220	14 000~19 000	六轮

国产平地机产品分类、型号见表4-5。

表4-5 国产平地机分类、型号标准

<table>
<tr><th rowspan="2">类</th><th rowspan="2">型</th><th rowspan="2">特性</th><th rowspan="2">产品名称及代号</th><th colspan="2">主要参数</th></tr>
<tr><th>名称</th><th>单位</th></tr>
<tr><td rowspan="2">铲土运输机械</td><td rowspan="2">平地机(P)</td><td rowspan="2">Y(液)</td><td>机械式平地机(P)</td><td rowspan="2">功率</td><td rowspan="2">kW</td></tr>
<tr><td>液压式平地机(PY)</td></tr>
</table>

2. 使用范围

从路线两侧取土、填筑不高于1.0 m的路堤,修整路堤横断面,旁刷边坡,开挖路槽和边沟,以及大面积平整等。

(四)挖掘机与装载机

1. 挖掘机

1)分类

按行走方式分为履带式、轮胎式、步履式和轨行式,按采用的动力分为内燃式和电动式。国产单斗挖掘机型号标准见表4-6。

表4-6 国产单斗挖掘机型号标准

<table>
<tr><th rowspan="2">类</th><th rowspan="2">组</th><th rowspan="2">型</th><th rowspan="2">特性</th><th rowspan="2">代号</th><th rowspan="2">代号含义</th><th colspan="2">主参数</th></tr>
<tr><th>名称</th><th>单位</th></tr>
<tr><td rowspan="8">挖掘机</td><td rowspan="8">标准斗容量(挖)</td><td rowspan="6">履带式</td><td></td><td>W</td><td>机械单斗挖掘机</td><td></td><td></td></tr>
<tr><td>D(电)</td><td>WD</td><td>电动单斗挖掘机</td><td>标准斗容量</td><td>100 m^3</td></tr>
<tr><td>Y(液)</td><td>WY</td><td>液压单斗挖掘机</td><td>标准斗容量</td><td>100 m^3</td></tr>
<tr><td>B(臂)</td><td>WB</td><td>长臂单斗挖掘机</td><td>标准斗容量</td><td>100 m^3</td></tr>
<tr><td>S(隧)</td><td>WS</td><td>隧洞单斗挖掘机</td><td>标准斗容量</td><td>100 m^3</td></tr>
<tr><td></td><td>WL</td><td>轮胎式机械单斗挖掘机</td><td>标准斗容量</td><td>100 m^3</td></tr>
<tr><td rowspan="2">轮胎式L(轮)</td><td>D(电)</td><td>WLD</td><td>轮胎式电动单斗挖掘机</td><td></td><td></td></tr>
<tr><td>Y(液)</td><td>WLY</td><td>轮胎式液压单斗挖掘机</td><td></td><td></td></tr>
</table>

2)适用范围

挖掘机的特点是效率高、产量大,但机动性较差。遇到开挖量较大的路堑和填筑高路堤等大工程量时选用挖掘机配合运输车辆组组织施工是比较合理的。

为了使挖掘机发挥最大效能,在使用挖掘机时应考虑最小工程量和最低工作面的高度。在使用正铲挖掘机时,工作面的最小高度如表4-7所示。

表4-7 正铲挖掘机工作面最小高度

土的级别	各工作面高度(m)的斗容量(m^3)						
	1.5	2.0	2.5	3.0	3.5	4.0	5.0
Ⅰ、Ⅱ	0.5	1.0	1.5	2.0	2.5	3.0	—
Ⅲ	—	0.5	1.0	1.5	2.0	2.5	3.0
Ⅳ	—	—	0.5	1.0	1.5	2.0	2.5

使用正铲、拉铲挖掘机时最小工程量如表4-8所示。

表4-8 正铲、拉铲挖掘机最小工程量

斗容量(m^3)	正铲挖掘机		拉铲挖掘机	
	工程量(m^3)	土的级别	工程量(m^3)	土的级别
0.5	15 000	Ⅰ~Ⅳ	10 000	Ⅰ~Ⅱ
0.75	20 000	Ⅰ~Ⅳ	15 000	Ⅰ~Ⅱ
0.75	—	—	12 000	Ⅲ
1.00	15 000	Ⅴ~Ⅳ	15 000	Ⅰ~Ⅱ
1.00	25 000	Ⅰ~Ⅳ	20 000	Ⅲ
1.50	25 000	Ⅴ~Ⅳ	20 000	Ⅰ~Ⅱ

如果工程量较小,但又必须使用挖掘机施工时,可选用斗容量较小、机动性强的轮胎式全液压挖掘机。

2.装载机

按动臂形式可分为全回转式、半回转式和非回转式三种,按自身结构特点可分为刚性式、铰接式两种,按行走方式分为轮胎式与覆带式两种。其产品分类型号见表4-9。

表4-9 装载机产品分类型号

类	组	型	特性	代号	代号含义	主参数	
						名称	单位
铲土运输机械	装载机Z(装)	履带机	—	Z	履带机械装载机	装载能力	kN
			Y(液)	ZY	履带机械装载机		
		轮胎式L(轮)	—	ZL	轮胎液压铲运机		

注:例如,ZL50表示轮胎式液压装载机,其额定载荷为50 kN。

四、挖方路基其他作业

(一)路基地面排水措施

1. 边沟

土质边沟的断面形式宜用梯形。当采用机械化施工时也可用三角形,若宽度受到限制,可用石砌矩形。石方路堑边沟可用矩形,积雪、积砂路段宜用流线形。梯形内侧边坡为1:1 ~ 1:1.5,外侧边坡与路堑边坡相同,有碎落台时,外侧与内侧一致。高速公路和一级公路的边沟断面应大一些,其深度和底宽可为0.8 ~1.0 m。

边沟沟底纵坡应与路线纵坡一致,当路基纵坡小于0.2%时,可采用变化边沟深度调整;当路线纵坡大于3%时,应考虑加固,以免发生冲刷。边沟长度一般不宜超过300 m,三角形边沟不宜超过200 m。

2. 截水沟

截水沟设在路堑坡顶外或山坡路堤上方,用以拦截上方流下来的地面水。截水沟底宽不小于0.5 m,深度按流量确定,但不小于0.5 m。土质边坡一般为1:1 ~1:5,底沟纵坡不小于0.5%,当底沟纵坡较大或有防渗要求时,应予以加固。截水沟长度不宜超过500 m;当有弃土堆时,设在弃土堆之外;无弃土堆时,距堑顶边缘至少5.0 m(黄土地区至少10.0 m,并需加固防渗)。

3. 排水沟

排水沟的作用是将边沟、截水沟、取土坑及路基附近的积水引入就近桥涵或沟谷中去,其断面和纵坡要求与截水沟基本相同。出入口应与所连接的排水沟平顺衔接,当出口部分为天然沟谷时,不要使水形成漫流。

4. 跌水和急流槽

在纵坡陡峻地段的截水沟、排水沟可用单级或多级跌水或急流槽连接。跌水和急流槽的断面一般采用矩形,用浆砌片石或混凝土修筑,进口部分始端和出口部分终端的裙墙应埋入冻结线以下。

急流槽的主体部分每隔2 ~5 m设置一个防滑平台,嵌入地基内。急流槽纵坡不宜陡于1:1.5。

(二)路基地下排水设施

1. 明沟和槽沟

明沟和槽沟都是用于兼排地面水和浅层地下水的设施,其断面图如图4-10所示。

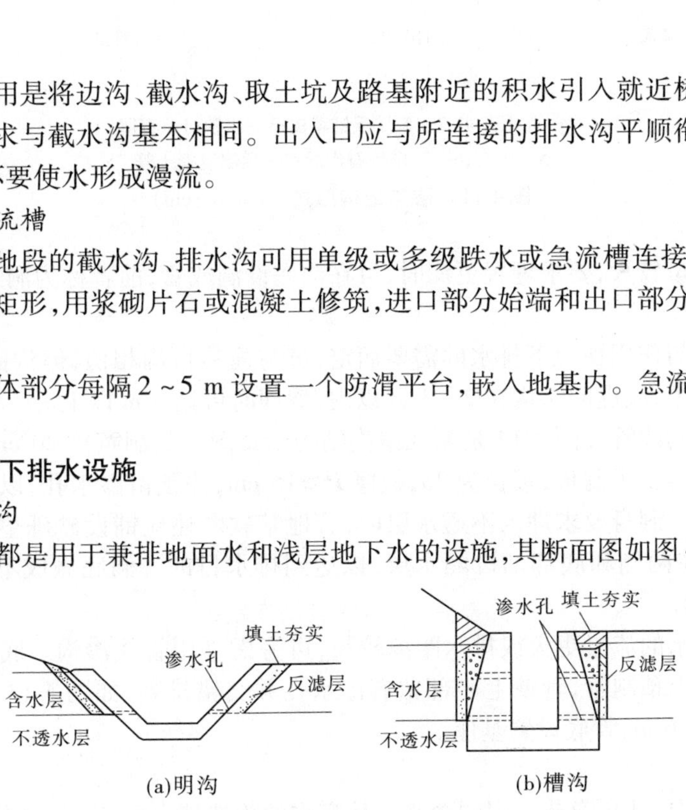

图4-10　明沟和槽沟断面图

当设置在路基旁侧时,宜顺路线方向布置;当设置在山坡上的低洼地带或天然沟谷处时,宜顺山坡沟谷走向布置。沟底宜埋入不透水地层内,沟壁上最下一排渗水孔的底部高出沟底不小于0.2 m,并宜略高于沟中设计流量的水流表面。沟深可按上述条件确定。明沟深度不宜超过1.2 m,再深时可改用槽沟,但也不宜超过2.0 m,若再深时,可改用渗沟。

2. 渗沟

采用渗透方式将地下水汇集于沟内,并通过沟底通道将水排至指定地点,此种地下排水设施统称为渗沟。渗沟有三种结构形式,如图4-11所示。

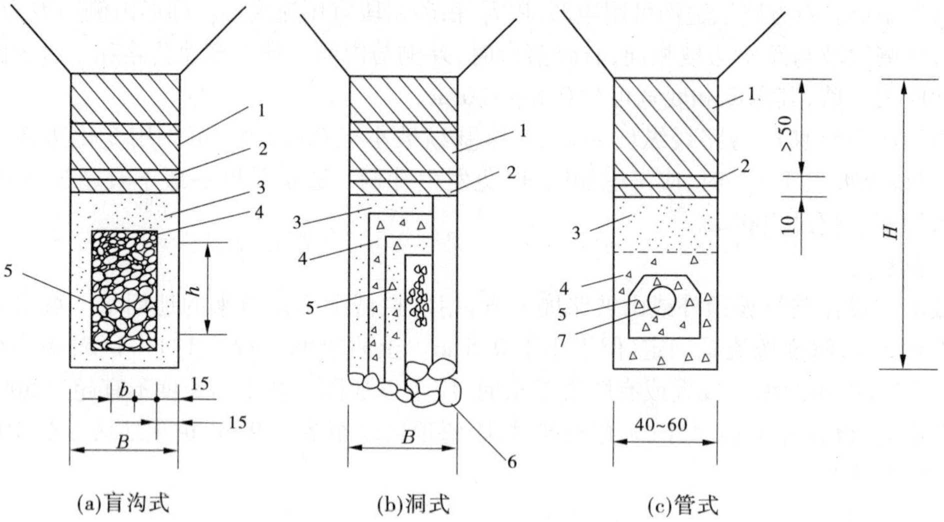

1—黏土夯实;2—双层反铺草皮;3—粗砂;4—石屑;

5—碎石;6—浆砌片石沟洞;7—预制混凝土管

图4-11 渗沟结构形式 (单位:cm)

当地下水流量较大,要求埋置更深时,可在沟底设洞或管,前者称为洞式渗沟,后者称为管式渗沟。

渗沟的位置与作用视地下排水的需要而定,虽与简易盲沟相仿,但沟的尺寸更大,埋置更深。公路路基中,浅埋的渗沟在2~3 m以内,深埋时可达6 m以上。

渗沟底部设洞或管。图4-12是洞式渗沟结构示意图。其洞宽约20 cm,高20~30 cm;盖板用条石或混凝土预制板,板长为$2b$,板厚$P \geq 15$ cm,并预留渗水孔,以便渗入沟内的水汇积于洞内排出。洞身要求埋入不透水层内,若地基软弱还应铺设砂砾垫层。洞身埋在透水层中,必要时在两侧和底部加设隔水层,以达到排水目的。洞底做成不大于0.5%的纵坡,使水通畅排出。

当排除地下水的流量更大或排水距离较长,可考虑采用管式渗沟。底部埋设的管道一般为陶土或混凝土预制管,管壁上半部留有渗水孔并交错排列,如图4-13所示。管的内径D一般为0.4~0.6 m,管底设置基座。

3. 盲沟

盲沟又称暗沟,具有隐蔽工程的含义。从盲沟的构造特点而言,由于沟内分层填以大小不同粒径的颗粒,利用渗水材料的透水性将地下水汇集于沟内,并沿沟排至指定地点,在水力特性上属于紊流。

图4-14为一侧边沟下面所设的盲沟,用以拦截流向路基的层间水,防止路基边坡滑坍

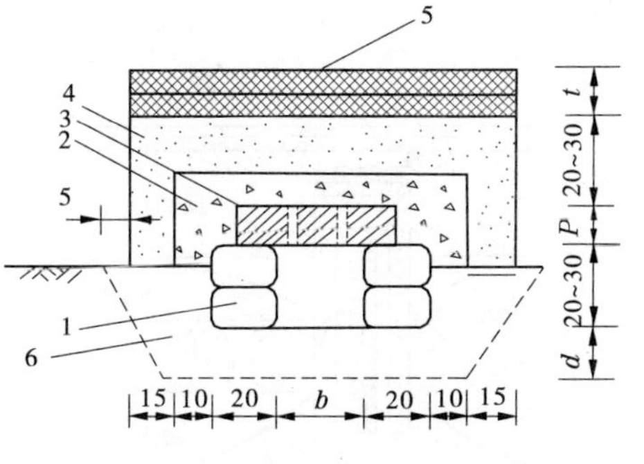

1—浆砌块石;2—碎砾石;3—盖板;

4—砂;5—双层反铺;6—草皮;7—基础

图 4-12　洞式渗沟结构示意图　(单位:cm)

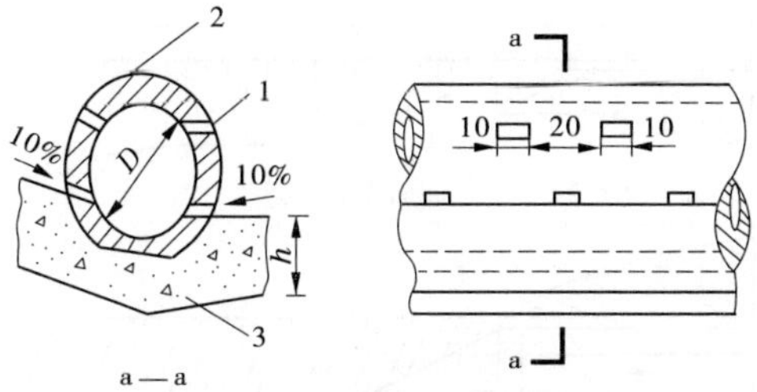

1—渗水孔;2—渗水管;3—基座

图 4-13　渗水管道结构示意图　(单位:cm)

和毛细水上升危及路基的强度与稳定性。

图 4-15 为两侧边沟下均设盲沟,用以降低地下水,防止毛细水形成水分积聚而造成冻胀和翻浆或土质过湿而降低强度等。

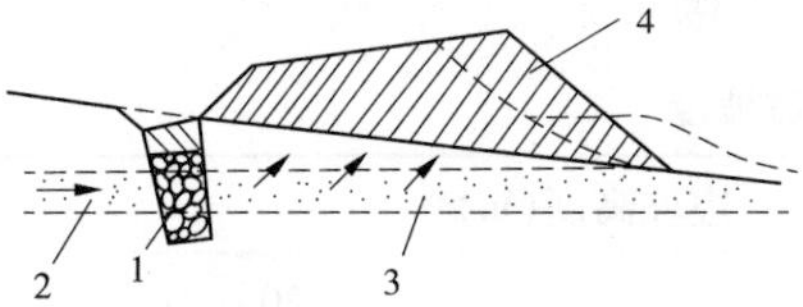

1—盲沟;2—层间水;3—毛细水;4—可能滑坡线

图 4-14　一侧边沟下所设的盲沟

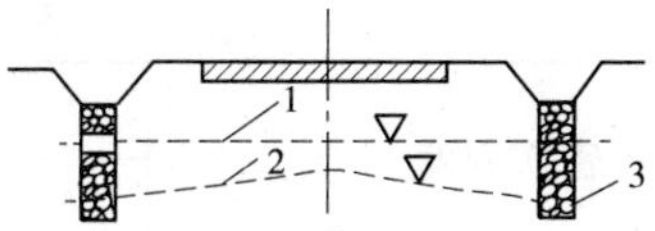

1—水位;2—降低后地下水位;3—盲沟

图 4-15　两侧边沟下设盲沟

图 4-16 是设在路基挖方与填方交界处的横向盲沟,用以拦截和排除路堑下面层间水或小股泉水,保持路堤不受水害。

盲沟沟槽内全部填满颗粒材料,可以称为简易盲沟。其构造较为简单,横断面成矩形,亦可做成梯形,底宽 b 与深度 h 大致为 1∶3,深 1.0 ~ 1.5 m,底宽 0.3 ~ 0.35 m。盲沟的底部中间填以粒径较大(3 ~ 5 cm)的碎石,缝隙较大,水可在缝隙中流动,粗粒碎石两侧和上部按一定比例分层(层厚约 10 cm),填以较细粒径的粒料,逐层粒径比例大致按 5 倍递减。盲沟顶部和底面,一般设有厚 30 cm 以上的不透水层或顶部设有双层反铺草皮。

4. 渗井

当地下水存在多层含水层时,其中影响路基的上部含水层较薄,排水量不大,且平式渗沟难以布置,可采用立式(竖向)排水而设置渗井。渗井穿过不透水层,将路基范围内的上层地下水引入更深的含水层中去,以降低上层地下水位或全部予以排除。图 4-17 为圆形渗井的结构与布置示意。

圆柱形渗井直径一般为 1.0 ~ 1.5 m,亦可为边长是 1.0 ~ 1.5 m 的方形。井深视地层构造情况而定,井内由中心向四周按层次分别填入由粗而细的砂石材料,粗料渗水,细料反滤。填充料要求筛分冲洗,施工时需用铁皮套筒分隔填入不同层次的粒径材料,施工中要求层次分明,不得粗细料混杂,以保证达到预期排水效果。

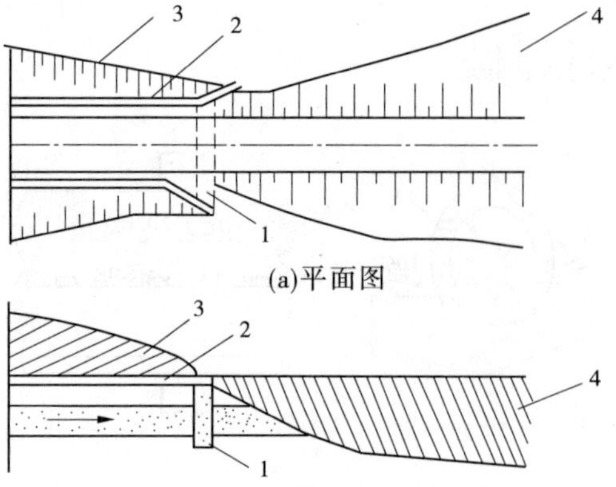

(a)平面图

(b)立面图

1—盲沟;2—边沟;3—路堑;4—路堤

图 4-16　挖填交界处横向盲沟

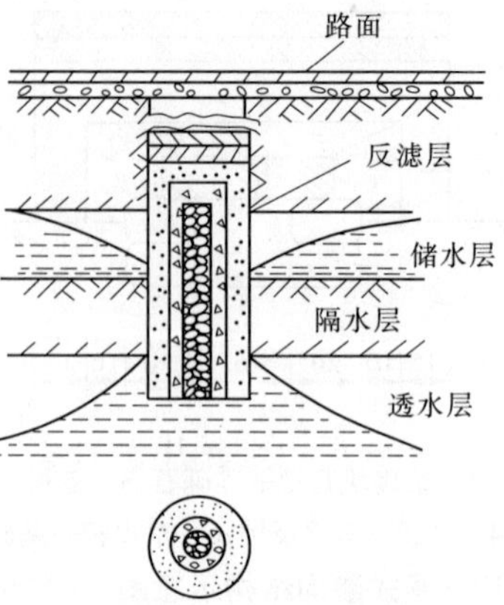

图 4-17　渗井结构与布置示意图

(三)土质及石质挖方边坡坡度

土质及石质挖方边坡坡度可参见表 4-10 和表 4-11 确定。

表 4-10　土质挖方边坡坡度

密实程度	边坡高度(m)	
	<20	20~30
胶结	1∶0.3~1∶0.5	1∶0.5~1∶0.75
密实、中密	1∶0.5~1∶1.25	1∶0.75~1∶1.5
较松	1∶1.0~1∶1.5	1∶1.5~1∶1.75

注:1. 高速公路、一级公路挖方边坡应采用较缓的边坡坡度;

2. 边坡较矮或土质比较干燥密实的路段可采用较陡的边坡坡度,边坡较高或土质比较潮湿的路段,宜采用较缓的边坡坡度;

3. 路基开挖后,密实程度很容易变松的砂类土、砾类土以及受水浸湿易于失稳的土,应采用较缓的边坡坡度或设置必要的防护工程;

4. 当土方调配出现借方时,可适当放缓边坡;

5. 砂类土、细粒土的挖方边坡高度不宜超过 20 m。

表 4-11　岩石挖方边坡坡度

岩石种类	风化程度	边坡高度(m)	
		<20	20~30
各类岩浆岩、硬质灰岩、砾岩、砂岩、片麻岩、石英岩	微风化弱风化	1∶0.1~1∶0.3	1∶0.2~1∶0.5
	微风化弱风化	1∶0.5~1∶1.0	1∶0.5~1∶1.25
各类页岩、泥岩、千枚岩、片岩等软质岩石	微风化弱风化	1∶0.25~1∶0.75	1∶0.5~1∶1.0
	微风化弱风化	1∶0.5~1∶1.25	1∶0.75~1∶1.15

注:1. 高速公路、一级公路挖方边坡应采用较缓的边坡坡度;

2. 软质岩石边坡稳定并有防护时,可采用较陡的边坡坡度。

第三节　岩石爆破

山区公路路基石方工程量大且集中,据统计一般占土石方总量的45% ~75%。因此,爆破是石方路基施工最有效的方法,亦可用于爆松冻土、淤泥、开采石料等。在公路工程中采用综合爆破,不仅对施工技术取得了重大革新,而且对公路选线设计也提供了较大余地。

一、爆破器材

爆破器材分军用与民用两大类。民用爆破器材又称工业爆破器材,包括炸药、雷管、导火线。

(一)炸药

公路工程中最常用的是硝铵类炸药中2号岩石铵梯炸药,其具有中等威力和一定的敏感性,在8号雷管的作用下可以充分起爆,是安全的炸药。但其受潮或结块后,爆破性能会降低,而生成的有毒气体明显增加。当湿度超过3%时,则可能会拒爆,超过0.5%时不得用于地下,超过1.5%时不得用于露天爆破。炸药分类见表4-12。

表4-12　炸药分类

<table>
<tr><th>类别名称</th><th colspan="2">炸药名称和型号</th><th>说明</th></tr>
<tr><td rowspan="10">硝铵类炸药(主要成分:硝酸铵)</td><td rowspan="3">铵梯炸药(TNT为敏感剂)</td><td>岩石铵梯炸药2号、3号、4号,2号抗水</td><td>公路工程常用岩石铵梯炸药2号,怕潮</td></tr>
<tr><td>露天铵梯炸药1号、2号、3号、2号抗水</td><td></td></tr>
<tr><td>煤矿许用铵梯炸药2号、3号,2号、3号抗水(安全炸药)</td><td></td></tr>
<tr><td colspan="2">铵梯油炸药2号、3号、3号抗水</td><td></td></tr>
<tr><td colspan="2">铵松蜡炸药1号、2号</td><td></td></tr>
<tr><td colspan="2">多空粒状铵油炸药</td><td></td></tr>
<tr><td colspan="2">铵油炸药1号、2号、3号</td><td>吸湿后结块不能久存,成本低</td></tr>
<tr><td rowspan="3">乳化炸药</td><td>岩石乳化炸药</td><td></td></tr>
<tr><td>露天乳化炸药</td><td></td></tr>
<tr><td>煤矿许用乳化炸药</td><td></td></tr>
<tr><td>石铵类炸药</td><td colspan="2">乳炸药</td><td></td></tr>
<tr><td rowspan="2">硝化甘油炸药</td><td rowspan="2">胶质硝化甘油炸药</td><td>1号普通、2号普通</td><td>爆炸威力大,危险性大</td></tr>
<tr><td>1号难冻、2号难冻</td><td>适用于硬岩石或水中</td></tr>
<tr><td rowspan="2">芳香族硝基炸药</td><td colspan="2">TNT(硝基甲苯)</td><td>是一种烈性炸药</td></tr>
<tr><td colspan="2">苦味酸(黄色炸药)</td><td>价格昂贵,爆炸后产生有毒气体</td></tr>
<tr><td>黑火药</td><td colspan="2">爆破用黑火药</td><td>适用于开采石料</td></tr>
</table>

(二)雷管

雷管是用来起爆炸药的,按点火方式分为火雷管与电雷管。用导火索引爆的雷管叫火雷管,分6号和8号两种,除有沼气的地方和矿井中不用外,可用于一般爆破工程。使用中注意纸壳雷管的防潮。电雷管的构造与火雷管基本相同,只是增加了一个电气点火装置。根据雷管中主装药量不同分为6号和8号两种。

延期电雷管与瞬发电雷管的不同点只是延期电雷管在电气点火装置与起爆炸药之间有一段缓燃导火索,根据导火索燃烧时间不同,延长起爆时间也不同,延长时间以s、ms计。

一个作业面需要同时起爆的,可用瞬发电雷管;需要不同时间爆炸时,制造临空面以扩大爆破效果的,可用延期电雷管。

(三)导火索

导火索以火点燃,用以引爆火雷管或黑火药包。按燃烧速度分为普通导火索和缓烧导火索,每米燃烧速度分别为100~125 s和180~215 s。

火花起爆法是利用导火线燃烧引爆雷管,从而成为药包爆炸的一种起爆方法。

(四)导爆索

导爆索的索心用高级烈性炸药制成,按其包缠结构分棉线导爆索和塑料导爆索。由于导爆索着火较困难,使用时须在药室外的一段爆线上捆扎一个8号雷管来起爆,由于爆速快,每秒可达6 000多m,故适用于深孔、洞室爆破。

(五)塑料导爆管

塑料导爆管由高压聚乙烯制成,内、外径分别为1.4 mm、3 mm的软管,内装混合炸药,药量为14~16 kg/m。国产塑料导爆管爆速为1 600~2 500 m/s,可用雷管、导爆索、火帽、引火头等产生冲击波的器材激发,通过塑料导爆管传递到雷管,使雷管激发而起爆。

起爆网络与药包的联结方式,有并联、串联、簇联和复式联结法等。由于该起爆法具有抗杂电、操作简便、使用安全、成本较低等特点,致使有逐渐替代导火索、导爆索起爆法的趋势。

二、选用各种爆破方法的基本原则

为充分发挥各种爆破方法的特点,利用微地形和地质的客观条件,在路基石方工程中采用综合爆破,选用各种爆破方法,组织炮群,有计划、有步骤地拟定爆破开挖石方是十分重要的。为此,石方工程的施工方案,应按以下原则与步骤进行。

(一)全面规划、重点设计

对拟爆破的路基工程,应根据石方集中的程度、微地形的变化、路基断面形状以及地质条件所能允许的爆破规模,结合各种爆破方法的特点进行全面规划。确定哪些地段采用洞室炮、深孔炮,哪些地段采用小炮群以及各段的开挖顺序。然后对石方集中的点进行重点设计。

一般中心挖深大于6.0 m时,可采用洞室炮;小于6.0 m时,可采用小群炮。在实施中,可参考表4-13进行选择。

表 4-13 爆破方案选择

编号	起讫桩号	中心挖深（m）	爆破地段长度（m）	自然坡度（°）	断面石方量（m^3）	爆破类型	说明
1	K1 +500 ~ K1 +600	3 ~ 5	100	30 ~ 45	3 000	小炮群	软石
2	K3 +700 ~ K3 +900	6 ~ 9	200	50 ~ 70	7 000	抛掷爆破跑群	坚石
3	K4 +100 ~ K4 +140	12	40	40	4 000	多面临空地形爆破	次坚石节理不发达

(二)爆破前开挖

由路基面开挖，逐渐形成阶梯，为深孔炮、药壶炮或猫洞炮创造有利条件，充分利用岩石的崩塌作用。

(三)综合利用小炮群分段分批爆破

综合利用小炮群分段分批爆破一般有以下几种方法：

(1)在半填半挖的斜坡地形采用一字排炮，对自然坡度较缓的地形，应先用钢钎炮切脚，改造地形后再采用一字排炮。

(2)路线横切小山包时，采用钢钎炮三面切脚，改造地形后，再在中间用药壶爆破。

(3)遇路基加宽、阶梯较高的地形，采用上下互相配合的小炮群，如图 4-18 所示。图 4-18中符号意义见式(4-1) ~式(4-7)。

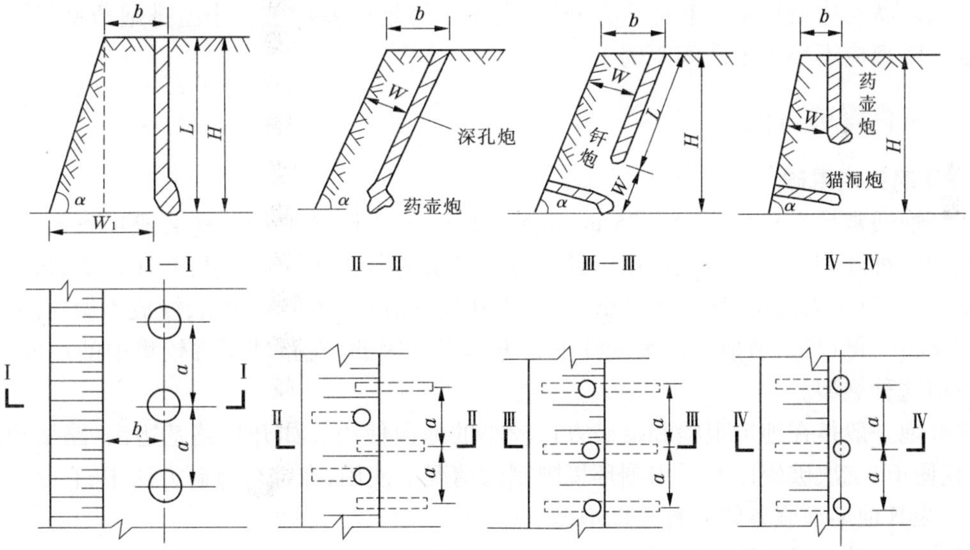

图 4-18 上下互相配合的小炮群

(4)对拉沟路堑采用两头开挖，可以用竖眼揭盖，平眼搜底的梅花炮，如图 4-19 所示。

(5)机械化清方时，若遇坚石，可采用眼深 2.0 m 以上的钢钎炮，组合成 30 ~40 个的多排多层炮群或采用深孔炮。在坚硬岩石中，为使岩石破碎程度满足清方的要求，除调整炮群设计参数外，还可用微差爆破和间隔药包。遇有软石或节理发育的次坚石，可用松动爆破开挖。

(6)根据不同的客观条件,采用不同的爆破方法,虽可减轻劳动强度和提高工效,但由于在实际施工中单位耗药量都比小炮定额高出几倍,因此工程造价的降低并不显著。为降低造价,在条件允许时,可在综合爆破中采用铵油炸药。

目前,特别严重的是导洞掘进和成孔清方等工序进度较慢,这种两头慢、中间快的不协调现象,只有采用机械化打眼和机械化或半机械化清方的方法才能改变。

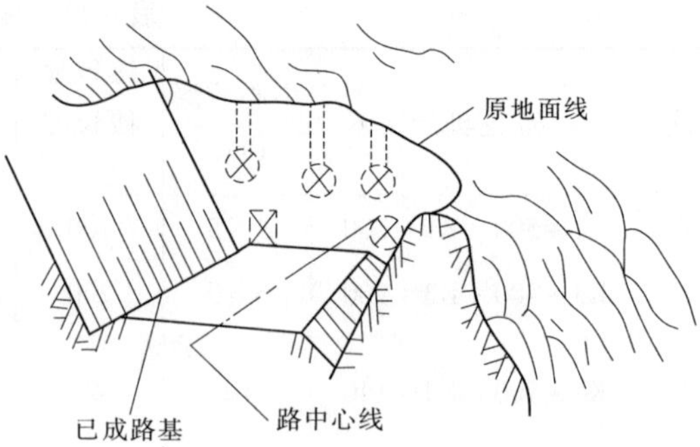

图 4-19　拉沟路堑使用的梅花形竖眼和平眼的混合炮群

注:炮眼可酌情增减

(四)应注意的问题

(1)石方开挖区,应注意施工排水,应在纵向和横向形成坡面开挖面,其纵坡应满足排水要求,以确保爆破石料不受积水的浸泡。应避免在两种岩石硬度相差甚大的交界面处设置炮孔药室,也要避开溶洞和大的裂缝。

(2)非群炮的单炮或数炮施爆,炮孔宜选在抵抗线最小、临空面多,且与各临空面距离较平均的位置。炮眼方向宜与临空面大致平行,一般按岩石外形、节理、裂隙等情况,分别选择正炮眼、斜炮眼、平炮眼等方位。

(3)石方开挖应重视挖方边坡的稳定,一般宜选用中小炮爆破。对于风化严重、节理发育或岩层产状对边坡稳定不利的石方开挖,宜用小排炮微差爆破。小型排炮药室距设计波线的水平距离应不小于炮孔间距的1/2。

三、综合爆破方法

(一)钢钎炮爆破

钢钎炮通常是指孔径在25～75 m,孔深在5.0 m以下,炮眼中炸药装成长条形,并用泥土堵塞的一种爆破方法。单独使用钢钎炮是不经济的,其原因:一是孔浅,用药少,每次爆破方量不大,全靠工人清除,所以工效低;二是炮孔浅,爆炸气体很易冲出,变成不做功的声波,使个别飞石飞得很远,造成响声大而炸下石方不多。因此,在路基石方较集中的地段,应尽可能少用这种炮型。

钢钎炮一般是在地形艰险和爆破方量较小的地段使用。如开挖路基边沟、路堑边坡修整、开挖便道、二次破碎以及受周围环境限制的情况下使用,在综合爆破方法中,它是一种改造地形,为其他炮型服务的一种辅助炮型。

炮孔布置及技术参数如下所述。

1. 炮眼深度

炮眼深度计算公式为

$$L = CH \tag{4-1}$$

式中　L——炮眼深度,m;

H——爆破岩石的厚度,阶梯高度,m,见图 4-20;

C——系数,坚石取1.0～1.15,次坚石取0.85～0.95,软石取0.7～0.9。

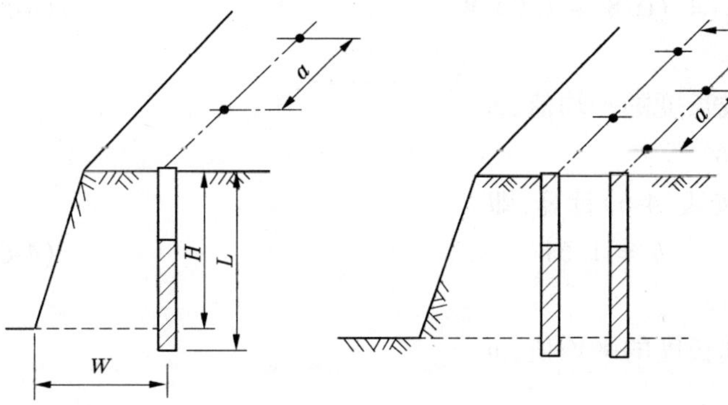

(a)台阶式爆破

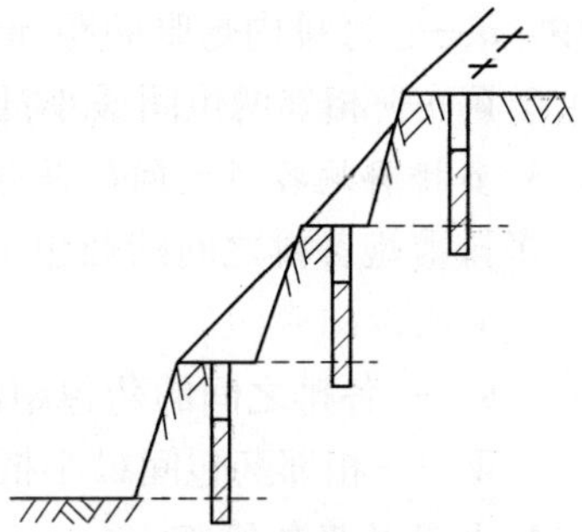
(b)梯段式爆破

图 4-20 台阶式爆破和梯段式爆破

2. 最小抵抗线长度

最小抵抗线长度计算公式为

$$W = kd \tag{4-2}$$

式中 W——炮眼到临空面的最小距离,m;

d——钻孔最大直径,m;

k——系数,一般取 15～30,坚硬岩石用小值,中等硬岩用大值。

3. 炮眼间距

同排炮眼间距视岩面的类别、节理发育程度,参照式(4-3)计算,即

$$a = RW \tag{4-3}$$

式中 a——炮眼间距,m;

R——系数,采用火雷管起爆为 1.20～2.0,采用电雷管起爆为 0.8～2.3;

W——最小抵抗线长度,m。

4. 装药量

炮眼的装药高度一般为炮孔深度的 1/3～1/2,特殊情况下不得超过炮孔深度的 2/3。对于松动爆破或减弱松动爆破,装药高度可降到炮孔深度的 1/4～1/3。

(二)葫芦炮(药壶炮)爆破

葫芦炮是将炮眼底部扩大成葫芦形,便于将炸药基本集中于炮眼底部的扩大部分,以提高效果的一种炮型。其炮眼深度在 5.0～7.0 m,适用于均匀致密的硬土、次坚石、坚石。葫芦炮有省药、爆能利用率高等优点。

1. 用药量

葫芦炮的用药量按式(4-4)计算,即

$$Q = KW^3 \tag{4-4}$$

式中 Q——用药量,kg;

K——单位岩石的硝铵炸药消耗量,kg/m^3;

W——最小抵抗线长度,m,一般为阶梯高度的 0.5～0.8 倍。

2. 单排群炮炮眼间距

单排群炮炮眼间距按式(4-5)计算,即

$$a = (0.8 \sim 1.0)W \tag{4-5}$$

式中 a——每排内炮眼间距，m；

W——相邻两炮间最小抵抗线长度的平均值，m。

3. 多排群炮各排之间的药包距离

多排群炮各排之间的药包距离按式(4-6)计算，即

$$b = 1.5W \tag{4-6}$$

式中 b——各排之间的药包距离，m；

W——相邻药包间最小抵抗线长度的平均值，m。

4. 上下层药包间距

当炮眼布置成三角形时，上下层药包间距按式(4-7)计算，即

$$A = 2W_F \tag{4-7}$$

式中 W_F——下层最小抵抗线长度，m；

A——上下层药包间距，m。

(三)猫洞炮爆破

猫洞炮主要用于较坚硬的土壤松动或在坚石、次坚石爆破中配合钢钎炮、葫芦炮爆破。这种方法是在岩土底部开凿一直径为0.2~0.5 m、深度在0.5 m左右的洞穴，采用集中药包，直接放在洞穴内进行爆破。由于潜孔钻机的采用，掘孔已由原来用小炮扩孔挖掘发展到直接采用钻机，使工效提高很多。

1. 用药量

(1)当被炸松的岩体能坍塌出路基时，用药量按式(4-8)计算，即

$$Q = KW^3 f(\alpha)\ d \tag{4-8}$$

式中 Q——用药量，kg；

W——最小抵抗线长度，m；

K——形成标准抛掷漏斗的单位用药量，kg/m^3，一般不宜用抛掷爆破，而是用松动或减弱松动爆破，用药量为抛掷爆破的1/3~1/2；

$f(\alpha)$——抛掷系数，$f(\alpha)=26/a$；

α——地面横坡度(°)；

d——堵塞系数，可近似用 $d=3/h$ 计算，其中 h 为眼深。

(2)当被炸松的岩体不能坍塌出路基时，用药量按式(4-9)计算，即

$$Q = 0.35KW^3 d \tag{4-9}$$

式中符号意义同前。

2. 炮孔间距

炮孔间距按式(4-10)计算，即

$$a = (1.0 \sim 1.3)W \tag{4-10}$$

式中 W——两相邻药包计算抵抗线长度的平均值，m；

1.0~1.3——系数，可根据岩石硬度、节理发育程度及地面坡度的大小而定，一般用1.0~1.2，当地面坡度大于70°时可采用1.2~1.3，但须注意，间距过大会使爆破物块过大，增加二次爆破。

(四)深孔松动爆破

深孔松动爆破孔径在75 mm以上,深度在5.0 m以上,是机械化程度很高的一种作业方式。钻孔采用凿岩机或穿孔机,爆破方式多采用深孔多排微差爆破,每次爆破方量可达1万 m^3 以上。出渣方式多采用正铲或反铲挖掘机装车,翻斗自卸车外运,推土机配合清理道路和作业面,生产效率高,适用于深路堑施工。

进行深孔爆破,要先将地面修成台阶,称为梯段。梯段的倾角最好为60°~75°,高度在5~15 m,炮孔直径为80~300 mm。在公路工程中,以用100~150 mm为宜。布孔方式有垂直、倾斜、水平三种。

深孔松动爆破主要有以下几个参数。

1. 抵抗线长度

$$W = HDad/150 \tag{4-11}$$

式中 H——阶梯高度,m;

D——硬度系数,0.46~0.56;

d——炮孔直径,mm;

a——高度影响系数,如表4-14所示。

表4-14 高度影响系数

H(m)	10	12	15	17	20	22	25	27	30
a	1.0	0.85	0.74	0.67	0.60	0.56	0.52	0.47	0.42

2. 炮眼深度

炮眼深度按式(4-12)计算,即

$$L = (1.0 \sim 1.15)H \tag{4-12}$$

式中 L——炮眼深度,m;

H——阶梯高度,m。

3. 孔距

孔距按式(4-13)计算,即

$$a = (0.7 \sim 1.4)W \tag{4-13}$$

式中 a——孔距,m;

W——抵抗线长度,m。

4. 排距

方格布置炮孔排距 $b = a$;

三角布置炮孔排距 $b = 0.87a$。

5. 装药量

装药量按式(4-14)计算,即

$$Q = 0.33KHW_a \tag{4-14}$$

式中 Q——装药量,kg/m;

K——单位耗药量,kg/m^3,K 值见表4-15;

H——阶梯高度,m;

W_a——最小抵抗线长度,m。

除查表外，亦可根据岩石等级用式(4-15)计算各级岩石平均 K 值，即

$$K = 0.1N + b \tag{4-15}$$

式中 N——岩石等级(16 级分级法)；

b——系数，当 $N \leqslant 7$ 时 $b = 0.7$，当 $N > 7$ 时 $b = 0.6$。

表 4-15 单位耗药量 K 值

岩石名称	岩石等级 N	坚实系数 f	岩石密度 ρ (kg/m^3)	标准抛掷单位耗药量 K (kg/m^3)
砂	Ⅰ	0.5～0.6	1 500	1.8～2.0
密实的或潮湿的砂		0.6～0.8	1 600*	1.4～1.5
重亚黏土，砂质黏土	Ⅲ	0.8～1.0	1 750～1 600	1.2～1.35
坚实黏土	Ⅳ	1.0～1.5	2 000	1.2～1.5
黄土	Ⅳ～Ⅴ	1.0～2.0	1 800～1 600	1.1～1.5
白垩土	Ⅴ	1.5～2.0	1 500～2 600	0.9～1.1
石膏(硬白膏)	Ⅴ～Ⅵ	2.4～4.0	2 200～2 900	1.2～1.5
蛋白石(硅藻土)	Ⅴ～Ⅵ	2.0～4.0	2 200	1.2～1.5
泥灰岩	Ⅴ～Ⅵ	2.0～4.0	1 900～2 300	1.2～1.5
裂纹喷出岩(凝灰岩)	Ⅵ	2.0～4.0	1 100	1.5～1.8
重质浮石	Ⅵ	2.0～4.0	1 100	1.5～1.8
贝壳(石灰岩)	Ⅵ～Ⅶ	4.0～6.0	1 200	1.8～2.1
钙质砾岩	Ⅵ～Ⅶ	4.0～6.0	2 200～2 800	1.35～1.65
砾石	Ⅵ～Ⅶ	4.0～6.0	2 500	1.35～1.65
黏土质砾岩	Ⅵ～Ⅷ	6.0～8.0	2 200	1.35～1.65
泥质页岩、石灰岩	Ⅵ～Ⅷ	6.0～8.0	2 300	1.35～1.65
泥灰岩	Ⅵ～Ⅷ	6.0～8.0	2 500	1.35～1.65
白云岩	Ⅷ～Ⅹ	8.0～12.0	2 700、2 900	1.5～1.59
石灰岩	Ⅷ～Ⅹ	8.0～12.1	2 700	1.5～1.59
镁质岩	Ⅷ～Ⅹ	8.0～12.0	3 000	1.5～1.59
钙质砾岩	Ⅷ～Ⅹ	8.0～12.0	2 600	1.5～1.59
石灰岩	Ⅷ～Ⅻ	8.0～16.0	2 700	1.5～2.4
砾岩	Ⅷ～Ⅻ	8.0～16.0	2 700	1.5～2.4
花岗岩	Ⅸ～Ⅻ	10.0～15.0	2 800、3 100、3 300	1.8～2.55
玄武岩	Ⅷ～XVI	14.0～20.0	2 700、3 100、330	2.1～2.7
安山岩	Ⅷ～XVI	14.0～20.0	2 700、3 100	2.1～2.7
石英岩	XIV	18.0～20.0	2 800、3 300	1.8～2.1
斑岩	XIV～XV	18.0～25.0	2 800、2 700、3 300	2.1～2.55

注：1. * 根据试验得出；

2. (　)内的罗马字母代表相应密度的岩石等级(按 16 级分级法)。

6. 装药结构及充填方式

为防止炸药过分集中，均匀地破碎岩石，在施工中一般采用间隔装药方式，即分上下两层装药，两层药之间需充填，底层药量占单孔药量的70%，上层药量占单孔药量的30%，并保证中间充填高度不小于孔径的20倍，充填物最好选择干砂或干燥土，捣实要均匀。

（五）深孔多排微差爆破

微差爆破又称毫秒爆破，是将相邻药包或药包群以毫秒时间的间隔，按一定顺序起爆的一种方法，延期间隔时间由几毫秒到几十毫秒。由于前后相邻段药包爆炸时间间隔很短，致使各药包造成能量相互发生影响，而产生一系列良好的爆破效果。

如图4-21所示为高边坡全路堑开挖施工的横断面，岩石等级为坚石、次坚石，采用多排微差爆破的施工方法。

1. 开挖方式

采用纵向台阶法，台阶的高度为6～9 m，开挖顺序依次为Ⅰ、Ⅱ、Ⅲ梯段（见图4-21）。图4-21中台阶平台宽度由设计确定，炮孔布置方式为与边坡平行的倾斜孔。中心掘沟为两侧横向梯段创造了临空面，台阶的主体开挖采用深孔多排微差爆破。各台阶边坡一律采用深孔预裂爆破，预裂孔与主爆孔之间1～2排采用缓冲控制爆破，其目的是保护边坡外既有建筑物和设施。

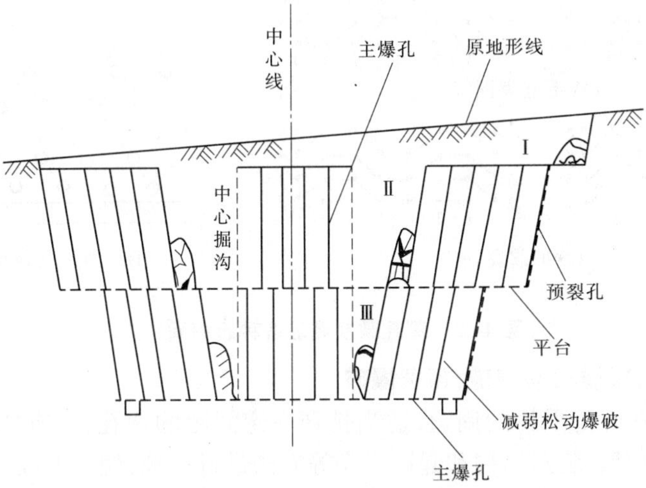

图4-21　高边坡全路堑开挖

2. 开挖基本作业方法

（1）首先测量放出路堑中心线和开挖边桩线，然后将原地面用手风钻钻眼，浅孔爆破，推土机推出平台，平台宽度一般不小于6～8 m。

（2）钻孔采用自行履带式潜孔凿岩机，深孔的位置预先按设计爆破参数计算。钻孔标出编号，按由内向外的顺序进行。使用潜孔钻机，便道宽度不得小于3 m。即使用轻型设备，便道有效宽度也不得小于1.5 m。

（3）装药前用测锤或长炮棍检查孔深和孔内是否堵塞。当发现问题经处理仍满足不了设计要求时，应根据实测孔深修改装药量。由于深孔爆破一次孔数较多，装药结构及引爆网络较为复杂，因此需加强工地指挥和组织检查工作。

(4)台阶爆破后,首先将堆积在坡面上的大块危石清理掉,然后再进行挖装作业,采用正铲挖掘机(斗容量在1.5~2.0 m^3)装车。为给挖掘机创造工作条件,应用推土机辅助清理场地与道路。运输车辆为15 t以上自卸车与挖掘机组成一个机械运输班组,形成流水作业。

3. 深孔多排微差爆破

深孔多排微差爆破就是使前后排或相邻两孔的药包以毫秒的时间间隔(一般为15~17 ms)依次起爆,可以扩大自由面,有效利用应力波的叠加,增加岩块间的碰撞挤压作用,加强岩石的破碎效果,降低多排孔一次爆破的堆积高度,有利于挖掘机作业。由于逐孔或逐排依次爆破,减少了岩石夹制力,可节省炸药20%,并可增大孔距。其炮孔排列和起爆顺序与断面形状和岩性有关,如图4-22所示,图中数字为起爆顺序号。

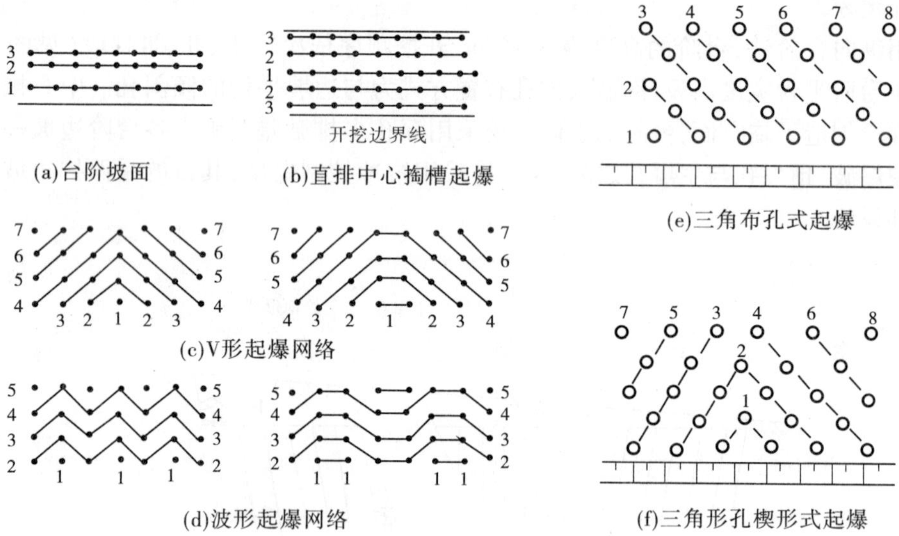

(a)台阶坡面　(b)直排中心掏槽起爆　(c)V形起爆网络　(d)波形起爆网络　(e)三角布孔式起爆　(f)三角形孔楔形式起爆

图4-22　深孔微差爆破各种起爆网络

(六)光面爆破、减弱松动爆破、预裂爆破

光面爆破是指在开挖限界的周边,适当排列一定间距的炮孔,在有侧向临空面的情况下,用控制抵抗线、药量、装药结构和起爆程序等方法进行爆破,使之形成一个平整而不受明显破坏的边坡或爆破面。

1. 光面爆破要点

(1)边孔直径 $d \geqslant 50$ mm。

(2)边孔间距 a 应由工地试验确定,一般 $a=16d$,曲线边孔应加密到 $a=0.2$ m,采取小孔径,可间隔1~2孔装药。

(3)边孔的最小抵抗线长度 W 一般采用 $1.3a$,但平均值不超过0.8 m。

(4)装药量应比正常减少1/3~1/2,采取间隔装药。

(5)应保持炮孔在同一平面内,光面爆破应在主爆之后起爆。

2. 光面爆破施工方法

为保证光面爆破的良好效果,除根据岩石特性和工程要求正确使用光面爆破设计参数外,精确凿岩极为重要。

要严格控制炮眼孔底偏差。边眼口开在设计轮廓线上,使眼底落在设计轮廓线外 10 ~ 15 cm 处,爆后呈缓接的阶梯状,给下次凿岩提供足够的工作面。

光面爆破孔之间要相互平行,孔底要落在同一平面上。用光面爆破掘进隧道时,一般有两种方案。

(1)一次掘进法,是指全断面一次掘进,此时掏槽眼、辅助眼等参数按普通爆破来设计。周边眼则按光面爆破设计,可采用多段毫秒电雷管或非电爆系统顺序起爆,掏槽眼、辅助眼间起爆间隔时间应不小于 25 ms,邻近周边眼的一排炮孔的药量要比其他炮孔的药量少,以防止爆震裂隙的发展(见图 4-23)。

(2)预留光面层法,特点是在爆破周边眼之前,可根据爆破超前导洞的情况进行参数调整或修正轮廓以达到光面爆破的效果。但采用预留光面层法要分两次起爆,施工时间较长。

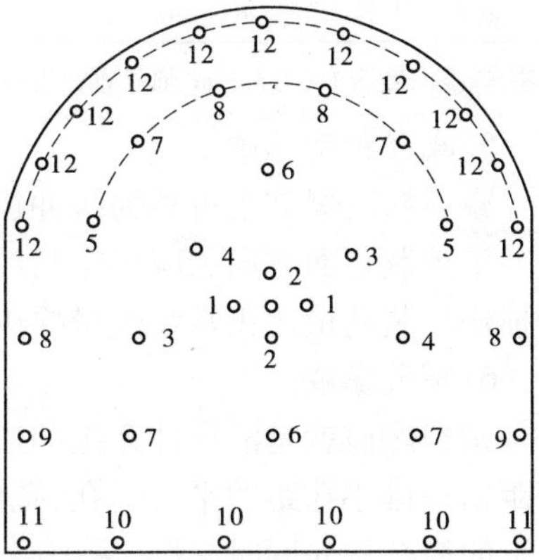

图 4-23 隧道光面爆破炮眼排列及起爆顺序

3. 起爆间隔时间

光面爆破采用齐发起爆效果最好,间隔时间越短,壁面平整的效果越有保证。光面爆破与前排的爆破孔间隔时间一般延后 20 ~ 50 ms。

4. 光面爆破设计参数

光面爆破设计参数参考表 4-16 ~ 表 4-18。

表 4-16 大孔径光面爆破参数

炮孔直径 d(mm)	孔距(mm)	最小抵抗线长度 W(m)	装药量(kg/m)
50	0.8	1.1	0.25
62	1.0	1.3	0.35
75	1.2	1.6	0.50
97	1.2	1.6	0.70
100	1.6	2.1	0.90
125	2.0	2.7	1.40
150	2.4	3.2	2.00
200	3.0	4.0	3.00

表 4-17 隧道光面爆破参数

岩石类别	周边眼间距 a(cm)	周边眼抵抗线长度 W(cm)	相对距离 a/W	装药量(kg/m)
坚石	55 ~ 65	60 ~ 80	0.8 ~ 1.0	0.30 ~ 0.35
次坚石	45 ~ 60	60 ~ 75	0.8 ~ 1.0	0.2 ~ 0.3
软石	35 ~ 45	45 ~ 55	0.8 ~ 1.0	0.07 ~ 0.12

表 4-18　隧道预留光面爆破参数

岩石类别	周边眼间距 a(cm)	周边眼抵抗线长度 W(cm)	相对距离 a/W	装药量(kg/m)
坚石	60 ~ 70	70 ~ 80	0.7 ~ 1.0	0.2 ~ 0.3
次坚石	40 ~ 50	50 ~ 60	0.3 ~ 1.0	0.1 ~ 0.15
软石	40 ~ 50	50 ~ 60	0.7 ~ 0.9	0.07 ~ 0.12

注:炮眼深度为 1.0 ~ 3.5 m,炮眼直径为 40 ~ 50 mm。

5. 减弱松动爆破

减弱松动爆破也可称为缓冲控制爆破,适用在距开挖层靠近边坡的 1 ~ 2 排炮孔,它能进一步控制正面方向和减小振动波强度,用以保证边坡稳定及周边建筑物保持正常状态不受损伤。装药量比正常装药量要少,工地应根据不同情况通过试验确定。

6. 预裂爆破

预裂爆破就是沿设计开挖的边坡线,在没有侧向临空面和最小抵抗线的情况下,按一定间距钻一排小孔距的平行炮孔,孔内装入少量炸药,在开挖区主爆破炮孔起爆前,这些边坡线上的炮孔首先同时起爆,爆破后沿孔轴方向从上到下形成具有一定宽度的贯穿裂缝,把开挖区与保留区的岩体分开。当开挖区爆破时,预裂缝起着保护边坡减少破坏的作用。

为获得较好的爆破效果,除选择合理的爆破参数、起爆顺序、布孔方式外,更应精确掌握施工方法、操作要点,掌握孔深、方向和斜角度三大要素。一般孔底的钻孔偏差不大于 ±15 cm。

(七)大爆破

大爆破工程施工是采用导洞和药室装药,用药量在 1 000 kg 以上的爆破。公路石方开挖一般不宜采用,只有当路线穿过孤独山丘,开挖后边坡不高于 6.0 m,且根据岩石产状和风化程度确认开挖后边坡稳定,方可采用大爆破方案。但须作好技术设计,并有详细的技术经济论证和边坡稳定性分析。爆破设计时,应充分考虑路基边坡必须在爆破岩层松动区外。

不宜进行大爆破的工程地质条件包括以下几种情况:

(1)岩堆、滑坡体、坡体上部堆积的覆盖层较厚而倾向路基的不良地区。

(2)断层破碎带、侵入体与围岩的接触带、节理破碎带以及具有引起塌方可能的地段。

(3)当软弱面通过路基的后方或下方时,爆破不易形成路基的地段。

(4)层理面、错动面以及其他构筑软弱面倾向路基,而其倾角大于临界倾角并小于 50°,层理面又胶结不良的地段。

(5)山脊较薄,山后有临空面,不逸出半径可使整个山头破坏,引起塌方的地段。

(6)周围有农田、果树、渠道、重要建筑物等,无法确保其安全时,也不宜采用大爆破。

本章小结

(1)挖方路基一般由路床、边沟、碎落台、边坡及截水沟组成。

(2)路基施工准备工作包括征地拆迁、测量放样、施工预算、施工前的复查和试验、开挖前路堑的排水设施、施工组织设计与工程监理。

(3)路堑开挖方式应根据深度和纵向长度以及地形、土质、土方调配情况和开挖机械设备等条件因素确定,以提高工作效率,加快施工进度。

(4)山区公路路基石方工程量大且集中,据统计一般占土石方总量的 45% ~75%。因此，爆破是石方路基施工最有效的方法，亦可用于爆松冻土、淤泥、开采石料等。在公路工程中采用综合爆破，不但施工技术取得了重大革新，而且对公路选线设计也提供了较大余地。爆破器材分军用与民用两大类。民用爆破器材又称工业爆破器材，包括炸药、雷管、导火线。

(5)为充分发挥各种爆破方法的特点，利用微地形和地质的客观条件，在路基石方工程中采用综合爆破，选用各种爆破方法，组织炮群，有计划、有步骤地拟定爆破开挖石方。

【小知识】在有轨道电路的线路上作业时应注意的事项

(1)量轨距时严禁使用中间没有绝缘材料的金属道尺。禁止将金属尺或铁线拖在地上行走，跨过两股钢轨。

(2)所有的撬棍都应加装绝缘胶套管。严防撬棍搭在钢轨上造成连电。

(3)推送单轨车必须在指定的线路，并且要在安塞钉接续线的钢轨一侧进行，不要在焊接接续线一侧走，以免压掉接续线，使轨道电路断电。

在道岔区段轨道电路附加绝缘处，不许推送单轨车，否则会造成连电，影响轨道电路的正常使用。需要推送时，必须与车站取得联系或采取可靠措施，如在绝缘接头顶上衬垫绝缘物等。

(4)在道岔区域使用起道机，要特别注意防止轨道电路连电。尤其要注意不要把起道机底座放在岔前附加绝缘接头底下，防止造成连电。

(5)方正和更换轨枕以及捆扎枕木头时，要防止轨道电路送电端和受电端的引入线连电或断线。严禁将撬棍、捣镐、石碴筛子等金属物品和工具放在引入线上，以防连电。

(6)在绝缘接头处，打道钉应注意不要使道钉头部碰到夹板上，否则将通过铁垫板和轨底造成钢轨接头连电。

(7)拧紧绝缘接头处夹板螺栓帽时，要注意螺丝扳子不要搭在绝缘另一面钢轨的螺丝上。因为所搭连的两个螺栓，如果本身弯曲不直并和钢轨眼孔相接触，就会造成连电事故。尤其是道岔区段轨道电路的附加绝缘处的钢轨接头更为重要，因为它连电后就会影响轨道电路正常使用。

(8)在装有角型座式绝缘接头处，更换角型绝缘板时，要注意检查和防止零星细小金属物混夹在角型绝缘板和钢轨接头的中间，以致连电，造成绝缘失效。这种情况如果发生在道岔区段附加绝缘处，就会影响轨道电路的正常使用。

(9)在绝缘接头处，注意在其前后增加必要数量的防爬设备，防止钢轨爬行。

(10)机械化机具均要有良好的绝缘。

(11)装在轨道电路内的轨距杆、道岔通长垫板、尖轨以及所有能导电的连接两股钢轨的配件，都应该装设良好的绝缘装置。

在轨距杆多的地方，应使它和道碴层保持 30 mm 的间隙，或将轨距杆的绝缘部位下面的道碴掏除一些，以防雨水存留，浸泡绝缘部位。此外，安装轨距杆最好平装，使螺栓帽一面向上，不要使绝缘纸的可见面向上，以减少渗水机会。

(12)轨道口处不得安设钢轨绝缘接头。绝缘接头装设位置距轨道口两端不得少于 2 m。

复习思考题

4-1　横断面由哪几部分组成？

4-2　在路基施工开始前要完成哪些准备工作？

4-3　简述土方路堑开挖的方法。

4-4　简述常用的土方机械及作业方法。

4-5　简述土方机械的类型、性能以及适用范围。

第五章　特殊地区的路基施工

职业能力目标与学习要求

通过对公路特殊地区的路基施工的学习，使学生对公路特殊地区的路基工程施工特点、施工方法、土质、机械的使用有一定的了解和掌握，结合工作过程，通过案例分析提高学生分析问题和解决问题的能力，为今后从事施工员、试验员、管理员工作奠定良好的基础。

教学重点

1. 黄土的结构特征和施工方法；
2. 膨胀土的施工方法和要求；
3. 崩塌和岩堆地区路基的施工方法和要求；
4. 滑坡地段路基的施工方法和要求；
5. 沙漠地区路基的施工方法和要求；
6. 盐渍土地区路基的施工方法和要求；
7. 沼泽土地区路基的施工方法和要求；
8. 岩溶地区路基的施工方法和要求。

第一节　黄土地区路基施工

一、工程概况

郑州—洛阳高速公路，全长78.52 km，分为4个合同段。A2合同段内，路基宽度设计为26.0 m，填方边坡为1∶1.5，挖方段边坡为1∶0.25。边坡设计用植被防护。

填料设计采用路线邻近的黄土及局部地段用河滩砂砾料填筑。线路位于黄河冲积平原区的过渡带上。地势南高北低，沿线土质均为黄土，下伏漂卵石层及砂层，局部地区地下水位较高。

二、黄土的工程特性

(一)黄土的结构特征

1. 黄土的结构

黄土的颗粒组成以粉粒(0.005～0.05 mm)为主，可达50%以上，其中粗粉粒(0.01～0.05 mm)含量又大于细粉粒(0.005～0.01 mm)含量。因此，黄土的结构是以粗粉粒为主体骨架的结构。较大的砂粒“浮”在结构体中，细粉粒、黏粒和腐殖质胶体则附在砂粒及粗粉粒的表面，与易溶盐及沉积在该处的碳酸钙、硫酸钙一起形成了胶结性的联结。有了这种胶结性联结后，黄土结构也就稳固了。

从工程施工项目所设取土场的颗粒分析试验看(见表5-1)，其颗粒组成主要以0.005～

0.074 mm 为主，一般占总量的 70% ~90%。因此，试验结果表明，黄土的颗粒级配属均匀级配，同颗粒成分含量较多，黏粒含量小。

表 5-1　取土场颗粒分析

桩号	不同粒径(mm)下的颗粒含量(%)				
	>0.5	0.25 ~0.5	0.074 ~0.25	0.005 ~0.074	<0.005
K48 +485	2.5	1.5	3.5	68	24.5
K88 +500	—	—	1	76	23
K87 +400	2	1	2	74.5	20.5
K86 +400	2.5	1	3.5	70	23

2. 黄土的多孔性

黄土结构中的孔隙可分为以下三类：

(1)大孔隙，基本上肉眼可见，为直径 0.5 ~1.3 mm 的孔道。

(2)细孔隙，是架空结构中大颗粒的粒间孔隙。肉眼看不见，双目放大镜下可观察到。

(3)毛细孔隙，由大颗粒与附在其表面上的小颗粒所形成的粒间孔隙，肉眼更看不见。

这三种孔隙形成了黄土的高孔隙度，故又称黄土为大孔土。遇水易冲蚀、崩解、湿陷。

黄土的孔隙率变化为 35% ~60%，有沿深度逐渐减少的趋势。在地理分布上则有自东向西、自南向北孔隙率增大的规律。黄土中的孔隙呈垂直或倾斜的管状，以垂直为主、上下贯通。其内壁附有白色的碳酸钙薄膜，碳酸钙的胶结对黄土起着加固的作用。

3. 黄土的节理

黄土的节理以垂直节理为主。一般在干燥而固结的黄土层中比较发育，土层上部比下部发达。有时在黄土中发现有斜节理，这大都是由新构造运动所造成的。

(二)黄土的水理特性

1. 渗水性

由于黄土具有大孔隙及垂直节理等特殊构造，故其垂直方向的透水性较水平方向大。黄土经压实后大孔隙构造被破坏，其透水性也大大降低。此外，黏粒的含量也会影响黄土的渗透性。

2. 收缩和膨胀

黄土遇水膨胀，干燥后又收缩。经多次反复后，容易形成裂缝及剥落。由于土的自重作用使粉粒在垂直方向的粒间距离变小，所以具有天然湿度的黄土在干燥后，水平方向的收缩量比垂直方向的收缩量大，一般大 50% ~100%。

3. 崩解性

各类黄土的崩解性相差甚大。浸入水中后，新黄土很快就全部崩解；老黄土则要经过一段时间才全部崩解；红色黄土基本不崩解。

(三)黄土的物理力学特性

1. 黄土的抗剪强度

原状黄土的各向异性。由于垂直节理及大孔的存在，原状黄土的强度随方向而异，黄土水平方向的强度一般较大，45°方向居中，垂直方向强度最小。但冲洪积黄土则因存在有水平层理的关系，水平方向强度最低，垂直方向强度最大，45°方向仍居中。

2. 黄土的湿陷性

黄土可分为两类。一类为湿陷性黄土,另一类为非湿陷性黄土。黄土的湿陷性可按下述方法鉴别。用普通固结仪给土样加压至200 kPa,变形稳定后,浸水测定相对湿陷系数δ_s。计算公式为

$$\delta_s = (h_z - h_{z'})/h_z \qquad (5\text{-}1)$$

式中 δ_s——相对湿陷系数;

h_z——试样在200 kPa下变形稳定后的高度,cm;

$h_{z'}$——上述加压稳定后的土样,在浸水作用下变形稳定后的高度,cm。

当$\delta_s \geq 0.02$时,黄土被认为是具有湿陷性的。

沿线取土场深度在0~10 m范围内,通过试验,湿陷系数在0~0.02内,超过10 m深度后,个别土层湿陷系数大于0.02。由于填料取土均在10 m以内,所以路基填料均属非湿陷性黄土。

3. 黄土的液塑限

从黄土的液塑限试验结果看,黄土是一种比较特殊的黏性土或粉性土。公路沿线取土场的试验结果表明(见表5-2),其液限大多小于28%,个别的略大于28%;塑性指数一般都小于12,大部分在10以下,最低的在7左右。黄土可命名为粉质中低液限黏土或低液限粉土,所以黄土较难压实。

表5-2 黄土的液塑限试验结果

取土场桩号	液限(%)	塑限(%)	塑性指数
K121+600	28.5	21.4	7.1
K129+400	28.6	20.9	7.7
K133+330	27.2	18.9	8.3
K78+400	21.4	16	5.4
K83+300	30.8	19.6	11.2
K84+458	26.2	18	8.2
K86+300	21.6	16	5.6
K86+400	28.3	18	10.3
K88+500	27.7	18.8	8.9
K88+620	30.4	16.5	13.9
K91+300	27.4	17.4	10

4. 黄土的击实特性

从黄土的重型击实成果来看(见图5-1),其最大干密度一般在1.85~1.98 g/cm³,最佳含水量为11.5%~13.8%。最大干密度越小,曲线越平缓,这主要是黄土的孔隙发达所致。随着含水量的增加,大量的水分首先填满孔隙,然后润滑表面。因此,孔隙越发达,曲线越平缓。

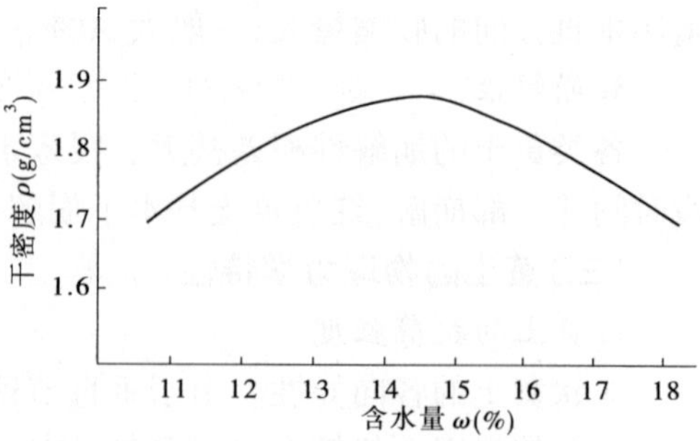

图5-1 取土场黄土击实曲线

但从曲线的峰值附近看,曲线半径越来越小,这就反映了黄土在达到高标准压实要求时对

含水量的敏感性，也就是说，高等级公路使用黄土填筑路堤时施工含水量的控制范围很小，这就给黄土压实工作带来了一定的难度。

清理地表后，从取土场取土试验来看，有机质含量均满足规范要求。

三、试验段施工

为进一步了解黄土的工程特性，通过试验段施工得到有关质量控制参数，其结果如下所述。

（一）宽填尺寸

从离填土边缘 50 cm 处的压实度检测结果看，其压实度与中间的结果基本一致，而小于 50 cm 的范围内，压实度明显降低。所以，宽填尺寸以 50 cm 控制，方能保证路肩处的压实度。

（二）松铺厚度

在其他因素相同的条件下，松铺厚度在 35 cm 以内时，压实度可达到 90%；而压实度在 93% ~95% 范围内，松铺厚度一定不能超过 30 cm，否则压实度不能达标。

（三）压实机具选择

从黄土的颗粒分析结果看，颗粒的级配差。从黄土地区的自然因素分析，干旱少雨，土的含水量很难保证，而高速公路路基的压实标准很高，因此对压实机具的要求也高。从试验段的结果来看，只有重型压实机械才能满足压实度质量要求，而轻型压路机很难做到，即使增加压实遍数，或减小松铺厚度，也不能达到压实度要求。其中，重型凸轮压路机（俗称羊足碾）的压实效果最佳，这种机械碾压时凸块处压强很大，土体很快被压实，使得压实效果显著。

四、黄土路基施工特点

黄土路基施工与其他类型路基一样，在施工工艺上没有太大的区别，但也有其自身的一些特点，具体表现在以下几个方面。

（一）松铺厚度的控制

根据试验段成果，黄土路基施工松铺厚度为当压实度要求 90% 时，应不大于 35 cm；当压实度要求 93% ~95% 时，应不大于 30 cm。松铺厚度可用车数控制，也可在土摊铺完成后挖探检测，若松铺厚度控制不好，将严重影响压实效果，浪费碾压台班。

（二）含水量的施工控制

黄土压实时对含水量很敏感，特别是在 93、95 区施工时，表现更为明显。施工时要密切关注含水量，最好在碾压开始前测定，也可在取土场测定，应随时注意含水量的损失。如果含水量不足，必须补充水量，最好在傍晚洒水，第二天再补压。这样，洒在土层表面的水经长时间渗透，使土体各部分含水量很均匀，才能达到补水的目的；否则，表层含水量过大，碾压后出现薄层弹簧，压实度仍然不能达标。如使取土场含水量在控制范围内，可在晚上气温低时上土，早晨或凌晨摊铺碾压，在太阳出来气温升高前成型。这样一方面可加快工程进度，另一方面也能保证碾压时土的含水量，保证压实度满足要求。

黄土碾压时含水量的控制范围：根据施工实践，土的含水量在最佳含水量 3% 上下范围时，压实度均可达到 95 区压实度的要求，不过含水量小于最佳含水量时，压实度明显增加。

当含水量大于最佳含水量时，压实相对更容易些。这主要因为：①含水量大于最佳含水量时，施工中水分损失后，其压实时的含水量更接近最佳含水量；②水分较多时，土颗粒表面的水膜可起到一定程度的“润滑”作用，土颗粒在外力作用下更容易移动，使土颗粒挤压得更密实些。不过，像其他土质一样，含水量达到一定程度时，黄土压实时同样会出现弹簧，土的含水量最好不超过最佳含水量的3%。

（三）压实机具及工艺

在施工过程中，压实机械主要以CA25D光轮自行式压路机配合YZT16（K）拖式凸轮振动压路机组合作业，平地机摊铺整平。在平地机整平检测厚度后，CA25D压路机先静压1遍，然后由YZT16（K）拖式凸轮振动压路机振动碾压5~6遍（93~95区），平地机再次整平，再由CA25D压路机光轮振动碾压2遍。为保证路肩压实度，边缘处多碾压1遍，最后静压1遍。90区碾压时，YZT16（K）拖式凸轮振动压路机一般只碾压3遍。YZT16（K）拖式凸轮振动压路机在黄土路基的压实作业中，适用性强，压实质量好。

（四）土质的适用性

黄土的土质是影响黄土压实困难的根本原因。从筛分试验看，同粒径颗粒含量高，黏粒含量小，级配不好，只有土粒表面的水膜厚度合适，即含水量达到最佳含水量时，才能获得满意的压实度。从液塑限试验结果分析，塑性指数偏低，黏结力不足，较难形成稳定的压实体。合同段内黄土为低液限粉性土，土的天然含水量与最佳含水量相差较大，而补水又无适用的水源，压实的路基施工扰动后破坏了压实的土体，再次检测后压实度不足，很难展开大面积碾压作业，最后确定为非适用材料，改为砂砾填筑路堤。因此，在黄土地区进行路基填筑前，一定要对土质进行认真分析，如果为塑性指数很小的粉性土，需要考虑它的可用性。

（五）路基的旱雨季施工

由于黄土的压实对土的含水量很敏感，所以在干旱少雨的黄土地区填筑路基时，含水量较难控制。合同段每年的8、9月份，常常有短时间的大到暴雨，黄土的含水量又常常很高，造成无法大面积展开施工。在旱季常常因为土的含水量偏低影响施工进度。在阴雨季节，土的含水量过大，在雨后降低土的含水量比较难，成型路基有积水，未晒干时就上土便容易形成弹簧，因此路基无法展开大面积施工，为防止出现这种情况，在路基施工时，一定要做出路拱来，同时保证平整度，使排水通畅不积水，这样可大大缩短雨后的停工时间。如果出现局部弹簧，可采用换填砂砾或用生石灰粉掺合后碾压处理。

另外，黄土易受水冲蚀，为防止下雨时路拱汇集的水集中流出路基面，路肩处一定要碾压平整；否则，水流冲沟需要用灰土人工分层夯实补填。

（六）黄土路基的设计

1. 坡面防护

合同段黄土遇水易被冲蚀，含水量小时则易风蚀，对坡面的稳定造成不利影响。为防止此种情况的发生，路基边坡最好采用植被防护，而路堑边坡也需要设计防护。

2. 排水设计

合同段由于黄土遇水易被冲蚀，所以黄土路基排水设计和路面排水设计要考虑到黄土的这一特点，因此合同段大部分高等级公路路面排水设计为散排。在多雨的年份，应采用集中排水，设挡水石、集水槽、急流槽等。

3. 路堤高度

高等级公路路堤的设计高度一般都比较大，但黄土路基需考虑到这种设计的弊端，路堤高度大，工程量势必加大，这对施工条件、自然条件差的黄土路基施工质量是个隐患。路堤高度低，工程小，易于精工细作，保证质量。

4. 砂砾垫层

黄土路基砂砾垫层设置的优点主要表现在以下两个方面：

(1)黄土具有湿陷性，砂砾垫层可隔断地下水对路基的侵蚀；

(2)可处理地下水位较高的软土地基，增强路基底面的承载力。

第二节　膨胀土路堤施工

一、概述

膨胀土是指土的黏土矿物成分中富含亲水性黏土矿物成分，具有吸水显著膨胀软化、失水急剧收缩以及往复湿胀干缩特性的高塑性黏土。在公路、铁路、水利和工业与民用建筑中，膨胀土的危害是十分严重的。许多由膨胀土修筑的路基在交工运营之后，普遍发生路基下沉、翻浆、边坡沉坍、滑坡等病害。在修筑的高等级公路中经常出现油面开裂、松散脱落、路基翻浆等质量问题。

(一)膨胀土的判别

膨胀土的液限 $\omega_L \geqslant 50\%$（76 g 锥确定为 40%），自由膨胀率 $F_s \geqslant 40\%$，胀缩总率 >0.7%。

1. 膨胀土的等级

可根据表 5-3 判定膨胀土的等级。

表 5-3　膨胀土工程地质分类

类型	野外地质特征	主要黏土矿物质成分	>0.002 mm 黏粒含量(%)	自由膨胀率(%)	胀缩总率(%)
强膨胀土	灰白色、灰绿色黏土细腻，滑感特强，网状裂隙极发育，有蜡面，易风化，呈细粒状、鳞片状	蒙脱石、伊利石	>50	>90	>4
中等膨胀土	以棕红灰色为主，黏土中含少量粉砂，滑感较强，裂隙较发育，易风化，呈碎粒状，含钙质结核	蒙脱石、伊利石	35~50	65~90	2~4
弱膨胀土	黄褐色为主，粒土中含有较多的粉砂，有滑感裂隙发育，易风化，呈碎粒状，含较多钙质或铁锰结核	蒙脱石、伊利石、高岭石	<35	40~65	0.7~2.0

注：胀缩总率为土在 50 kPa 下的膨胀率与收缩率之和。

2. 胀缩总率

胀缩总率 e_{p3} 按式(5-2)计算为

$$e_{p3} = e_{p50} + C_{sl}(\omega - \omega_m) \tag{5-2}$$

式中 e_{p3}——胀缩总率(%);

ω_m——地基土在收缩过程中可能产生的含水量下限值(%);

ω——土的天然含水量(%);

C_{sl}——收缩系数,通过收缩试验确定;

e_{p50}——50 kPa 下的膨胀率(%)。

若式中 e_{p50} 为负值,按负值考虑。若 $\omega - \omega_m$ 大于 8%,按 8% 考虑;小于零时,按零考虑。

3. 含水量下限值

地表下 1 ~3 m 深度内含水量下限值 ω_p,可按下列两种情况分别确定。

(1)当地基土的收缩变形主要受大气降雨和蒸发影响时,可按式(5-3)计算,即

$$\omega_m = K\omega_p \tag{5-3}$$

式中 K——工作条件系数,可按表 5-4 选用;

ω_p——土的塑限含水量(%);

其他符号意义同前。

表 5-4 工作条件系数 K

分区	深度(m)	地形坡度 >45°	地形坡度≤8°
亚干旱区	1 ~2	0.7	0.77
	2 ~3	0.76	0.85
亚湿润区	1	0.78	0.86
	1 ~3	0.85	0.91

计算蒸发量及降雨量时,均取 10 年平均值。干燥度 K_c = 全年蒸发量/全年降雨量。$K_c < 1.00$ 时,为湿润区;$K_c = 1.00 \sim 1.49$ 时,为亚湿润区;$K_c = 1.50 \sim 3.49$ 时,为亚干旱区;$K_c > 3.50$ 时,为干旱区。

(2)当常年地下水位比较稳定且位于地表下 3 m 以内时,ω_m 可取土的天然含水量值。

(二)膨胀土的主要特性

(1)土的黏土矿物成分中富含有亲水性矿物成分,如蒙脱石、伊利石等;

(2)有较强的胀缩性;

(3)有多裂隙性结构;

(4)有显著的强度衰减性;

(5)多含有钙质或铁锰质结核;

(6)一般呈棕、红、黄、褐及灰白等色;

(7)自然坡度平缓,无直立陡坡;

(8)对公路路基及工程建筑有较强的潜在破坏作用。

（三）膨胀土的分布

膨胀土的分布多具有区域性工程地质特征，多数属洪、坡积型。我国已有20多个省市发现了膨胀土，比较典型的分布区有四川成都平原、云南蒙白—大屯盆地、广西南宁盆地、陕西安康盆地、河南和湖北的南阳—襄樊盆地、安徽的淮南盆地及淮河岗地等地区。

随着公路建设的高速发展，我国加大了对膨胀土的科学研究力度。安徽、广西、江苏、四川等地都取得了许多成功的治理经验。通过膨胀土公路路基稳定性研究的论证，采取了挖孔桩加固、稳定膨胀土填土边坡，以及考虑土体膨胀压力的挡土墙设计等处理方法。四川成渝路西段膨胀土路基施工中按压实度要求选用土质。当压实度大于90%时，不用中等膨胀土，对黏土路基顶面80 cm全部回填非膨胀土；对路堤两侧全部采用浆砌片石封闭；采用加深边沟，增设盲沟、渗水沟等方法，都为膨胀土路基施工提供了宝贵的经验。

二、膨胀土施工的措施和要求

（一）路基断面

断面形式要求能适应膨胀土的土体稳定特性，有利于排水的同时减小表水对坡面的冲蚀，有利于土基防水保湿，减少水分的迁移变化，达到防水保湿的目的，尽可能减少或消除湿胀干缩效应和强度衰减。具体可采取以下措施：

（1）采用不透水路面面层以防止表水下渗后软化土基。高等级公路宜采用厚层石灰土底基层。

（2）路基横坡应尽可能较一般土质路基大一些，以利排水。

（3）路肩应较一般土质路肩适当加宽。路肩全宽用与路面基层相同的结构层铺砌，同时需铺设较薄的不透水面层或作防渗处理。

（4）边沟需适当加宽并尽可能采用深边沟排水，沟底应设在土基顶面以下至少20～30 cm。

（5）路侧一般不宜种树，特别不应种生长快、吸水和蒸腾量大的树种。若要种树，一般应远离路基至少5.0 m。

（二）路基高度

路堑开挖导致原有稳定平衡丧失，边坡很易出现变形破坏。路基愈高，边坡愈长，土体临空面愈大，病害愈加剧。此外，由于膨胀土的超固结性，即使经过粉碎碾压施工，土的微结构和土质特性仍然存在。一部分经粉碎压实后的土体，由于黏土颗粒的重新定向等，不仅膨胀潜势没有减小，相反比原状土更大。

膨胀土填筑后，受大气风化和湿胀干缩效应影响，土块崩解，在自重与行车荷载作用下产生压缩下沉。填土路堤越高，后期沉降量越大，而且很易形成下沉外挤。基于以上原因，路基高度应作以下考虑：

（1）路基挖、填高度不宜过大，一般宜选择浅路堑、低路堤，其高度最好不大于3.0 m。

（2）超过3.0 m的填土路堤，应考虑沉降稳定问题。

（3）高度大于6.0 m的路堤则需考虑预留沉降和路基面的加宽，路堑应考虑台阶式断面和坡脚的稳定问题。

（三）路基边坡

膨胀土因富含亲水性黏土矿物成分，对环境因素特别敏感。自然斜坡比较平缓，没有直

立陡坎。因此,膨胀土的人工边坡较一般土坡要缓,为增强稳定性,可考虑采用以下措施:

(1)路基边坡坡度可按普通黏土边坡放缓1~2级。具体规定可参照《公路路基设计规范》(JTG D30—2004)执行。

(2)特殊路基或高边坡,应根据土工试验资料进行稳定性验算后确定。

(3)路基边坡坡面应进行防护,具体措施可视土质性质及路基高度选择草皮、骨架护坡、片石护坡等。

(四)路基排水

排水系统完善程度对路基稳定具有重要特殊意义。若能较好地保持膨胀土中水分稳定,采取防水保湿措施,则可以防止或减轻膨胀土湿胀干缩效应的有害影响。加强路基的防、排水功能可采取以下几种措施:

(1)设有完善的排水设施,并形成排水网系,使地表水及地下水能畅通排泄,防止水浸入路基造成土体软化。

(2)路堑堑顶应设截水沟,防止水流冲蚀坡面与渗入坡体。截水沟一般应在堑缘10~15 m以外,沟底纵坡宜以岗脊为顶点向两侧排水。

(3)边沟应较一般土质路基的边沟适当加宽加深。路堑边沟外侧须设一定宽度的平台,以保护坡脚免受浸湿,同时防止坡面剥落物堆积堵塞边沟。

(4)台阶式高边坡,应在每一级平台内侧设截水沟,以截排上部坡面水,同时也为了保护坡脚。平台内侧截水沟与坡脚之间宜设一定宽度的平台,以利边坡稳定。

(5)所有地面排水沟特别是路基范围内或近路基水沟,均应铺砌加固,以防渗漏和冲刷。

(五)路基压实

1.高速公路、一级公路路堤原地面处理

高速公路、一级公路路堤原地面处理可按下列规定办理:

(1)填高不足1.0 m的路堤,必须挖去地表30~60 cm的膨胀土,换填非膨胀土,并按规定的压实度压实。一般填高路堤换填深度控制在1.2 m左右。

(2)地表为潮湿土时,必须挖去湿软土层换填碎、砾石土,砂砾或挖方坚硬岩石碎渣,或将土翻开、掺石灰稳定,按要求压实。一般换土深度可控制在1.2 m左右。

(3)膨胀土地区的路堑,高速公路、一级公路的路床应超挖30~50 cm,并立即用粒料或非膨胀土分层回填或用改性土回填压实。

2.压实特性

(1)原有结构被破坏,使压实土的膨胀潜力反而较原状土更大。

(2)膨胀土的膨胀量和膨胀率都受土的密实度和初始含水量控制。对同一类土而言:若填土的密实度越大,初始含水量越低,则土的膨胀量和膨胀力越大;反之,其膨胀量和膨胀力越小。

(3)膨胀土的天然含水量比较高。填筑时欲将土的含水量降到重型击实标准的最佳含水量相当困难,尤其在南方多雨湿润地区晾晒更不容易,费工费时,影响施工进度。

(4)填土即使按重型击实标准压实到规范规定的密实度,由于施工期间或通车以后的环境变化,膨胀土仍有可能吸水膨胀而使密实度降低,且压实度愈高吸水膨胀变形愈大。

(5)膨胀土因原始结构强度高,粉碎困难,填土的块度大小不一,难以控制,致使压实后的后期沉降量较大。坡度越大,沉降量越大。

(六)路堑边坡

为确保路堑边坡的稳定性,在膨胀土施工中选择合适的施工方法非常重要。为此,应充分了解施工过程中膨胀土以下重要工程地质特性的变化规律:

(1)路堑开挖,即产生卸载膨胀;

(2)边坡土体暴露于大气之中,产生脱水风化干缩;

(3)遇水膨胀软化。

正确的施工方法和程序,必须注意以下要点:①膨胀土施工应遵循先排水、后主体、快速开挖、及时支挡的原则;②路堑开挖应自上而下,分层逐级开挖;③应尽量做到在旱季施工,集中力量一气呵成;④支挡建筑物施工,须从两端开始,采用跳槽开挖基坑,边挖边砌基础的连续作业。

鉴于膨胀土的以上工程特性,应选择膨胀潜势较弱的土,经人工粉碎并控制到要求的填土级配,按《公路路基施工技术规范》(JTG F 10—2006)要求的标准进行压实,严格控制其含水量和密实度。路基建成后,在自然环境条件和路基路面系统的影响下,经过防水保湿和自然平衡,土的含水量将逐渐稳定在某一平衡含水量范围内。经过压实和沉降稳定后,土体就不致发生较大的变形。

在实际施工中,除强膨胀土不宜使用外,对中等和弱膨胀土也必须采取相应的处理措施。主要方法是在膨胀土中加入稳定剂(石灰)进行改性处理和冲稀材料(砾石、粉煤灰)从而达到减弱亲水性、增加自身稳定性的目的。

三、工程实例

(一)宁连一级公路膨胀土路基施工

1.掺灰处理

江苏宁连一级公路部分路基采用膨胀土填筑,采用不同剂量的石灰和天然路基土做试验对比(按重型击实标准)的详细数值见表5-5。

从表5-5可以看出以下几点:

(1)击实膨胀土比原状地基的膨胀土胀缩总率大2~3倍,膨胀率大7~8倍,甚至数十倍,其膨胀性大大增加。

(2)掺石灰后击实的膨胀土较不掺石灰击实的膨胀土的膨胀率和膨胀力大幅度下降,特别是在最佳石灰量6%或8%时,其膨胀率接近零,膨胀力也下降到接近天然稳定状态时的指标。

(3)饱和无侧限抗压强度在最佳石灰剂量时,一般都能大于0.8 MPa,满足路用要求。由于膨胀土的物质成分不同,不同地区、不同土质,最佳石灰掺量也会有差异,关键是要通过施工现场的采样试验,求得最佳掺灰量。掺灰以生石灰粉效果较好,若用其他石灰,则应进行等效换算,其剂量要提高1%~2%。

2.加强土的粉碎及拌和的均匀性

自取土坑挖出的土块,一般粒径都较大,可达5~10 cm以上,经风吹日晒形成外硬内塑的状态。施工时必须将其击碎,粒径要求在5 cm以下。通常在土块外表的含水量略大于最佳含水量时旋耕、粉碎效果较好,同时要求石灰与土拌和均匀。为避免出现素土夹层和大块集中区，碾压厚度按要求控制，旋耕深度在10 cm以内。

表5-5 宁连一级公路膨胀土力学性能指标

土性描述	状态	液限(ω_L)(%)	塑限(ω_p)(%)	塑性指数I_p	自由膨胀率F_s(%)	膨胀力(kPa)	50 kPa下膨胀率(%)	胀缩系数	胀缩总率(%)	无侧限抗压强度(kPa)	压实度
灰色黏土	原状土	55.0	31.0	24.0	82	22	-0.7	0.428	5.3	—	—
	掺灰0	—	—	—	—	587	11.8	0.47	11.8	崩体	—
	掺灰4%	52.0	31.0	21.0	—	284	-0.3	—	-0.3	572	95%
	掺灰6%	52.0	35.0	17.0	—	33	-0.4	-0.27	0.4	893	95%
	掺灰8%	—	—	—	—	—	-0.2	0.29	-0.2	660	95%
灰黄色土	原状土	53.5	22.8	30.7	70	40	-1.2	0.22	3.63	—	—
	掺灰0	—	—	—	—	276	5.5	0.28	6.2	崩体	95%
	掺灰4%	54.5	23.4	31.0	—	247	1.9	0.24	2.2	崩体	95%
	掺灰6%	49.8	24.5	25.3	—	81	-0.2	0.12	0.14	1 358	95%
	掺灰8%	47.1	25.6	21.5	—	37	-0.3	0.06	-0.25	1 191	95%

3. 加强压实

选用重型压路机、振动压路机或35～50 t的轮胎压路机。行驶速度不宜超过4 km/h，碾压时以纵向进退式进行，横向接头振动压路机要重叠0.4～0.5 m，对三轮压路机一般重叠后轮的1/2，前后两相邻区段要纵向重叠1～2 m。在路堤与路堑分界地段，更应碾压密实。路堤边缘两侧应各加宽30～50 cm。

由于雨水的浸入，路基可能会出现表面隆起、膨胀。因此，雨后应及时复压。

4. 其他措施

路堤填筑要连续施工。完工后，路堤两侧边坡的防护封闭工程必须及时做好，以完善路基的防水、保湿、防风化工作。

有条件的地方对路基顶面80 cm范围内，应选用非膨胀土填筑。

(二)无锡—宁波高速公路A5标段弱膨胀土路基填筑

1. 工程概况

无锡—宁波高速公路A5标段，全长16.8 km，通过平原农田区，均为填方路堤，土源距路堤两侧350 m左右。沿线共设有取土坑22个，挖土深度3.0 m。平均填土高度4.1 m，共填土430余万m^3。当地气候潮湿多雨，一般在地表以下1.0 m左右就有地下水。22个取土坑均属弱膨胀土，设计要求必须掺用石灰后才能作为路基填料。

2. 膨胀土的特征和试验结果

(1)沿线取土坑填料以高液限黏土为主。间隔砂砾石，液限在50%～70%，塑限在30%左右，塑性指数在20以上。黏性大，挖出的土大部分为较大泥块，施工时粉碎难度很大。

(2)高液限黏土自由膨胀率一般为40% ~60%,计算胀缩总率均小于0.7%,属弱膨胀性。

(3)高液限黏土(素土)击实试验的最佳含水量一般为11% ~14%,最大干密度为1.819 ~1.973 g/cm³。按掺石灰2%、4%、8%、10%的不同剂量,最佳含水量为11.5% ~18%。最大干密度为1.65 ~1.80 g/cm³。其规律是随着石灰剂量的增加,最大干密度降低,最佳含水量增加,塑性指数明显降低,逐渐砂化。

(4)按照设计要求90、93区掺灰6%;95区掺灰7%。22个取土坑取土试验结果表明,提出的掺量是恰当的。

3. 开工初期情况

用干土法掺入相当于生石灰剂量的消解石灰,分别按上述剂量制作多组试件,以重型击实法做标准击实试验。同时用EDTA二钠滴定法测定不同掺量。以不同龄期石灰土的灰剂量,绘成灰剂量衰减曲线。

路基90区的施工,初期还较顺利。因处于旱季,雨水少,上土快,工程进度和质量也较理想,一般取土坑的土掺灰后一周,就能上路碾压成型。

结合施工实际和试验等具体情况进行分析,并提出了以下的意见:

(1)因气候、季节变化,砂化土不能及时上路,二次掺灰后因雨水影响等,不能及时碾压成型,造成砂化土砂化时间过长,膨胀土砂化严重,干密度降低,达不到压实度标准。经过结合施工程序进行的击实试验,发现干密度比开工前的数值普遍低0.05 ~0.08 g/cm³。

(2)开工前,按土工试验规程所做的标准击实试验与实际不相适应,其掺灰膨胀土的击实标准不能反映掺灰膨胀土的施工实际情况。

通过调查和抽样试验,指挥部下发了关于对膨胀土路段按照掺灰砂化工作顺序进行标准击实的通知。其内容包括以下几点。

(1)由于膨胀土是高含水量的黏性土,要求击实试验采用湿土法。

(2)试验程序为:①在取土坑取土按灰剂量(5%、6%、7%)的50%掺加生石灰,闷料砂化3 d;②闷料砂化3 d后再按灰剂量的50%掺加消解石灰,制作压实试件,存放于同等条件土中养护;③三组试件分别为7 d、14 d、28 d的击实标准值;④根据以上试验结果,绘制砂化后最大干密度变化曲线,同时进行灰剂量衰减试验和塑性指数测定、绘制灰剂量衰减曲线,以供参照。

根据以上要求,对22个取土坑重新进行击实试验,结果最大干密度全部下降0.06 g/cm³左右,一般为1.62 ~1.73 g/cm³,塑性指数降到20以下,一般为15 ~20,从而保证了工程进度和工程质量。

4. 路基施工

1)材料

取土坑中膨胀土黏性大,呈团块状。需用粉碎机械反复多次翻拌,达到无大于5 cm的土块为止。

Ⅲ级以上生石灰消解后有效钙镁含量不小于55%,并通过1 cm的筛孔。尽量缩短石灰的存放时间,妥善覆盖保管,消解时间一般控制在7 d,以免有效成分衰减损失过大。

2）掺灰拌和

掺灰：采用二次掺灰法，第一次在取土坑旁掺入3%灰量。控制方法是在单位面积上以所铺生石灰厚度与取土深度的比例控制石灰量。挖土机挖土时，将土和石灰同时挖起堆积在取土坑边，当堆积到一定长度和高度时，再用挖土机翻拌均匀，进行闷料砂化2～3 d即可上路。

第二次掺灰量为相当于3%生石灰的消解石灰，在路基上进行。方法是将路基上的砂化土用推土机粗平，旋耕犁翻拌、粉碎，平地机细平，松土厚度20～25 cm，压路机静压1遍，使表面粗平后，按松铺厚度计算每平方米第二次掺灰的用量，并用白石灰在路基上打成方格，按计算的方格数卸灰，人工均匀撒铺。

拌和：用农用犁翻1遍后，用6～8台旋耕犁排队进行翻拌粉碎2～3遍，然后用农用犁深翻到底1遍，再以旋耕犁粉碎2～3遍，最后用宝马路拌机拌1～2遍，一般即可达到含灰均匀，无素土夹层，无大于5 cm土块的要求。

3）碾压成型

（1）拌和均匀的灰土静压1遍后，用平地机细平，做出路拱、纵横坡，达到表面平整，无坑凹现象。

（2）控制碾压时的含水量不得低于最佳含水量，一般以大于1～2个百分点较为合适；含灰量要达到标准要求，低于标准的为不合格，要及时掺灰重拌。

（3）用振动压路机慢速振压2～3遍，用三轮压路机从两边向中间重叠半轮碾压2～3遍，达到纵横坡度要求，表面平整光洁、无松动和坑洼等现象。两侧路肩应多压2～3遍。

（4）碾压完成后，应及时自检压实度和含灰量，并作好记录，报监理抽检签认。自检频率为2个断面/(100 m)，按车道数每个断面4个点。

4）质量控制与检测

（1）松铺厚度宜薄不宜厚，一般松铺厚度为20～25 cm，压实厚度为15～20 cm。采用薄层碾压能够提高报检合格率，不返工、进度快，是一项灰土路基施工的成功经验。检查方法是每100 m查2个断面，每个断面开挖4个点，以不超过指标的5%为符合要求。先自检，然后报监理抽检。

（2）铺灰前工作面平整度以目测为主，无坑洼，便于二次均匀布灰。

（3）捡出大于5 cm的土块。路拌深度由现场开挖观察，灰土直到前一施工层顶面为准，无未经拌和的素土夹层为符合要求。

（4）以灌砂法检测压实度。自检合格后，报监理复验。自检频率100%，路基每100 m测2个断面8个点；监理抽检率15%，市中心试验室抽检率5%（江苏省标准）。开工初期用环刀法，由于路拌石灰沿深度含水率是有差距的，表层小，深层大，另外加灰后土块粒径虽不大于5 cm，但膨胀土中含有不同大小的砂礓石，大的虽已排选出去，但仍有小块存在，以上情况对于直径6.18 cm的环刀是不适用的。因此，很快就改用灌砂法检测压实度。此法用于膨胀土缺乏代表性的情况。

（5）按设计规定膨胀土掺灰路基采用压实度和含灰量双控制。因此，必须同时检测含灰量，采用EDTA二钠滴定法测定。

第三节　滑坡地段路基施工

一、滑坡形态

发育完整的滑坡，一般都有下列几个要素，如图 5-2 所示。

（一）滑坡体

沿滑动面向下滑动的土体或岩体称滑坡体。

（二）滑动面

滑坡体沿着滑动的面称滑动面。多数滑面由黏性土和软岩夹层所构成。滑面光滑，有滑动擦痕。

（三）滑坡周界

滑坡体与周围稳定斜坡在平面上的分界线称滑坡周界。滑坡周界圈出了滑坡范围。

（四）滑坡壁

滑坡滑动后，在滑坡体后部山坡未动部分沿滑坡周界所形成的陡壁，称滑坡壁。

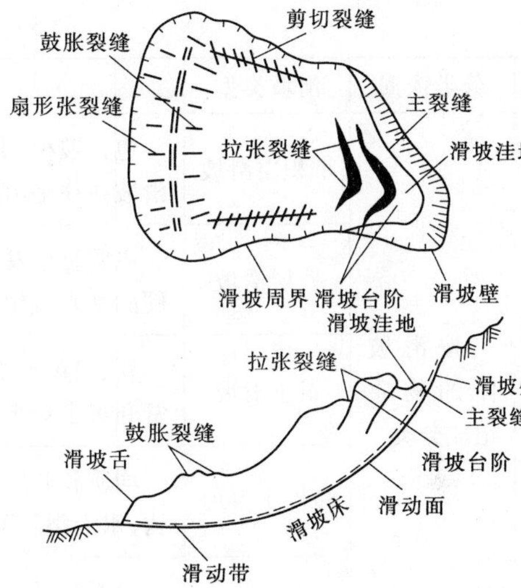

图 5-2　滑坡要素分布示意图

（五）滑坡台阶

有些滑坡，由于各段土体运动速度的差异，在滑坡体上形成阶梯状的错台，称滑坡台阶。台阶前缘的陡壁，称滑坡台坎。

（六）滑坡舌

在滑体的前部，形如舌状伸出的部分称为滑坡舌，简称滑舌。

（七）滑坡洼池

滑坡体滑动时，滑体与滑壁之间拉开成沟槽，相邻土楔形成反坡地形，这种四周高、中间低的封闭洼地，称为滑坡洼地。

（八）滑坡裂缝

按受力状态，滑坡裂缝可分四类。

1. 拉张裂缝

拉张裂缝分布在滑体上部，与滑壁方向大致吻合，多呈弧形，因滑坡体向下滑动的拉力而产生。与滑坡壁或滑动周界重合的最外面的一条拉张裂缝，称为主裂缝。

2. 剪切裂缝

分布在滑坡体中部的两侧，在滑坡体下滑时，滑体与滑床在分界处形成剪力区，区内形成的裂缝，即为剪切裂缝。在此两侧，常伴生有羽毛状的裂缝。

3. 鼓胀裂缝

鼓胀裂缝分布在滑坡体的下部。若滑坡上部较下部滑动得快，或滑体受阻，则会隆起，并产生张开裂缝，裂缝方向与滑动方向相垂直。

4. 扇形张裂缝

扇形张裂缝分布在滑坡体的中下部。当滑坡体向下滑动时,滑体的前部向两侧扩散,形成张开裂缝,裂缝方向在滑坡体中部与滑动方向平行,在滑坡的舌部呈放射状。

二、滑坡分类

为便于对滑坡进行调查与防治,将滑坡作如下分类,如表 5-6 所示。

表 5-6　滑坡分类

编号	分类依据	滑坡类型	简要说明
1	按滑坡体的物质组成分类	堆积层滑坡	包括坡积、洪积、重力体积中或沿基岩顶面滑动的各种滑坡,这些滑坡往往是由于地下水的作用引起的
		残层滑坡	主要是指发生在厚层风化壳中的滑坡,由于强烈的化学作用,使坚硬的基岩风化成土和碎石。滑坡多沿软弱的风化带滑动
		黄土滑坡	新、老黄土中发生的滑坡,多沿新、老黄土接触面滑动,滑坡的产生常和黄土对水的不稳定性有关
		粘性土滑坡	均质和非均质黏性土中产生的滑坡。多因网状裂隙破坏了土的结构,水沿裂隙下渗,使土的强度降低而产生滑坡
		岩石滑坡	第四纪以前的各种岩石中发生的滑坡以泥岩、泥质页岩、片岩等软岩中的滑坡为多
2	按滑坡的厚度分类	表层滑坡	地面以下 1 m 以内的表层滑动
		浅层滑坡	地面以下 1 m 至数米厚的薄层滑动
		中层滑坡	数米至 10 余米厚层滑动
		深层滑坡	20 m 以上的深层滑动,规模巨大
3	按滑动面的位置与岩层间的关系分类	均匀滑坡	同类土中的滑坡
		顺层滑坡	顺岩层软弱层面和各种地质构造面向下滑动的滑坡,滑面是早已存在的,不易改变
		切层滑坡	节理裂隙发达的或存在有软弱面的岩层,滑动面与岩层层面相垂直的滑坡
4	按滑坡各部分的先后顺序分类	牵引式滑坡	滑体下部先变形滑动,使上部失去支撑,相继滑下
		推动式滑坡	上部先变形滑动,下部受挤压而向下滑

三、容易发生滑坡的地带特征

(一)地貌

山坡或河谷谷坡上的圈椅地貌是比较容易发生滑坡的地方。圈椅地貌是指背后靠山,左右两侧为两条山梁，中间围出一块缓坡地，外形像圈椅状的一种地貌。其中的缓坡地多由坡积物组成，也是地表水和地下水汇积之处。

在较陡的大段河谷谷坡中间，夹一段台地状的缓坡地，有时坡面被冲沟切割成鸡爪形山梁。这种缓坡或山梁往往容易发生滑坡。

平整的平坡面，没有地下水出露，一般是比较稳定的。坡面杂乱无规则的山坡，就可能是不够稳定的山坡，山坡上有“醉林”、“马刀树”出现，则是已经发生过滑动的山坡。

在沿河圆顺的凹岸中，突然有一小部分向河床凸出地段并有大块爪石堆积。这种现象就有可能是由滑坡舌部的残留物形成的，如图 5-3 所示。

双沟同源地形，若沟谷不深，沟间距离数十米至数百米，沟源相连呈钳形，沟间山坡多呈上、下陡而中部缓的鼻形斜坡地形，也容易发生滑坡。这种地形往往是由于山坡曾经发生过位移，水流沿周围侵蚀发育的结果，是古滑坡错落残留的痕迹，如图 5-4 所示。

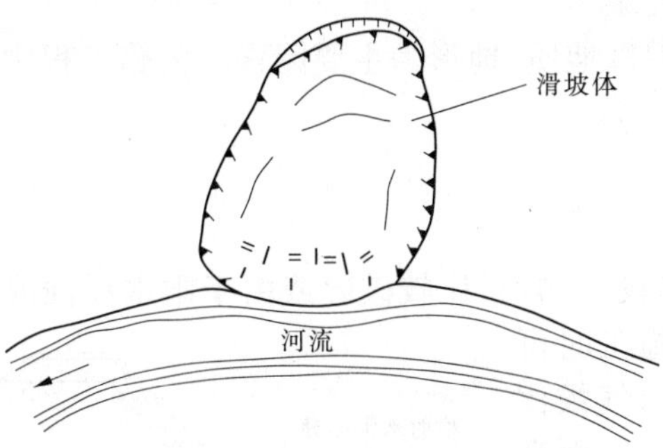

图 5-3　河岸反凸出河中

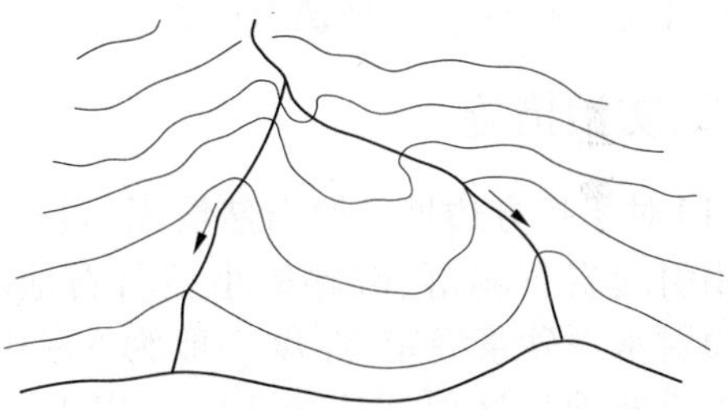

图 5-4　双沟同源地形

（二）岩层

页岩、泥岩、泥灰岩、千枚岩、滑石片岩、云母片岩以及其他容易风化、遇水软化的岩石及黏性土、黄土及各种成因的堆积层，都比较容易发生滑坡。

（三）构造

断层面、节理面、褶曲两翼的斜面、不整合面以及倾角较陡，倾向山外走向与路线交角小于 45°的基岩层面，都容易构成滑坡的滑动面。

（四）水

地表水不易排除，甚至形成积水；斜坡水文地质不良，地下水发育；在缓坡后缘、前缘、坡脚或坡面等地形突然变化处有泉水或湿地分布；河水淘蚀、冲刷坡脚；灌溉水或其他水渗漏等都会促成滑坡的发生。

第四节　崩塌和岩堆地区路基施工

在山区比较陡峻的山坡上，巨大岩体或土体在自重作用下脱离母岩，突然而猛烈地由高处崩落下来，这种现象称为崩塌。由于岩体风化，破碎比较严重，山坡上经常发生小块岩石的坠落，这种现象称为碎落。经常发生崩塌的山坡坡脚，由于崩落物的不断堆积，就会形成岩堆。岩堆常沿山坡或河谷谷坡呈条带状分布，连续长度可达数千米，甚至数十千米。

一、形成条件及因素

地形条件：当斜坡度在55°~75°，或者存在凹坎、悬石时，则容易形成崩塌。坡度缓于45°的斜坡一般难以形成崩塌。

地层岩性：节理发达的块状或层状岩石或抗风化能力差的软质岩层及其夹层，尤其是厚层硬岩覆盖在软弱岩层之上的陡壁最易发生崩塌。

地质构造：当各种构造面，如岩层层面、断层面、错动面、节理面有裂隙或软弱夹层倾向临空面且倾角较大时，往往会构成崩塌的依附面。

降水：如暴雨频发、雨水下渗或冲刷严重，降低了岩石裂隙间的黏聚力和摩擦力，增加了岩体的重量，更加促使崩塌的产生。

气候：昼夜温差大，冻融作用及干湿变化大，促使岩层风化剥落。

人为因素：如开挖不当、爆破、采料、砍伐等。

这些内外因素共同作用就容易形成崩塌，但以地质、地形为主要因素。公路工程中路堑边坡的开挖往往成为一种诱发因素。

二、防治措施

(1)对于挖方边坡及原自然坡面，岩石裂缝较多，岩石比较破碎或由于雨水浸蚀或因冰冻作用引起岩石剥落、破碎的小型落石地段，施工时可采用喷射水泥砂浆稳定，厚度一般为5~10 cm，气候比较恶劣或寒冷地区厚度应为10 cm以上。对于长而高或较陡的边坡，可以嵌入直径2~6 mm间距为100~200 mm的铁丝网，用18~22 mm锚杆钢筋固定在边坡上，每平方米内固定1~2处，然后再喷射1∶3的水泥砂浆，如图5-5所示。此外，也可用浆砌片石护面，片石厚度应在30 cm以上，并注意根据具体情况设置泄水孔，直径应大于6 cm，一般每平方米设置一处。

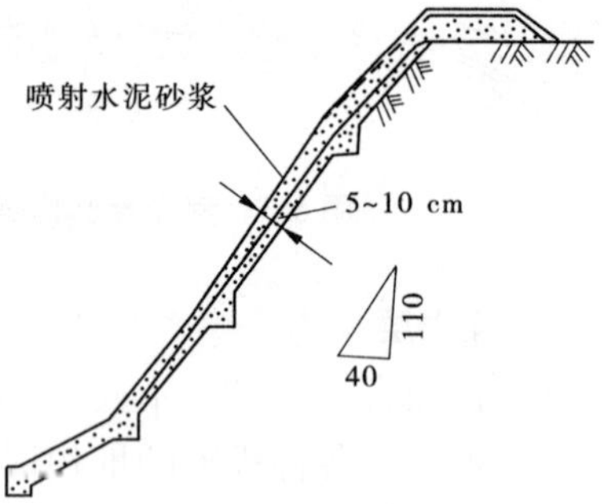

图5-5　喷射水泥砂浆护面

嵌补和护面的目的都是防止基岩继续风化。该方法适用于基岩裂隙小、无大崩塌之处，如图5-6、图5-7所示。

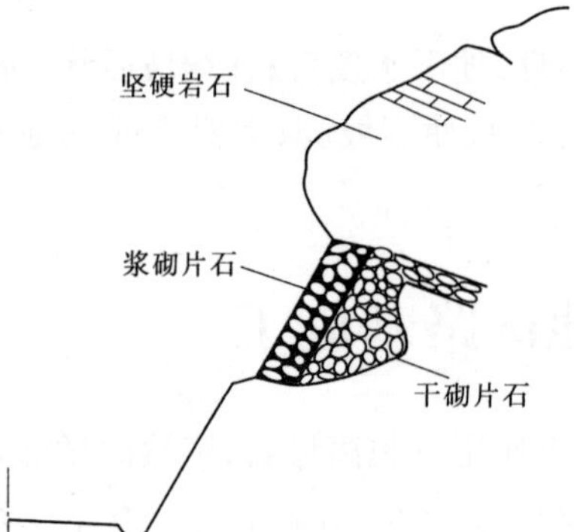

图5-6　嵌补

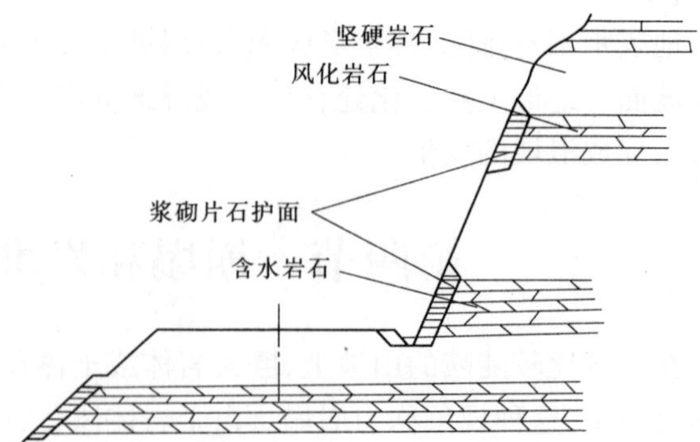

图5-7　护面加固

(2)路线遇到中型崩塌地段，一般应尽量避绕。在确实无法避绕时，可采用明洞（以路堑通过时）、棚洞（以半路堑通过时）或悬臂式棚洞（以半填半挖路基通过时）等遮挡建筑物，如图 5-8、图 5-9 所示。

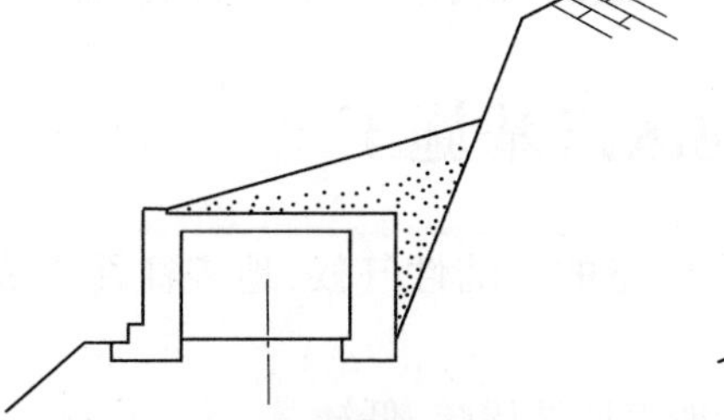

图 5-8　半路堑的棚洞

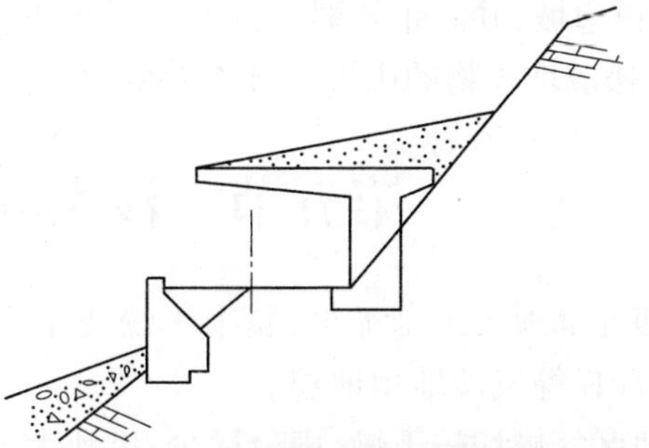

图 5-9　半填半挖路基的悬臂式棚洞

(3)在小型崩塌、碎落地段，应尽量采用全部清除的方法。若基岩破坏严重，崩塌、落石的物质来源丰富，则宜采用落石平台、落石槽、拦石堤、拦石墙等拦截构筑物。

(4)当有很大的危石附着于边坡时，为了使它与边坡紧密相连，可用边坡锚固法。这种锚固采用预应力锚索和锚栓。用预应力锚索锚固时，先用钻孔机钻至基岩以下一定的深度，然后插入预应力锚索，在锚固段长度内灌入高标号水泥砂浆，注意锚固段内不能有油污、泥土。达到设计强度后，张拉至要求吨位，然后进行自由段压浆，锚具进行封锚防护。图 5-10 为预应力锚索的构造。此种方法适用于风化层很厚、防护面积较大的坡面。锚索的间距和长度由设计确定。锚固段应置于强度较大的岩石层中。

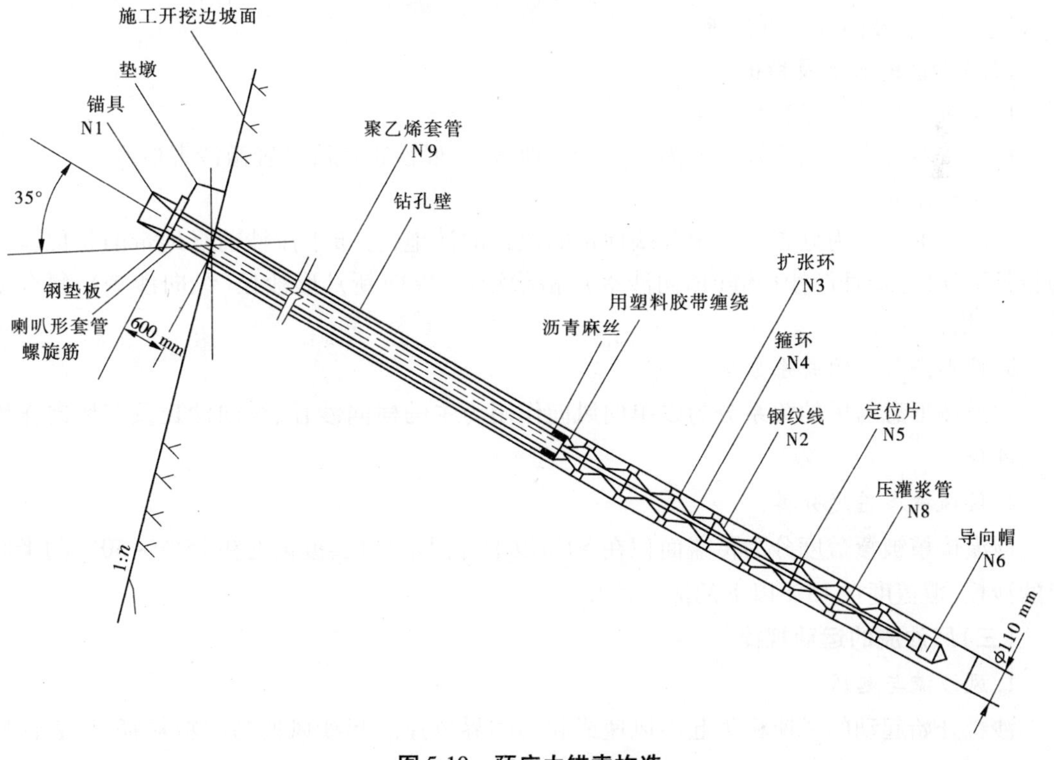

图 5-10　预应力锚索构造

锚栓也可锚固边坡上的浮石、弧石，它是将浮石和基岩同时穿孔，然后插入紧固螺栓，末端打进楔子，固定于基岩中，同时在孔内灌入膨胀水泥砂浆，最后在地面用螺母紧固。

(5)由于存在较弱结构面，而易引起崩塌的高边坡，可根据情况采取支挡墙或支护墙等措施，以支撑边坡，并防止软弱结构面的引开和扩大。

(6)在松散堆积物的山坡上开挖路堑时，应适当放缓边坡或采用分级的边坡。

第五节　沙漠地区路基施工

我国西北部地区雨量稀少，属半干燥或干燥状态的大陆性气候，地表往往生成风积沙堆、沙垄及沙丘等风沙堆积地貌。

沙漠地区气候均较干燥，雨量稀少，风沙大，地表植被稀疏、低矮。

沙漠地区路基边坡或路肩容易被风蚀而遭破坏，或整个路基被积沙掩埋等，因此沙漠地区的路基施工，应注意调查附近积沙情况、沙源及当地主导风的变化，以便结合当地筑路材料情况，提出合理的沙害防除措施。

一、沙漠地区概述

(一)沙漠的分布范围

我国沙漠分布在青海、新疆、甘肃、宁夏、陕西、内蒙古、辽宁、吉林、黑龙江等9个省区。沙漠总面积约为70余万 km^2。主要沙漠有塔克拉玛干沙漠、吉尔班通古特沙漠、乌兰布和沙漠、巴丹吉林沙漠、腾格里沙漠、柴达木盆地沙漠、库布齐沙漠、毛乌素沙漠、小腾格里沙地、科尔沁沙地及河西走廊沙地。

(二)沙漠的分类及特征

1. 按对工程的危害程度分类

沙漠按对工程的危害程度分为严重沙害地区、一般沙害地区及轻微沙害地区。

2. 按形态分类

沙漠按形态分为分布在平坦开阔地带的裸露的沙地，分布于流沙前缘地带的状似新月的新月形沙区、新月形沙丘链(横向沙垄)、格状沙丘、纵向新月形沙丘(纵向沙垄)、复合型丘、金字塔沙丘等。

3. 按形态与风的关系分类

沙漠按形态与风的关系分为以单向风向作用为主的横向沙丘、纵向沙丘及多风向作用下的沙丘。

4. 按植被覆盖度分类

沙漠按植被覆盖度分为覆盖面积在50%以上的固定沙丘、覆盖度在15%～50%的半固定的沙丘、覆盖度在15%以下的流动沙丘。

(三)风沙流的运动规律

1. 风沙流与起风沙

沙粒开始起动的风速称为起沙风速或起动临界风速。起沙风速与沙粒粒径、地表性质等多种因素有关，见表5-7。起沙风将松散沙粒扬起，形成运动的气流，即为风沙流。

表 5-7 起动临界风速

沙粒径(mm)	粒径起动临界风速(离地面 2 m 高处)			沙粒径(mm)	粒径起动临界风速(离地面 2 m 高处)		
	光板地表	细砂地表	粗砂地表		光板地表	细砂地表	粗砂地表
0.15	5.2	5.4	5.8	0.85	9.9	11.5	13.6
0.25	6.8	7.0	7.5	1.00	11.7	14.3	15.4
0.40	7.3	7.9	9.3	1.50	12.4	15.5	16.66
0.50	8.1	8.8	10.8	2.00	15.3	19.0	20.5
0.70	8.9	10.1	12.6	2.50	16.5	—	22.4

2. 沙粒的运动形式

风力的强弱、沙的粒径及质量,决定风沙流中沙粒的运动形式。沙粒的运动形式有跃移、蠕移、悬移3种。跃移平均占输沙量的78%左右,蠕移占20%左右,悬移最少。跃移和蠕移主要在离地面10 cm高度内活动。

3. 风沙流结构

风沙流中的沙粒在不同高度的分布情况称为沙结构。它随风速、地表性质和进入气流中的沙粒数量而异。

风沙流中含沙量的垂直分布,随高度增大而迅速递减。沙粒主要集中在贴近地面的气流层内,见表5-8。

表 5-8 风速 9.8 m/s 时不同高度气流层内搬运的沙量

高度(cm)	0~10	10~20	20~30	30~40	40~50	50~60
沙量(%)	19.33	12.30	4.07	1.50	0.95	0.40

4. 吹蚀与堆积

吹蚀与堆积与沙源、障碍物、下垫面等因素有关。当风速增大或沙源减少时,风沙流下层含沙量处于不饱和状态,就易产生吹蚀或搬运。风速减弱或遇有障碍物,又会使沙粒沉落而堆积起来。如果进入气流的沙量和从气流中沉落的沙量大致相当,则既不吹蚀也不堆积。

我国各地沙漠移动方向因所处理位置不同而异。除塔里木盆地伽师县的强孜至民丰县的沙吾扎克一线以东的塔克拉玛干沙漠东、北及中部的沙丘,是从东北向西南移动外,其他沙漠的沙丘都是从西北向东南移动。

5. 移动方式

沙丘的移动方式主要取决于风向及其变化规律,有以下3种基本形式:

(1)前进式。在单一的风向作用下,沙丘的移动顺主风向做定向的前进式移动,速度快。此时,建筑物若在背风一侧,沙害将很快危及。

(2)往复前进式。在两组风向相对、动力风速大小不等的风向作用下,沙丘随风向往返移动,无定向或移动很慢,建筑物宜设在迎风坡一侧。

(3)往复式。风力大小相等,方向相反时所产生的形式。在我国这种情况较少见。

6. 移动速度

沙丘的移动速度与当地的风向及其变化率、风速、沙丘形态高度、沙丘排列密度、沙粒粒径、沙粒密度、植被、水文条件以及所处地形等多种因素有关。

沙丘的移动速度与风速的3次方成正比，与沙丘高度成反比，与沙丘间距成正比。风向单一或地形平坦地区的沙丘移动较快。沙粒粒径小或含水少的裸露沙丘移动较快。

在无障碍物影响的平坦地区，沙丘移动速度与输沙量、沙的密度、沙丘高度有关。用式(5-4)表示为

$$v = \frac{Q}{PH} \tag{5-4}$$

式中 v——沙丘移动速度，m/s；

Q——单位时间内通过单位宽度的沙量，t/(m·s)；

P——沙的密度，t/m^3；

H——沙丘高度，m。

按沙丘的平均移动速度，可将沙丘的移动情况分为三种类型：当 $v<5$ m时，为慢速；当 v 为5~10 m时，为中速；当 $v>10$ m时，为快速。

二、风沙对公路的危害

(一)沙埋

公路沙埋产生的原因主要有两种：一种是由于风沙流通过路基受阻挡时风速减弱，导致沙粒下落堆积于公路，掩埋路基；另一种是沙丘移动上路而掩埋路基。

沙埋按其形状大致分为如下3种：

(1)片状沙埋。掩埋的面积较大，形成也较迅速，主要发生在风沙流活动的地区。初期积沙较薄时，通过养护尚能通车；若沙源丰富，积沙日益增厚，则会阻断交通。

(2)舌状沙埋。当路线横切流动沙丘时，或在风沙流活动地区，当路基上风侧有障碍物时，均易形成舌状沙埋。这种沙害积沙较厚，而且迅速。一场大风即可使交通中断。

(3)堆状沙埋。主要发生在流动、半流动沙丘地区，沙丘前沿上路，造成大量的沙子堆积而形成，这种病害的发展需要一定的时间，能够预测和预防。但一经形成，危害严重，处理困难。

(二)风蚀

在风沙的撞击下，路基上的沙粒或土颗粒被风吹走，出现路基削低、掏空和坍塌等现象，引起路基宽度和高度的减小。风蚀的程度与风力、风向、路基形式、埋料组成及防护措施等有关。

(1)路堤风蚀。主导风向与路基处于正交时，迎风侧路肩及边坡上部风蚀较严重，背风侧较轻；主导风向平行于路肩时，两侧路肩及边坡上部均受风蚀。

(2)路堑风蚀。路边坡的风蚀一般均较严重，其严重程度随路线与主导风向的交角有所不同。当风向与路线平行时，坡面风蚀成条沟状；当风向与路线正交时，迎风坡面的局部地方则易被掏空成犬牙状。

三、路基沙害防治措施

为防止沙质路基风蚀，一般用柴草、土石、沥青(其中柴草仅用于辅道、岔道等低等级公路)等材料进行防护，以保证路基的稳固和安全，详见图5-11和表5-9。

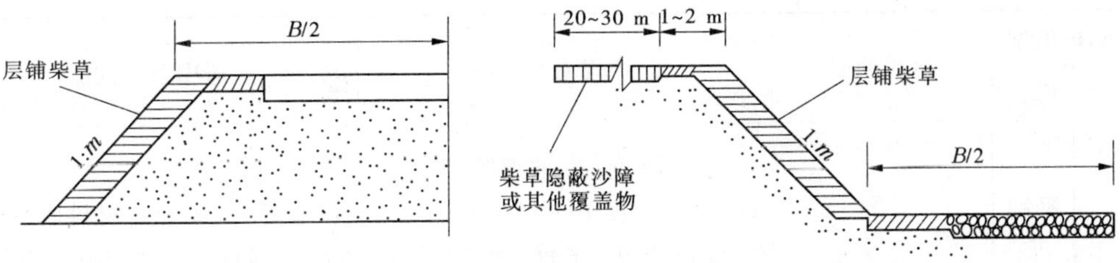

(a)路堤　　(b)路堑

图 5-11　层铺柴草防护路基横断面图

表 5-9　路基防护类型

序号	防护类型		材料种类	防护规格及方法	适用条件性能
	分类	形式			
1	柴草类防护	层铺防护	麦草、稻草、芦苇、沙蒿、野麻及其他草类	将植物的茎杆砍成 30 ~ 50 cm 的短节,从坡脚开始向上每层按 5 ~ 10 cm 厚度层铺、灌沙、捣实。若采用沙蒿等带有根系的野生植物,可将根茎劈开,并使根系向外,按上述方法进行层铺	适用于有柴草来源的沙漠路基边坡防护。除沙蒿层使用年限 10 年以上外,一般多为 3 ~ 5 年。若防护地区自然条件较好,边坡有植物生长后便可取而代之,起到长久稳固边坡的作用。缺点是材料用量大
		平铺植物束成笆块	各种枝条、芦苇、芨芨草等	将材料扎成直径 5 ~ 10 cm 的束把,或将其编织成笆块,沿路基坡脚向上平铺,以桩钉固定	适用于有该种材料产地的路基边坡的防护,使用年限 5 ~ 10 年。缺点是材料用量较大
		平铺或叠铺草皮	草皮	草皮规格:长 × 宽 = 40 cm × 40 cm,挖取厚度一般可达到 10 ~ 15 cm 铺砌方法:将面向上,沿路基坡脚向上错缝平铺或叠铺	适用于有低湿地的路基边坡或低级路的全面防护,还可用做便道的简易路面。使用年限一般为 3 ~ 5 年,如能成活,可起长久稳固边坡的作用。缺点是易干缩,需加强养护
2	土类防护	黏土防护	黏性土(塑性指数 > 7)	防护厚度:边坡厚度 5 ~ 10 cm,路肩厚度 10 ~ 15 cm;作为低等级的路面时,路基中心厚度为 20 ~ 30 cm 黏土塑性指数小于 10 时,或路线通过牧区可适当加防护厚度。 如增加黏土抗冲击强度和避免干裂,应掺配 10% ~ 15% 的沙或 20% ~ 30% 的砾石(体积配比)	适用于路基的全面防护,效果较好,是沙漠地区路基常用的一种防护类型,还可以做低等级路的路面和便道的路面。缺点是抗冲蚀性能差,需掺配一定比例的集料
		盐盖防护	直接暴露在大气中的盐盖较为坚硬,埋藏在潮湿盐渍土地区的盐盖较为松软	防护厚度:边坡厚度 5 ~ 10 cm,路肩厚度 10 ~ 15 cm;作为中低级路面时,路基中心厚度为 20 ~ 30 cm 将盐盖打碎为 5 cm 的碎块,予以平铺。松软的盐盖可直接平铺,形成硬壳	适用于该种材料产地的沙漠路基的全面防护,还可以作为中、低级路面和便道的路面,效果较好。夏秋两季平整、稳定,冬春两季易于松胀

续表 5-9

序号	防护类型		材料种类	防护规格及方法	适用条件性能
	分类	形式			
3	砾卵石防护	平铺砾、卵石防护	砾、卵石	防护厚度:边坡厚度 5 ~ 10 cm,路肩厚度 10 ~ 15 cm 铺砌方法:平铺、整平、夯实(或拍实)。路肩部分平铺砾、卵石可适当掺配些黏土,以增加其稳定性	适用于产有该种材料地区的路基全面防护。此种铺砌方法适用于路基高度(或路堑深度)小于 2 m 的路基防护,效果较好
		格状砾、卵石防护	砾、卵石	防护厚度:边坡厚度 5 ~ 7 cm,路肩厚度 10 ~ 15 cm 铺砌方法:先用 10 cm 以上的卵石在边坡上做成 1 m × 1 m 或 2 m × 2 m 并和路肩边缘成 45°的方格,格内平铺粒径较小的砾、卵石,路肩平铺砾、卵石应经整平、夯实(或拍实)	适用于路基高度大于 2 m 的路基全面防护,效果好,但较费工
4	沥青防护	平铺沥青沙	沥青、风积沙	防护厚度:5 cm 左右 铺砌方法:用 80% ~ 90% 的风积沙混合 10% ~ 20% 的热沥青,直接在边坡上平铺、拍实	适用于边坡防护,效果较好,但施工较复杂、造价高,易遭破坏
		直接喷洒沥青或渣油	低强度等级沥青渣油	熬热后直接喷洒在边坡上,然后撒一薄层风积沙	适用于边坡防护,效果较好,但施工较复杂、造价高,易遭破坏

第六节　盐渍土地区路基施工

盐渍土是一种含盐量较高的盐碱土,当地表以下 1 m 范围内含有容易溶解的盐类超过 0.5% 时即属盐渍土。土中最常遇到的易溶盐类有氯化钠、氯化镁、氯化钙、硫化钠、硫酸镁、碳酸钠、碳酸氢钠,有时也含有不易溶解的硫酸钙、碳酸钙等。由于土中含有易溶盐,土的物理、力学性质和筑路性质发生变化,引起许多路基病害。所以,盐渍土地区路基与一般地区路基的设计、施工有很大差别。

一、盐渍土分类

(一)按含盐性质分类

盐渍土按含盐性质分类见表 5-10。

表 5-10　盐渍土按含盐性质分类

盐渍土名称	碳酸根离子与碳酸氢根离子含量之和同氯离子与硫酸根离子含量之和的比	氯离子同硫酸根离子含量之比
氯盐渍土	—	>2
亚氯盐渍土	—	1~2
亚硫酸盐渍土	—	0.3~1
硫酸盐渍土	—	<0.3
碳酸盐渍土	>0.3	—

(二)按盐渍化程度分类

盐渍土按盐渍化程度分类见表 5-11。

表 5-11　盐渍土按盐渍化程度分类

盐渍土名称	土层的平均含盐量(以质量计,%)	
	氯渍土及亚氯渍土	硫酸盐渍土及亚硫酸盐渍土
弱盐渍土	0.3~1	0.3~0.5
中盐渍土	1~5	0.5~2
强盐渍土	5~8	2~5
过盐渍土	>8	>5

(三)按形成条件分类

1. 盐土

以含有氯盐及硫酸盐为主的盐渍土称为盐土。盐土通常是在矿化了的地下水位很高的低地内形成的,盐分由于毛细管作用,经过蒸发而聚积在土的表层。在海滨由于海水浸渍也可形成盐土。在草原和荒漠中的洼地内,由于带有盐分的地表水流入,经过蒸发也可形成盐土,干旱季节时盐土表面常有盐霜或盐壳出现。

2. 碱土

碱土的特点是在表土层中含有少量的碳酸钠和碳酸氢钠。通常具有明显的层次,表层为层状结构的淋溶层,下层为柱状结构的沉积层。在深度 40~60 cm 的土层内含易溶盐最多,同时也聚积有碳酸钙和石膏。碱土可由盐土因地下水位降低而形成,或由地表水的渗入多于土中水的蒸发时形成。

3. 胶碱土(龟裂黏土)

胶碱土生成于荒漠或半荒漠地形低洼处,大部分是黏性土或粉性土,表面平坦,不长植物,干燥时非常坚硬,干裂成多角形,潮湿时立即膨胀,裂缝挤紧,成为不透水层,非常泥泞。胶碱土中易溶盐的含量较少,且被淋溶在 0.5 m 以下的地层内。

二、盐渍土的工程性质及路基的主要病害

由于易溶盐的存在和盐分的含量能改变土的性质，因此盐渍土的工程性质随易溶盐的种类和含盐量的大小而变化。盐分对土的作用，既有有利的方面，也有不利的方面。在干旱地区和过干旱地区，氯化物盐类的胶结作用和吸湿、保湿作用常常有利于路基的稳定。路基在潮湿状态下，由于易溶盐的存在及其状态的转变，能使路基土的密度减小，并较快地丧失稳定性，造成道路泥泞，甚至塌陷、溶陷，也能使翻浆更严重。当含有硫酸盐类时，对路基可产生有害的松胀作用。盐渍土的碱化作用，可使土的膨胀性增加。盐渍土的基本工程性质与路基的主要病害见表5-12。

表5-12 盐渍土工程性质与路基的主要病害

盐渍土种类	工程性质				路基主要病害现象			
	密度	液限与塑限	强度与水稳性	盐胀与膨胀	泥泞	翻浆与冻胀	盐胀引起的病害	盐溶引起的病害
氯盐渍土	盐类晶体填充在土的孔隙中，能使土的密度“增加”，但这种“增加”是不稳定的，土湿化后，盐类被溶解，土的密度降低，当含盐量超过5%~8%时，密度下降显著	液限、塑限随含盐量的增大而减小，最佳含水量亦随含盐量的增加而降低，故可在较低的含水量情况下，有效地进行土的压实	1. 在潮湿情况下，强度随含盐量的增加而降低，可在较小的含水量时，达到液性和塑性状态，湿化作用相同时，比非盐渍土能更快和更大地丧失起稳定性； 2. 在干燥情况下，有黏固性，盐渍土的强度高于非盐渍土	盐分结晶时，体积不变化，不产生盐胀作用	容易引起泥泞	能加重翻浆和冻胀	无	受冻时易溶解，含盐量多时，可产生湿陷、塌陷等病害
硫酸盐渍土	密度随含盐量的增加而降低，当其盐量接近2%时，密度就显著下降	随含盐量的增加而增大	1. 在潮湿情况下，强度随含盐量的增加而降低； 2. 在干燥情况下，盐分对土的黏固性作用很小	1. 体积随温度显著变化，盐胀作用严重，造成土体表层结构破坏和疏松； 2. 盐胀作用所涉及的深度随温度的不同而有所差异，可达1~2 m	容易引起泥泞	能加重翻浆和冻胀	1. 病害最严重，在路面底层附近有过量硫酸盐时，会造成路面鼓包、破裂； 2. 盐分体积变化，能使路基表层疏松，边坡成蜂窝状； 3. 边坡及路肩疏松，盐土粉末容易被风吹蚀	无

续表 5-12

盐渍土种类	工程性质				路基主要病害现象			
	密度	液限与塑限	强度与水稳性	盐胀与膨胀	泥泞	翻浆与冻胀	盐胀引起的病害	盐溶引起的病害
碳酸盐渍土	密度随含盐量的增加而降低,当其盐量超过5%时,路基密度便显著降低	随含盐量的增加而增大	1. 在潮湿情况下,薄膜水和钠离子所引起的交换作用最强,强度下降最显著; 2. 在干燥情况下,黏固性大	浸水后膨胀作用最严重,能增加黏土的塑性和黏附性,渗透系数变小	塑性和黏附性很大,遇水后泥泞不堪	透水性差,翻浆与冻胀现象较轻	无	无

三、盐渍土地区路基施工

(一)施工季节的选择及施工程序的安排

1. 施工季节的选择

在盐渍土地区筑路,应尽可能地考虑当地盐渍土的水盐状态特点,力求在土的含水量接近于最佳含水量的时期不发生冻结,也不在积水季节进行施工。根据这一原则,一般认为当地下水位高时,对于黏性土的盐土地区,以夏季施工为宜;对于砂性土的盐土地区,以春季和夏初施工为宜;对于强盐渍土地区,应在表层含盐量降低的春季施工为宜;对于不冻结的土,可以考虑在冬季施工。

2. 路基施工程序的安排

盐渍土路基要分段一次做完。自基底清除过盐土开始,要连续施工,一次做到路堤的设计标高,不可间断。在设置隔离层的地段,至少也要一次做到隔离层的顶部,以避免路基的再盐渍化和形成新的盐壳。

(二)基底处理

盐渍土路基基底的处理应视含盐量、含水量及地下水位而定。

1. 从含盐量方面看

由于一般盐渍土地区土的含盐量往往表层最大,故当路堤底部表层盐渍土含有过量盐分(含盐量大于8%)或表土松软有盐壳时,应在填筑前将路堤基底与取土坑范围内的表层过盐渍土铲除,铲除深度应根据土的试验资料确定,一般为0.1~0.3 m。当路堤高度小于1.0 m时,除将基底含盐量较重的表土挖除外,还应换填渗水性土,其厚度对高速公路、一级公路不应小于1.0 m,其他公路不应小于0.8 m。

2. 从含水量及地下水位方面看

当含水量超过液限的土层在1.0 m以内时,必须全部换填渗水性土;若含水量界于液限和塑限之间,应先铺0.1~0.3 m的渗水性土,再填黏性土;若含水量在塑限以下,可直接填筑黏性土。当清除软弱土体达到地下水位以下时,则应铺填渗水性土,并应高出地下水位

0.3 m 以上，再填黏性土。在修建高级路面或次高级路面的地段，除路床填料符合规定要求外，还应在路堤下部设置封闭性隔水层（材料如沥青砂、防渗薄膜、聚丙烯薄膜编织布等）以隔断地下水位的上升。

3. 基底的换填作业的要求

清（铲）除表层后，地表应做成由路基中心向两侧约 2% 的横坡，整平压实，沿横坡均匀铺平，以利排水；铲除的表层过盐渍土应堆置在较远处，最好堆置在低处，以免水流浸渍后，又流回路基范围内。铲除后的回填应按规定采用可用的盐渍土。

（三）填料要求

由于盐渍土含盐量决定了土的物理、力学性质，所以含盐量的大小便成了填料选择的主要依据。用做路堤填料的盐渍土，其容许含盐量必须符合表 5-13 的要求。

表 5-13　盐渍土地区路基填料容许含盐量

路面等级	填料容许含盐量（以质量计，%）		
	氯盐渍土及亚氯盐渍土	硫酸盐渍土及亚硫酸盐渍土	碳酸盐渍土
次高级路面	≤8	≤2	≤0.5
高级路面	≤5	≤1	≤0.5

盐渍土地区选择路堤填料时，还应注意如下几点：

（1）盐渍土的含盐程度在容许范围时可用做路堤填料，但施工时必须注意含盐量的均匀性。对填料的含盐量及其均匀性应加强施工控制检测，路床以下每 1 000 m^3 填料、路床部分每 500 m^3 填料至少应测试一组，每组取 3 个土样，取土不足上述数量时，亦应作一组试件。在施工时，当将上下两层盐土打碎拌和，而含盐量不超过规定时，表土不必铲除废弃。

（2）闭塞的积水洼地或常年潮湿的盐渍土地段填筑路堤时，应外运渗水土填筑，并考虑路堤沉陷问题。

（3）在干旱地区，当地无其他适宜的填料，需用易溶盐含量特大的土、含盐砂砾、盐岩等作填料时，应根据当地气候、水文地质情况通过试验决定。

（4）用石膏土作填料时，石膏含量一般不予限制，但应严格控制填筑密实度。路堤基底当为松散的石膏土时，应先予夯实。

（四）路基压实及含水量控制

（1）为了防止盐分的转移和保证路基的稳定，盐渍土路基的压实应尽可能提高一些，要求达到重型击实标准。

（2）路基应分层压实，黏性土每层填土厚度不得大于 20 cm，砂性土每层填土厚度不得大于 30 cm。

（3）碾压时应严格控制含水量，不应大于最佳含水量 1 个百分点。在干旱缺水地区，对路基填土可采用加大压实功能的办法进行压实，并应设法洒水，使路基表层 20 cm 厚的土层在碾压时为最佳含水量，至少应达到最佳含水量的 60% ~70% 以上。

（4）填土含水量过大时，施工中除按设计挖好该地区排水沟外，可在取土坑附近挖临时排水沟，以截断地表水和降低地下水位。此外，也可延长施工段落，在取土坑内分层挖土，分段填土暴晒，分段夯压。

（五）路基排水

盐渍土地区路基排水是一项关键性的工作。若排水不畅，势必会因积水使土质发生不利的变化，造成路基病害。因此，在施工中应及时合理地布置好地表排水系统，防止路基及其附近积水。

当路基一侧或两侧有取土坑时，可利用取土坑进行横向与纵向排水。取土坑的坑底离最高地下水位不应小于0.15～0.20 m。底部应向路堤外有2%～3%的排水横坡和不小于0.2%的纵坡。在排水困难地段或取土坑有被水淹没的可能时，应在路基一侧或两侧取土坑外设置高0.4～0.5 m、顶宽1 m的纵向护堤。

当路基两侧无取土坑时，应设置纵向排水沟，并根据当地的地形、地势设置必要的横向排水沟，两排水沟的间距不宜大于300～500 m，长度不超过2 km。

当地下水位高时，除阻挡、引导表面水外，应加深两侧边沟或排水沟，以降低路基下的地下水位。

盐渍土地区的地下排水管与地面排水沟渠必须采取防渗措施。盐渍土地区一般不宜设置盲沟、渗沟排除地下水，因为盐分的沉淀易使盲沟失效。地面排水系统不宜与地下排水系统合并设置，以免造成地下水位的升高，影响路基稳定。

（六）路基毛细水隔断层的设置

路基修筑在强盐渍化细颗粒黏土（黏性土、粉性土）地区，路基边缘至地下水位高度又不可能达到设计规定，而采取提高路堤或降低地下水位的措施又不经济或不可能时，可在路基边缘以下0.4～0.6 m（或路基底部）宽的路基上设置毛细隔断层。隔断层的材料可以用卵石、碎石或其他粒径5～50 mm的砂，厚度采用0.15～0.3 m，并在上、下面各铺设一层5～10 cm层厚粗砂或石屑作为反滤层以防割断层失效。割断层也可用沥青、石灰或石灰沥青等不透水材料修筑，但成本较高，施工不太方便，故在目前较少采用。

（七）路基高度

在过干旱与干旱、半干旱地区，排除地面水困难的情况下，盐渍土地区路堤最小高度可参考表5-14。

表5-14　盐渍土地区路堤最小高度

土质类别	高出地面（m）	
	弱盐渍土、中盐渍土	强盐渍土、过盐渍土
砾类土	0.4	0.6
砂类土	0.6	1.0
黏性土	1.0	1.3
粉性土	1.3	1.5

盐渍土地区路堤最小高度可参考表5-15。

表 5-15　盐渍土地区路堤最小高度

土质类别	高出地下水位或地表长期积水位(m)	
	弱盐渍土、中盐渍土	强盐渍土、过盐渍土
砾类土	1.0	1.1
砂类土	1.3	1.4
黏性土	1.8	2.0
粉性土	2.1	2.3

注:1. 二级公路最小高度可为表中数值的 1.2 ~ 1.5 倍;

2. 一级公路、高速公路最小高度可为表中数值的 2 倍。

根据有关地区的经验,碱土地段路基填土高度可比非盐渍土地段适当降低;在过干地区浓度饱和的地下盐水地段,路基填土高度可比低矿化度或淡水的地下水地段适当降低。

(八)路基边坡与路肩处理

1. 边坡坡度

盐渍土路堤的边坡值在没有水浸时可按表 5-16 采用;有水浸时可按表 5-17 采用。

表 5-16　没有水浸时的边坡值

路堤填土高度(m)	边坡值
小于 1.5	1:1.5
大于 1.5	1:2.0

表 5-17　有水浸时的边坡值

水浸程度	填粗粒土	填粗粒土	说明
短期水浸	1:2 ~ 1:3	1:1.75 ~ 1:1.2	当流水速度引起冲刷时,边坡应加防护
长期水浸	不可用	1:2 ~ 1:3	

2. 路基边坡及路肩加固

对于强盐渍土,无论其路基结构如何,边坡及路肩都必须进行加固。为保证路基有效宽度,当路基容易遭受雨水冲刷、淋溶和松胀时,对强盐渍土及过盐渍土的路基宽度,应较标准路基宽度增加 0.5 ~ 1.0 m。

对于硫酸盐渍土路基的边坡,根据需要宜采用卵石、砾石、黏土或盐壳平铺在路堤边坡上,用以防止边坡疏松、风蚀等破坏。对长期浸水地段,还需在高水位以上 0.5 m 处做护坡道,并予以防护。

在过盐渍土地区,对路肩的加固可用粗粒浸水材料掺在当地土内封闭路肩表层,也可用沥青材料封闭路肩或用 15 cm 厚的盐壳加固。

(九)盐湖地区路基施工

1. 盐湖的形成及其特征

在我国内陆过干旱地区,有一些封闭盆地中的湖泊,由于蒸发量远大于降水量,气候特别干燥,使湖泊水面逐渐变小,水深变浅,大量盐类聚积沉积,形成盐湖,有的干涸后形成岩盐和盐盖。盐湖一般无水,地形平坦,数千米至数十千米内,高差有时仅有数十厘米。盐湖内无植物生长。盐湖表面的盐盖因受气温剧烈变化和强烈风蚀作用,多形成波浪起伏的鳞片锯齿状。

在盐湖周围地带常有季节性的小股地表径流。在盐湖地表下的不同深度处，一般都有饱和的晶间卤水和地下水，地下水位四季变化不明显，且饱和盐水冬季不冻结。

当有低矿化度的承压水和潜水向上溢出与渗透时，盐盖、岩盐会因长期溶蚀形成溶洞、溶沟和溶塘等。溶洞有外露的明溶洞和表面封闭的暗溶洞，对路基都会产生影响。

2. 盐湖地区岩盐的基本性质

岩盐的含盐量一般为20% ~95%。其性质取决于生成条件、含盐种类、含盐量、土的颗粒成分和结构密度等。岩盐一般孔隙率小、密度大，平均密度为(1.4 ~1.7) $\times 10^3$ kg/m^3，抗压强度一般为7 ~20 MPa，其中最低者为4 ~5 MPa，最高者可达50 ~70 MPa。岩盐的抗磨性能较差。

按其特征可分为盐壳、盐盖、石盐三类。盐壳一般含砂或土较多，胶结良好的盐壳状似砂岩；盐盖一般含土和硫酸盐较少，以含氯盐最多；盐湖底层有结晶石盐，以氯化物盐类为主，尘土和砂粒的含量极微，密度为(2.1 ~2.2) $\times 10^3$ kg/m^3。

3. 盐湖路基施工中的注意事项

由于盐湖中地下水一般为饱和卤水，对岩盐不再发生溶解作用，加之盐湖表面多具有坚硬的盐盖，因此在干涸的盐湖表面可以直接修筑公路。岩盐也可用做路基填料。在盐湖上修筑路基时应注意以下几点：

(1)盐湖周边有潜水易于发生变化和受地面水补给的过盐渍土地段，应按过盐渍土地区的筑路方法进行。

(2)对不再发展的溶洞、溶塘，若为外露者，可用岩盐或卵石、砂砾材料填补夯实；若系暗洞，洞顶距盐盖地表厚度达0.3 ~0.5 m以上，且范围不大时，辅道等低级路可不进行处理，在上面直接行车，若厚度小于0.3 m，或修建高等级公路，则需将洞挖开，进行填补。若溶洞、溶沟、溶塘尚在发展，范围又较大，则应考虑绕避或采取其他措施，当用砂石材料填筑时，还应设置反渗层。

(3)填料若为岩盐，应将岩盐打碎成大小不同的碎块，分层填筑，并洒卤水压实到规定密实度。

(4)常用路基横断面图式有两种，如图5-12所示。当有地下卤水时，建议采用设有取土坑及护坡道的路基横断面。

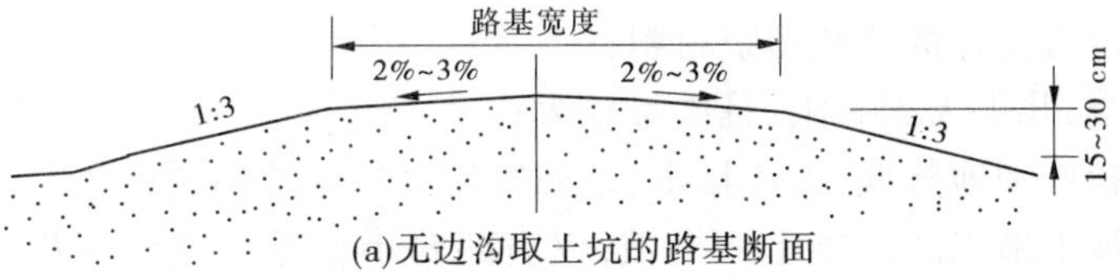

(a)无边沟取土坑的路基断面

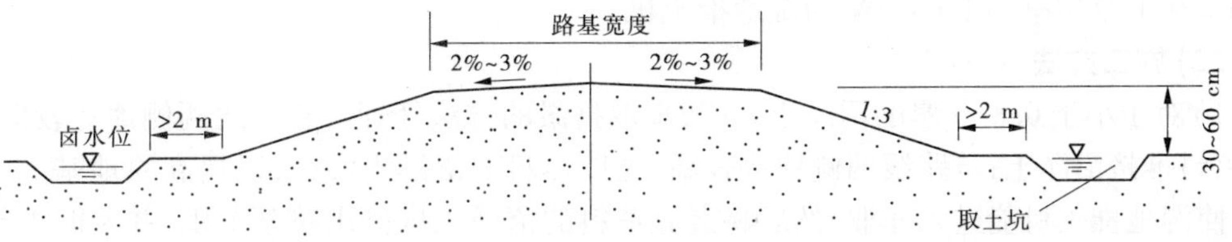

(b)设有取土坑及护坡道的路基断面

图5-12　盐湖地区岩盐路基断面图

第七节 沼泽土地区路基施工

一、工程概况

恩施—利川公路全线长 37 km,石方总量为 36 000 m^3,仅占全线挖方总量 124 万 m^3 的 2.9%。土方地段基本上为不适于修筑路基的不良土质,按美国 AATO 土质分类法,大部分为 A4、A5 或 A6 类土,抽样试验结果表明,前者占 35%,后者占 43%。而地基土几乎都处于饱和状态,天然含水量通常在 30%以上,有时达 50%,一般均接近软塑状态。

由于路基绝大部分通过低洼积水地带,除接近恩施的 6 km 路基外,全线约有 28 km 路段均为沼泽土或准沼泽土,其中沼泽土共有 19 处,挖方总量约为 7 万余 m^3。

二、工程特点

恩施—利川公路全线穿行于原始森林之间,受热带雨林气候的直接影响,林间地表长年不见阳光。极度阴凉潮湿的环境,恶劣自然因素的长期作用,使已经严重风化变质的岩层形成不良土质,尤其是低洼地带长年积水,形成了沼泽地带。由于路线走向较低,公路穿过的沼泽地带,地势往往比周围还低,挖排水很难或者不可能。全线沼泽土按其厚度基本上可分为 3 种类型:

(1)厚度小于 0.8 m 的表层沼泽土;

(2)厚度为 0.8~2.0 m 的沼泽土;

(3)厚度为 4.0~5.0 m 的沼泽土。

各类型的共同特点是,下卧硬层一般为风化页岩或砂性土层,与沼泽土层有明显的分界面。

三、沼泽土地区路基施工

(一)施工条件

鉴于特定条件的限制,对各类型的沼泽土采取了相应的处理和施工。现场的条件如下:

(1)沿线几乎没有良好的路基填筑材料;

(2)全年无旱季,几乎天天有雨,且雨量较大;

(3)沼泽地段较周围地势低,无法排水,地面径流聚集源源不断;

(4)可用于沼泽土施工的主要土方机械,仅有两台小型轮胎式挖掘机(容量 0.6 m^3 及 0.4 m^3)和 1 台功率小于 69 kW 的湿地推土机。

(二)施工方法

(1)对于小于 0.8 m 厚的沼泽土,一般采取挤淤的方法处理。若路线两侧地势较低,直接以填料推挤沼泽土;若路线两侧地势较高,先以填料同沼泽土混合,以提高原地基土的承载力,使湿地推土机能进入作业,然后将混有填料的沼泽土推挤出路基范围,并及时填筑良好的填料。

对于路基较矮,两侧地势又较高的地段,沼泽土换填后,在原地面标高附近铺设一层无纺布,然后在无纺布上填筑路基。这样可以形成整体,适当提高一些地基承载力,使较重的推土机能配合作业。

(2)对于厚度为0.8~2.0 m的沼泽土，一般采取全部换填处理，此时先用湿地推土机推除表层沼泽土，再用挖掘机开挖到底，并及时回填良好填料。

(3)对于厚度为4~5 m的沼泽土采取部分换填、超填预压的方法处理。先换填1.5~2.5 m的沼泽土，然后在原地面附近铺设无纺布，再在无纺布上设置0.5 m厚的砂垫层后填筑路基。填筑高度超过路基设计高为2.0 m，预压6个月，待沉降接近消失后挖除超填部分，置于路基两侧作为反压护道。

(三)施工原则

以上几种处理方法，都采取如下施工原则：

(1)边挖边填，随挖随填，根据开挖能力与运输条件确定挖填作业循环周期。

(2)所谓良好的填料，实际上是塑性指数在10以内的严重风化砂岩，通过挖、装、运、填、压，通常块状成分已经很少，大部分已呈松散状。

(3)一般在水中填筑，应待填出水面，再用推土机适当辗压，可不控制压实标准。当填到路基顶以下0.8~1.0 m时，开始用压路机辗压，不震动，压实标准以85 %控制。

(4)沼泽地段的涵洞，对于前两种方法，同样涵基全部以风化砂岩等良好的填料换填；对于第三种方法，改用柔性涵管(金属波纹管)代替，并设置预留拱度。

四、质量评价

(一)处理效果

路基填筑后，初期一般都不稳定，有明显的翻浆、弹簧等现象。重车行驶车辙深度有时可达0.2~0.3 m，承载板试验结果弹性模量E值只能达到20 MPa左右。路基压实度为85%左右。但填筑后两个月路基逐渐趋于稳定，翻浆、弹簧现象也随之消失。经过反复整修，车辙消失。承载板试验的E值可达到100 MPa以上，压实度也达95%以上。

在稳定后的路基上铺筑底基层，经过1~2年的行车及雨水的反复作用，未见异常，没有沉陷或变形。

(二)分析

由于受国外试验条件限制，不能对获得上述效果的依据作更深入的分析，只能作初步定性的分析。

(1)由于路基填筑高度一般都在2.0 m以下，因此即使对于没有全部换填的沼泽土地基，也不会发生滑动破坏的稳定性问题。

(2)由于沼泽土层厚度不大，因此不存在因长期固结而发生的剩余沉降量过大的问题。

(3)由于路基的施工改善了自然环境，使路线附近地基能经常受到阳光的照射，地面的天然含水量显著降低。

(4)由于涵洞、边沟、盲沟等路基排水系统的设置，及时排除了地面径流，疏干了地下渗流，从而改善了沼泽土地段的水文状况。

(5)由于换填良好的填料，改善了土质，提高了地基的强度。

(6)由于长期行车辗压作用，提高了地基与路基的稳定性。

第八节　岩溶地区路基施工

一、概述

石灰岩等可溶性岩层，在流水的长期溶解和剥蚀作用下，产生特殊的地貌形态和水文地质现象，统称为岩溶。

我国西南地区岩溶现象分布比较普遍，在桂、黔、滇及川东、鄂西、湘西、粤北一带连成一片，面积达 56 万 km^2。

在岩溶地区修建公路，路基工程主要存在的问题有以下两点：

(1)由于地下岩溶水的活动或因地面水的消水洞穴阻塞，导致路基基底冒水、水淹路基、水冲路基等病害。

(2)由于地下洞穴顶板的坍塌或因溶洞内充填物被地下水的运动所带走，引起位于其上的路基及附属建筑物发生塌陷、下沉或开裂。

因此，在岩溶地区修建公路，应全面了解路线通过地带岩溶分布情况及其发育的程度，以便采取相应的防治措施，确保路基的稳定。

二、一般原则

(1)对影响路基稳定的溶洞，不论采用何种方法处理，在施工中均不应堵塞溶洞水的出路。

(2)对路基基底的岩溶泉或冒水洞，不论采用什么方法排出，均应保证路基最小填土高度内的土石方不受浸润。当为高级路面时，应保证不受温差作用而使水汽上升，聚集在路面基层下。

(3)对路基上方岩溶泉或冒水洞，可采用排水沟将水引离路基。对路基基底的岩溶泉或冒水洞，宜设涵洞(管)将水排除，对流量较大的暗洞及消水洞可用桥涵跨过。

(4)对路堑边坡上危及路基稳定的干溶洞，可用干砌片石或浆砌片石堵塞。对路基基底或挡土墙基底的干溶洞：当洞口不大、深度较浅时，可采用回填夯实；当洞口较大、深度较深时，应采用绕避或用桥涵跨越。当干溶洞顶板太薄或顶板较碎时，可采用加固或将顶板炸除以桥涵跨越。当溶洞位于边沟附近而且较深时，可采用钢筋混凝土板封闭，并应防止边沟水渗到溶洞内。

三、具体施工措施

(一)疏导

对岩溶水宜以疏导为主，采取因地制宜、因势利导的方法予以疏导。一般做法是与地下水道相联系的漏斗、消水洞处一律修建涵洞，因为这样的漏斗和消水洞内无充填物，它们往往随季节变化而出现间歇性或周期性的泄水与涌水，修建涵洞也有利于保证当地农田灌溉用水。涵洞与漏斗和消水洞之间根据具体地形可用钢筋混凝土明沟或蓄水池相连。

(二)跨越

路线跨过溶洞或是岩溶水时，若具备跨越条件，应首选跨越形式。桥跨适用于流量较大的暗河、冒水洞或消水洞等，涵跨适用于一般岩溶泉。应注意到雨季暗河与地表水的汇流量大时，桥涵过水孔径应满足排水要求；在跨越经常性积水而水又比较浅的溶蚀洼地时，可采用片石透水河堤。

（三）对可见溶洞的处理

对有填充物的溶洞，可采用以下加固处理的方法：对洞径小而浅的，清除洞内的充填物后，先用大块石堵塞洞口，再用片石混凝土填平；对洞径小而深的，采用钢筋混凝土板把洞封闭；对洞径大而浅的，全部清除洞内充填物后换填片石混凝土；对洞径又大又深的，洞内填充物多而不易清除时，清除部分充填物并整平后，先填大块石，再填片石，然后夯填黏土做成土片拱，最后用浆砌片石拱跨封闭。

（四）对路基范围内的地表塌隐（土洞）的处理

首先应查明塌隐的原因，以便采取相应的措施。若岩基未出露者，可采用黏土回填夯实；若岩基出露并见空洞洞口，可采用大块石堵塞洞口，再用黏土回填土洞。

（五）对于隐伏岩溶裂隙的处理

广西南宁公路总段的经验是，根据物探报告提供的隐伏岩溶分布位置、埋深及裂隙方向，选择出一批表土层薄、裂隙较为发育的岩溶进行重点开挖验证。根据物探推断的桩号位置推断裂隙方向，用人工开挖至基岩，追索清理至公路路基两边，当这一批验证的岩溶裂隙的深度和大小为已知时，对其他推断裂隙有指导意义，重点开挖揭露的处所占总数的1/6～1/5。揭露后的基岩若破碎有裂隙，应将裂隙中的污泥碎石块清除，用片石混凝土填平裂隙。若揭露后的基岩虽有裂隙但岩层完整，可不进行处理。如基岩未见裂隙可打眼放炮至岩石内1 m深，若仍不见裂隙即可终止。重点开挖揭露的目的就是验证物探报告的准确性，确保路基的稳定。若物探报告不准应责其返工重新勘探。

（六）洞穴顶板安全厚度问题

在加固溶洞时，经常遇到有关溶洞顶板的安全厚度问题，一般可参照下列情况进行处理：

（1）当溶洞或暗河的顶板厚度大于10 m，其下洞道的直径小于5 m时，在顶板岩层完整的情况下，可以不进行处理，若顶板岩层破碎并有塌坠现象则应考虑加固。

（2）当顶板厚度大于10 m，而洞道直径小于2 m时，即使顶板岩层有塌坠现象，若为坚硬岩层，也可不作处理。

四、高速公路下伏采空区的整治

高速公路通过矿井采空区的特殊地质构造，在施工处理上有许多与岩溶地区相似之处。新疆乌奎高速路对采空区采用的是注浆治理方案，其具体施工步骤是根据勘探资料设计布孔，经地质钻机钻孔，通过压浆设备将搅拌好的注浆固结材料充填到采空区内。其注浆材料要求黄土∶水泥∶氯化钙＝78∶20∶2，用于注浆孔（初凝时间为30 h）；黄土∶水泥∶水玻璃＝78∶20∶2，用于帷幕墙、帷幕孔（初凝时间为10～15 h）；坍落度控制在18～23 mm。

注浆孔是把浆注入到一定深度的采空区的专门孔道，帷幕孔是为了减少和阻止注入浆液的流失和浪费而设置的。注孔顺序是先帷幕孔，然后注浆孔；多排注浆时先边排后中排，先深孔后浅孔。终止注浆条件为孔压达到1 MPa及泵灰量小于70 L/min，同时稳定15 min即可停止注浆。经测得试件强度28 d无侧限抗压强度不小于300 kPa。施工方案及填充材料的选择应根据当地具体情况，通过经济、技术方案比较来确定。处理路基下洞穴还可采用灌砂注浆法（水泥、粉煤灰浆液）施工，为了防止凝固后体积收缩，在砂中拌和适量的白灰，起到吸水和膨胀的作用。

本章小结

（1）黄土的工程特性、水理特性、物理力学特性。

（2）膨胀土是指土的黏土矿物成分中富含亲水性黏土矿物，具有吸水显著膨胀软化、失水急剧收缩以及往复湿胀干缩特性的高塑性黏土。许多由膨胀土修筑的路基在交工运营之后，普遍发生路基下沉、翻浆、边坡沉坍、滑坡等病害。

（3）通过膨胀土公路路基稳定性研究的论证，采用挖孔桩加固、稳定膨胀土填土边坡，以及考虑土体膨胀压力的挡土墙设计等处理方法。

（4）在山区比较陡峻的山坡上，巨大岩体或土体在自重作用下脱离母岩，突然而猛烈地由高处崩落下来，这种现象称为崩塌。由于岩体风化、破碎比较严重，山坡上经常发生小块岩石的坠落，这种现象称为碎落。经常发生崩塌的山坡坡脚，由于崩落物的不断堆积，就会形成岩堆。

（5）沙漠地区气候均较干燥，雨量稀少，风沙大，地表植被稀疏、低矮。沙漠地区路基边坡或路肩容易被风蚀而遭破坏，或整个路基被积沙掩埋等，因此沙漠地区的路基施工，应注意调查附近积沙情况、沙源及当地主导风的变化，以便结合当地筑路材料情况，提出合理的沙害防除措施。

（6）盐渍土是一种含盐量较高的盐碱土，当地表以下 1 m 范围内含有容易溶解的盐类超过 0.5% 时即属盐渍土。

（7）石灰岩等可溶性岩层，在流水的长期溶解和剥蚀作用下，产生特殊的地貌形态和水文地质现象，统称为岩溶。

【小知识】 无缝线路发生胀轨跑道时的处理

无缝线路一旦发生胀轨跑道时，可按如下办法进行处理：

（1）设法立即通知车站，使列车停止或减速运行；

（2）在胀轨跑道线路两端，设置停车信号防护；

（3）在故障地点以外两端 50～100 m 范围内，由两端向故障中间的钢轨缓慢浇水（若有白布草袋临时敷盖一下更好）；

（4）轨温下降后，要抓紧时机把鼓出部分拨回原位，并在胀轨地段补充石碴；

（5）经上述处理后，如果线路还不能复位，条件允许时，可拨成半径不小于 200 m 的反向曲线，两曲线间的夹直线不得小于 10 m。拨道时应从故障两端向中间拨动，复线区段还应满足线间距的要求，拨好曲线后，应立即回填道碴，夯拍道床。放行第一趟列车时，速度不大于 5 km/h，并派人看守，观察变化情况。

复习思考题

5-1　黄土具有哪些特性?
5-2　黄土路基施工具有哪些特点?
5-3　叙述膨胀土的判别方法和主要特性。
5-4　叙述膨胀土施工的措施和要求。
5-5　完整的滑坡变形一般有哪些?
5-6　叙述滑坡的分类。
5-7　叙述容易发生滑坡的地带特征。
5-8　叙述崩塌地区路基施工的方法和要求。
5-9　叙述沙漠的分类及特征。
5-10　叙述风沙对公路的危害和防治措施。
5-11　叙述盐渍土的工程性质及路基的主要病害。
5-12　叙述沼泽土地区路基施工的方法和施工原则。
5-13　叙述岩溶地区路基施工的一般原则和具体措施。

第六章　防护、支挡工程施工

职业能力目标与学习要求

通过对公路防护、支挡工程施工的学习，使学生对公路防护、支挡工程施工特点、施工方法及有关要求有一定的了解和掌握，结合工作过程，通过案例分析提高学生分析问题和解决问题的能力，为今后从事施工员、试验员、管理员工作奠定良好的基础。

教学重点

1. 防护与加固工程施工方法；
2. 挡土墙施工的分类、作用和施工方法；
3. 边坡防护加固实例分析；
4. 锚杆喷射混凝土支护在公路边坡防护中的应用。

第一节　防护与加固工程施工

公路受自然环境的影响，会发生各种变形、病害甚至破坏。路基防护、支挡工程是防治路基病害，保证路基稳定，改善环境景观和生态平衡必不可少的工程设施，是路基工程的重要组成部分。

路基防护工程主要包括路基边坡的防护和冲刷防护，支挡工程主要指用于支承路基填土或山坡土体，防止路基失稳的挡土墙工程。

一、路基坡面防护

（一）植物防护

1. 铺草皮

铺草皮适用于各种土质边坡，极严重风化的岩石和严重风化的软质岩石边坡，坡度不陡于1∶1。草皮应选择根系发达、茎矮叶茂的耐旱草类。草皮规格一般为宽 20 cm，长 30 cm，厚 5 ~ 10 cm，干燥炎热地区厚度可增加到 15 cm。草皮应铺过堑顶肩部至少 100 cm，或铺至截水沟。铺草皮一般应在春季或初夏进行，气候干燥地区则应在雨季进行。铺设前边坡表层挖松整平，洒水润湿。草皮应与坡面密贴，四周用木桩或竹桩钉固。如图 6-1 所示为草皮护坡示意图。

2. 植树

植树适用于各种土质边坡和极严重风化的岩石边坡，边坡坡度不陡于 1∶1.5。树种应为根系发达、枝叶茂盛、能迅速生长分蘖的低矮灌木，乔木不利于边坡的稳定，不宜采用。植树间距为 40 ~ 60 cm，植树坑深一般为 25 cm，应在当地植树季节栽种。

（二）抹面

抹面适用于尚未严重风化的各种易风化岩石边坡，但对由煤系岩层及成岩作用很差的

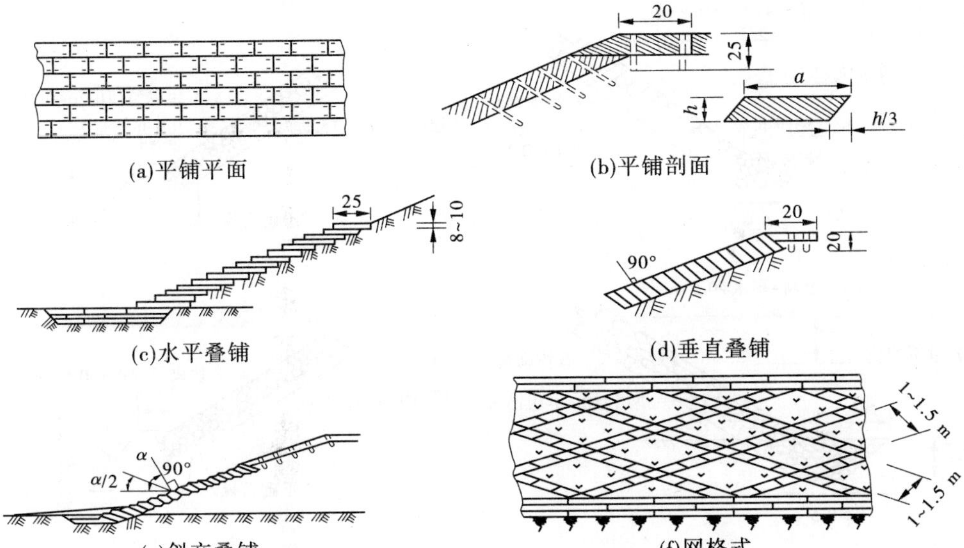

图 6-1　草皮护坡示意图（单位:cm）

红色黏土岩组成的边坡不适用。边坡坡度不受限制,但坡面应较干燥。抹面使用年限较短,一般为 8 ~10 年。

抹面厚度 3 ~7 cm,分为 2 ~3 层。抹面护坡的周边与未防护坡面衔接处应严格封闭,其措施为将凿槽嵌入岩石内,嵌入深度不小于 10 cm,并和相衔接的坡面平顺;坡脚宜设 1 ~2 m 高的浆砌片石护坡。

在软硬岩层相间的边坡上,仅对软层抹面时,在分界处,抹面也应嵌入硬岩层内至少 10 cm。当需增强抹面的抗冲蚀能力和防止开裂时,可在表面涂沥青保护层。

抹面前须将边坡表面的风化岩石清刷干净,边坡上大的凹陷应用浆砌片石嵌补,宽的裂缝应灌浆。采用石灰炉渣浆抹面时,在灰浆抹上后,稍干即进行夯拍,直至表面出浆为止,然后抹平涂上速凝剂。抹面不宜在严寒季节、雨天及日照强烈时施工,其适宜的气温为 4 ~30 ℃,并注意盖草洒水养生。若发现裂纹或脱落要及时灌浆修补。

(三)喷浆及喷射混凝土

喷浆及喷射混凝土适用于易风化但尚未严重风化的岩石边坡,坡面较干燥。对高而陡的边坡,上部岩层较破碎而下部岩层完整的边坡和需大面积防护的边坡,采用此种类型更为经济。对成岩作用差的黏土岩石边坡不宜采用。

喷浆厚度不宜小于 5 cm,喷射混凝土厚度以 8 cm 为宜,分 2 ~3 次喷射。喷浆及喷射混凝土护坡的周边与未防护坡面的衔接与抹面护坡相同。坡脚应做 1 ~2 m 高的浆砌片石护坡。

(四)单层干砌片石护坡

单层干砌片石护坡适用于土方路堤边坡易受表水冲刷或边坡经常有少量地下水渗出而产生小型溜坍等病害地段,边坡坡度不宜陡于 1∶1.25。

干砌片石厚度一般为 0.3 m,其下设不小于 0.1 m 厚的碎石或砂砾垫层;基础应选用较大的石块砌筑,其埋深至侧沟底,并且与基础相联,采用 5 号浆砌片砌筑;施工应自下而上进行栽砌,彼此镶紧,接缝要错开,缝隙间用小石块填满塞紧。如图 6-2 所示为石砌防护示意图。

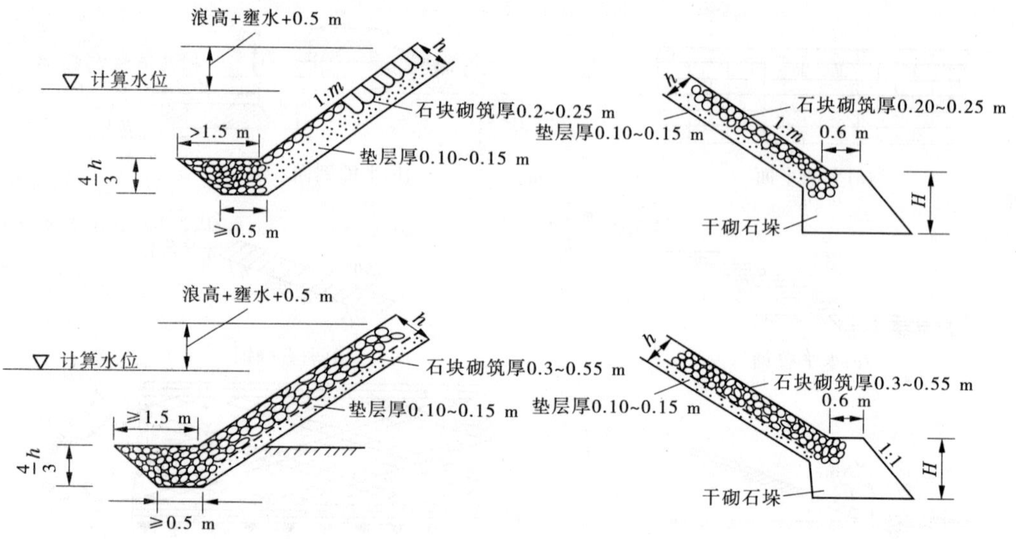

图 6-2　石砌防护示意图

(五)浆砌片石护坡

浆砌片石护坡适用于各种易风化的岩石边坡，若用于路堤边坡上，应待路堤沉实后再施工，边坡坡度不宜陡于 1:1。

浆砌片石护坡一般采用等截面，其厚度视边坡高度及陡度而定，一般为 0.3 ~ 0.4 m。边坡过高时应分级设平台，每级高度不宜超过 20 m，平台宽度视上级护坡基础的稳固要求而定，一般不小于 1 m。当护坡面积大，且边坡较陡时，不增强护坡的稳定性，可采用肋式护坡。

(六)浆砌片石护面墙

浆砌片石护面墙能防治比较严重的坡面变形，适用于各种土质边坡及易风化剥落的岩石边坡。边坡坡度不大于 1:0.5，分等截面和变截面两种形式。

等截面护面墙高度，当边坡为 1:0.5 时，不宜超过 6 m，当边坡缓于 1:0.5 时，不宜超过 10 m。

变截面护面墙高度，单级不宜超过 20 m，否则应采用双级或三级护面墙，但高度一般也不宜超过 30 m。双级或三级护面墙的上墙高不应大于下墙高，下墙的截面应比上墙大，上下墙之间应设错台，其宽度应使上墙修筑在紧固牢靠的基础上，一般不宜小于 1 m。

等截面护面墙厚一般为 0.5 m，变截面护面墙顶宽 b 一般为 0.40 ~0.60 m，底宽 B 根据墙高 H 而定(见表 6-1)。

表 6-1　护面墙厚度参考值　　(单位:m)

防护墙高度 H	路堑边坡	护面墙厚度		防护墙高度 H	路堑边坡	护面墙厚度	
		顶宽 b	底宽 B			顶宽 b	底宽 B
≤2	1:0.5	0.40	0.40	$6 < H \leq 10$	1:0.5 ~ 1:0.75	0.40	$0.4 + H/20$
≤6	>1:0.5	0.40	$0.1 + H/10$	$10 < H < 15$	1:0.75 ~ 1:1	0.60	$0.60 + H/20$

(七)浆砌砌体施工质量标准

浆砌砌体施工质量标准参见表 6-2。

表 6-2　浆砌砌体施工质量标准(JTG F10—2006)

序号	检查项目	允许偏差		检查方法与频率
1	砂浆强度	不小于设计强度		每1工作台班2组试件
2	顶面高程(mm)	料、块石	±15	水准仪:每20 m抽查5点
		片石	±20	
3	底面高程(mm)	-20		
4	坡度或垂直度(%)	料、块石	0.3	吊锤线:每20 m检查5点
		片石	0.5	
5	断面尺寸(mm)	料石、混凝土块	±20	尺量:每20 m检查5点
		块石	±30	
		片石	±50	
6	墙面距路基中心线(mm)	±50		尺量:每20 m检查5点
7	表面平整度(mm)	料石、混凝土块	10	2 m直尺:每20 m检查5点
		块石	20	
		片石	30	

二、冲刷防护

沿河路基地段应采取冲刷防护措施,常用的防护方式有以下几种。

(一)抛石防护

抛石防护常用于浸水且水较深地段的路基边坡防护,为了减小坡脚处的局部冲刷及增加抛石的稳定性,抛石堆的水下边坡不宜陡于1∶1.5,当水较深且流速较快时,不宜陡于1∶2~1∶3。抛石防护的顶宽不应小于所用最小石块尺寸的2倍。所抛石料应选用质地坚硬、耐冻且不易风化崩解的石块。抛石防护一般应在枯水季节施工。

新建路基的边坡抛石防护,可采用如图6-3(a)所示的断面形式,已有路基的边坡抛石防护一般采用图6-3(b)所示的断面形式。

(二)干砌片石护坡

干砌片石护坡适用于周期性浸水的河岸或路基边坡防护,一般适用于洪水时水流较平顺、不受主流冲刷且流速小于3 m/s的地段。

为了防止边坡内细粒土被水流冲出,并增加护坡的弹性,以抵抗外力的冲击作用,应在护坡面层与边坡土之间设置1~2层的砂(砾)垫层,厚度为10~15 cm(见图6-4)。

砌筑前应先夯实整平边坡,砌筑石块要相互嵌紧。护坡基础:当冲刷深度小于1 m时,可采用墁石铺砌基础;当冲刷深度大于1 m时,宜采用浆砌片石基础。干砌片石施工质量标准可参见表6-3。

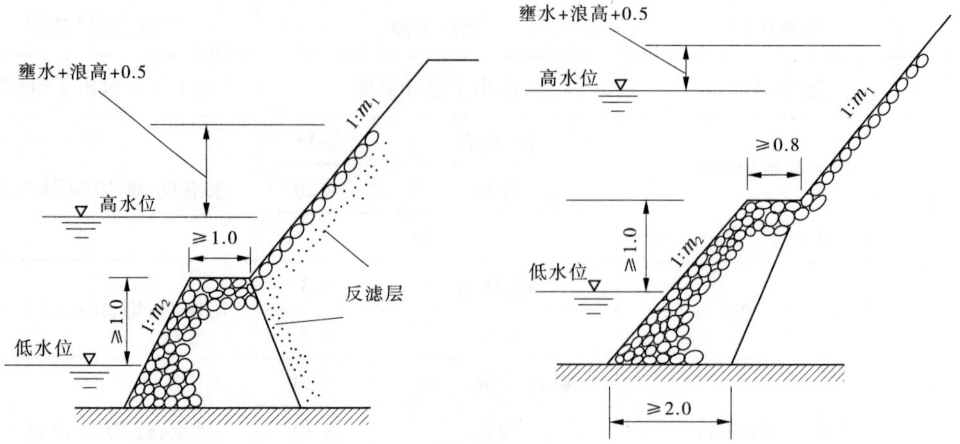

(a)新堤石垛　　(b)旧堤石垛

图 6-3　抛石防护断面图　（单位:m）

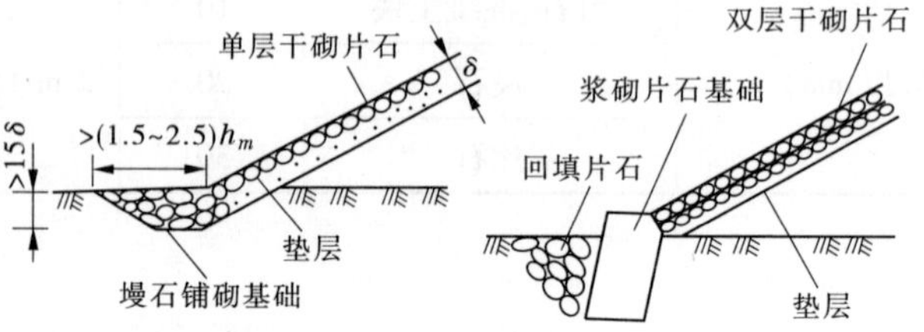

(a)　　(b)

h_m—冲刷深度

图 6-4　干砌片石护坡断面图

表 6-3　干砌片石施工质量标准

序号	检查项目	允许偏差	检查方法与频率
1	厚度(mm)	±50	每 100 m 检查 8 点
2	顶面高程(mm)	±30	水准仪:每 20 m 抽查 5 点
3	外形尺寸(mm)	±100	每 20 m 或自然段,长宽各测 5 点
4	表面平整度(mm)	50	2 m 直尺:每 20 m 检查 5 点

(三)石笼

石笼是用铁丝编织成框架,内填石料设在坡脚处,以防急流和大风浪破坏路堤,也可用来加固河床,防止淘刷。铁丝框架可以为箱形或圆柱形,如图 6-5(a)、(b)所示。笼内填石的粒径最小不小于 4 cm,一般为 5～20 cm,外层用大且棱角突出的填充石料,内层可用较小石块填充。石笼在坡脚处的排列:用于防止冲刷淘底时,应平铺并与坡脚线垂直,与堤岸一端固定,淘刷后可以向下沉落贴于底面;用于防止堤岸边坡冲刷时,则垒码或平铺成梯形,如图 6-5(c)、(d)所示。单个石笼的大小以不被相应速度的水流冲动为宜。铺设时须用碎(砾)石垫层铺平,底层各角可用铁棒固定于基底。石笼防护施工质量标准可参见表 6-4。

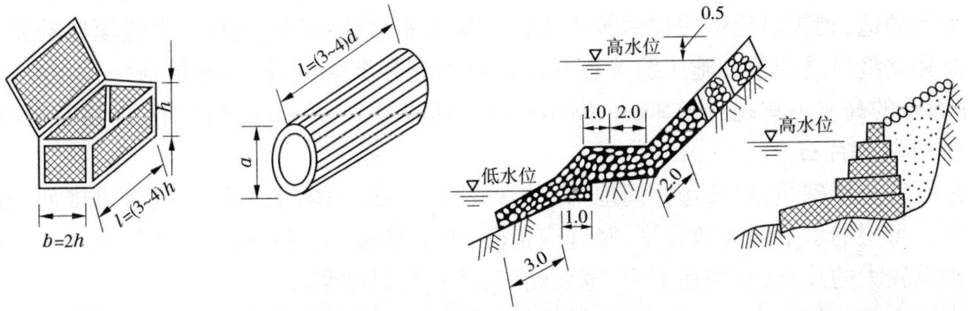

(a)箱形笼　(b)圆柱形笼　(c)防止淘底　(d)防护岸坡

图 6-5　石笼防护示意图　(单位:m)

表 6-4　石笼防护施工质量标准　(单位:mm)

序号	检查项目	允许偏差	检查方法与频率
1	平面位置	符合设计要求	经纬仪:按设计图控制坐标检查
2	长度	不小于设计长度——300	尺量:每个(段)检查
3	宽度	不小于设计宽度——200	每个(段)量 8 处
4	高度	不小于设计要求	水准仪或尺量:每个(段)检查 8 处
5	底面高程	不高于设计要求	水准仪:每个(段)检查 8 点

(四)浆砌片石护坡

浆砌片石护坡用于经常浸水的受主流冲刷或受较强烈的波浪作用的路基边坡防护和河岸及水库边岸防护,也用于有流冰及封冻的河岸边坡防护。

护坡砌筑的石料宜选用坚硬、抗压强度大于 30 MPa、遇水不崩解的石料。水泥砂浆一般采用 7.5 号,严寒地区应使用 10 号。浆砌片石护坡下设置 10 ~ 15 cm 的卵、砾石垫层。

第二节　挡土墙施工

挡土墙是用于支挡路基填土或山坡土体的结构物。因施工方便,可就地取材,适应性强,在公路上得到广泛的使用。工程中,通常以重力式挡土墙、混凝土挡土墙和加筋土挡土墙为主。

一、重力式挡土墙

重力式挡土墙一般采用明挖基础,当基底松软或水下挖基困难时,可采用换填基础、桩基础或沉井基础。对于土质地基,墙趾的埋置深度至少 1 m;有冲刷时,在冲刷线以下至少 1 m;冻胀地区,冻胀深度超过 1 m 时,基底应换填一定厚度的砂砾或碎石垫层,且垫层底面应在冻结线以下至少 0.25 m。对于碎(砾)石、砂类地基,基础埋深不宜小于 1 m;对于岩石地基,应清除表面风化层,若风化层较厚,基础应嵌岩 0.25 ~ 1.00 m,墙趾前应有足够的襟边宽度。

砌筑前，应将石料表面泥垢清扫干净并用水保持湿润；砌筑时，外面线应顺直整齐，内面线可大致顺适，砌筑过程中应经常校正线杆。浆砌石底面应卧浆铺砌，立缝填浆补实，不得有空隙和立缝贯通现象。施工缝位置宜设在伸缩缝和沉降缝处，水平缝应一致。分段砌筑时，相邻段的高差不宜超过1.2 m。砌体外的浆缝需留1～2 cm深的缝槽，以便砂浆勾缝。

（一）浆砌片石

片石宜分层砌筑，应长短相间地与里层砌块咬接成一体，上下层石块交错排列，避免竖缝重合。每层的水平缝大致齐平，竖缝应错开，不能贯通，砌缝宽度一般不应大于4 cm。

砌筑较大的片石，宜用在下面，宽面朝下，片石间以砂浆隔开。

砌体中的片石应大小搭配，相互错叠，咬紧密实并配有小石块，作为挤浆填缝之用。

（二）浆砌块石

用做镶面的块石，表面四周应修整，以便安砌。

块石应平砌，每层石料高度应做到基本齐平。外圈定位和镶面的石块应一丁一顺排列，丁石深入墙心不小于25 cm，灰浆缝宽为2～3 cm，上下层竖缝错开距离不应小于10 cm。

（三）料石砌筑

每层镶面料石均应事先按规定灰缝宽及错缝要求配好石料，再用铺浆法顺序砌筑和随砌随填立缝，并应先砌角石。

镶面石砌筑完毕后，方可砌填心石，其高度与镶面石齐平。

每层料石均应采用一丁一顺砌法，缝宽一般为1.0～1.5 cm，相邻两层立缝应错开不小于10 cm。

（四）墙顶

墙顶宜用粗料石或现浇混凝土做成顶帽，路肩墙顶面宽宜用大石块砌筑，5号砂浆勾缝和抹面，并均应在墙顶外缘线留出10 cm的帽沿。

（五）基础

在松软地层或坡积层地段，基坑不宜全段贯通，应采用跳槽办法开挖以防上部失稳。当基底土质为碎石土、砂砾土、砂性土、黏性土等时，应将其整平夯实。地质、水文较特殊时，也可采用桩基、沉井等基础。

当基底软弱、地形平坦、墙身又超过一定高度时，可在墙趾处伸出一台阶，以拓宽基础。

当地层为淤泥土、杂填土等时，可采用砂砾、碎石、矿渣灰土等材料予以换填，或用砂桩、石灰桩、碎石桩、土工织布、粉喷桩等方法处理。

当岩层有空隙裂缝时，应以水泥砂浆或小石子混凝土浇筑饱满。墙趾地面纵坡较大时，挡土墙基底可做成不大于5%的纵坡。

基坑底面开挖宽度应比设计尺寸各边增宽0.5～1.0 m，并保持一定的开挖边坡度。

（六）墙背填料

砌体砂浆强度达70%以上时，方可回填墙背填料，并应优先选择渗水性较好的砂砾土填筑。浸水挡土墙背应全部用水稳性和透水性较好的材料填筑。

墙背回填要均匀摊铺平整，并设不小于3%的横坡逐层填筑，逐层夯实。每层压实厚度不宜超过20 cm，碾压机具和填料性质、厚度及碾压遍数应经过试验确定。

压实时，临近墙背1.0 m范围内，应采用小型压实机具如蛙式打夯机、内燃打夯机、手扶式振动压路机、振动平板夯等压实。

二、混凝土挡土墙

混凝土挡土墙一般包括重力式混凝土挡土墙、扶壁式钢筋混凝土挡土墙、悬臂式钢筋混凝土挡土墙和组合式钢筋混凝土挡土墙(如挡土板)等(见图 6-6、图 6-7、图 6-8、图 6-9),其共同特点是墙身断面小、自重轻、圬工省,适用于石料缺乏、地基承载力较低的路堤和路肩墙,浇筑的钢筋混凝土系整体结构,以现浇为宜。

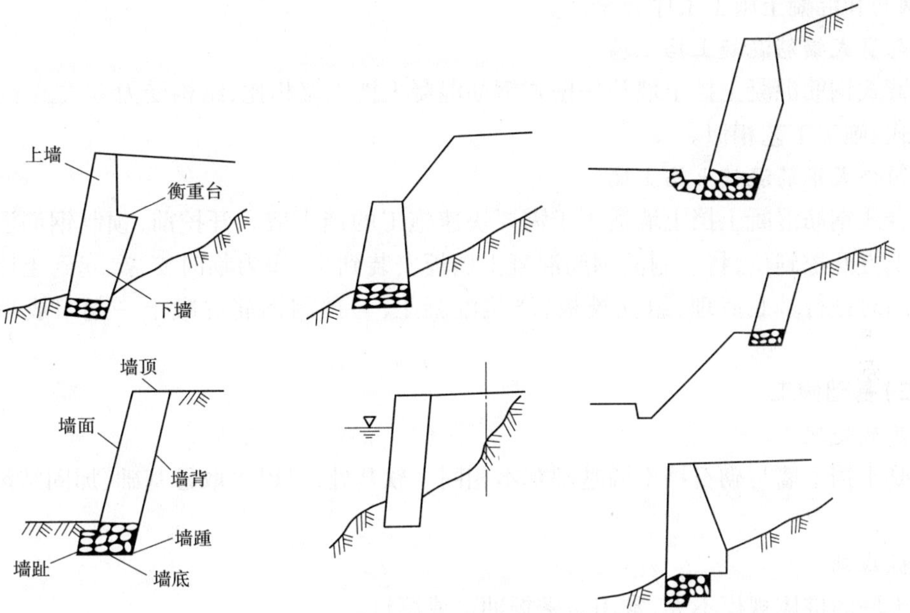

图 6-6　重力式挡土墙

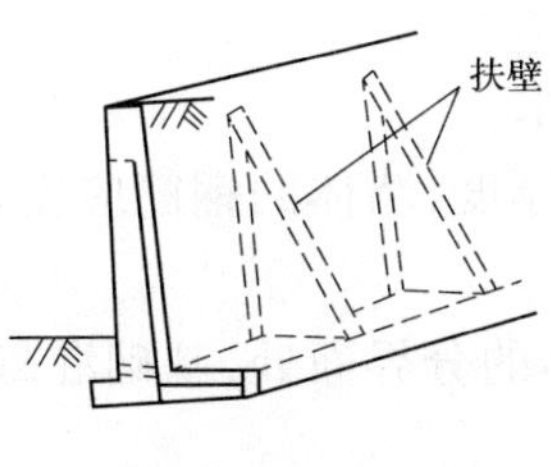

图 6-7　扶壁式挡土墙

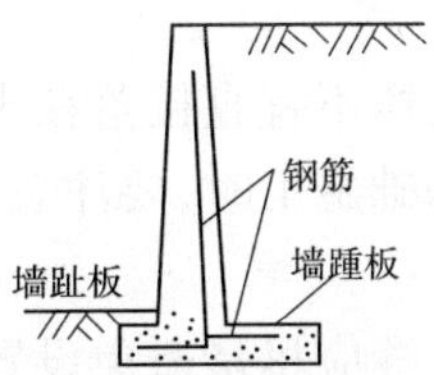

图 6-8　悬臂式挡土墙

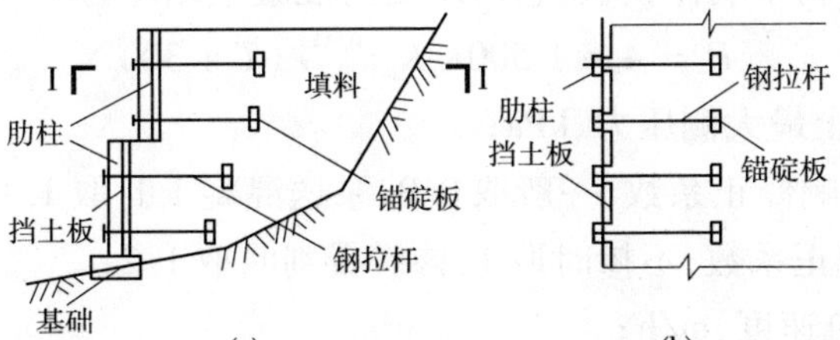

图 6-9　挡土板式锚杆挡土墙

（一）形式

1. 重力式混凝土挡土墙

重力式混凝土挡土墙一般是指素混凝土结构，相似于砌石挡土墙。其施工特点是模板简单、混凝土量大。

2. 扶壁式钢筋混凝土挡土墙

扶壁式钢筋混凝土挡土墙属典型的钢筋混凝土结构，有直墙、斜墙和板等几种的结构，模板、钢筋和混凝土施工工序齐全。

3. 悬臂式钢筋混凝土挡土墙

悬臂式钢筋混凝土挡土墙与扶壁式钢筋混凝土挡土墙相比，结构受力方式虽不同，但其结构形式、施工工艺相似。

4. 组合式钢筋混凝土挡土墙

组合式钢筋混凝土挡土墙适用于需要快速施工的挡土墙。开挖前，预制钢筋混凝土挡土板。土方开挖到位，将预制的钢筋混凝土挡板安装到位，作为临时支撑，起到土体防护的作用。同时进行基底清理，组立模板，浇筑混凝土，与预制钢筋混凝土一起组成重力式挡土墙。

（二）基础施工

1. 基底处理

混凝土挡土墙与砌石挡土墙基础基本相同。软基处，可以采取桩基础、加固结剂等加固措施。

2. 桩基础

挡土墙的桩体规模不大，常用挤密振冲桩或沉桩。

3. 施工方式

混凝土底板可以在地基上直接立模；钢筋混凝土底板则需先浇垫层，在垫层上放线扎钢筋立模。

基础模板的支撑不宜直接落在土基上，应加垫木。

钢筋混凝土基础施工时，要注意钢筋的保护层厚度，墙体的钢筋应安装到位，并且有可靠的固定措施。

混凝土的施工缝应尽量避免设置在基础与墙体的分界面处，基础混凝土成型面设置在墙体以上 10 cm 处，其界面应做成毛面。

（三）墙体模板

混凝土挡土墙模板属于墙体模板，它所承受的混凝土侧压力 P 为

$$P = 4 + 1\,500K_s K_w v^{0.33}/(T + 30) \tag{6-1}$$

式中 P——新浇混凝土最大侧压力，kPa；

K_s——塌落度影响修正系数，一般取 0.9，泵送混凝土时取 1.15；

K_w——外加剂修正系数，不掺时取 1，掺缓凝剂时取 1.2；

v——混凝土浇筑速度，m/h；

T——混凝土的温度，℃。

按墙体模板的特点，可使用木模、组合钢模以及整体模板，甚至滑模和翻模。

1. 基本要求

挡土墙分段施工时，相邻段应错开间断施工。钢筋混凝土挡土墙，特别是扶壁式挡土墙，因墙体交叉倾斜，需要放样准确，支撑控制到位，并且模板要有一定的结构刚度。

2. 整体模板技术

整体模板技术是目前发展比较快的一种模板技术。它的特点是整体设计、工厂加工、整体拼装。整体模板成型混凝土质量高，功效也大大提高。

(1) 整体模板由面板、筋肋和支撑件构成。面板常用胶合板、竹胶板或木板（要覆面），筋肋可用木条、型钢或冲压件。对于小型结构也可直接冲压成固定模板。模板的大小由结构尺寸、吊装能力和材料规格等因素确定。

(2) 挡土墙对模板接缝要求不是很高，可不用拼接件而直接安装。安装时从转角处开始，注意控制对线和模板坡度。整体模板一般用于专用支撑，有时可用于临时支撑，也可用于对销螺栓来平衡混凝土侧压力。

(3) 为了方便拆模，模板表面应涂刷拆模剂。拆模应在混凝土成型 24 h 后进行，但也不能太迟以免增加拆模的难度。

3. 其他辅助施工

混凝土挡土墙同砌石挡土墙一样，需作排水、渗水和接缝处理，方法基本相同。

(四) 墙体钢筋安装及墙体混凝土施工

1. 墙体钢筋安装

墙体钢筋应在立模前安装（有时先立一侧，再扎钢筋，然后封闭另一侧）。安装模板时，特别是对扶壁挡土墙钢筋，不易校正其位置偏差，因此钢筋安装绑扎必须控制到位。一般控制方法是搭架支撑，在钢筋顶部位置设置檩架，控制钢筋在顶端的准确位置。对每根钢筋，控制上下准确位置，拉紧固定。

2. 墙体混凝土施工

钢筋混凝土挡土墙截面较小，钢筋密，混凝土浇筑时，塌落度可适当大些。混凝土下仓要有漏斗、溜槽等辅助设施，以免上层钢筋沾上残浆，影响成型混凝土对钢筋的握裹力。另外，应分层浇筑、分层振捣。每层厚度以 30 cm 为宜，浇筑进度控制在每小时 1 ~ 1.5 m。

混凝土重力式挡土墙属大体积混凝土，宜用低热量、收缩小的矿渣类水泥。必要时还可在混凝土中抛入块石，抛石比例不超过混凝土的 15%，要求石质坚硬，清洗干净，石块厚度不小于 15 cm，不得使用片石、卵石。石块距石块、模板、钢筋及预埋件净距均不小于 4 ~ 6 cm。

混凝土的养生方法及要求与其他结构相同。

三、加筋土挡土墙

加筋土挡土墙具有圬工工程量少、地基强度要求不高、抗震性能好、造价低、施工方便、进度快等特点，在公路工程中已广泛应用于挡土墙和桥台部位。

(一) 施工准备

1. 面板形式及预制

面板一般是混凝土预制板，其外形常用的有矩形、槽形、六角形、十字形，以及相应形状的角隅板，如表 6-5 所示。

表 6-5　面板尺寸参考值　（单位:cm）

类型	简图	高度 H	宽度 B	厚度 D	说明
十字形	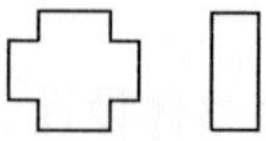	50 ~ 150	50 ~ 150	8 ~ 25	
槽形	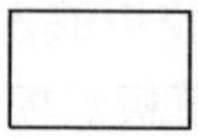	30 ~ 70	100 ~ 200	14 ~ 20	底板及翼缘厚度≥5
六角形	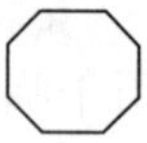	80 ~ 120	1.15H	8 ~ 25	
矩形	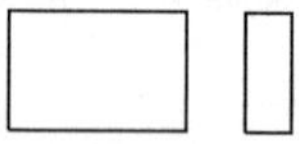	50 ~ 100	100 ~ 200	8 ~ 25	

构件预制可以在工厂进行,机械化操作,批量生产。预制模板时采用定型钢模。这种模板专用设计,一次成本大,但综合效益高。对于批量小或较少采用的特殊面板,可以用木模钉铁皮制成有足够刚度、强度和表面光洁度的定型模板。无论哪种定型模板,都要求尺寸准确、方便装拆。

面板钢筋根据设计尺寸在工厂加工成钢筋片,浇筑混凝土前安装到位。采用干性或半干性混凝土,机械振捣密实,混凝土强度等级不低于 C20。面板混凝土成型后,应特别注意养生,防止产生龟裂,影响美观,降低防渗防水性能。

2. 筋带选择及技术标准

筋带采用强度高、受力变形小、能与土料产生足够摩擦力、耐腐蚀材料制成。一端通过预留孔与面板连接,另一端拉直锚固在压实的土料上。目前,可采用钢带(或钢筋带)、钢筋混凝土带和复合材料土工带。常用筋带性能如表 6-6 所示。

表 6-6　常用筋带性能

项目	钢带、扁钢	钢筋混凝土带	聚丙烯土工带	钢塑复合带
断裂拉应力(MPa)	410 ~ 470	—	127 ~ 276	100 ~ 150
容许拉应力(MPa)	135	钢筋:135 C18:0.45	19 ~ 53	67 ~ 100
破断伸长率(%)	<22(规范值)	—	10 ~ 30	1.0 ~ 1.5
摩擦系数(砂砾材料)	0.4	0.4 ~ 0.6	0.5	0.49 ~ 0.52

钢带:我国目前没有定型产品,国外是使用 3 号扁钢,宽度不应小于 30 mm,厚度不应小于 3 mm,表面压成肋纹以增强抗拔力。

筋带是受拉构件,钢筋混凝土筋带由主筋受拉。主筋数量根据计算确定,直径不得小于 8 mm。混凝土起到增强咬合力和保护钢筋的作用。这种筋带的断面尺寸为(6 ~ 10) cm ×

(10 ~25) cm,每节长度等宽 2 ~3 m,不等宽 1.5 ~2 m。

目前,复合材料筋带主要有聚丙烯土工带(打包带)和钢塑复合带。聚丙烯土工带在包装行业普遍使用,具有质量轻、强度大、耐腐蚀等优点,但易老化,持力后有蠕变的缺点,特别是在储藏中须防晒。钢塑复合带是针对拉筋带专门设计的,克服了钢带的质量大、防腐差的缺点,相对聚丙烯土工带,又具有防老化、蠕变小的优点。

3. 填料分类及选用

回填土料要求有较好的稳定性和较高的抗剪强度,一般采用中低液限黏土、砂类土、砾碎石土和各种稳定土,对于满足要求的工业废渣也可采用。禁止使用腐殖土、冻结土、白垩土和硅藻土。

挡土墙采用的填料按级配分为三类,其物理力学性能指标见表 6-7。

表 6-7　挡土墙填料物理力学性能指标

填料种类	重度(kN/m^3)	内摩擦角(°)	摩擦系数	基底摩擦系数
中低液限黏土	20	30	0.3	0.3
砂性土	19	35	0.4	0.4
砾碎石类土	21	37	0.4	0.4

填料的选用宜根据当地土源情况,尽可能选择物理力学性能好的土料。

4. 排水滤水构件

为了保证土体稳定,必须控制土壤含水量。施工中通过埋设滤水管网和铺设滤水粒料,及时排除加筋体内积水或渗水。管网材料目前常用 $\phi 40 \sim \phi 100$ mm 的 UPVC 管件,支管(也有主管)上有规则地钻出洞眼,管周填上较粗的砂砾,以达到排水、滤水的目的。

(二)施工方法

加筋土挡土墙工程施工一般包括基坑开挖、基底处理、基础浇筑、构件准备、面板安装、筋带布设、填料摊铺及压实、封闭压顶、附属构件安装。

1. 基础施工

加筋土挡土墙的基底处理措施同其他挡土墙一样,一般是钢筋混凝土条形基础,它的主要作用是不仅要承受荷载,而且还要作为加筋土挡土墙面板施工的起点和控制点。所以,顶面要水平整齐。

2. 控制放线

加筋土挡土墙墙面垂直,平面上随现场条件做成直线或曲线。第一层面板安装准确,以后每层只需用垂线控制就可。

挡土墙的另一个控制内容是面板的接缝线条。挡土墙的美观主要体现在线条上,要求平顺整齐,接缝大小一致。每层面板安装前都应准确放出每块面板的位置,精确对线。

3. 组砌施工程序

组砌施工的网络图如图 6-10 所示。

4. 施工技术要点以及质量标准

1)面板施工要点

(1)面板安装以外缘定线,高程、位置和接缝都以外缘为测量点。

(2)矩形、十字形及六角形面板安装顺序如图 6-11 所示。面板应从上到下垂直放置,以免横向施力造成相邻面板错位。

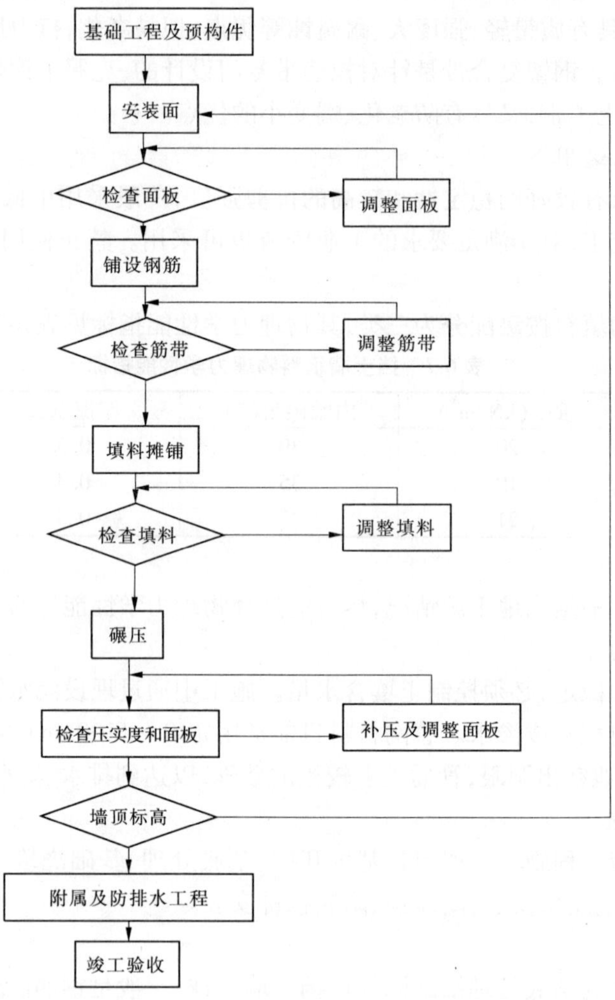

图 6-10　组砌施工的网络图

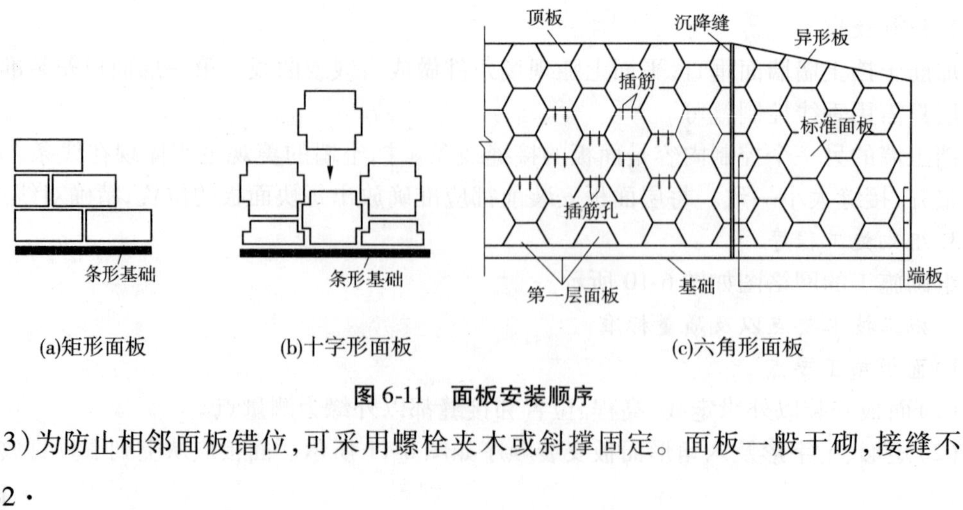

图 6-11　面板安装顺序

(3)为防止相邻面板错位,可采用螺栓夹木或斜撑固定。面板一般干砌,接缝不作处理，可用砂浆或软木进行调整。

(4)面板的沉降缝同时也是分段施工的分界线。相邻段施工应明显错开，以保证沉降缝顺直、等宽和贯通。施工缝与沉降缝宜设在一起，且填缝料应在后一段施工前放入。

2)筋带铺设施工要点

(1)筋带铺设应与面板的安装同步，进行铺设的底料应平整密实。

(2)钢带不得弯曲，接头(插销连接)和防锈(镀锌)处理应符合标准规定。

(3)钢带或面板间的钢筋连接可采用焊接、拉环连接或螺栓连接，且连接处应浇混凝土保护。

(4)聚丙烯土工带、塑钢带，应穿过面板的预留孔或拉环，折回与另端对齐或绑扎在筋带间，与面板连接。筋带本身连接也采用绑扎方式。施工中，严禁用打结方式连接。

(5)筋带应成扇形辐射状铺设在硬基上，不得与硬质棱角填料直接接触。筋带从面板铺设到位后，在尾部少量填土，且固定在预先埋设的小木条上，然后再进行尾部张拉(不宜太紧)。填料摊铺碾压结束后，取出木条，下次再用。

3)填料施工要点

(1)面板安装、筋带铺设和埋地排水管完成到位并检查验收合格后，用准备充足的合格填料进行填料施工。

(2)运土机具不得在未覆盖填料的筋带上行驶，且要离面板 1.5 m 以上。

(3)填料可用机械或手工摊铺，摊铺应厚度均匀、表面平整，并有不小于3%的向外倾斜横坡。机械摊铺方向应与筋带垂直，不得直接在筋带上行驶，距面板 1.5 m 范围内只能采用人工摊铺。

(4)填料采用机械碾压。禁止使用羊足碾，不得在填料上急转弯和急刹车，以免破坏筋带。碾压前，应确定最佳含水量及碾压标准。碾压过程中应随时检测填料的含水量和密实度。

4)其他工程施工要点

(1)加筋土的排水管、反滤层及沉降缝等设施应同时施工。排水设施施工中应注意水流通道，不得有碍水流或有积水(如反坡)等。

(2)压顶施工。压顶(帽石)的目的是封固边口，防止外界作用造成面板松动脱落。一般用以 C5 混凝土现浇，厚度为 20 ~ 50 cm。但加筋土挡土墙更注重外观，所以压顶应线条平整，与墙体一致。

(3)错层施工应有明显停顿，一层完工后，再进行第二层施工。错台护板的主要作用是防水。

第三节　边坡防护加固实例

一、边坡注浆加固

某高速公路，由于地下水位下降，天然地基承载力偏低，部分高填土路段满足不了填土荷载的变形要求，尤其是桥头路段填土时间集中，距路面施工时间很短，对原地面以下土体没有充分的时间给予预压，产生沉降的因素很多。因此，甲方要求对桥头填土高度大于 8.0 m、距铺路面时间不大于 30 d 的路段，除进行路基注浆外，还要在边坡坡脚两侧按 45°角对原地面土体进行注浆。在 ZK40 +990 跨线桥桥头两端的路基进行了注浆施工。

(一)施工工艺

1. 孔位测量放样

按照设计要求进行注浆孔定位。在原地面上,从桥台一侧开始每米设一个孔,孔位误差不大于 +15 cm,并尽可能紧靠桥台基础,以防路基在此形成薄弱面。注浆孔是在已填好的路基两侧坡角按 30°角向路基侧面打孔。因此,在注浆孔后侧 5.0 m 左右处,应搭设临时支架,以便于操作。

2. 锚杆机成孔

锚杆机准确定位,利用孔后的支承架,调整成设计角度,采用冲击回转的方法成孔,孔径为 110 ~ 180 mm,主要采用洛阳铲成孔。洛阳铲实际上是将钢管两头焊接螺丝扣,同时在钢管的一端加工并焊接一个直径 80 cm、长 18 cm 的 3/4 圆铲。利用 3/4 圆铲,用人工在指定位置冲击 7 次左右,拔出来把圆铲内的土取出,继续重复冲击,一直冲到要求的深度为止。

注浆孔水平方向孔距允许误差不大于 50 mm,垂直方向孔距允许误差不大于 100 mm,孔深允许误差为 ±50 mm,倾角允许误差为 ±5%。

3. 配制注浆浆液

注浆材料采用强度等级为 42.5 的普通硅酸盐水泥,水为水灰比 1∶1(质量比)的饮用水。在桥台后第一排孔注浆时,浆液中加入 0.05% 的三乙醇胺,以加快凝结。浆液应充分搅拌均匀,搅拌时间不少于 3 min,随搅拌随使用,一次拌和的水泥浆应在初凝前用完。

4. 注浆作业

接通注浆管路,把配制好的水泥浆液用注浆泵泵入孔内,注浆压力控制在 0.5 ~ 1.5 MPa,浆液流量控制在 50 L/min,每延米注入水泥浆 0.5 m^3。注浆开始或中途停止超过 30 min 以及感觉浆液注入不顺畅时,应用水或稀水泥浆润滑注浆泵及其通道。当发现有堵塞现象时,应拆卸管道进行清洗。注浆结束后,可进行闭浆封孔。

5. 对原地面以下的土层采用压浆

压浆采用压浆泵和搅拌机。在打好的孔内插上一根硬塑管,硬塑管隔 15 cm 交叉打一小孔。管内压浆后,浆液即从此小孔射出。一般砂土、黏砂土可加固直径为 1.5 m,黏性土可加固成劈裂形状。压浆泵的压力一般控制在 2.5 ~ 4.0 MPa,加固后的效果比较理想,经多次观测没有下沉的迹象。

(二)施工程序

边坡注浆加固施工程序:熟悉设计文件→注浆孔位放样→锚杆机成孔→配置注浆浆液→注浆作业→封孔→下一循环。

(三)人员组织和机械设备

1. 人员组织

由于工期要求很紧,于是组成 50 余人的施工队伍,进行三班倒轮流值班作业。从 12 日开始,于 29 日全部顺利完成。

2. 机械设备

根据任务量,设备配置如下:

(1)锚杆机 MGZ – 50　　1 台;

(2)注浆机 BV – 250　　2 台;

　　注浆机 BP – 120　　1 台;

(3)发电机 60 W　　　　　　1 台;
　　发电机 9 kW　　　　　　2 台;
(4)洛阳铲　　　　　　　　10 台;
(5)搅拌机 300 L　　　　　 2 台;
　　搅拌机 150 L　　　　　 1 台;
(6)注浆配件　　　　　　　3 套。

二、三维植被网边坡防护

(一)概述

近年来交通建设达到了史无前例的高峰,因此如何对公路进行有效的边坡防护显得尤为重要。

以往的公路边坡防护方法虽多种多样,如单一植被、平面网植被、抹面、喷浆、石砌护面以及采用混凝土、沥青、抛石等,但都具有致命的弊病。单一植被及平面网植被,在草的生长早期草籽及幼苗极易被雨水冲刷掉,草长成后抗冲刷能力也十分薄弱;而采用抹面、喷浆、石砌护面造价极高,且雨水易渗入防护层下面形成水流,防护层被架空,导致防护措施失效。采用三维植被网进行边坡防护,既克服了植草在生长早期易被水冲刷掉的缺陷,又能保证在植草长成以后,其发达的根系与三维网及边坡土层形成一个牢固的复合整体,大大减缓了水流流速,同时避免地表直接受雨水冲刷,可有效地防止边坡被雨水冲毁。

洛开高速公路 13 标段所经路段土质多为粉砂性土,养分少、黏性差。土方工程在雨季到来之前虽能施工完毕,但路面结构层要在雨季期间或雨季之后才能施工。在雨季期间路基边坡极易遭受水流冲刷,引起浅层滑动和冲刷沟,从而导致边坡失稳,路基受到破坏。根据三维植被的作用机理和功能,决定采用此种方法进行边坡加固防护。该方法工程造价低廉,既能防护边坡,又能美化周围环境。

(二)三维植被网的作用机理

三维植被网是由多层塑料凸凹网和高强度平网复合而成的立体网结构。面层外观凸凹不平,材质疏松柔韧,留有 90% 以上的空间可填充土壤及草籽,将草籽及表层土壤牢牢固定在立体网中间。同时,由于网垫表面凸凹不平,可使风及水流在网垫表层产生无数小涡流,起到缓冲消能作用,并促使其挟带物沉积在网垫中,这样就有效避免了草籽及幼苗被雨水冲走流失,大大提高了植草覆盖率。

当植草生长茂盛后,植物根系可从网垫中舒适均衡地穿过,深入地下,与网垫、泥土形成了一个牢固复合整体。植被根系可增加土壤的透水性能,一旦遇有雨水可迅速渗透。植被的覆盖可使地表土壤免受雨水的直接冲刷,并缓冲雨水流速,阻止水流的形成,即使形成水流也几乎是清澈而不含任何泥土的。同时,三维网垫及植物根系还可起到浅层加筋的作用。因此,这种复合体系有极强的抗冲刷能力,能达到有效防护边坡的目的。三维植被网防护的复合体如图 6-12 所示。

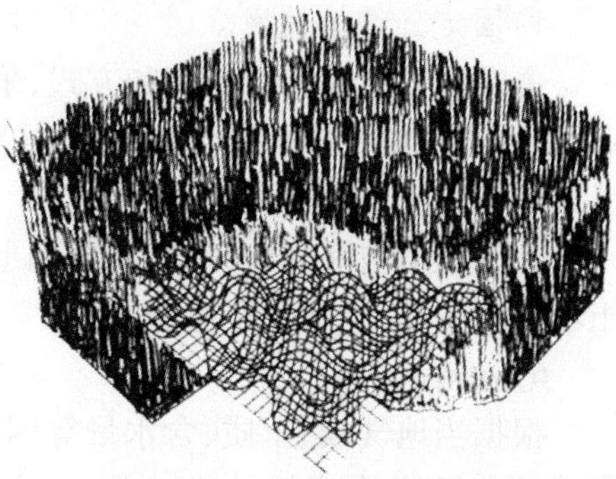

图 6-12　三维植被网复合体示意图

（三）三维植被网的功能

（1）由于网包的作用，能降低雨滴的冲击能量，并通过凸出的网包缓冲坡面雨水的流速，从而有效地抵御雨水的冲刷。

（2）在边坡表层土中起着加筋加固的作用，从而有效地防止了表面土层的滑移。

（3）在边坡防护中使用三维植被网能有效地保护坡面不受风、雨、洪水的侵蚀。三维植被网的初始功能是帮助植被生长，随着植被的形成，它的功能是帮助草根系统增强其抵抗自然水土流失的能力。

（4）三维植被网能做成草毯进行异地移植，能解决快速植被防护工程的要求。

（四）工艺流程和施工方法

1. 工艺流程

边坡整理成型→细平整→挂网→固定→覆土→播种→再覆土→覆盖纤维布或稻草、秸秆→浇水养护→后期管理。

2. 施工方法

1）边坡整理成型和平整

（1）在路基土方已经完工并经监理验收后，由测量人员首先放出路基边桩，即边坡坡脚桩。直线段路基坡脚桩间距不超过20 m，进入曲线段可加密到5.0～10.0 m，以保证路基边坡线平滑圆顺。

（2）定出坡脚桩后，用白灰定出控制线，然后开始刷坡，刷坡时可以用人工配合挖掘机按1∶1.5的坡度进行。挖掘机刷坡时，要预留20 cm宽，由人工清除干净以保证路基边坡的密实度。人工刷坡时要挂线操作，并不时用坡度尺检验坡度，以保路基边坡的外观线形。之后将边坡上的土块粉碎，仔细平整，并施入底肥。经监理验收合格后方可进行下一道工序。

2）开挖沟槽

在坡顶及坡脚处，按照施工图纸设计尺寸，人工开挖预埋植被网的沟槽并平整。注意开槽和刷坡一次不要过长，以防止雨水、气温、风沙等作用破坏路基与边坡坡面。

3）覆网

边坡整理完工并经监理验收后，必须及时进行人工铺设EM3型三维植被网。覆网时，先将网置于坡顶沟槽内，然后从坡顶到坡脚依次进行。网尽量与坡面贴附紧实，防止悬空，使网保持平整，不产生褶皱。网块之间要重叠搭接10 cm左右。

4）固定三维植被网

覆网后按照一定的密度和方式，采用25 cm长竹钉或25 cm长钢筋打入边坡内进行固定，然后再将植被网预埋于沟槽中，再回填土夯实。

5）覆土

在三维植被网固定完以后，在网上覆一层薄土，一定要使土进入网包，可以用木条刮入，土壤要求细碎、肥沃、pH适中。

6）撒播草籽

根据当地气候、土质、含水量等因素，选择易于成活、蔓面大、根系发达、茎低、多年生、便于养护和经济的草籽种类。常采用高羊茅与狗牙根两种草混合播种，其用量为高羊茅8 g/m^2，狗牙根12 g/m^2。

撒播草籽应在无风天气、气温宜在15 ℃以上进行，避免在干燥的风季和暴雨季节播种。

为使草籽均匀分布，草籽应掺加细砂或细土粒搅拌均匀后撒播。

7）再覆土

撒播草籽后，网上面再均匀覆盖一薄层土壤，并适当拍实，使边坡表面平整，并保证土盖住草籽。网上覆土总厚度约为 2 cm。

8）覆盖纤维布或稻草、秸秆

为了让草籽尽快发芽，边坡上面要考虑采用纤维布、稻草、秸秆等覆盖，使土壤保持湿润和适宜草籽生长的温度。

9）浇水养护

种植草籽后应适时进行撒水施肥、清除杂草等养护管理，直到草籽成活并覆盖地面。浇水时最好采用雾状喷施，防止形成径流，造成草籽分布不均匀，影响覆盖率和美观。

10）养护期的管理

应有效地养护所有种植面的植物和种植面，预防人为破坏直到养护期终止。应有效地养护所有种植面的植物和种植面。

（五）应用效果

某高速公路经过 2006 年 7、8 月雨季（其中有 4 次暴雨和 1 次特大暴雨）的冲刷后，从现场发现，施工中采用三维植被网的路段没有冲刷痕迹，而未进行三维植被网防护的路段却出现多处较大的冲沟，冲沟深达 2.0 m 以上。

分析认为，采用三维植被网施工的路段阻止了水流的形成，获得了较高的植被覆盖率，避免了坡面直接受雨水冲刷。植草、网垫与土壤三者形成了稳定的复合整体，提高了耐冲刷能力。未进行三维植被网防护的路段，却因坡面直接受雨水冲刷而破坏严重。

实践证明，采用三维植被网进行公路边坡防护，施工简便、劳动强度小、效率高，大大降低了工程造价，同时又美化了公路沿线的环境，具有非常广阔的应用前景。

三、锚杆喷射混凝土支护在公路边坡防护中的应用

（一）概述

锚杆喷射混凝土支护在 20 世纪 60 年代开始出现，已有近 50 年的施工历史。原来的锚喷支护技术主要应用于矿山井巷、交通隧道、水工隧洞和各类洞室等地下工程。近年来，随着我国高速公路的发展，锚喷支护技术也在公路路堑石质边坡防护中得到广泛应用。如京沈、京福高速公路及铜黄一级公路，都采用了该技术来处理路堑石质边坡。实践证明，该项技术先进、经济合理、安全适用、能够确保施工质量。

（二）锚喷支护技术在铜黄一级公路中的应用

1. 地质情况

某公路位于陕北黄土高原南部边缘地带，属于山岭重丘区。该地区出露的地层主要为三叠纪上部的砂岩和泥质页岩互层。层面倾角一般在 10° ~ 15°，近似为水平岩层，岩体软硬不均。砂岩多为厚层或巨厚层，细粒结构，钙质胶结，石质致密坚硬，强度高，耐风化。泥质页岩多为薄层或极薄层，含有紫红色直径 1 ~ 3 cm 的泥质，钙质结构，局部夹 5 ~ 10 cm 厚的黑色灰质页岩，颗粒成分以黏土为主，半固结状态，遇水泥化、崩解。在天然状态下易风化剥落，强度低，尤其是抗剪强度低。

岩体软硬不均，除层间弱面外，其间主要发育两组基本正交的陡倾裂隙。受层面及两组

陡倾裂隙切割，岩体多呈层状碎裂结构，边坡稳定性较差。但边坡的稳定性主要受层间及陡倾结构面所控制，不存在较深层的滑移破坏问题，其破坏形式主要为层部的膨胀、脱落及浅层的倾倒性坍塌。

因此，边坡的防护设计，根据边坡的不同岩质结构类型，视边坡高度和坡度，分别采取素混凝土喷护或局部布设系统锚杆辅以挂网喷护混凝土等浅表层防护处理措施，而且可根据边坡破坏程度选择不同长度的锚杆，同时加强边坡排水。

2. 某公路边坡防护设计

此段边坡防护原设计为浆砌防护。采用了喷锚支护技术后仍保留了第一级（10 m）边坡的浆砌防护，而对于第二、第三、第四级边坡则视其高度和坡度采取挂网喷射混凝土或喷射素混凝土防护措施。喷护原则：高差大于 8 m 的边坡采用挂网喷护；高差小于 8 m 的边坡采用喷射素混凝土防护。边坡防护如图 6-13 所示。

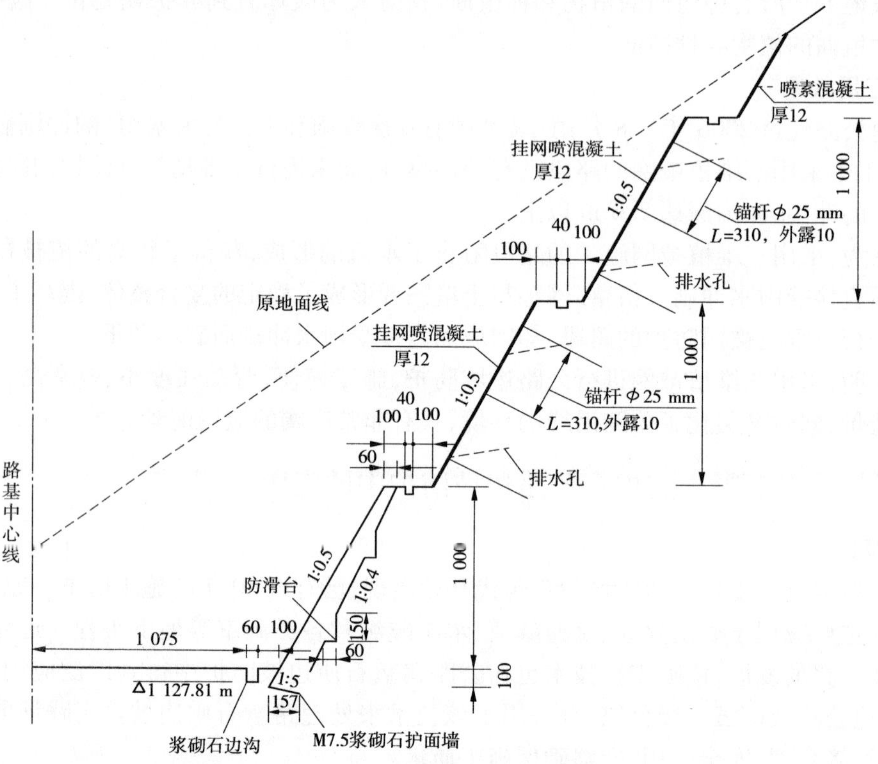

图 6-13　边坡防护图　（单位：cm）

（1）锚杆：选用全黏结系统锚杆，直径 25 mm 螺纹钢筋，锚杆单根长 310 cm，其中入岩 300 cm，外露 10 cm，用于绑扎钢筋网，锚杆间排距为 300 cm × 300 cm。

（2）钢筋网：选用 6 mm 网格筋，网格间距 20 cm × 20 cm，钢筋网必须与锚杆绑扎连接。

（3）混凝土：选用 C20 混凝土，配合比 1∶1.98∶2.28，水灰比为 0.44。

（4）水泥砂浆：水泥∶砂为1∶1，水灰比为 0.4。

（5）排水孔：布设排水孔的目的是能够有效地排除混凝土喷护层内侧积水而不致影响已喷混凝土的永久稳定性。排水孔孔径为 60 mm，单孔深 200 cm，间距为 300 cm，排距为 500 cm，梅花形布置。其最底层排水孔距其下方平台约 1.2 m，便于施工即可。造孔方位是水平位置上仰10°。

(三)边坡锚杆喷射混凝土施工技术要求

1. 对原材料及混合料的要求

(1)水泥强度等级不低于42.5,其性能指标应符合现行的水泥标准,对每批水泥都应作检验。

(2)砂石料最大粒径为15 mm,级配应满足表6-8的要求。

(3)可以使用速凝、早强、减水等外加剂。但喷射混凝土的各项性能指标不得低于设计要求。在使用速凝剂时,水泥初凝时间不得大于5 min,终凝时间不得大于10 min,室内还应进行速凝剂与水泥、水、石、砂的相溶性试验。符合规定或无不相溶反应时,方能配制使用。

表6-8 喷射混凝土集料级配表

序号	通过各种筛孔的累计质量百分数(%)					
	0.6 mm	1.2 mm	2.5 mm	5 mm	10 mm	15 mm
1	17~22	23~31	35~43	50~60	73~82	100
2	13~31	18~41	26~54	40~70	60~90	100

(4)水要使用澄清水,水质应满足混凝土拌制用水要求。

(5)C20混凝土抗拉强度为1.5 MPa,混凝土与岩石黏结强度为0.5~1.0 MPa。抗渗强度不应低于0.8 MPa,密度不应低于2.20×10^3 kg/m^3,弹性模量为2.1×10^4 MPa。

(6)各种原材料按质量计量,允许差值规定水泥和外加剂为2%,砂、石为+5%。

(7)配合比应符合下列规定:①水泥:砂石为1:4~1:4.5;②砂率为45%~55%;③W/C=0.4~0.45;④速凝剂掺加量占水泥的3%~5%。

(8)喷射有干喷法和湿喷法两种,此段施工使用的是干喷法施工,其混合料的拌制和使用符合下列规定:①采用含水量小于4%的干砂拌料时,速凝剂可在拌料时掺入,拌好的混合料应在20 min内使用完;②采用含水量为4%~10%的混砂拌和时,在速凝剂放入后,必须立即进行喷射;③不掺速凝剂的混合料,停放时间不宜超过2 h;④对集料的含水量应进行抽测,并作详细记录,扣除集料含水量的全部用水量可以从喷头或输料管中的适当位置加入。

2. 对施工机具及喷射前准备工作的要求

(1)优先选用强制式搅拌机,通风条件良好的露天场地可采用自落式搅拌机;

(2)喷射机密封性能良好,输料连续均匀,生产能力为3~5 m^3/h;

(3)输料管应能承受0.8 MPa以上的内压力,并具有良好的耐磨性能;

(4)水泵、水箱或其他供水系统,应具有0.2 MPa以上的承压能力;

(5)选用的空压机应满足喷射机工作风压和耗风量的要求,压风进入喷射机前,必须进行油水分离。

3. 对喷射混凝土的施工要求

(1)在受喷区分片分段,自下而上,先凹后凸进行作业,且不得漏喷;

(2)喷射混凝土平均厚度不得小于设计厚度,最薄处不得小于设计厚度的75%;

(3)昼夜平均气温低于5 ℃时,露天喷射作业一律停止;

(4)喷层终凝后面板宽度为2H(H为面板高度)时开始喷水养生,在14 d之内应使喷层表面经常处于湿润状态;

(5)下雨天不宜进行喷护施工;

(6)边坡上大光面喷射混凝土,先用水泥砂浆喷2 cm左右,间隔24 h后,再转入正常混合料喷射至设计厚度;

(7)喷射混凝土后2 d内,在其范围内不应进行爆破。

4. 对加挂钢筋网喷射混凝土的施工要求

(1)挂网所用钢筋的规格、质量、网格尺寸,必须满足设计要求;

(2)钢筋网与岩石距离为3~5 cm,钢筋网接头搭接长度大于20 cm;

(3)钢筋网应绑扎牢固,要求与所布置锚杆焊接或绑扎为一体;

(4)喷射混凝土必须填满钢筋与岩面之间的空隙,不能有架空现象,以保证钢筋与壁面之间的密实性,并要求与钢筋黏结良好;

(5)喷射中若有脱落的混凝土被钢筋网架住,应及时清除;

(6)喷射完成后,钢筋网外的喷层厚度应满足保护层厚度不小于3 cm。

5. 对全长黏结性锚杆的施工要求

(1)按照设计要求的间排距布置锚杆孔位;

(2)锚杆孔径大于45 cm,孔深应大于设计深度20 cm;

(3)锚杆体使用前进行调直、除锈、除油处理;

(4)锚杆孔内灌注材料为水泥砂浆,其配合比为水泥:砂为1:1~1:2,水灰比宜为0.38~0.45;

(5)注浆时,注浆管应插至距孔底5~10 cm,随砂浆的注入缓慢匀速拔出,杆体插入后,若孔口无砂浆溢出,应及时补注;

(6)杆体插入孔内长度不应小于设计长度的95%,锚杆安装后,不得随意敲击,3 d内不得悬挂重物。

(四)锚喷支护的具体施工及注意问题

1. 施工工艺流程

清理坡面→搭架→锚杆孔及排水孔成孔→下锚杆→绑扎钢筋网→喷射混凝土→养生→拆排架。

(1)清理坡面:将坡面上的危石、杂草、树木、松土、浮渣等清理干净。

(2)搭架:喷射混凝土是高空作业,所以要求排架必须牢固稳定,必要时要备安全绳及安全防护网。

(3)锚杆孔及排水孔成孔:除满足设计要求外,还要注意成孔角度,锚杆孔尽量垂直于自然坡面,利于挂网;排水孔要水平位置上仰10°,以保证排水通畅。

(4)下锚杆:成孔后先进行注浆,注浆时若孔口无砂浆溢出应及时补浆,之后插入锚杆,注意锚杆稳定后,不要随意敲击,不准悬挂重物。

(5)绑扎钢筋网:铺设钢筋网时要随坡面起伏而变化,搭接要牢固,并注意与锚杆连接牢固,最好采用焊接。

(6)喷射混凝土:喷射混凝土前还要作好排水孔保护,以保证喷射混凝土后排水畅通。喷射前受喷面要设立控制喷射厚度的标志,喷射混凝土每次喷射厚度为5~7 cm,喷射距离为 80 ~ 100 cm。喷射时按直径为 20 ~ 25 cm 的圆圈轨迹运行,一圈压一圈,应尽量避免回弹,不流不淌。

(7)养生:喷射混凝土终凝后 2 h 即可开始养生。养生期得小于 14 d,以防止开裂,并提高强度及表面光洁度。

2. 锚喷支护施工时注意事项

(1)要注意锚杆孔及排水孔成孔角度,锚杆孔要垂直坡面,排水孔要上仰。

(2)注浆要注满,下锚杆要牢固。

(3)钢筋网布设要均匀,防止混凝土不均匀收缩。

(4)排水孔要通畅,防止岩体内水排不出产生膨胀,破坏混凝土。

(5)混凝土喷射厚度要满足设计要求。

(五)喷射支护的优点

1. 技术先进、成本低

喷射支护与浆砌防护相比更加先进,而且比浆砌防护成本降低 20%。

2. 施工速度快

施工简便,不受部位和方向的限制,不像浆砌防护那样受影响条件较多,加快了施工进度。

3. 质量有保证

喷射混凝土具有较好的力学性能和整体性,可在坡面形成封闭的具有较高强度的混凝土保护壳,防止雨水对坡面的冲刷破坏。

本章小结

(1)路基防护、支挡工程是防治路基病害、保证路基稳定、改善环境景观和生态平衡必不可少的工程设施,是路基工程的重要组成部分。

(2)路基防护工程主要包括路基边坡的防护和冲刷防护。支挡工程主要指用于支承路基填土或山坡土体,防止路基失稳的挡土墙工程。沿河路基地段应采取冲刷防护措施。

(3)挡土墙是用于支挡路基填土或山坡土体的结构物,通常以重力式挡土墙、衡重式挡土墙和加筋土挡土墙为主。

(4)加筋土挡土墙具有圬工工程量少、地基强度要求不高、抗震性能好、造价低、施工方便、进度快等特点,在公路工程中已广泛应用于挡土墙和桥台部位。

(5)三维植被网是由多层塑料凸凹网和高强度平网复合而成的立体网结构。面层外观凸凹不平,材质疏松柔韧,留有 90% 以上的空间可填充土壤及草籽,将草籽及表层土壤牢牢固定在立体网中间。同时,由于网垫表面凸凹不平,可使风及水流在网垫表层产生无数小涡流,起到缓冲消能作用,并促使其挟带物沉积在网垫中,这样就有效避免了草籽及幼苗被雨水冲走流失,大大提高了植草覆盖率。

(6)锚杆喷射混凝土支护在公路边坡防护中的应用。

【小知识】 怎样看铁路道岔铺设总布置图

道岔铺设总布置图是道岔施工和检查的主要技术依据。不同轨型不同号码的道岔,各有其相应的标准布置图。在图中一般绘出并标注下列内容:

(1)道岔全长 $L_{全}$,道岔前部实际长度 a,道岔后部实际长度 b,道岔前部理论长度 a_0,道岔后部理论长度 b_0,道岔理论长度 $L_{理}$,尖轨尖端前基本轨长度 q,辙叉理论尖端前直线段 K,导曲线外轨工作边半径 $R_{外}$,道岔中心 O。

(2)各部钢轨长度 L,尖轨长度 $L_{尖}$,辙叉趾长 n,辙叉跟长 m,护轨长度 $L_{护}$,全部岔枕根数与长度,全部岔枕间距等。

(3)道岔主要控制轨距。如尖轨尖端轨距 $s_{尖}$ 及其前后递减距离。辙叉直向、侧向轨距 S_0。

(4)导曲线起点处支距 y_0,导曲线每隔 2 m 的横距和与之对应的支距 $y_0 y_0 \cdots y_a$ 以及导曲线终点的横距 $x_{终}$ 与支距 $y_{终}$。导曲线内安装轨撑的位置和设置绝缘接头的位置等。

(5)转辙角 p、辙叉角 a 及重点轨缝。

此外,总布置图中还列有必要的图注和材料明细表,说明图中各种符号代表的意义和各组成部件的名称、数量及规格、质量等。

复习思考题

6-1 挡土墙的形式有哪几种?

6-2 重力式挡土墙的施工要点和方法是什么?

6-3 混凝土挡土墙有何施工特点?

6-4 加筋土挡土墙的施工工艺有何特点?

6-5 叙述三维植被网的作用机理、功能、工艺流程和施工方法。

6-6 对施工机具及喷射前准备工作的要求是什么?

6-7 对喷射混凝土的施工要求是什么?

6-8 对加挂钢筋网喷射混凝土的施工要求是什么?

6-9 对全长黏结性锚杆的施工要求是什么?

6-10 锚喷支护的具体施工及注意问题有哪些?

第七章　软土地基处理

职业能力目标与学习要求

通过对公路软土地基处理的学习，使学生对公路软土地基处理工程施工特点、施工方法有一定的了解和掌握，结合工作过程，通过案例分析提高学生分析问题和解决问题的能力，为今后从事施工员、试验员、安全员工作奠定良好的基础。

教学重点

1. 处治方法及选用原则；
2. 表层处理施工方法和要求；
3. 换填法的施工方法和要求；
4. 垂直排水法的施工方法和要求；
5. 粉喷桩的施工方法和要求。

第一节　概　述

在我国滨海平原、内陆湖塘盆地、江河湖海沿岸和山间洼地均分布有近代沉积的软土，主要是以厚层、松软的淤泥沉积物为主，有时也夹有少量的腐泥或泥炭层。软土主要由水流缓慢淤积而成，形成年代一般比较久远，沉积厚度一般较深。在漫长的沉积过程中，由于植物的腐烂，在软土中有时夹有少量的腐泥或泥炭层。软土地表有时有一层数米厚的密实土层硬壳，而其下为流动性淤泥。

一、软土的成因

我国软土按其成因可分为四类，按其沉积环境不同可分为九类，如表7-1所示。

表7-1　软土类型及特征

类型		厚度(m)	特征	分布概况
滨海沉积	滨海相	60～200	面积广，厚度大，常夹有砂，极疏松，透水性强，易于压缩固结	沿海地区
	三角洲相	5～60	分选性差，结构不稳定，粉砂薄层多，有交错层理、不规则尖灭层及透镜体	
	泻湖相	2～60	颗粒极细，孔隙比大，强度低，常夹有泥炭	
	溺谷相		颗粒极细，孔隙比大，结构疏松，含水量高，分布范围较窄	

续表 7-1

类型		厚度(m)	特征	分布概况
湖泊沉积	湖相	5~25	分选性差,结构不稳定,粉砂多,有交错层理、不规则尖灭层及透镜体,表层多有小于5 m的硬壳	洞庭湖、太湖、鄱阳湖、洪泽湖周边,古云梦泽边缘地带
河滩沉积	河床相、河漫滩相、牛轭湖相	<20	成层情况不均匀,以淤泥及软黏土为主,含砂与泥炭夹层	长江中下游、珠江下游及河口、淮河平原、松辽平原
谷地沉积	谷底相	<10	成片状、带状分布,靠山浅、谷中心深,谷底有较大的横向坡,可以由山前到谷中心逐渐变细	西南、南方山区或丘陵区

二、软土的主要物理特征

虽在国外及国内各行业对软土的定义和特征指标不尽相同,但从广义上说,软土是指强度低、压缩性高的软弱土层,以天然含水量、天然孔隙比为主要特征并结合其他指标进行分类,其主要物理力学特征见表 7-2。

表 7-2　软土的主要物理力学特征

类型	天然密度 (kg/m^3)	含水量 (%)	孔隙比 e	有机质含量(%)	压缩系数 $a_{0.1\sim0.3}$ (MPa^{-1})	渗透系数 K (cm/s)	快剪强度 C_u (kPa)	快剪强度 (°)	标准贯入值 $N_{63.5}$
软黏土	1 600 ~ 1 900	$\omega_1<\omega<$ 100	>1.0	<3	>0.3	$<1\times10^{-6}$	<20	<10	<2
淤泥质土			1.0~1.5	3~10					
淤泥			>1.5						
泥浆质土	1 000 ~ 1 600	100~300	>3	10~50	>2.0	$<1\times10^{-2}$	<10	<20	
泥炭	1 000	>300	>10	>50					

天然含水量大、压缩模量小、承载能力低,且在荷载作用下易于产生滑动或固结沉降变形的地基,称为软弱地基。

我国各地不同成因的软土都具有相同的特性,主要表现在:

(1)天然含水量高,为 34% ~72%;孔隙比过大,一般为 1.0 ~1.9,饱和度一般大于95%,液限为35% ~60%,塑性指数为 13 ~20,天然密度为 1 500 ~1 900 kg/m^3。

(2)透水性差,大部分软土的渗透系数为 $1\times10^{-3}\sim1\times10^{-7}$ cm/s。

(3)压缩性高,压缩系数 $a_{0.1\sim0.3}$ 为 0.5 ~2.0 kPa^{-1},属高压缩性土。

(4)抗剪强度低,其快剪黏聚力 C 在 10 kPa 左右,快剪内摩擦角为 10° ~15°。

(5)流变性显著,其长期抗剪强度只有一般抗剪强度的 40% ~80%。

三、软土路堤的极限高度

在天然软土地基上,基底不作特殊加固处理而用快速施工方法修筑路堤的填筑最大高度,称为极限高度。当路堤高度超过此限时,路堤或地基必须采取加固处理措施。

极限高度的大小取决于地基的特性(软土性质和成层情况、有无硬壳及厚度)及填料的性质等,可按稳定性分析结果而定,在施工条件允许时也可在工地进行填筑试验确定。

一般软土地区路堤高度超过 2.5 ~3.0 m 时即产生沉降,因此规定 2.5 ~3.0 m 为临界高度。当超过此值时,可称为高路堤。

高路堤的最大特点就是产生较大的沉降,并且需要较长的时间,一般 3 ~5 年才能趋于稳定,成为高速公路建设最难处理的技术问题之一。这一特点主要取决于高路堤荷载与地基土强度的相对稳定,路堤荷载的影响程度取决于路堤高度和路堤分布的范围两个方面。

就高速公路而言,路基宽度一般大于 26 m,纵坡小于 2%,因此高路堤的纵横向分布面积较大,必然导致路堤产生较大的沉降。对于层状分布的软土地基,各层土的刚度大小以及它们的分布位置都会对地基变形量和变形的过程产生影响。若淤泥质土分布在浅层,就会引起地基较大的沉降,甚至破坏;若淤泥质土分布较深,地基就会因高路堤荷载的传播应力是随深度递减的而不会有太大沉降,如图 7-1 所示。

由于极限高度仅为设计施工时的参考数据,通常都近似地假设内摩擦角 $\varphi=0°$,并按下列 3 种情况进行极限高度的估算。

(一)均质薄层软土地基的路堤极限高度

软土层较薄时,滑动圆弧与软土层底面相切,如图 7-2 所示。极限高度按式(7-1)估算为

$$H_c = N_s \frac{C_k}{\gamma} \tag{7-1}$$

式中 H_c——极限高度,m;

C_k——软土的快剪黏聚力,kN/m^2;

γ——填土的重度,10^3 kN/m^3;

N_s——稳定因数,与边坡角和深度因数 η_d($\eta_d=\frac{H+d}{H}$,其中 H 为填土高度,d 为软土厚度)有关,可由图 7-2 查得。

由于 η_d 与 H 有关,所以需要采用试算法进行计算。计算时先要假设 H 值,计算 η_d 值,由此查图得 N_s,再按式(7-1)算出 H_c,若算得的 H_c 与假定的 H 相符即可,否则需重新假设 H 值,再行计算。

(二)均质厚层软土地基的路堤极限高度

软土层很厚(η_d 很大)时,滑动面不通过基底,则按式(7-2)估算极限高度,即

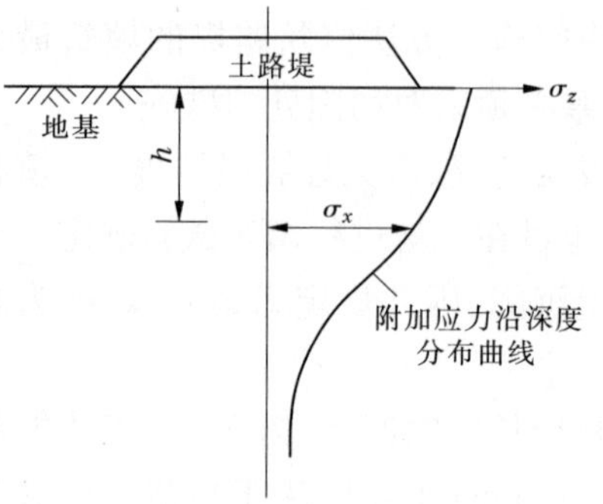

图 7-1　附加应力沿深度的分布曲线

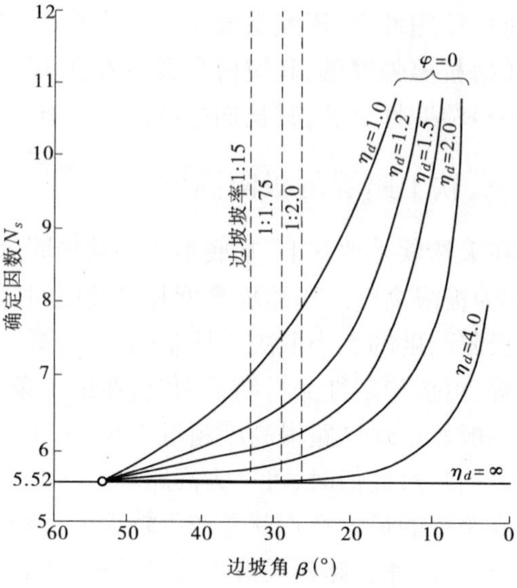

图 7-2　边坡角 β 与稳定因数 N_s 的关系

$$H_c = 5.52\frac{C_k}{\gamma} \tag{7-2}$$

式中符号意义同前。

(三)非均质软土地基的极限高度

非均质软土地基土层比较复杂,各层的性质不同,需要采用圆弧法计算确定。地基强度指标采用快剪法测定,在施工条件允许时,也可根据工地筑堤试验确定。

第二节　处理方法及选用原则

一、处理方法

根据工程需要和地基本身的特点,软土地基处理的理论和手段也在不断发展。具体方法至少几十种,有时所选择的处理方法往往是多种方法的综合应用。

按软土地基加固性质,各种方法简述如下:

(1)表层处理法。包括表层排水、砂垫层、铺垫、稳定剂处理以及反压护道法和土工聚合物处治加固。

(2)换填法。分为开挖换填法和强制换填法以及抛石挤淤法等。

(3)竖向排水固结法。由排水系统和加压系统两部分组合而成。

(4)深层水泥浆搅拌桩法和高压喷射注浆法。

(5)射水振冲碎石桩法和干振振碎石桩法。

(6)粉喷桩法。

(7)强夯加固法。

(8)石灰桩加固法。

二、选用原则

软土地基处理的方法很多,各种方法都有它的适用范围。由于具体工程的地质条件千变万化,对地基处理的要求不尽一致,施工部门采用的机具、当地的材料都会不同。因此,必须进行具体分析,从地基条件、处理要求、处理范围、工程进度、材料机具等方面进行综合考虑,以确定合适的处理方案。

在综合考虑时,应尽力选择经济的施工方法以避免浪费。在深厚软土地基沉降量大的地方可筑临时性路面,待残余沉降达到一定量时再建正式路面。

在开发、引用新的地基处理方法或对不同处理方法作比较时,宜在大规模施工以前进行小型现场试验来检验其可行性,并获得必要的施工控制指标和施工经济指标。

第三节　表层处理法

一、砂垫层

在软土层顶面铺设一层砂垫层,主要起浅层水平排水作用,在路基荷载下将软基中的固结水通过砂层排入路基边沟。砂层对基底应力的分布和沉降量的大小虽无显著影响,但可加速沉降发展,缩短固结过程。

(一)砂垫层施工前准备

将原地面上的腐殖土清除干净后把基底做成设计要求的横向路拱。选择适宜的料源,以中粗砂为宜,严格控制含泥量,粒径小于0.075 mm的细粒含量不超过3%。

(二)适用范围

(1)路堤高度小于2倍极限高度,软土表面无透水性低的硬壳。

(2)软土层不很厚,或虽稍厚但具有双面排水条件。

(3)当地有砂可取,运距不远,施工期限又不紧迫。砂垫层施工简单,不需要特殊机具设备,占地较少。

(三)施工要点

(1)砂垫层施工关键应将砂加密到要求的密实度,常用的加密方法有振动法(包括平振、插振、夯实)、水撼法和碾压法等。施工时应逐层铺砂,逐层振密或压实,分层的厚度视振动力大小而定,一般为15~20 cm。碾压法施工时,最佳含水量一般控制在8%~12%。

(2)路堤填筑的速度应合理安排,使加荷的速率与地基承载力增加的速率相适应,以确保地基在路堤填筑过程中不发生破坏。通常可利用埋设在路堤中线的地面沉降板和布置在路堤坡脚外的位移边桩进行施工观测,借以判断地基是否稳定,控制填土速度。根据经验,一般情况下水平位移量每天不超过1.0 cm,垂直位移量每天不超过1.5 cm时,地基便可保持稳定。

(3)砂垫层宽度应宽出路基0.5~1.0 m,以免路基施工后因沉降使固结水无法排出而失去作用。砂垫层厚度一般为0.6~1.0 m,应视路堤高度、软土层厚度及压缩情况而定。

(4)在软基上铺设砂垫层时,由于地基承载力很低,因此应根据实情采用机械分堆摊铺法。首先,堆成若干砂堆;然后,用一般机械摊平,也可采用人工或轻便机械按顺序推进铺设,即用人力手推车运砂铺设或小翻斗车铺垫,以免原地基留下车辙,两边隆起土埂,形成隔水层,失去透水性能。

(5)砂垫层的断面如图7-3所示。

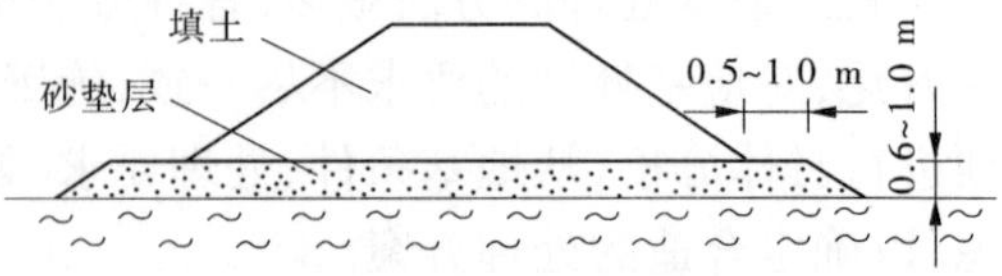

图7-3 砂垫层断面

二、反压护道

在路堤两侧填筑一定宽度和高度的护道,是以改善路堤荷载方式来增加抗滑力的方法,使路堤下的软土向两侧隆起的趋势得到平衡,从而保证路堤的稳定性。

(一)适用范围

(1)采用反压护道加固地基,不需特殊的机具设备和材料、施工简易方便,但占地多、土用量大、后期沉降量大、以后的养护工作量也大。

(2)路堤高度不大于1.5~2倍的极限高度。

(3)非耕作区和取土不太困难的地区。

(4)主要适用于处理软土,对于泥沼地段有时也可采用。

(二)设计及施工要点

(1)由于多级式护道增加稳定力矩较小而所起作用不大,因此反压护道一般采用单级形式。

(2)反压护道高度一般为路堤高度的1/3~1/2。为保证护道本身的稳定,其高度不得超过天然地基所容许的极限高度。

(3)反压护道在有废方利用和有占地条件时比较适用,并且合理地选择宽度,一般采用圆弧稳定分析法通过稳定性验算确定。在验算中,软土或泥沼地基强度指标可采用快剪法测定,或用无侧限抗压强度的1/2,或用十字板现场剪力试验所测得的强度。

(4)反压护道的施工应与路堤本身同时填筑,若分开填筑,必须在路堤达到临界高度前筑好。其施工工艺要求与路堤填筑要求基本相同。

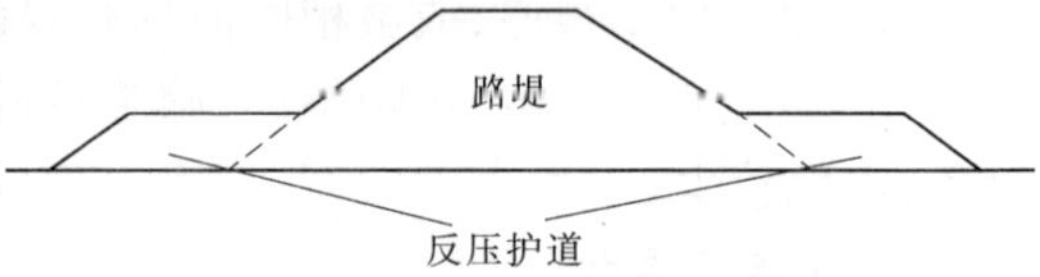

图7-4 反压护道典型断面

(5)反压护道典型断面如图7-4所示。

三、土工聚合物处理

土工布作为一种补强材料用于加固地基已在我国广泛推广使用。软基处理时,一般土工布是铺设在路堤底部,在路基自重压力作用下土工布受拉,并产生抗滑力矩,从而提高了路基的稳定性。

(一)土工布在软土地基加固中的作用

(1)排水。形成一个水平向的排水面,起到排水通道作用。

(2)隔离。利用土工织物直接铺在软土面上,起到隔离作用。

(3)应力分散。利用土工织物的强度、韧性,从而能与地基组合形成一个整体,限制了地基的侧向变形、分散了荷载。这个整体也可以产生一种板体效应,减少不均匀沉降。

(4)加筋补强。与土体组成复合地基,增强了地基的抗剪力。近年来,新发展应用的土工格栅能更好地与土相结合,补强加筋更为显著,并可作加筋挡土墙拉筋之用。

(二)土工布铺设

土工布一般分一层或多层铺设。当铺设两层以上时,层与层之间要夹 10 ~ 20 cm 的砂或砂砾垫层,以提高基底透水性。由于土工布在受拉状态时才产生抗滑力矩,所以上工布的铺设除锚固搭接长度需要满足要求外,施工时还应注意保持土工布的平整和张拉程度,使其不致松弛。因此,土工布施工应尽量在场地平整又无路拱的地基上铺设。在有路拱的地基上施工时,无论土工布铺设时张拉多紧,当路基产生盆形沉降时,土工布就会松弛,只有沉降量达到一定数值时,土工布才会起作用。施工中具体注意事项有如下内容:

(1)铺设土工聚合物时,应注意均匀平整。在斜坡上施工时,应保持一定松紧度(可用 U 形钉控制),以避免石块使其变形超出聚合物的弹性极限。

(2)铺设时要确保其连续性,不得出现扭曲、折皱、重叠,特别要控制过量拉伸,以避免超过其强度和变形的极限产生破坏或撕裂、局部顶破。

(3)应注意端头的位置和锚固,以保证土工聚合物的整体性,其常用的连接有对面搭接法与折叠缝接法两种。当施工现场中发现有破损时,必须立即修补好。

(4)土工布的存放以及铺设过程中,应尽量避免长时间暴晒。存放过程中避免与污物接触,以防土工布被污染而失去透水性。

(三)质量标准及允许偏差

基本要求:①土工合成材料应符合设计要求,外观无破损、无老化、无污染现象。②在平整的下承层上按设计要求铺设、固定,并应按设计要求张拉,紧贴下承层,锚固端应符合设计要求。③接缝搭接黏结强度应符合要求。上下层土工合成材料搭接缝应交替错开。

实测项目:允许偏差应符合《公路工程质量检验评定标准》(JTG F80/1—2004)。

(四)有纺土工布施工实例

1. 工程概况

某高速公路河北段三合同段全长 5. 8 km,均属软土地段,一般地下水位 1. 5 ~2. 0 m,个别地段为 0. 6 ~1. 20 m。根据设计文件,本路段的软基处理方法,除桥头和桥头通道两端采用塑料排水板加土工布和粉喷桩加土工布处理外,其他路堤均采用砂垫层加土工布的处理方法。

2. 道路建设中土工布的选择

用做隔离层的土工布必须满足两方面的要求:一方面它能阻止较细的颗粒侵入较粗的粒状材料中去,并保持一定的渗透性;另一方面它必须具备足够的强度,以承担由荷重引起的各种应力或应变,亦即织物在任何情况下不得产生破裂现象。选用时必须对材料的孔隙率、透水性、顶破强度及刺破强度、抗拉强度及其延伸率等进行核实,以选择适宜的材料。

本工程要求土工布的单位面积质量不小于 400 g/m^2,抗拉强度要求为 49 kN/m。

3. 土工布施工工艺

测量放样:先用木桩标出土工布位置,再用白灰线将木桩连接起来,以保证土工布铺设位置的准确性。

土工布的展铺:土工布铺设在路基表面时,首先必须先清除路基表面上有可能损坏织物的凸出物等,然后将土工布展开铺平,尽可能无折皱地布设在路基上,并用砂将土工布的四周压住。

土工布连接一般采用两种方法：一是搭接法，二是缝接法。搭接法是将一片土工布的末端自由地压在另一片土工布的始端上，地基越松软，搭接宽度越大，以防止地基变形时土工布拉移使搭接宽度减小。一般来说，对于平坦地面搭接长度不少于 30 cm，对于不平坦或极软的路基搭接长度不小于 50 cm。缝接法是用手提缝纫机将两片土工布缝起来，其搭接量一般小于 50 cm，缝接的强度主要由缝纫机线、缝口间距等因素而定。目前，缝接方法有一般缝法、丁缝法、蝶形法三种。以握持抗拉强度来比较缝接的强度，差别较大，一般缝法只能达原材的 30%，丁缝法和蝶形法能达到原材料的 80% ~90%。

土工布作为隔离层承受的荷载并不太大，但是在施工过程中，土工布却要承受各种临时性荷载，如重型机械和运料汽车等的作用，可能引起损坏。因此，要针对路基状态、路堤填料或施工机械提出具体的要求，以确保土工布的完整性。

（五）土工格栅

1. 土工格栅适用范围

（1）加固路堤边坡。一般高路堤填筑往往需要超垫，因路基边缘不易压实，而导致后期边坡雨水侵袭、坍塌失稳时有发生。但是采用放缓边坡的办法，则占地面积很大。若采用土工格栅对路堤边缘进行加固，就能收到较好的效果。

（2）土工格栅加筋土。席垫式形状与土体充分接触产生最大的加筋效应。较土工带更容易铺装，施工速度快。采用土工格栅修筑加筋土墙面的侧面变形小，使整个加筋土墙更加稳定。

（3）软基处理不仅限于泥沼及软土地基，凡地基承载力低、沉降不能满足构筑物要求的杂填土软弱地基均可采用土工格栅加固，其优点是：①可迅速提高地基承载力，加快施工进度；②控制软基地段沉降量发展，缩短工期，使公路及早投入使用。

2. 土工格栅加固土的机理及其作用

土工格栅加固土的机理存在于格栅与土的相互作用中。一般可归纳为三种情况，如图 7-5所示。

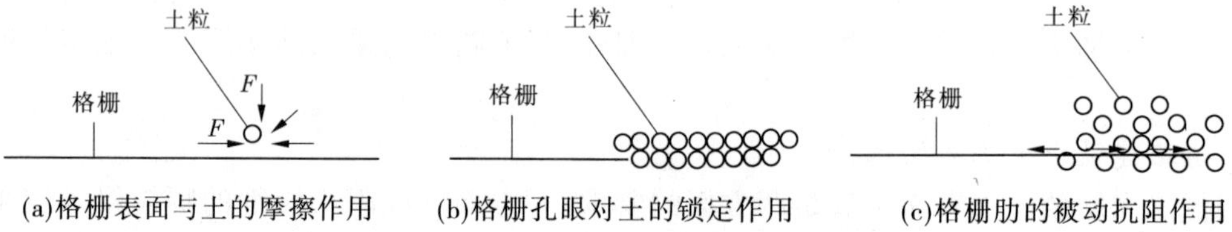

图 7-5　土工格栅与土的相互作用

上述三种作用均能充分约束土的颗粒侧向位移，从而大大增加了土体自身的稳定性。这三种作用在土体中各自发挥作用的程度由格栅的种类、开孔大小以及土颗粒级配等因素决定。试验资料表明，土工格栅抗拉强度已接近于软钢，再加上孔眼对土的锁定作用，土工格栅表面与土的摩擦作用、格栅肋的被动抗阻作用使得土工格栅在土中的抗拔能力或格栅对土的加固效果已明显高于其他土工织物。

3. 应用实例

某高速公路 J－34 标采用粉喷桩施工，因地质较差，部分桩位出现空洞现象。经钻心和静载试验表明桩的质量较差，不能满足高速公路规范要求。为保证路基稳定和减少工后沉降采用了土工格栅处理。

对于粉喷桩施工地段，当填土高度大于3.0 m时，在路基底面40 cm处加设一层土工格栅；当填土高度小于3.0 m时，隔20 cm铺设一层，共铺两层土工格栅。铺设方法是土工格栅肋呈横向排列；双层铺设时，则下层肋呈横向，上层肋呈纵向，并搭接两肋，用ϕ0.9 mm的铁丝捆扎牢固。

由于土工格栅属于人工平铺，不需要特别机械设备，只需弯曲机加工足够数量的U形钢筋卡备用，将原材料堆放到指定地点即可施工。

1）人员组合

铺设土工格栅人员可作如下安排：2人搬放，平铺土工格栅并着手搭接，4~5人绑扎铁丝，铁丝切成15~20 cm长。测量人员放出足够长的路段供绑扎之用。

2）施工步骤

（1）场地平整。对准备铺设地段的路基进行整平，有局部不平或松散的路段要经处理达到要求，并将大土块颗粒去除，以保持路基整洁。

（2）测量放样。按设计桩号和宽度放出大样，并用白灰线画出界线。

（3）平铺土工格栅。首先，按撒好的白灰线开始铺设，并铺出白灰线以外10 cm；其次，用ϕ6 mm钢筋加工成的U形卡，将两边固定，铺到路基对面，宽度按边线铺好，每隔5.0 m用U形卡固定，按顺序铺设土工格栅，搭接两个栅肋宽度约6 cm，并每隔3~4个格栅纵肋应用双层铁丝绑扎牢固；最后，准备上土。

3）土工格栅技术要求

（1）原地面整平，确保土工格栅形成整体性，保证抗拉强度能最大限度地发挥，平整度应控制在±100 mm以内。

（2）搭接宽度不少于6 cm。

4）注意事项

铺设土工格栅时注意事项如下：

（1）上土时，应顺着格栅的方向顺序而上，不得在路基范围内随意乱上。

（2）U形卡要嵌入土内至少4 cm，以保证格栅稳固。

（3）因格栅形成整体后发挥作用很大，为防止地基不均匀沉降，搭接时要注意搭接宽度和铁丝绑扎的牢固性。

经过以上处理的地段，完工已近一年，据最近观测，路基土方沉降仅为5 cm，而在同等条件下未使用土工格栅的路基沉降已达15 cm左右。可见土工格栅铺筑的路基提高了路基的稳定性，降低了沉降量，效果是显著的。

此外，从造价方面比较，采用砂垫层和一般土工布复合处理需要44.5元/m^2，而采用土工格栅处理仅需16.5元/m^2。

第四节　换填法

换填法一般适用于地表下0.50~3.0 m之间的软土处治，其方法有开挖换填法、抛石挤淤法、爆破排淤法等。

一、开挖换填法

开挖换填法即将软弱地基层全部挖除或部分挖除,用透水性较好的材料,如砂砾、碎石、钢渣等材料进行回填。此种方法简单易行,也便于掌握。如2007年在津唐港建设中,将原路基开挖1.2 m左右,回填钢渣,在钢渣上面做结构层。此种方法对于软基较浅(1~2 m深)的泥沼地特别有效,但对于深层软基处理,要求沉降控制较平的路基、桥涵构筑物、引道等,应考虑采用其他方法。

二、抛石挤淤法

在路基底部抛投一定数量的片石,将淤泥挤出基底范围,以提高地基的强度。这种方法施工简单、迅速、方便。

(一)适用范围

(1)常年积水的洼地,排水困难、泥炭呈流动状态、厚度较薄、表层无硬壳、片石能沉达底部的泥沼或厚度为3~4 m的软土。

(2)在特别软弱的地面上施工,由于机械无法进入,或是表面存在大量积水无法排除时,常用抛石挤淤法。

(3)石料丰富、运距较短的情况。

(二)施工要点

抛投片石的大小随泥炭或软土的稠度而定,对于容易流动的泥炭或淤泥,片石可稍小些,一般不宜小于30 cm。抛投时,应先从路堤中部开始,中部向前突进后再渐次向两侧扩展,以使淤泥向两旁挤出。当软土或泥沼底面有较大的横坡时,抛石应从高的一侧向低的一侧扩展,并在低的一侧多抛填一些。

片石露出水面后宜用重型压路机反复碾压,以便压实紧密,然后在其上面铺设反滤层,再行填土。抛石挤淤的典型断面如图7-6所示。

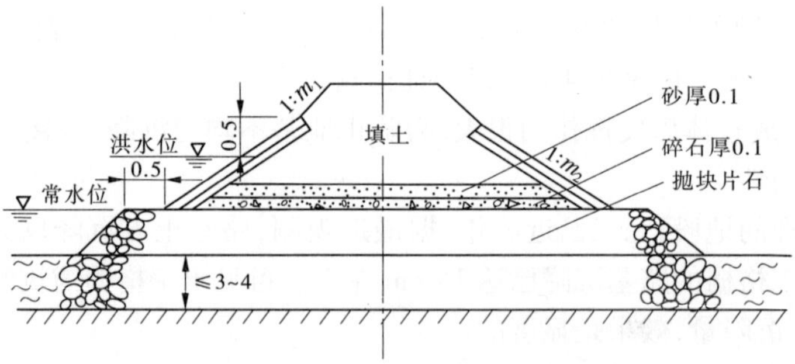

图7-6 抛石挤淤的典型断面 (单位:m)

三、爆破排淤法

爆破排淤法就是将炸药放在软土或泥沼中爆炸,利用爆炸时的张力作用把淤泥或泥扬弃,然后回填强度较高的渗水性土壤,如砂砾、碎石等。

爆破排淤法是换土的一种施工方法,较一般方法换填深度大、工效较高,软土、泥沼均可采用。

(一)适用范围

(1)当淤泥(泥炭)层较厚、稠度大、路堤较高和施工期紧迫时,可采用爆破排淤法换土。

(2)若路段内没有桥涵等构筑物,路基承载力均衡一致,因整体沉降对道路不会产生破坏,也可考虑采用爆破排淤法换土。但对桥涵构筑物及两侧引道等,应考虑采用其他方法。

(二)施工要点

爆破排淤法可根据爆破与填土的相对关系,分为以下两种方法。

一种方法是先在原地面上填筑低于极限高度的路堤,再在基底下爆破。这种方法适用于稠度较大的软土或泥沼,先填的路堤随爆随沉、避免了回淤。但先填后爆时要严格控制炸药,使之既能炸开淤泥或软土,又不致扬弃已填的路堤,而要做好这一点是较为困难的。根据经验,炮位间距可取最小抵抗线的 1.2 倍,炮孔宜为 45°,这样获得的效果较好。

另一种方法是先爆后填,适用于稠度较小、回淤较慢的软土。采用这种方法时,应事先准备好充足的回填材料,于爆破后立即回填,做到随爆随填,填薄再爆,爆后即填,以免回淤。

四、施工实例

某高速公路第二段第十合同段起讫桩号 K51 + 480 ~ K66 + 300,全长 14.82 km,属山岭重丘区,地形复杂、起伏较大。

山区沟壑的形成多经历千百年的冲刷和淤积,使部分积水区形成软弱地基。这种软基路段的特点是虽较短,但连续不断,淤积又厚,处理起来也不轻松。在施工中主要采用清淤换填法和抛石挤淤换填法两种。对于高填路基下的软基,采取了彻底清淤,换填厚片石,并用开山坚石填筑至设计路基底标高,再分层填筑路堤的方法。此法不仅保证了高路堤的稳定性,而且未发生路基沉降的问题。

对于路经稻田的浅型软基,除根据设计施工外,对部分不能避免路基内流水的地段,采用增设盲沟排水的方法进行处理。但盲沟在设置过程中应做好盲沟出水口与线外排水系统的顺接,以确保路基内不积水。

第五节 粉喷桩法

一、粉喷桩固结原理

粉喷桩是以石灰或水泥等粉体作为固化材料,通过专用的粉体搅拌机械,用压缩空气将粉体喷到软弱地层中,凭借钻头叶片,在原位进行强制搅拌,形成土和掺合料的混合物。通过水泥的水解水化作用,使其产生一系列的物理 - 化学反应,从而产生一种特殊的,具有较高强度、较好变形特性和水稳定性的混合柱状加固体,它对提高软土地基承载能力、减少地基沉降量有明显效果。

水泥加固体的强度取决于被加固土的性质,如含水量、有机质含量、烧失量等,以及水泥品种、标号、掺入量和外加剂。其强度随着水泥掺入量的增加而增大,强度标准值宜取试块 28 d 龄期的无侧限抗压强度。

二、粉喷桩设计

粉喷桩设计主要是计算出加固后的复合地基承载力，原则上是天然软土地基承载力不能满足设计时均可利用搅拌桩进行加固处理。尤其是 100 kPa 以下的低承载力软土地基，加固后复合地基承载力可达 240 kPa 以上。

复合地基承载力标准值可按式(7-3)计算，即

$$f_{spv} = nm'f'S_k + (1 - m')f'S_k \tag{7-3}$$

式中 f_{spv}——复合地基承载力标准值；

n——深层水泥桩与桩基上的应力分担比，根据实测，取值范围为 3 ~ 5；

f'——水泥抗压强度标准值；

m'——深层水泥桩膨胀后的面积置换率，$m' = (0.5 \sim 1.8)f'$；

S_k——原状土承载力标准值。

对于一般路基，经计算，如果工后沉降量大于 45 cm，则宜采用粉喷桩处理软基。桩基桥台位置经计算可知工后沉降量大于 30 cm，则应对其台前及台后的地基用粉喷桩处理。

粉喷桩的桩径一般为 50 cm，设计的桩长宜穿透软土层并达到持力层内 50 cm。桩距与土的性质有关，一般间距为 1.2 ~ 1.5 m，桩位在平面上呈梅花形或矩形分布。

粉喷桩加固料宜采用强度等级为 42.5 的普通硅酸盐水泥，水泥用量可根据土的天然含水量的不同而变化，参考值如表 7-3 所示。

表 7-3 水泥用量参考值

天然含水量(%)	≤50	50 ~ 70	>70
水泥用量(kg/m^3)	50	55	60 ~ 65

三、粉喷桩法的适用范围及特点

(一)适用范围

粉喷桩法适用于淤泥质土、黏性土、粉土、杂填土且天然含水量大于 30% 的软弱地基的加固。研究表明，对含有多水高岭石、蒙脱石等松土矿物的软土，效果较好，对含有氯化物和水铝石等黏土矿物、有机质含量高、pH 值低的黏土加固效果稍差。

在高路堤桥头接线处或深度在 10.0 m 以内的处理效果更为明显。

(二)特点

粉喷桩加固软土地基与其他软基处理方法相比，具有以下特点：

(1)该法在软基中采用钻头搅拌钻孔成桩，对地基及周围建筑物扰动很小。

(2)以粉体作为固结料，不需要向地基注入附加水分便可以充分地吸取地下水，加固后的地基柱体承载力与相类似的高压喷射注浆法相比要高，其固结效果更好。

(3)该法加固水泥土桩与周围土体形成复合地基，不需要预压即可获得较高的复合地基承载力及复合变形模量，加固体的压缩量仅为 0.6% 左右。下卧层沉降量一般情况下也能减少地基沉降总量的 1/3 ~ 2/3。

(4)施工作业简便，机械及配套设备易于解决，且低压操作、安全可靠、无污染、无振动、

无噪声。

(5)根据不同土质条件及设计要求,分别选择加固材料种类,如水泥、石灰粉、钢渣粉等。以较小的投入即可达到理想的加固效果,成本低、效益高。

四、粉喷桩施工

(一)施工工艺流程

粉喷桩施工工艺流程如图7-7所示。

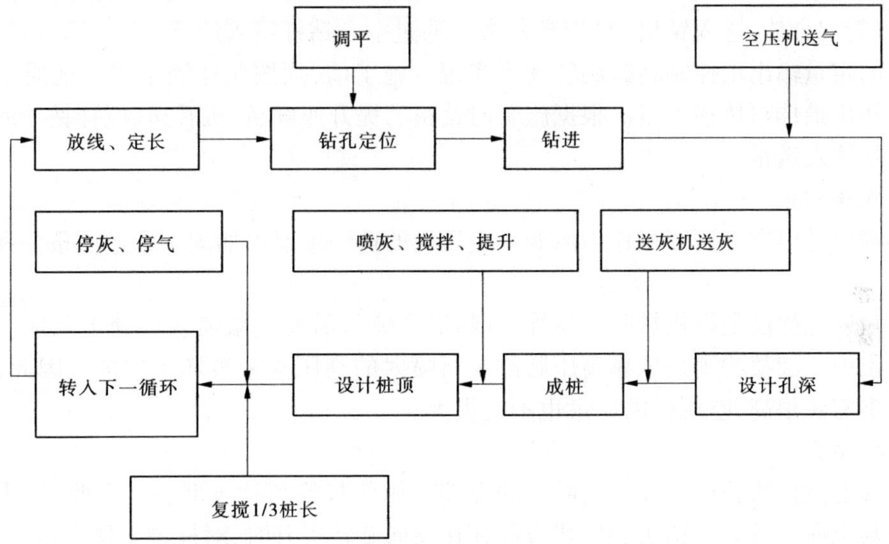

图7-7 施工工艺流程

(二)常用施工工艺参数

粉喷桩常用施工工艺参数如表7-4所示。

表7-4 粉喷桩常用施工工艺参数

参数名称	单位	参数值	说明
搅拌转速 n	m/min	27~80	
单位土搅拌次数 t		≥25	
提升速度 v	m/min	0.5~1.7	$v \leqslant Hzn/t$
喷粉量 q	kg/min	q	$q=\pi D^2\rho_a\alpha_w v/4$
空气压力 P	MPa	0.25~0.8	
钻进速度 u_p	m/min	0.5~0.8	

注:d 为土的干密度,kg/m^3;D 为粉喷桩直径,m;z 为钻头叶片总数;H 为叶片垂直投影高度;α_w 为固化剂掺入比。

(三)施工机械

1. 钻机

钻机是粉喷桩施工的主要成桩机械。它必须满足以下条件:①动力大、扭矩大,适合大直径钻头成桩,钻头直径一般为50 cm;②具有正向转进、反转提升的功能;③提升力大,并能实现匀速提升。

过去一般使用的钻机有上海探矿机械厂和中铁第四勘察设计院集团有限公司联合研制的5 m型Ⅰ、Ⅱ两种,加固深度分别为12.50 m和18.0 m,PH-5A,PH-5B,PH-5S,PH-5D。随着不断地改进,粉喷桩专用机械日趋成熟,发展成为现在的多种型号的粉喷桩机。

2. 喷粉机

喷粉机是定时设置发送粉体材料的设备,它是粉喷搅拌法加固软土地基施工机械中的关键设备。

由空气压缩机送来的压缩空气,通过节流阀调节风量的大小,进入"气水分离器",使压缩空气中的气水分离。然后"干风"到达粉体发送器喉管,与"转鼓"定量输出的粉体材料混合,成为气粉混合体,进入钻机的"旋转龙头",通过空心钻杆喷入地下。

粉体的定量输出由控制转鼓的转速来实现。施工前,须按照加固工程的地质条件通过室内试验找出最佳粉体掺入量。根据施工时钻机的提升速度、钻机转速、搅拌钻头的类型选用合理的粉体发送量。

3. 空气压缩机

粉体喷出是以空气压缩机作为风源。空压机的选型主要以加固工程地质条件和加固深度为依据。

粉体喷射搅拌法是以机械强制搅拌,气粉混合体只需要克服喷灰口处土及地下水的阻力而喷入土中。旋喷法则是依靠高压脉冲泵所喷射的高压水来破坏土层的。因此,粉喷桩所用压力不需要很高,空压机的风量也不宜太大。

4. 搅拌钻头

粉体喷射搅拌法凭借搅拌钻头叶片的搅拌作用使灰粉与软土混合。因此,钻头的形状直接影响灰土搅拌效果。钻头的形式应保证在反向旋转提升时,对柱中土体有压实作用,而不是使灰、土向地面翻升,降低柱体质量。

5. 计量装置

该装置是用于监测粉喷桩施工中粉体输入量的连续性及均匀性的装置。它能及时掌握钻机在粉喷过程中喷入软土层的水泥数量,能逐段逐层分析粉体的输入量。通过安装在粉体发送机上的调孔装置,使输入量能满足设计要求,并能自动记录及打印。

(四)施工操作

1. 工艺性试桩

开工前应先进行工艺性试验,其目的在于提供满足设计要求喷粉量的各种操作参数,如管道压力、灰罐压力、钻机提升速度、喷粉机转速等,并验证加固料的搅拌均匀程度及成桩质量,了解下钻及提升的阻力情况,并采取相应的措施确保成桩质量。一般工艺性试验的桩数,每个场地不少于3~5根。

2. 就位

钻机井架上必须设置标准而又显著的深度标志尺。钻机就位时必须调平,用水平尺来测定粉喷机械的水平,用经伟仪测定钻机井架垂直以确保成桩的垂直度,如图7-8(a)所示。

3. 开钻

钻机就位后开始送气,钻进。严禁没有粉体计量装置的粉喷机投入使用,钻进时的钻孔深度一般由钻机上的深度计来控制。送气的目的使钻进顺利、负载扭矩小和防止钻头喷口堵塞。随着钻进,加固的土体在原位受到搅动,如图7-8(b)所示。

4. 喷粉

当钻至设计深度时，即可停钻(见图7-8(c))，继而就可提升钻杆同时喷粉。加固料从料罐到送灰口有一定的时间延迟，严禁在没有喷粉的情况下进行钻机提升作业。针对时间上的间隔，在开始提升时可适当地在此停留2～3 s，随后便可提升喷粉，如图7-8(d)所示。

在提升时要严格注意灰罐的压力。在地面以下3.0 m的喷粉压力应控制在0.25～0.3 MPa，并应注意喷粉计量器的数字是否有规律的变动，若发现管道不畅通，同时灰罐压力在增大，就说明钻头的送灰孔已经堵塞，必须进行现场处理。送灰时的粉体不能有间隔，也不能时多时少、时有时无，以保证充分拌和及混合料的均匀性。

5. 提升结束

当钻头提升到距离地表30～50 cm时，发送器即可停止向孔内喷粉，成桩结束，如图7-8(e)所示。

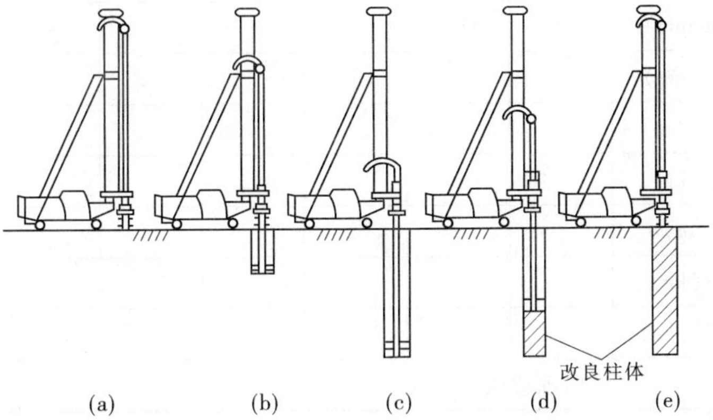

图7-8　粉体喷射搅拌法施工顺序

6. 复拌

复拌时可停止粉喷，复搅深度不应小于设计桩长的1/3，且不小于5.0 m，目的在于确保粉喷桩粉体的均匀性和强度稳定性。

(五)现场质量控制粉喷桩施工的检测图

1. 施工中检测项目

施工中检测，主要是检查桩位、桩长、喷灰量、复搅长度以及是否进入硬土层等。对每批进场水泥，应作抽检，并不得有受潮结块或其他杂物。

2. 实测项目

粉喷桩施工允许偏差应符合《公路工程质量检验评定标准》(JTG F80/1—2004)。

3. 基本要求

水泥强度等级应符合设计要求，根据成桩试验确定的技术参数进行施工。严格控制喷粉时间、停粉时间及水泥喷入量。发现喷粉量不足时，应整桩复打，喷粉中断时，复打重叠孔段应大于1.0 m。

4. 对成桩的检测

对成桩的检测一般在成桩28 d后，在桩体上部开挖截取三段(0.7 m、1.0 m、1.5 m)进行桩身无侧限抗压强度试验及检查桩径。检查频率为1%～2%。在桩中心可用钻机采取岩心,检查桩身的连续性和桩长。对每个场地可进行2~3处原位静载荷试验,检查复合地基的承载力,并作好施工原始记录,如表7-5所示。

表7-5 施工单位桩号粉喷桩施工原始记录

施工单位: 桩号: 日期:

单桩编号										
1	喷粉深度(m)									
2	灰面标高(m)									
3	灰灌压力(kPa)									
4	管道压力(kPa)									
5	钻进速度(m/min)									
6	提升速度(m/min)									
7	搅拌速度(n/min)									
8	气体流量(L/min)									
9	重复挖拌桩长(m)									
10	粉体加入量(kg)									
11	粉体总量(kg)									
12	粉体喷入量(kg)									
13	每米粉体用量(kg)									
备注		监理意见								

主管: 复核: 记录:

五、施工实例

(一)工程概况

某高速公路5-3-4标段,该标段位于江苏境内,属里下河古泻湖蝶状淤积平原区。地势低洼,地面基准高程一般为2.0 m,略有起伏,呈北高南低之势,地下水位一般在地面以下0.4~1.5 m。

设计粉喷桩地段为K57+200 ~K60+450段。该段内地表土层为灰黄色黏性土,软塑—可塑,高压缩性土层,厚度为0.6~2.9 m(Ⅰ层)。在此层以下,普遍分布着灰色淤泥,流塑状态,高压缩性土层,厚度达5.6~7.9 m(Ⅱ层),容许承载力为40~50 MPa。该层是利用粉体喷射法加固的重点土层,该层以下即为性能较好的灰色或灰黄色黏土层、亚黏土层,呈硬塑—可塑状态,为良好的下卧土层。

根据设计要求,该段采用粉体喷射搅拌桩进行软基处理,用于粉喷桩的水泥为干粉,水泥喷入量50 kg/m,桩身标准强度大于2.0 MPa,根据不同的土层采用不同桩长和桩距(设计上桩长以打穿淤泥层进入硬土层50 cm为原则,桩距一般为1.0~1.5 m)。为确保粉喷桩施工安全及施工质量,当钻头提升至地面高程下时,应停止粉喷,而只搅拌;同时应采取复拌措施,第二次搅拌时不喷粉,复搅深度为桩长的1/3并不小于5 m,复搅下钻、提钻速度同第一次。粉喷桩桩顶采用水泥回填。

（二）施工中采用的工艺参数

施工中采用的工艺参数有：①钻进速度：$v = 0.5 \sim 0.8$ m/min；②提升速度：$v = 0.5 \sim 0.20$ m/min；③搅拌速度：$n = 30 \sim 50$ r/min；④钻体流量 $q = 20$ L/min；⑤空气压力：$P = 0.2 \sim 0.4$ MPa。

（三）喷灰量的控制

在粉喷桩施工过程中，喷灰量的控制难度最大。因该标段大部分粉喷桩为业主指定分包，到场施工单位的粉喷桩机仅部分有水泥计量秤。在施工过程中，对有电子秤的钻机实行数字仪表监控；对没有电子秤的钻机，经省、市高指同意，采用以桩组为单位进行加灰量控制。考虑到每袋水泥量不足，根据现场抽检，取其平均值，即每袋水泥按 48 kg 控制。如设计桩长 6 m，按 6 根一组控制加灰量，减去桩头 20 cm 预留灰量，一次应往灰罐中加 30 袋水泥共 1 440 kg。加水泥前请自检人员和监理人员共同认可，5 根桩施工完毕后再打开灰罐请自检人员和监理检查灰是否喷完，若喷完则认为这 5 根桩喷灰是符合设计要求的，记录时按平均值记录；若发现有剩余，且剩余量大于总灰量的 1%，则认为该组 5 根桩不合格，重新在 5 根桩旁边施打。

（四）桩头“空洞”现象发生经过

在部分地段施工中多次出现粉喷桩桩头“空洞”现象，通过与驻地监理工程师商量决定进行桩加长尝试，并改进钻头进行施工，部分桩头不再出现“空洞”现象，但仍未根本解决。该情况上报省、市高指后，省、市高指和设计院多次就此事召开专题会议，并在现场进行了三级旁站试桩，在试桩过程中仍有部分桩出现“空洞”现象。与此同时，设计院对出现“空洞”现象的桩体及原状土进行取样分析，并提出了解决措施。

（五）原因分析

从地质勘测资料来看，出现桩头“空洞”现象的地段为全标段地质条件最差的地区，其软土呈淤泥状态，天然含水量 53.7% ~81.7%，天然孔隙比 1.016 ~2.233，液限 47.0% ~72.8%，塑限 24% ~31.5%，塑性指数 22.9 ~41.3，液性指数 1.0 ~2.51，固结系数（0.3 ~0.74）$\times 10^{-3}$，抗剪强度 6.1 ~8.0 MPa，承载力 40 ~60 MPa。据土工试验成果表明，5－3－4 标段大部分地段为弱膨胀土。对其出现“空洞”现象的原因分析如下所述。

1. 设计原因

（1）由于本地区地表为硬土层，淤泥层分布在下层，其天然含水量一般为 50% ~80%，局部大于 80%，孔隙比为 1.0 ~2.3，淤泥结构形式为蜂窝状或棉絮状，疏松多孔，在钻头进行钻进并搅拌时淤泥发生骤变，承载力急剧下降，使上部水泥和淤泥混合物下沉形成桩头“空洞”现象。

（2）设计过程中在进行地质勘探时距离过远，在实际施工过程中发现部分地层起伏较大，而设计桩长是按沿路线中心勘测地质资料确定的，因此部分地方设计桩长过短，不能穿透淤泥层，造成悬浮淤泥和水泥混合物下沉。

（3）设计喷粉时管道压力为 0.25 ~0.4 MPa，由于淤泥阻力及极限承载力很小，孔隙比较大，因此在提升喷灰至桩上部时，将水泥及桩身淤泥压入桩周围土体空隙中，造成桩体上部空洞。这一点可以从变更设计后已施工部分地段按 15.8% 置换率均匀补桩时钻进困难来证明。

2. 施工工艺原因

(1)由于粉喷桩机本身的局限,水泥在管道内有一段行程时间前后台仅能通过人工控制,难以使水泥在提升钻头的同时到达桩底,当钻至设计深度后提升钻头并同时喷灰时,水泥未能到达桩底,因此桩底有一段无灰。

(2)螺旋钻头在钻进时,将孔内上部土体带出孔外,造成桩体土量锐减。

3. 设计方面其他不足之处

(1)含水量大于60%的软土层不适宜用粉喷法进行地基加固,且pH值大于4或膨胀土地基亦不宜用喷水泥法进行加固,而应用喷生石灰粉进行加固。

(2)部分地段设计桩距过大,桩体对土的置换率过小,不能形成复合地基,其抗剪强度和工后沉降不符合上部土体受力及规范要求。

(六)处理措施

1."空洞"处理

对已发生的"空洞"采用8%石灰在桩顶上回填夯实,并重新在"空洞"孔侧补桩。对以后再发生的"空洞",应即用素土回填,重新下钻喷粉进行接桩处理,重叠长度不小于1.0 m,直到成桩为止。

2. 变更设计

(1)增大置换率。已施工完成的正常桩,由于桩距调整需要进行补桩的,应在所完成范围内按置换率15.8%均匀补桩。未施工的段落范围内,设计桩距大于1.2 m的,均调整为1.2 m。

(2)桩长调整。桩长必须以打穿软土层进入硬土层0.5 m为准,现场采用双控:一是根据设计院增补静力触探(每隔20 m一个断面,每个断面3个点)显示深度控制;二是以钻机电流明显增大为进入硬土层的标志,施工和监理单位均应增加上述记录。

(3)加桩。原设计处理宽度的基础上每侧各增加2排(原桩外,桩长、桩距与所在段落相同)以加固路基边坡,使之稳定。

(4)水泥用量调整。K55+200~K58+036段,粉喷桩采用55 kg/m,K58+036~K59+212及所有匝道粉喷桩均采用60 kg/m,其他段落仍采用50 kg/m。

3. 施工方法调整

(1)钻进顺序以环形施工为准,即先钻外围2~3根桩,形成闭合圈后,再施打圈内桩。

(2)钻头改为叶片式钻头。

(3)喷粉机必须具有水泥喷入量的计量装置(流量计或电子秤)。

4. 施工工艺和参数调整

(1)钻进速度不大于1.0 m/min,管道压力控制在0.1~0.2 MPa,以不堵塞钻头喷粉口为原则。

(2)提升喷粉速度小于0.8 m/min,管道长度一般不大于60 m摆放平顺,超过60 m的应采取保证喷灰量的措施,但最大长度不得大于80 m,在提升前应提前喷粉(提前喷粉时间由各机组试喷确定)。

(3)所有粉喷桩均进行全程复搅,以保证水泥和土搅拌均匀。复搅提钻时,提升速度为1 m/min。

(七)处理效果

从粉喷桩施工情况来看,变更设计后较少出现桩头下沉现象,唯已施工完毕的部分地段按置换率15.8%均匀补桩钻进异常困难,有的扭断钻杆、打坏钻机变速箱。由此可说明,有部分水泥已喷入桩周的土体内,使之形成板块。因此,后来有关单位同意取消此项加桩施工。

施工完成后,有关部门对该标段粉喷桩施工质量按规范要求进行了检验,结果表明,抽检的2‰的桩体无侧限抗压强度均符合设计要求。从目前路基沉降很少的情况来看,变更设计后的处理效果显著。

本章小结

(1)我国软土按其成因可分为四类,按其沉积环境不同可分为九类。

(2)天然含水量大、压缩模量小、承载能力低,且在荷载作用下易于产生滑动或固结沉降变形的地基,称为软弱地基。

(3)在天然软土地基上,基底不作特殊加固处理而用快速施工方法修筑路堤的填筑最大高度。

(4)软土地基的处理按其加固性质有表层处理法、换填法、重压法、竖向排水固结法、深层水泥浆搅拌桩法和高压喷射注浆法、射水振冲碎石桩法和干振振碎石桩法、粉喷桩法、强夯加固法、石灰桩加固法。

(5)软土地基处理的方法选用原则:地基条件、处理要求、处理范围、工程进度、材料机具。

(6)换填法一般适用于地表下0.5~3.0 m内的软土处理,其方法有开挖换填法、抛石挤淤法、爆破排淤法等。

(7)粉喷桩是以石灰或水泥等粉体作为固化材料,通过专用的粉体搅拌机械,用压缩空气将粉体喷到软弱地层中,凭借钻头叶片,在原位进行强制搅拌,形成土和掺合料的混合物。

【小知识】 抹防水层砂浆的施工方法

水塔、水槽、贮水池、贮液罐或地下室等防水工程常采用五层抹灰的操作方法,并可以在砂浆中掺防水剂如水玻璃等。

抹砂浆前,基层表面应保持潮湿、清洁、平整。表面严禁黏有木屑,蜂窝麻面应除去松散石子并洗净,用素水泥浆刷底和1∶3的水泥砂浆抹平抹严,待砂浆凝固后再抹防水层的砂浆。

第一层应刷素水泥浆,当掺防水剂时,先将水泥和水拌和后,再加入防水剂搅匀,涂刷应均匀,随即抹第二层。第二层为2∶5的水泥砂浆,厚度为5 mm,当加防水剂时,应先将防水剂放入适量的水中搅匀,再与已拌制的水泥砂子拌和。抹完后在凝固前应用扫帚扫出横向条纹。第三层为水泥浆层,要求与第一层相同。第四层为水泥砂浆层,要求与第二层基本相同,所不同的是抹完后应用压子压光。第五层为1∶1的素水泥浆,若为防水水泥浆时,其配合比为1∶1∶0.03(质量比)。刷第五层应待第四层水泥砂浆凝固后进行。

抹灰顺序是先抹顶面后抹池壁,最后抹底面。抹完后24 h,应在面层上覆盖草帘浇水养护14 d。

复习思考题

7-1 什么是软弱地基?其分为几类?

7-2 软土的主要物理特征有哪些?

7-3 简述软土地基处理的方法。

7-4 软土地基处理方法选用的原则是什么?

7-5 简述表层处理中砂垫层适用的范围和施工要点。

7-6 简述表层处理中反压护道适用的范围和施工要点。

7-7 简述粉喷桩的适用范围及特点。

第八章 路面设计

职业能力目标与学习要求

通过对公路路面设计的学习，使学生对公路路面设计的任务、程序、原则、结构组成与分级有一定的了解和掌握，结合工作过程，通过案例分析提高学生分析问题和解决问题的能力，为今后从事施工员、试验员、管理员工作奠定良好的基础。

教学重点

1. 沥青路面设计的任务、程序与原则；
2. 路面结构组成与分级。

第一节 沥青路面设计的任务、程序与原则

一、设计任务

沥青路面设计的任务是确定合理的路面等级，选择适合的路面类型，进行结构组合设计、路面材料配合比设计及路面结构计算等。为确保路面设计质量，在路面设计之前，应进行专门的外业调查，收集相关资料，以作为路面设计工作的依据。在外业调查时需收集的资料有工程地质和水文地质条件，天然土湿度和水文资料，气象资料，路面材料产地和供应情况，当地路面使用经验和其他情况，交通量及交通组成情况，投资情况，施工单位的技术力量、机具设备、劳动力组成情况，原有路基路面状况等。

二、设计程序

在掌握了公路沿线的野外调查资料的基础上可按下列程序进行路面的设计工作：

(1)根据设计任务书的要求，综合考虑国家政治、经济、国防、旅游、公路等级、交通量和交通组成、建设投资和其他方面的要求，确定合理的路面等级和面层类型，计算在设计年限内换算为标准轴载的单车道的累计当量轴次和路表设计弯沉值，容许拉应力值。

(2)确定路基回弹模量值。按路基土组与干湿类型将路基划分为若干路段(每段长度一般情况下不宜小于500 m，若为大规模机械化施工，则不宜小于1 km)，确定各路段土基回弹模量值。

(3)确定路面材料的回弹模量值。为了保证路面结构的强度与稳定性并充分发挥各结构层的功能，应考虑当地气候、土质、材料及施工等具体情况，拟定几种可能的路面结构组合与厚度方案，根据实测或查表确定各结构层路面材料的回弹模量及设计参数。

(4)根据设计弯沉值计算路面厚度。对于高速公路、一级公路、二级公路的沥青混凝土面层和整体性材料基层、底基层应验算其拉应力是否满足容许拉应力的要求。若不满足要求，应通过调整路面结构层厚度，或变更路面结构组合，或调整材料配合比以提高极限抗弯

拉强度后再重新计算。对季节性冰冻地区的高级路面和次高级路面,还应验算防冻厚度是否符合要求。

(5)进行技术经济比较,确定合理的路面结构方案。

三、设计原则

为使沥青路面设计先进、经济合理、安全适用并与周围环境协调,在设计工作中应遵循下列原则:

(1)应根据路面使用要求与当地的自然条件(包括气候、水文、土质等),结合当地实践经验,按面层耐久、基层坚实、土基稳定的要求进行综合设计。

(2)应贯彻合理选材、方便施工、利于养护、节约投资的原则,结合当地经验进行路面结构方案的技术经济比较,选择技术先进、经济合理、强度高、稳定性好、便于机械化和工厂化施工的路面结构方案。

(3)应从技术经济上论证是否有必要分期修建。对分期修建的路面工程,应合理设计结构层次与厚度,使前期工程能在后期被充分利用。高速公路和一级公路的路面不宜分期修建。

(4)应积极采用并推广新技术、新材料、新工艺、新设备,推行机械化施工。对高速公路和一级公路,应采用大型、高效成套的机械设备施工,以确保工程质量。对软土地区或高填方路基及可能产生较大沉降的路段,宜按分期修建或一次设计分期实施的原则进行设计。设计时应按远景交通量设计路面结构与厚度,修筑时可酌情减薄沥青面层厚度,待路基变形趋于稳定后,再根据路面实际情况加铺沥青面层至设计厚度。

第二节　路面结构组成与分级

一、路面横断面形式

路面是铺筑于路基顶面的不同层次的组合结构,从横断面方向看,公路的表面一般是由行车道、硬路肩和土路肩组成。路面的横断面形式通常分为槽式横断面和全铺式横断面(见图 8-1)。

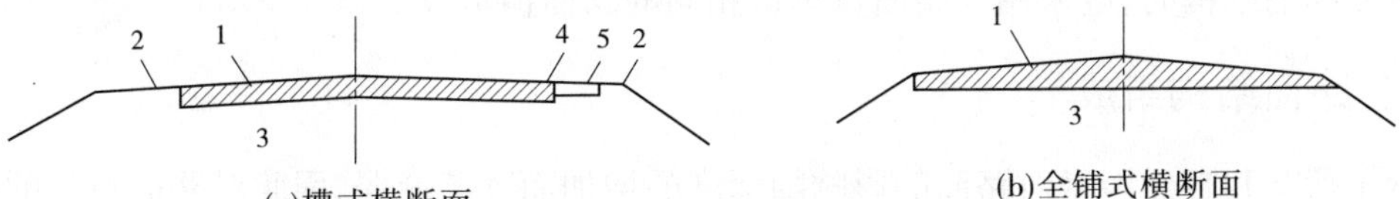

(a)槽式横断面　　(b)全铺式横断面

1—路面;2—土路肩;3—路基;4—路缘石;5—硬路肩

图 8-1　路面横断面形式

(一)槽式横断面

路基填挖到设计标高位置后,在路基上按路面设计宽度范围将路基挖成与路面厚度相同的浅槽;或路基填筑到路床顶面位置后,按路面设计宽度范围在两侧的路肩部位培土(压实)形成与路面厚度相同的浅槽;也可采用半挖半培的方法形成浅槽,然后在浅槽内铺筑路面。一般公路路面都采用槽式横断面,如图 8-1(a)所示。

（二）全铺式横断面

在高等级公路建设中，有时为了将路面结构内部的水分迅速排出，在路基全部宽度范围内铺筑基层材料，保证水分由横向排入边沟。有时考虑到道路交通的迅速增长，为适应扩建的需要，将硬路肩及土路肩的位置全部按行车道标准铺筑面层。在盛产石料的山区或较窄的路基上，全宽铺筑中、低级路面。全铺式横断面如图 8-1（b）所示。

二、路拱形式及路拱横坡度

为了保证路面上雨水能够及时排出，减少雨水对路面的浸润和渗透，从而保证路面结构强度，路面表面应做成中间高、两侧低的形状，称之为路拱，常采用直线形或抛物线形两种路拱形式。路面表面的高差与水平距离的百分比称为路拱横坡度。等级高的路面，平整度和水稳定性较好，透水性也小，通常采用直线形路拱和较小的路拱横坡度；等级低的路面，为了有利于迅速排出路面表面积水，一般采用抛物线形路拱和较大的路拱横坡度；表 8-1 列出了各种不同类型路面的路拱平均横坡度。

表 8-1　各类路面的路拱平均横坡度

路面类型	路拱平均横坡度（%）	路面类型	路拱平均横坡度（%）
沥青混凝土、水泥混凝土	1 ~ 2	碎石、砾石等粒料路面	2.5 ~ 3.5
其他沥青路面	0.5 ~ 2.5	炉渣土、砾石土、砂砾土等	3 ~ 4

选择路拱横坡度时，应充分考虑有利于行车平稳和有利于横向排水两方面的要求。在干旱和有积雪、浮冰地区，应采用低值，多雨地区采用高值。当道路纵坡较大或路面较宽，或行车速度较高，或交通量和车辆载重较大，或常有拖挂汽车行驶时，应采用路拱平均横坡度的低值；反之则应取用高值。

高速公路和一级公路设有中央分隔带，通常采用两种方式布置路拱横断面。若分隔带未设置排水设施，则做成中间高、两侧低的路拱，由单向横坡向路肩方向排水；若分隔带设置排水设施，则两侧路面分别单独做成中间高、两侧低的路拱，向中间排水设施和路肩两个方向排水。

路肩横坡度一般较路面横坡度大 1%，但是高速公路和一级公路的硬路肩采用与路面行车道相同的结构时，应采用与路面行车道相同的路面横坡度。

三、路面结构组成

行车荷载和自然因素对路面的影响随深度的增加而逐渐减弱，因此对路面材料的强度、抗变形能力和稳定性的要求也随深度的增加而逐渐降低。为了适应这一特点，路面结构通常是分层铺筑的，即按照使用的要求、受力状况、土基支承条件和自然因素影响程度的不同，分成若干层次。按照各个层位功能的不同，路面结构一般划分为 3 个层次，即面层、基层和垫层，如图 8-2 所示。

（一）面层

面层是直接承受车轮荷载反复作用和自然因素影响的结构层，它承受较大的行车荷载的垂直力、水平力和冲击力的作用，同时还受到降水的浸蚀和气温变化的影响。面层应具备

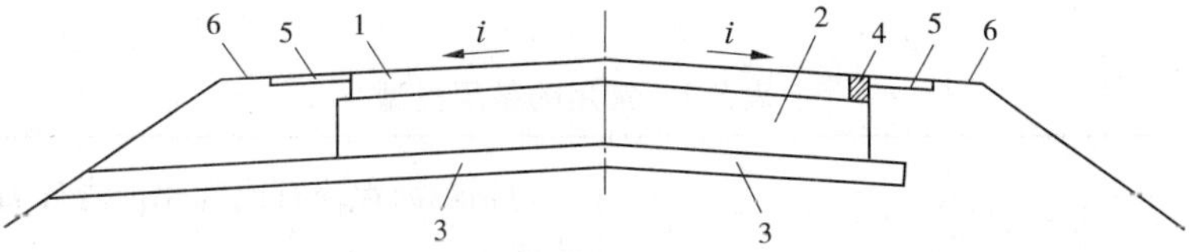

i—路拱横坡度；1—面层；2—基层（有时包括底基层）；3—垫层；
4—路缘石；5—硬路肩；6—土路肩

图 8-2 路面结构层次示意图

较高的结构强度、抗变形能力，较好的水稳定性和温度稳定性，而且应当耐磨、不透水，其表面还应有良好的抗滑性和平整度。

修筑面层所用的材料主要有水泥混凝土、沥青混凝土、沥青碎石混合料、泥（灰）结碎石、级配砾石、砾石土等。

沥青混合料路面的面层有时分两层或三层铺筑，自上而下分别称为表面层、下面层或表面层、中面层、下面层。如高速公路沥青面层总厚度达 18 ~ 20 cm，可分为上、中、下三层铺筑，并根据各分层的要求采用不同的级配组成。水泥混凝土路面也可分上、下两层铺筑，分别采用不同强度等级的水泥混凝土材料。水泥混凝土路面上加铺 5 cm 厚的沥青混凝土，这样的复合式结构也是常见的。但是，砂石路面上所铺的 2 ~ 3 cm 厚的磨耗层或 1 cm 厚的保护层，以及厚度不超过 3 cm 的沥青表面处治层，不能作为一个独立的层次，应看做是面层或基层的一部分。

（二）基层

基层主要承受由面层传来的车辆荷载的垂直力，并将其扩散到下面的垫层和土基中。对于沥青路面结构而言，基层是路面结构中的承重层，它应具有足够的强度和刚度，并具有良好的扩散应力的能力。基层遭受自然因素的影响虽然比面层小，但仍然有可能经受地下水和通过面层渗入的雨水浸湿，所以基层结构应具有足够的水稳定性。基层表面虽不直接与车轮接触，但为了保证面层的平整性，其表面应有较好的平整度。

修筑基层的材料主要有各种结合料（如石灰、水泥等）稳定土、贫水泥混凝土、天然砂砾、各种碎石或砾石，各种工业废渣（如煤渣、粉煤灰、矿渣、石灰渣等）和土、砂、石所组成的混合料等。常用的基层类型如表 8-2 所示。

当采用不同材料修筑基层时，上层仍称为基层，下层则称为底基层。对底基层材料质量的要求较低，可使用当地材料来修筑。

基层、底基层视公路等级或交通量的需要可设置一层或两层。当基层或底基层较厚需分两层施工时，可分别称为上基层、下基层，或上底基层、下底基层。为了保护路面面层边缘，基层宽度每侧宜比面层宽出 25 cm，底基层每侧宜比基层宽出 15 cm。

（三）垫层

垫层是设置在基层或底基层和土基之间的结构层，它的主要作用是加强土基、改善基层的工作条件。垫层往往是为蓄水、排水、隔热、防冻等目的而设置的，所以通常设在路基处于潮湿、过湿以及有冰冻翻浆的路段。在地下水位较高地区铺设的起隔水作用的垫层称隔离层；在冰冻较深地区铺设的起防冻作用的垫层称防冻层。此外，垫层还能扩散由基层传下来的应力，以减小土基的应力变形，而且它也能阻止路基土挤入基层中，从而保证了基层的结构性能。

表 8-2　常用的基层类型

<table>
<tr><td colspan="3">有机结合料稳定类</td><td>包括热沥青碎石或乳化沥青碎石混合料、沥青贯入碎石等</td></tr>
<tr><td rowspan="5">无机结合料稳定类半刚性基层</td><td colspan="2">水泥稳定类</td><td>包括水泥稳定砂粒、碎石、砂粒土、碎石土、未筛碎石、石屑、石渣、高炉矿渣、钢渣等</td></tr>
<tr><td colspan="2">石灰稳定类</td><td>包括石灰稳定细粒土、天然砂砾土、天然碎石土以及石灰稳定级配砂砾、级配碎石和矿渣等</td></tr>
<tr><td rowspan="3">工业废渣稳定类</td><td>石灰粉煤灰类</td><td>包括石灰粉煤灰(简称二灰)、石灰粉煤灰土(简称二灰土)、二灰砂、二灰砂砾、二灰碎石、二灰矿渣等</td></tr>
<tr><td>石灰粉煤渣类</td><td>包括石灰煤渣、石灰煤渣土、石灰煤渣碎石、石灰煤渣砂砾等</td></tr>
<tr><td>水泥煤渣类</td><td>包括水泥粉煤灰稳定砂砾、碎石及砂等</td></tr>
<tr><td rowspan="2">粒料类嵌锁型、级配型</td><td colspan="2">嵌锁型</td><td>包括泥结碎石、泥灰结碎石、填隙碎石等</td></tr>
<tr><td colspan="2">级配型</td><td>包括级配碎石、级配砾石、级配砂砾等</td></tr>
</table>

修筑垫层所用材料的强度不一定很高,但水稳性和隔热性要好,常用的材料有两类:一类是松散粒料,如粗砂、砾石和炉渣等组成的透水性垫层;另一类是整体性材料,如石灰粉煤灰稳定粗粒土或炉渣石灰稳定粗粒土等组成的稳定性垫层。

高速公路、一级公路、二级公路的排水层应铺至路基同宽,以利路面结构排水、保证路基稳定。一般情况下垫层宽度应比底基层每侧至少宽出 25 cm。

应当指出,不是任何路面结构都需要上述几个层次,而应根据具体情况设定,而且层次的划分也不是一成不变的,例如,在道路改建中,旧路面的面层则可成为新路面的基层。

四、路面等级

路面的技术等级主要是按面层的使用品质和材料组成等划分的。目前,我国的路面分为四个等级。

(一)高级路面

高级路面是由沥青混凝土、水泥混凝土面层所组成的路面。一般适用于交通量大、行车速度高的公路,如高速公路、一级公路。这类路面的特点是结构强度高、稳定性好、使用寿命长、平整无尘,能保证高速行车。它的养护费用少、运输成本低,但基建投资大、工艺要求高,需要质量高的材料来修筑。

(二)次高级路面

次高级路面是由沥青贯入式、热拌沥青碎石、沥青表面处治等面层组成的路面。一般适用于交通量较大、行车速度较高的公路,如二级公路、三级公路。其与高级路面相比,使用品质稍差、使用年限稍短、造价也较低,但养护费用较高。

（三）中级路面

中级路面是由泥结碎石、水结碎石、级配砾（碎）石、半整齐块石等做面层的路面。一般适用于中等交通的公路，如三级公路、四级公路。它的强度低、使用期限短、平整度差、易扬尘，只能适应较小的交通量，行车速度也低，且维修工作量大，运输成本也较高。

（四）低级路面

低级路面是由各种粒料或当地材料改善土所筑成的路面，如炉渣土、砂砾土等。它的强度低，水稳性和平整度均差，在雨天不能通车，能适用的交通量最小，养护工作量大，运输成本高，但造价很低。低级路面一般用于四级公路。

五、路面分类

在路面设计中，从路面结构的力学特性出发，将路面分为下述三种类型。

（一）柔性路面

柔性路面是指整体刚度较小，抗弯拉强度较低，主要靠抗压、抗剪强度来承受车辆荷载作用的路面。它主要包括用各种未经处理的粒料基层和各类沥青面层、碎（砾）石面层、块石面层所组成的路面结构。柔性路面的特点是刚度小，在荷载作用下产生的弯沉变形较大，车轮荷载通过各结构层向下传递到土基的压应力较大，因而对土基的强度和稳定性要求较高。

（二）刚性路面

刚性路面主要是指用水泥混凝土做面层或基层的路面结构。刚性路面与柔性路面的主要区别在于路面的破坏状态和其分布荷载在路基上的状态有所不同。刚性路面的特点是刚度与强度很高、弹性模量也大、结构呈板体性、分布到土基的荷载面较宽、传递到土基的应力较小。

（三）半刚性路面

用水泥、石灰等无机结合料稳定土或石灰工业废渣修筑的基层，在前期具有柔性路面的力学性质，后期的强度和刚度均有较大幅度的增长，但最终的强度和刚度仍远小于水泥混凝土。这种基层称为半刚性基层，铺筑在半刚性基层上的沥青面层称为半刚性路面。

第三节　沥青路面结构设计

一、结构设计的一般原则

沥青路面的设计工作包括结构设计与厚度计算两大部分。厚度计算必须建立在合理的路面结构设计的基础上，路面结构设计的质量直接关系到路面设计工作的成败。

路面结构设计包括各分层结构设计和结构层组合设计。

在沥青路面结构设计工作中，应该遵循下述的技术经济原则。

（一）因地制宜、合理选材

路面各结构层所用的材料，尤其是用量大的基、垫层材料，应充分利用当地的天然材料、加工材料或工业副产品，以减少运输费用和降低工程造价，同时还要注意吸取和应用当地路面设计在选择材料方面的成功经验。

(二)方便施工、利于养护

选择各结构层时还应考虑机具设备和施工条件。在可能的条件下,应尽量采用机械化施工并考虑建成通车后的养护问题,特别是对于高等级公路来说,要求平时养护工作量越少越好,以免影响大交通量的通行。

(三)分期修建、逐步提高

交通量是确定路面等级和路面类型最主要的因素之一,而交通量是随时间逐步增长的。当资金不足时,一般先以满足近期需要为主,应按近期使用要求进行路面设计(高速公路和一级公路除外)。以后随着交通量的增长、车型的加重和投资的增多,逐步提高路面等级、增加路面厚度。但在建造时必须注意使前期工程能为后期工程奠定基础,即能为后期工程所充分利用。

(四)整体考虑、综合设计

在路面结构设计时,对土基、垫层、底基层、基层和面层都应看做是一个有机的整体。按照土基稳定、基层坚实、面层耐久的要求,充分发挥各结构层的作用,合理选用路面材料,确定适当的结构层厚度,使路面设计既能在整体上满足强度和稳定性的要求,又能满足经济、合理和耐久的要求。

(五)考虑气候因素和水温状况的影响

路面结构设计要保证在自然因素和车轮荷载反复作用下,路面整体结构具有足够的水稳性、干稳定性、冰冻稳定性和高温稳定性,应预测并要重视当地气候和水温状况可能对路面造成的不利影响。

二、沥青路面各结构层的选择

(一)路面等级和面层类型的选择

路面等级和面层类型应与公路等级和交通量相适应。确定路面等级和面层类型应以政治、国防、旅游以及经济发展的需要和设计交通量为主要依据。此外,还应考虑使用需要、材料供应、施工机械设备、地区特点、施工养护工作条件等多方面的因素。

路面面层因直接承受行车和自然因素的反复作用,要求强度(抗拉和抗剪切)高,耐磨耗,抗滑性、热稳定性好和不透水,因而通常选用黏结力较强的结合料和强度高的集料作为面层材料。交通量越大,公路等级越高,则路面等级也应该越高,厚度也越大,相应的面层层次一般也越多。

在选择面层类型时,特别应考虑当地的气候特征如在气候干旱地区,不宜采用砂砾路面,以免产生严重的搓板现象。在多雨地区,特别重视路面结构层的水稳定性和面层透水性问题。对于沥青路面,还要考虑寒冷地区的低温抗裂性和高温地区的热稳定性问题,同时还要考虑抗滑性等问题。

(二)基层类型的选择

基层是主要的承重层,应具有足够的强度、刚度和水稳定性。目前,常用的基层类型有沥青、水泥及工业废渣稳定类,碎(砾)石嵌锁类和土、石级配类三种。每一类型都有各自的特点,沥青、水泥和二灰稳定类适用于交通量繁重的公路,其他类型可适用于一般交通道路。

在选择基层类型时,首先要考虑充分利用当地材料这一原则。即使当地某些材料不能直接使用,也要从施工工艺、材料组成等方面采取适当措施加以改进,使之得到合理应用。

如果所需基层厚度较大，为了降低造价，可增设底基层，用成本较低、来源较广、性能稍差的当地材料（如砂、砾等）铺筑底基层。

应重视沥青类路面的基层水稳定性问题，以土作为结合料的基层，水稳定性较差，故在潮湿、中湿路段上应选用碎石、片石、块石、工业废渣、不含土的天然砂砾、石灰土、二灰土及水泥稳定砂砾等水稳定性好的基层。对于泥结碎（砾）石和级配碎（砾）石属于水稳定性差的基层，仅限用于干燥路段，不得用于潮湿、中湿路段，否则将会引起基层含水量增大而导致沥青路面的严重破坏。

三、沥青路面结构组合设计

在路面等级、面层类型、基层类型都选定之后，就应该考虑各结构层如何安排的问题。要使整个路面结构既能承受行车荷载和自然因素的作用，又能最大限度地发挥各结构层的效能，这就是路面结构组合要解决的问题。

路面结构层的组合设计，就是按行车和环境因素对不同层位的要求，结合各类结构层本身的性能进行合理的安排。不同的结构组合会产生不同的结果，层次多、厚度大的路面结构，其使用效果不一定好。

路基路面是一个整体结构，各结构层有各自的特性和作用，并相互制约和影响。若结构组不合理，即使所用材料再好、厚度再大也无济于事。根据实践经验和理论分析，结构组合应遵循下列五点原则。

（一）合理的各结构层功能组合

遵循路面耐久、基层坚实、土基稳定的原则，结合各结构层功能正确合理地选择面层、基层和垫层是组合设计的前提条件。就面层来讲，不仅要考虑高强度、耐磨耗、热稳定性好和不透水等性能，还应考虑设几层较为合适。交通量繁重的道路，应加设联结层作为面层下层，以抵抗水平力在面层底产生的切应力。采用空隙大的沥青混合料或沥青贯入式碎石做面层时，应在面上加设沥青砂或沥青表面处理做封层。

基层要有足够的抗压强度，一定的刚度和水稳定性。交通繁重时，基层应选择沥青或水泥（或二灰）稳定类材料，并采用双层式基层，即加设底基层；土基水温状况不良时，应设石灰土及天然砂砾等垫层。

要使路面具有足够的整体强度，还应保证路基的强度和稳定性。否则，单靠加强或增厚面层或基层，并不能收到良好的效果，同时也不经济。稳定路基的最经济、最易办到的方法是加强路基排水和使路基达到要求的压实度。

（二）合理的强度组合

轮载作用于路面表面，其竖向应力和应变随深度增加而递减，因而对各层材料强度（模量）的要求也可随深度增加而相应减小，如图 8-3 所示。因此，路面各结构层应按强度自上而下递减的方式组合。这样既能充分发挥各结构层材料的效能，又能充分利用当地材料充当底基层和基层，以降低造价。采用强度（模量）按深度增加而递减的规律组合路面时，还应注意各相邻结构层之间的模量不能相差过大。上下两层模量相差过大时，上层底面将会因下层变形过大而产生较大的拉应变，导致上层被拉裂。因此，规范要求基层同面层之间的模量比不应小于0.3；土基与基层的模量比应在0.08～0.40的范围内。不满足上述要求的应更换材料或增加结构层次。当然，在实际使用中，也有模量上小下大的倒装结构，如在模量较高的半刚性基层与沥青混凝土面层之间设置碎石过渡层等。这种结构可根据具体情况使用。

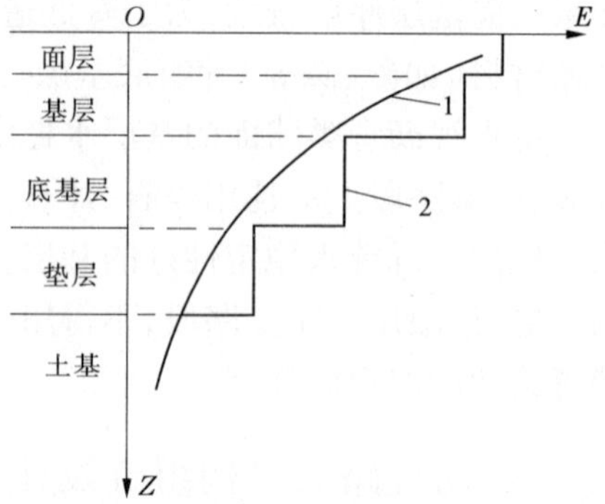

1—荷载应力分布曲线；2—材料强度 E 布置曲线；

图8-3　应力与强度随深度的变化曲线

（三）合理的层间组合

各结构层材料具有不同的特性，在组合时，应注意相邻层次的互相影响，采取措施限制或消除所产生的不利影响。例如，在水泥或石灰稳定类基层上修建沥青面层时，由于基层材料的干缩或低温收缩而开裂，导致面层也相应地出现反射裂缝，这时宜适当加厚面层，或者在其间加设一层由稳定粒料组成的联结层或过渡层。又如，在潮湿的土路基上，不宜直接铺筑颗粒较大的碎（砾）石材料，防止污泥挤入基层与其掺杂，导致过大变形而使面层损坏，此时应在软弱土基上铺筑天然砂砾或石灰土垫层。层间结合应尽量紧密，避免产生层间滑移，以保证结构的整体性和应力分布的连续性。例如，为了保证沥青面层与基层的紧密结合，除根据施工规范的有关规定，采取施工技术措施外，在设计高速公路和一级公路的沥青路面时，在沥青面层与半刚性基层之间应设置由沥青材料组成的联结层。

（四）考虑自然水温条件的不利影响

在潮湿路段或某些中湿路段上修筑沥青路面时，由于在中湿路基和潮湿路基中的水分以液态或气态形式上升至基层，被不透水的沥青面层所隔离，不能蒸发而积聚在邻近面层的基层内。此外，地面水的渗透和地下水的毛细水上升同样在基层内产生水分积聚。如果基层材料仅以土为结合料（如泥结碎石、级配砾石），水稳定性差，则会因湿度过大时变软、强度和刚度急剧下降而导致路面开裂破坏。因此，沥青路面的基层应选用水稳定性好的材料，特别是在中湿路段和潮湿路段更应如此。

在潮湿路段，为了改善路基的温度和湿度状况、防止冻胀和翻浆的出现、保证路面良好的使用品质，还必须设置垫层。垫层一般采用天然砂砾、粗砂、煤渣、矿渣等粒料以及水泥或石灰、煤渣、石灰粉煤灰稳定粗粒土等。垫层厚度一般为15～25 cm。在季节性冰冻区有冻胀可能的中湿、潮湿路段，为了防止产生导致路面开裂的不均匀冻胀，路面总厚度不应小于《公路沥青路面设计规范》（JTG D50—2006）中的规定，若按强度计算的路面总厚度小于表8-3所列厚度规定时，应加厚垫层补足。

（五）适当的层数和厚度

沥青路面通常为多层结构，为了便于施工，路面结构层的层数不宜过多。根据材料的最大粒径并考虑有利于结构层应力分布，有利于压实成稳定的结构层次等因素以及结合施工经验选择适当的层数和厚度。为了保证路面的使用质量，《公路沥青路面设计规范》（JTG D50—2006）还根据理论分析与使用经验提出了各类结构层最小厚度，如表8-3、表8-4所示。

每一结构层适宜厚度的确定除了考虑上述两项规定外,一般还要综合考虑下面三方面的因素:①结构层的造价。由于路面各层造价不同,面层比较贵,而基层、垫层相对比较便宜,因此面层厚度一般相对比较薄,在设计时可根据上述两表加以选择和控制,而下面各层相对比较厚;②各结构层扩散应力的效果。根据理论分析,基层厚度为 15 ~25 cm 时,增大基层厚度对减小路表面弯沉和减小面层底面拉应力有明显作用。当基层厚度大于 40 cm 时,在增加基层厚度,作用已不明显。结合使用经验,基层厚度一般以 15 ~25 cm 为宜;③压实机具的能力。一般来说,沥青面层一层的压实厚度最大为 6 ~8 cm;基层一层的压实厚度为 15 ~20 cm。在有重型机具压实的条件下,可根据试验将压实厚度增加到 20 ~30 cm 左右。在安排各结构层厚度时,应尽量使其与压实机具所能达到的厚度相适应。

表 8-3 各类结构层的最小厚度 (单位:cm)

结构层类型		施工最小厚度	结构层适宜厚度
沥青混凝土、热拌沥青碎石	粗粒式	5.0	5 ~8
	中粒式	4.0	4 ~6
	细粒式	2.5	2.05 ~4
沥青石屑		1.5	1.5 ~2.5
沥青砂		1.0	1 ~1.5
沥青贯入式		4.0	4 ~8
沥青上拌下贯式		6.0	6 ~10
沥青表面处治		1.0	层铺 1 ~3,拌和 2 ~4
水泥稳定类		15.0	16 ~20
石灰稳定类		15.0	16 ~20
石灰工业废渣类		15.0	16 ~20
级配碎石、砾石		8	10 ~15
泥结碎(砾)石		8	10 ~15
填隙碎石		10	10 ~12

表 8-4 半刚性基层沥青层推荐厚度 (单位:cm)

公路等级	推荐厚度	公路等级	推荐厚度
高速公路	12 ~18	三级公路	2 ~4
一级公路	10 ~15	四级公路	1 ~2.5
二级公路	5 ~10		

第四节　混凝土路面结构层组合设计

一、交通分级

（一）交通分级

交通量和轴载大小是路面设计的基本依据。随着交通量增大，对路面使用性能和使用寿命的要求相应提高，因此在使用年限内对混凝土强度、面板厚度、基层类型和模量等方面提出了不同的技术要求。为了区分各项要求在程度上的差别，按使用初期设计车道每日通过的标准轴载作用次数，将水泥混凝土路面承受的交通划分为特重、重、中等和轻四个等级（见表 8-5）。

设计车道为行车道内承受交通最繁重的一个车道。设计车道内的标准轴载日作用次数 N_{sl} 为

$$N_{sl} = N_s \beta \beta_1 \tag{8-1}$$

式中　N_{sl}——设计车道内的标准轴载日作用次数，次/d；

N_s——标准轴载日作用系数；

β——（行驶）方向分配系数，通常取 0.5 ~ 0.6；

β_1——车道分配系数，通常单车道/方向，取 1.0，双车道/方向，取 0.8 ~ 1.0，3 车道/方向，取 0.6 ~ 0.8，具体数值依据交通情况和车道数，通过调查确定。

表 8-5　交通等级

交通等级	按使用初期设计车道标准轴载作用次数 N_{sl}（次/d）	交通等级	按使用初期设计车道标准轴载作用次数 N_{sl}（次/d）
特重	>2 000	中等	3 ~ 100
重	100 ~ 2 000	轻	≤3

（二）设计使用年限与累计轴载作用次数

路面的设计使用年限是指路面到达预定损坏标准时所能使用的年限。超过此年限，路面并非完全破坏而不能使用，只是其实用性能太差和运行费用过高。

各国对水泥混凝土路面设计使用年限的规定为 20 ~ 40 年不等，如美国、日本定为 20 年，苏联和西班牙定为 30 年，英国定为 40 年。设计使用年限长，则交通组成难以预估准确，初期投资也较高。然而，按现行设计方法计算分析的结果表明，混凝土面板厚度的少许增加，可使路面寿命有较大的增长。因而，规定较长的使用年限，混凝土面板的厚度实际上增加并不多，虽然初期投资要高些，但从整个使用期来看，经济上还是合理的。考虑到路面改建会影响行车而增加运行费用，我国《公路水泥混凝土路面设计规范》（JTG D40—2002）规定了 20 ~ 30 年不等的使用年限，如表 8-6 所示。交通越繁重，设计使用年限越长。

表 8-6　水泥混凝土路面的设计使用年限

交通等级	设计使用年限(年)	交通等级	设计使用年限(年)
特重	30	中等	20
重	30	轻	20

设计使用年限内路面临界荷位上所受到的标准轴载累计作用次数，依据设计车道内的初始标准轴载的作用次数、交通量年平均增长率和车轮轮迹在车道横断面上的横向分布系数确定，其计算公式为

$$N_e = N_{sl}[(1+m)^T - 1] \times 365 \frac{\eta}{m} \tag{8-2}$$

式中　N_e——设计使用年限内路面临界荷位上的标准轴载累计作用次数；

N_{sl}——使用初期设计车道标准轴载日作用次数，次/d；

m——交通量年平均增长率(%)，由调查确定；

T——设计使用年限，年；

η——车轮轮迹横向分布系数，按表 8-7 取值。

表 8-7　车轮轮迹横向分布系数 η

公路等级		纵缝边缘处
高速公路、一级公路		0.17 ~ 0.22
二级公路、三级公路、四级公路	行车道宽 >7 m	0.34 ~ 0.39
	行车道宽≤7 m	0.54 ~ 0.62

注：车道(行车道)窄或交通量较小，取高值；反之，取低值。

(三)综合影响系数

综合影响系数考虑了由于超过额定载重和载重在各侧车轮上分配的不均匀性，在行驶过程中因路面表面不平整和车辆自振所引起的变动，以及路面结构厚度和材料性质的变异等因素对路面疲劳损坏的影响，它实际上是荷载应力安全系数。其数值是参照国内外资料确定的，如表 8-8 所示。

表 8-8　综合影响系数

交通等级	特重	重	中等	轻
综合影响系数 k_c	1.45	1.35	1.20	1.05

(四)混凝土面板内最大温度梯度

混凝土面板顶面和底面的温度之差除以板的厚度，即为板的温度梯度。在晴天，混凝土面板的温度梯度经历了由零经正最大(板顶高于板底)到零，再经负最大(板顶低于板底)回到零的周期性变化。同时，在一年内呈现周期性变化，最大值出现在 5 ~ 7 月，最小值出现在 1 ~ 2 月。

混凝土面板的最大温度计算值 T_g 可根据公路所在地的公路自然区划按表 8-9 选用。

表 8-9　最大温度梯度计算值 T_g

公路自然区划	Ⅱ、Ⅴ	Ⅲ	Ⅳ、Ⅵ	Ⅶ
T_g(℃/cm)	0.83~0.88	0.90~0.95	0.86~0.92	0.93~0.98

注:海拔高时,取高值;湿度大时,取低值。

二、路基

混凝土路面下的路基必须密实、稳定和均质。影响路基强度和稳定性的地面水和地下水,必须拦截或排出路基范围,一般要求路基处于干燥或中湿状态,过湿或强度与稳定性不符合要求的潮湿状态的路基,必须进行处理;路基施工中必须分层填筑、分层压实,其压实标准应符合现行的《公路路基设计规范》(JTG D30—2004)的有关规定。

三、垫层

在路基水温状况不良的路段上,路基与基层之间宜设垫层。从而改善土基的湿度和温度状况,保证混凝土面板和基层的强度、稳定性及抗冻胀能力;扩散由基层传来的荷载应力,减少土基的应力和变形。此外,垫层还能阻止路基土挤入基层中,以保证路面结构的稳定性。

垫层材料的强度要求不一定要高,但其水稳定性、隔热性要好。垫层材料以就地取材为原则,一般采用颗粒材料(砂、砂砾、炉渣等)。当采用砂或砂砾时,通过0.075 mm筛孔的颗粒含量不宜大于5%;当采用炉渣时,小于2 mm的颗粒含量不宜大于20%。

垫层的最小厚度为15 cm,其宽度应比基层每侧至少宽出25 cm,当路基为膨胀土或路面排水不良时,垫层应与路基同宽。

在季节性冰冻地区,为了防止不均匀冻胀,要求路面的总厚度应不小于混凝土路面防冻最小厚度,混凝土路面防冻最小厚度规定见表8-10。否则,应通过设置垫层补足。

表 8-10　混凝土路面防冻最小厚度　(单位:cm)

路基干湿类型	路基土质	当地最大冰冻深度			
		50~100	100~150	150~200	>200
中湿路基	低、中、高液限黏土	30~50	40~60	50~70	60~95
	粉土,粉质低、中液限黏土	40~60	50~70	60~85	70~110
潮湿路基	低、中、高液限黏土	40~60	50~70	60~90	75~120
	粉土,粉质低、中液限黏土	45~70	55~80	70~100	80~130

注:1. 冻深小或填方路段,或基(垫)层为隔温性良好的材料,可采用低值;冻深大或挖方及地下水位高的路段,或基(垫)层为隔温性能差的材料,应采用高值。
2. 冻深小于50 cm的地区,一般不考虑防冻厚度。

四、基层

混凝土面板下设置基层,不仅为混凝土面板提供均匀而稳定的支撑,且能防止唧泥、错台、冻胀等病害,从而保证路面的整体性、延长路面的使用寿命。因此,除土基本身就是有良好级配的砂砾类土,而且是有良好排水条件的轻交通外都应设置基层。同时,基层应具有足够的刚度和稳定性,且断面正确、表面平整。理论计算和实践都已证明,采用整体性好,具有较高的弹性模量的材料修筑基层,可以确保混凝土路面良好的使用特性和延长路面的使用寿命。基层材料应根据交通等级、当地条件和经济性等因素选用贫混凝土、沥青混合料、水泥稳定土、石灰稳定工业废渣、级配碎(砾)石、填隙碎石等。由于石灰稳定土的强度较低,在特重和重交通的公路上,或冰冻地区潮湿路段及其他地区的过湿路段上,不宜采用石灰稳定土基层。

为保证模板和轨模式摊铺机轨道的安装、滑模式摊铺机的施工,以及混凝土面板边缘的强度和稳定性:当采用小型机具或轨模式摊铺机施工时,基层的宽度应比混凝土面板每侧宽出 25 ~ 35 cm;当采用滑模式摊铺机施工时,基层的宽度应比混凝土面板每侧宽出 50 ~ 60 cm;当路基为膨胀土或排水不良时,基层宽度应与路基同宽。

(一)新建公路的基层

根据国内外混凝土面板下设置基层的经验,基层的厚度不宜小于 15 cm 但也不宜太厚,特别是粒料基层,以避免基层本身的固结变形。

为避免基层出现过量的塑性变形和引起板底脱空,基层顶面以下结构的当量回弹模量应大于表 8-11 的规定。

表 8-11　基层顶面的当量回弹模量

交通等级	特重	重	中	轻
当量回弹模量 E_t(MPa)	120	100	80	60

(二)原有柔性路面做基层

在原有公路上铺筑混凝土路面时,原有柔性路面应平整密实,符合路拱要求,其顶面的当量回弹模量与新建公路基层顶面的当量回弹模量规定相同。当原有公路柔性路面的当量回弹模量值小于表 8-12 的规定值或不符合路拱要求时,应设置补强层或整平层。

当原有柔性路面需要补强时,可将原有柔性路面顶面的当量回弹模量视为土基的回弹模量 E_o,按新建公路的设计方法进行计算,但补强层的计算厚度不得小于《公路水泥混凝土路面设计规范》(JTG D40—2002)规定的最小厚度(见表 8-12)。

表 8-12　补强层的最小厚度　　(单位:cm)

补强层名称	最小厚度	补强层名称	最小厚度
级配碎、砾石	8.0	石灰稳定工业废渣	10.0
填隙碎石	8.0	水泥稳定土	10.0
石灰稳定土	10.0		

整平层是为了使原有路面或石质路基顶面符合基层顶面平整度要求而设置的，其厚度视整平层所用的材料及原有路面或石质路基的平整度而定，在一般情况下，可取 6 ~ 10 cm。

五、混凝土面板

混凝土面板直接承受行车荷载和自然因素的作用，并直接体现使用功能的好坏，同时又是混凝土路面的承重结构。混凝土面板满足以下要求：

(1)有足够的表面平整度。混凝土路面的平整度以 3 m 直尺量测为准，3 m 直尺与路面表面之间的最大间隙对于高速公路和一级公路不应大于 3 mm，对于其他各级公路不应大于 5 mm。混凝土路面的平整度也可用平整度仪测定。

(2)有足够的抗滑性。混凝土路面的抗滑性以构造深度(*TD*)为指标。其竣工验收值对于高速公路和一级公路不应低于 0. 8 mm；对于其他各级公路不应低于 0. 6 mm；对于年降雨量在 500 mm 以下的地区，可适当降低。

混凝土面板的横断面一般采用等厚式，其厚度和平面尺寸应符合《公路水泥混凝土路面设计规范》(JTG D40—2002)的有关规定。

六、路拱与路肩

混凝土路面横断面一般如图 8-4 所示。

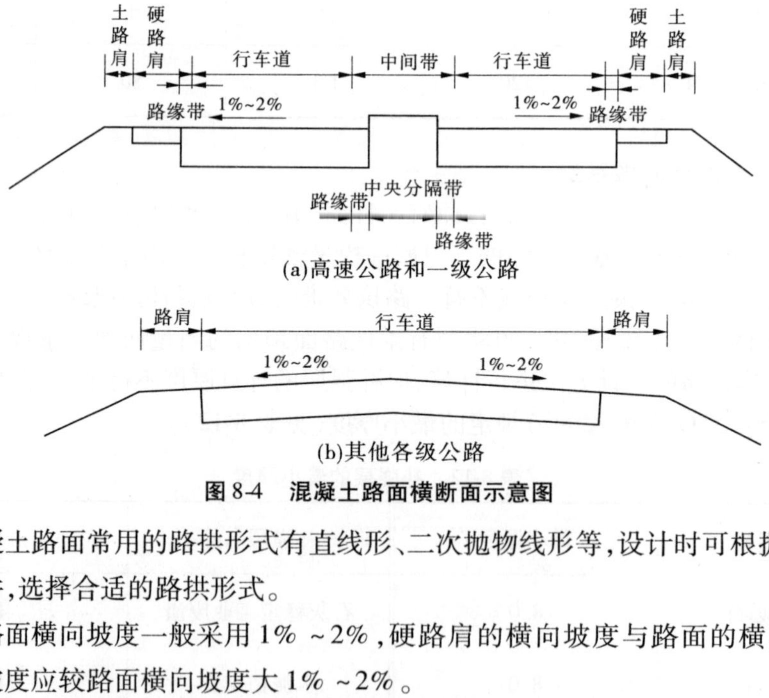

图 8-4　混凝土路面横断面示意图

水泥混凝土路面常用的路拱形式有直线形、二次抛物线形等，设计时可根据工程具体情况和当地条件，选择合适的路拱形式。

混凝土路面横向坡度一般采用 1% ~2%，硬路肩的横向坡度与路面的横向坡度一致，土路肩横向坡度应较路面横向坡度大 1% ~2%。

高速公路和一级公路上的硬路肩宜采用沥青混合料或水泥混凝土面层，其基(垫)层结构应考虑行车道路面的结构和排水要求，其他各级公路的路肩可视具体情况采用沥青混合料面层或其他材料加固。

本章小结

(1)沥青路面设计的任务是确定合理的路面等级,选择适合的路面类型,进行结构组合设计、路面材料配合比设计及路面结构计算等。

(2)路面是铺筑于路基顶面的不同层次的组合结构,公路的表面一般由行车道、硬路肩和土路肩组成。路面的横断面形式通常分为槽式横断面和全铺式横断面。

(3)为了保证路面上雨水能及时排出,减少雨水对路面的浸润和渗透,从而保证路面结构强度,路面表面应做成中间高、两侧低的形状,称之为路拱。

(4)路面结构通常是分层铺筑的,即按照使用的要求、受力状况、土基支承条件和自然因素影响程度的不同,分成若干层次。按照各个层位功能的不同,路面结构一般划分为三个层次,即面层、基层和垫层。

(5)路面的技术等级主要是按面层的使用品质和材料组成等划分的。目前,我国的路面分为高级路面、次高级路面、中级路面、低级路面四个等级。

(6)在路面设计中,将路面分为柔性路面、刚性路面、半刚性路面三种类型。

【小知识】 电锯使用时应注意的问题

操作电锯时,除应遵守机械操作的一般注意事项外,尚应注意下列事项。

截锯

(1)截锯使用前应先校正锯片,锯片应保持垂直,松紧应适宜,防止摆动。

(2)操作时,木料沿滚动工作台拉过来时,应注意前方有无障碍,以免木料碰锯片或人身。

(3)对准尺寸后,应用手按住木料,但手必须离锯片 25 cm 以上。

(4)锯台上的碎木料应用工具及时清理,清理时不得将碎料拨到锯片上。

(5)短于 25 cm 的木料,不得在截锯上断截。

带锯

(1)作业前应检查锯条是否垂直,锯条接口有无裂口,若裂口长超过 1 cm 或中间有裂口,严禁使用。当使用有小于 1 cm 长裂缝的锯条时,缝端必须打孔,以防裂缝扩展。

(2)剖解长料时,送、接料应拿水平,不得翘头或低头。

(3)锯解时,带锯附近不得站人,以防锯条断裂时崩出伤人。

(4)锯条附近的碎料、板皮等严禁用手直接去拿。

圆锯

(1)使用前应检查锯片是否有断齿和裂口,并装好防护罩及保险装置。

(2)操作人员应站在锯片的一侧,严禁站在与锯片同一直线上,以免木料弹出伤人。

(3)纵向剖解时,木料应紧靠,不得偏歪;横向截料时,要对准截料线,端头要锯平齐。

(4)锯料快到尽头时,不得用手去推按,以防锯伤手指。两人操作时,接料人应待木料出锯台后,方可接应。

(5)木料卡住锯片时,应立即停车;待锯片停稳后方可用手去拿木料。停车后锯片仍在转动时不得用木棒去顶住锯片,以免木棒弹出伤人。

(6)锯短料时,必须用推杆送料,不得一根接一根地叠料,锯台上的碎料、锯末等不得用手清理,清理前应停锯。

复习思考题

8-1　沥青路面设计的任务、程序与原则是什么？

8-2　什么是路拱？

8-3　路面结构有哪些组成？

8-4　常用的基层类型有哪些？

8-5　简述路面的技术等级。

8-6　简述路面分类。

8-7　沥青路面结构设计的一般原则是什么？

8-8　简述路面等级和面层类型。

8-9　简述基层类型如何选择。

8-10　简述混凝土面板尺寸的确定。

第九章　路面基层、底基层施工

职业能力目标与学习要求

通过对公路路面基层、底基层施工的学习，使学生对公路路面基层、底基层施工分类和特点、施工方法、施工质量控制有一定的了解和掌握，结合工作过程，通过案例分析提高学生分析问题和解决问题的能力，为今后从事施工员、试验员、管理员、技术员工作奠定良好的基础。

教学重点

1. 基层、底基层的分类及特点；
2. 半刚性基层、底基层对材料的要求和组成设计、施工质量控制；
3. 石灰土路拌法施工方法和要求；
4. 二灰土施工方法和要求；
5. 水泥稳定土施工方法和要求。

第一节　基层、底基层的分类及特点

一、分类

基层、底基层可分为无机结合料稳定类和粒料稳定类。无机结合料稳定类又分为半刚性型或整体型，主要有水泥稳定类、石灰稳定类和综合稳定类。粒料稳定类主要有嵌锁型和级配型。

二、特点

半刚性型或整体型结构的特点是整体性好、承载力大、刚度大、水稳定性好，而且还是一种因地制宜的较为经济的结构，国内外都将其广泛运用于基层、底基层的结构中。

粒料类就其强度形成原理而言，以碎石颗粒间的嵌锁和摩擦阻力作用为主，以颗粒间黏结力为次。嵌锁型结构的强度主要取决于碎石的强度、形状、尺寸的均匀性、表面粗糙度和施工压实度，它的主要代表结构有泥结碎石、泥灰结碎石、填隙碎石等；级配型的强度和稳定性取决于内摩阻力和黏结力的大小，它的强度大小和稳定性好坏与集料类型、集料颗粒大小、级配、混合料中0.5 mm以下细料的含量、塑性指数和压实度有关。这类结构也得到广泛运用。

第二节　半刚性基层、底基层对材料的要求

道路建筑材料绝大部分都应就地取材。只要能保证设计的要求，在满足规范规定的前

提下，就应坚持因地制宜、就地取材的原则。在万不得已的情况下才远运外地材料，通过对当地材料的认真选择，精心进行配合比组成设计，使道路建筑混合料符合设计规定的技术要求，使所修建的路面在技术上可靠、经济上合理，这就是选材的标准和宗旨。

一、土

土分为细粒土、中粒土和粗粒土。中、粗粒土相对于细粒土而言，通称为粗粒土。

（一）细粒土

凡是能被经济地粉碎的土，都可以用做水泥稳定土和石灰稳定土。

1. 水泥稳定土

细粒土用于水泥稳定土时，其塑性指数宜小于10，用于石灰、水泥综合稳定土时，塑性指数宜在15以上。

2. 石灰稳定土

石灰稳定土要求采用黏土，塑性指数为15～20。

细粒土无论是用于水泥稳定土、石灰稳定土或综合稳定土，都必须满足粉碎后土块的最大尺寸不大于15 mm。有的地区没有合适的细粒土，塑性指数偏大或偏小，对于这类土而言，并非绝对不能用于稳定土，只是在施工时需要采取适当的处理措施。

3. 石灰工业废渣稳定土

石灰工业废渣稳定土对土的要求是土块粉碎后粒径不大于15 mm，土的塑性指数宜为12～20；宜采用黏土或亚黏土，土的有机质含量应小于10%。

（二）粗粒土

该类土能用于水泥稳定土、石灰稳定土和石灰工业废渣稳定土。

1. 水泥稳定粗粒土

二级公路和二级以下公路的水泥稳定底基层中，单个颗粒的最大粒径不应超过53 mm（方孔筛，下同），其土颗粒组成应在表9-1范围内，而土的均匀系数应大于5。

表9-1　用做底基层时水泥稳定土的颗粒组成范围

筛孔尺寸(mm)	通过质量百分比(%)	筛孔尺寸(mm)	通过质量百分比(%)
50	100	0.075	0～50
4.75	50～100	0.002	0～30
0.6	17～100		

二级公路和二级以下公路基层中，单个颗粒的最大粒径不应超过37.5 mm，其土颗粒组成应在表9-2范围内，集料中不宜含有塑性的土。

高速公路、一级公路的水泥稳定底基层中，单个颗粒的最大粒径不应超过37.5 mm，其土的颗粒范围组成应在表9-3范围内，土的均匀系数应大于5。若土中小于0.6 mm的颗粒含量在30%以下，塑性指数可稍大。实际施工中，宜选用均匀系数大于10、塑性指数小于12的土。

水泥稳定中、粗粒土做高速公路、一级公路基层时，单个颗粒的最大粒径不应超过31.5 mm，其土颗粒组成应在表9-3所列编号2级配范围内。

表 9-2 用做基层时水泥稳定土的颗粒组成范围

筛孔尺寸(mm)	通过质量百分比(%)	筛孔尺寸(mm)	通过质量百分比(%)
37.5	90~100	2.36	20~70
26.5	66~100	1.18	14~57
19	54~100	0.6	8~47
9.5	39~100	0.075	0~30
4.75	28~84		

表 9-3 水泥稳定土的颗粒组成范围

项目		编号 1	编号 2	编号 3
		通过质量百分比(%)		
筛孔尺寸(mm)	37.5	100	100	
	31.5		90~100	100
	26.5			90~100
	19		67~90	72~89
	9.5		45~68	47~67
	4.75	50~100	29~50	29~49
	2.36		18~38	17~35
	0.6	17~100	8~22	2~22
	0.075	0~30	0~7	0~7
液限(%)				<28
塑性指数				<9

注:2、3 号级配中,当集料中 0.5 mm 以下细粒土有塑性时,小于 0.075 mm 的颗粒含量不应超过 5%;细粒土无塑性时,小于 0.075 mm 的颗粒含量不应超过 7%。

土中有机质含量不超过 2%,超过 2% 的应先用石灰进行处理后才能用于水泥稳定。

水泥稳定土中的碎石或砾石的压碎值要求如下:①基层。高速公路、一级公路不大于 30%,二级和二级以下公路不大于 35%。②底基层。高速公路、一级公路不大于 30%,二级和二级以下公路不大于 40%。

硫酸盐含量超过 0.25% 的土不能使用。

2. 石灰稳定中、粗粒土

石灰稳定中、粗粒土用做高速公路和一级公路的底基层时,颗粒的最大直径不应超过 37.5 mm,用做其他公路的底基层时,颗粒的最大粒径不超过 53 mm。

石灰稳定土用做基层时,颗粒的最大粒径不超过 37.5 mm。

级配碎石、未筛分碎石、砂砾、碎石土、砂砾土、煤矸石和各种粒料状矿渣等均可用做石灰稳定土,但是稳定土中碎石、砂砾和其他粒状材料含量应在 80% 以上,并且具有良好级配。

石灰稳定土中碎石、砾石的压碎值应符合下列要求:①基层。二级公路不大于30%,二级以下公路不大于35%。②底基层。高速公路和一级公路不大于35%,二级和二级以下公路不大于40%。

硫酸盐含量超过0.8%的土和有机质含量超过10%的土不能用做石灰稳定土。

3. 二灰稳定中、粗粒土

二灰稳定中、粗粒土中不宜含有塑性指数的土。

对于二级和二级以下的公路用二灰稳定土做结构层时,应符合下列要求:

(1)做底基层时,颗粒的最大粒径不应超过53.0 mm。

(2)做基层时,颗粒的最大粒径不应超过37.5 mm,土中碎石、砾石或其他粒状材料质量宜占80%以上。

用于高速公路、一级公路的二灰稳定土中的土应符合下列要求。

(1)二灰土做底基层时,土中碎石、砾石颗粒的最大粒径不应超过37.5 mm。

(2)二灰稳定土做基层时,二灰的质量占15%,最多不超过20%;石料的最大粒径不应超过31.5 mm。

(3)土中碎石、砾石的压碎值符合下列要求:①基层。高速公路、一级公路不大于30%,二级和二级以下公路不大于35%;②底基层。高速公路、一级公路不大于30%,二级和二级以下公路不大于40%。

二、无机结合料

(一)石灰

生石灰必须经过充分消解,一般每吨生石灰用600~800 kg的水才能消解好,消解后的消石灰应保持35%左右的含水量为宜;用水量偏大,石灰变成灰膏,水分过小,生石灰不能充分消解,还会污染环境。最好开工前5~7 d将生石灰消解完,而已消解的生石灰应尽快使用完,否则应采取封存措施保管。有条件的最好是使用生石灰粉。

硅、铝、镁氧化物含量之和大于5%的生石灰,有效钙加氧化镁含量指标:Ⅰ≥75%,Ⅱ≥70%,Ⅲ≥60%,未消化残渣含量指标与镁质生石灰指标相同。

(二)水泥

稳定土使用的水泥有普通硅酸盐水泥、矿渣硅酸盐水泥和火山灰质硅酸盐水泥,实际使用时,宜选用强度较低的(强度等级为32.5级)水泥。水泥的初凝时间应稍长一些,终凝时间不小于6 h。快硬水泥、早强水泥及受潮变质水泥不应使用。

(三)粉煤灰

粉煤灰的矿相主要是硅铝玻璃体,一般含量大于70%,另外还有少量石英、莫来石等结晶矿物和未烧尽的碳粒。硅铝玻璃体是粉煤灰中主要的活性成分。粉煤灰有硅铝型低钙灰和高钙灰之分,其颗粒粒径在0.001~2 mm变化,大部分为0.01~0.1 mm,比表面积一般为2 000~35 000 cm^2/g,烧失量一般小于10%,有的在20%以上则粉煤灰与石灰合用,在石灰的激发作用下会发生缓慢的水硬化作用。在施工使用时,应关注粉煤灰的硅铝玻璃体含量,烧失量不应超过20%,比表面积宜大于2 500 cm^2/g。

(四)钢渣、铁渣、高炉重矿渣

钢渣、铁渣、高炉重矿渣是呈碱性的,活性物含量为0.29%~11%。从有关资料看,它们主要由氧化硅、氧化铝、氧化铁、氧化钙、氧化镁、氧化锰等组成(见表9-4)。

表9-4 渣类粗粒料的各种化学成分含量 (%)

种类	SiO_2	Al_2O_3	CaO	MgO	Fe_2O_3	FeO	MnO
钢渣	10~30	2~10	25~60	2~15	1~7	5~30	1~7
铁渣	25~40	5~20	30~60	0.5~4	0~2	—	0~5
高炉重矿渣	35~40	9~13	35~42	8~13	0.3~0.7	—	0.3~0.7

经过陈化或崩解达到稳定的钢渣、铁渣、高炉重矿渣,是一种路用的好材料,它的水泥稳定性好、强度高、能缓慢板结。这些渣类粒料的粉化率陈化后都小于路用指标5%,其压碎值比较小。其主要物理性质如表9-5所示。

表9-5 渣类粗粒料一般物理性质

种类	规格(mm)	干密度($\times10^3$ kg/m^3)	视相对密度	相对密度	持水量(%)	空隙率(%)
钢渣、铁渣	50	1.50~1.60	—	—	约2	49~46
	25~75	1.70~1.80	2.70~3.20	3.3~3.5	约2	42~39
	<5	1.45~1.65	—	—	7	51~48
高炉重矿渣	<50	1.10~1.30	2.30~2.40	—	2~4	52~44

这种材料在石灰的激发下具有较高的后期强度。在施工使用时,只要控制好粉化率指标使其自身稳定,压碎值符合相应等级公路的要求即可。

(五)水

凡人、畜饮用水均可使用。

第三节 半刚性基层、底基层的组成设计

一、组成设计的目的和原则

通过材料组成设计,使所设计的混合料在强度上必须满足设计要求,保证实际使用的材料符合规定的技术要求,使修筑的路面在技术上可靠、经济上合理。所谓组成设计指的是根据对某种材料规定的技术要求去选择适合的原材料,或者是对某种原材料用不同规格的材料进行掺配,确定结合料的种类、数量或混合料的最佳含水量等。

半刚性基层、底基层的组成设计原则是:①在保证质量的前提下,因地制宜,就地取材,结合工地实际进行合理组合,只在万不得已时才远运材料;②对材料的剂量应通过试验优化,求得最合理的用量;③对集料要求应有尽可能好的级配,能做到集料数量满足只靠拢而不坚密,其间隙由结合料填充,形成各自发挥特点的稳定结构。

二、组成设计方法

半刚性基层、底基层混合料组成设计的重要内容:根据表9-6或合同条款要求的强度标

准,结合当地材料通过试验选取最适宜于稳定的材料,确定必须的或最佳的结合料剂量,确定材料的配合比、最大干密度和最佳含水量,对某些材料若需要改善混合料的性质时,还包括确定掺加料的比例。

表 9-6　无机结合料稳定各类土的强度标准　　(单位:MPa)

公路等级			高速公路、一级公路	二级及二级以下公路	说明
分类	水泥稳定类土	基层	3.0~5.0	2.5~3.0	
		底基层	1.5~2.5	1.5~2.0	
	石灰稳定类土	基层	≥0.8	≥0.8	低塑性土(I_P≤7)强度 R≥0.5
		底基层	≥0.8	0.5~0.7	I_P<7 的黏土 R 取 0.5
	二灰稳定类土	基层	≥0.5	0.6~0.8	I_P>7 的黏土 R 取 0.7
		底基层		≥0.6	

三、组成设计步骤

(一)对可提供选用的土类和原材料进行试验

无论是水泥稳定类土、石灰稳定类土、水泥石灰综合稳定类土、石灰粉煤灰稳定类土都应对沿线可能提供选择材料场的材料或计划远运的材料,取有代表性的样品进行试验。

1. 对土类的试验项目

(1)细粒土、中粒土、粗粒土或工业废渣的颗粒分析;

(2)液限和塑性指数;

(3)相对密度;

(4)重型击实试验;

(5)碎石、砾石、钢渣的压碎值试验;

(6)有机质含量(必要时);

(7)硫酸盐含量(必要时)。

以上试验可根据工地具体要求情况进行取舍。

2. 水泥试验

水泥的各项技术指标中对稳定土较重要的指标必须做试验检测。试验项目如下:

(1)安定性试验;

(2)细度试验、稠度试验;

(3)初凝、终凝时间。

3. 石灰试验

石灰试验主要是对石灰进行钙镁含量的检测试验,确定石灰属于钙质石灰还是镁质石灰,确定它的等级。试验项目如下:

(1)钙镁含量试验;

(2)含水量试验。

4. 粉煤灰试验项目

(1)化学成分试验;

(2)细度试验;

(3)烧失量试验;

(4)含水量试验。

5. 钢渣、铁渣试验项目

(1)化学成分试验(水泥、石灰剂量参考值为表9-7)。

表9-7　水泥、石灰剂量参考值

土类	层位	水泥剂量(%)					石灰剂量(%)				
中、粗粒土	基层	3	4	5	6	7					
	底基层	3	4	5	6	7					
砾石、碎石土	基层						3	4	5	6	7
钢渣、铁渣	基层										
塑性指数小于12的土	基层	5	7	8	9	11	10	12	13	14	16
	底基层	4	5	6	7	9	8	10	11	12	14
塑性指数大于12的土	基层						5	7	9	11	13
	底基层						5	7	8	9	11
其他	基层	8	10	12	14	16					
	底基层	6	8	9	10	12					

(2)压碎值试验。

(二)混合料的制备

制备同一种试样、不同结合料剂量的混合料。水泥稳定、石灰稳定剂量参考表9-7。

如果是采用综合稳定土设计混合料组成,水泥用量占结合料总量的30%以上时,按水泥稳定土进行组成设计,反之应按石灰稳定土设计。

二灰稳定类土可根据具体情况分别对待,对钙镁含量较低的硅铝类粉煤灰,做二灰稳定土基层、底基层时,石灰与粉煤灰的比可以是1∶2～1∶9。如果采用的是高钙粉煤灰,其石灰用量可更少。采用石灰粉煤灰稳定土做基层、底基层时,石灰与粉煤灰的比例常为1∶2～1∶4,但采用粉土时以1∶2为宜。石灰粉煤灰与细粒土的比例可以是3∶7～9∶1。采用石灰粉煤灰集料做基层时,石灰与粉煤灰的比例常用1∶2～1∶4,石灰粉煤灰与级配集料(中、粗粒土)的比应为2∶8～1∶7。

(三)确定各种混合料的最佳含水量和最大干密度

确定各种混合料的最佳含水量和最大干密度时至少做三组不同结合料剂量的混合料的击实试验,即最小剂量、中间剂量和最大剂量。其他剂量的混合料的最佳含水量和最大干密度,用内插法求取。

(四)试件制备

按最佳含水量和现场规定的压实度计算干密度,制备试件。进行强度试验时,做平行试验的最小试验数量应满足表 9-8 的要求。

表 9-8 最少试验数量

稳定土类型	试件尺寸(mm)	下列偏差系数时试验数量		
		<10%	10% ~15%	15% ~20%
细粒土	50×50×50	6	9	
中粒土	100×100×100	6	9	13
粗粒土	150×150×150		9	13

如果试验偏差系数大于表 9-8 中规定的值,则应重做试验,并找出原因加以解决,若不能降低偏差系数,则应增加试验数量。

(五)试件养生

试件在规定的温度下,保湿养生 6 d,浸水 1 d,然后进行无侧限抗压强度试验。养生温度是冰冻地区为(20±2)℃,非冰冻地区为(25±2)℃。

(六)强度评定

根据表 9-6 的强度标准,选定合适的结合料剂量。此剂量试件的室内试验结果的抗压强度平均值,应符合关系式(9-1)的要求,即

$$R \geqslant R_d/(1 - Z_a C_v) \tag{9-1}$$

式中 R_d——设计抗压强度,MPa;

C_v——试验结果的偏差系数(小数计);

Z_a——标准正态分布表中随保证率(或置信度 a)而变的系数,高等级公路上应取保证率95%,此时 $Z_a = 1.645$,其他等级的公路应取保证率 90%,此时 $Z_a = 1.282$。

考虑室内与现场条件的差别,工地实际使用的结合料控制剂量应比室内试验确定的剂量多,厂拌应增加 0.5%,路拌应增加 1%。

第四节 半刚性基层、底基层施工质量控制

半刚性路面结构层因具有很多优点而被广泛采用。它的整体性好、强度高、刚度大、水稳定性强的特点只有在保证施工质量的前提下才能体现出来。施工质量的好坏关键在于施工过程中对一些关键工序、工艺的严格控制。

一、石灰稳定土

石灰稳定土多用于高等级公路的底基层或一般公路的基层。在施工中,常出现一些开裂、起皮、松散、夹层、灰条、弹簧等通病,其对使用质量有不良影响,所以在施工中应严加控制避免发生。石灰稳定土施工过程中主要应控制以下几个重点环节。

(一)石灰的消解

石灰应选用《公路路面基层施工技术规范》(JTJ 034—2000)规定的Ⅲ级以上的生石灰和消石灰。石灰在消解时应注意四点:①消解时用水量为石灰质量的 60% ~80%,要充分

消解,以不能过湿成团为度,消解后要保持一定湿度,以不飞扬为度。②生石灰中有过火生石灰或欠火生石灰。过火生石灰消解很慢,在石灰土已硬化后,过火的石灰颗粒才能渐逐消解,体积膨胀会引起灰土隆起开裂;为消除这一危害,一定要提前 7 d 消解。欠火生石灰不能全部消解,在石灰使用前一定要过 1 cm 的筛把未消解的筛除。③如果是镁石灰,不易消解,一定要延长消解时间,加水速度应缓慢,陆续加入,以润湿为主,一定不可用水浸泡,消解时宜提前 10 d。④若使用磨细生石灰粉,使用时不用消解,但拌入土中后,需闷 3 ~4 h 等生石灰粉消解时水化热得到释放后进行碾压成型,才能取得最佳效果。

(二)土的选择

石灰稳定各种类型的土,在技术方面和经济方面都是合理的。石灰稳定细粒土宜选择塑性指数在 12 ~15 的土;如果是稳定砂砾土,则砂砾土中应有约 15% 的黏性土。对于不含黏性土的碎石、矿渣等也宜用石灰土稳定。对于塑性指数高的土或塑性指数过低的土都宜采用综合稳定土或二灰稳定土。因此,在进行配合比组成设计时,一定要根据工程的实际情况对土进行试验并选择,才会达到经济合理的目的。

(三)石灰的品质和剂量对强度的影响

《公路路面基层施工技术规范》(JTJ 034—2000)规定用于高速公路的石灰等级要达Ⅲ级以上。这里应明确指出,石灰存放会使钙镁含量随着时间的延长而降低,在使用时一定要测定钙镁含量是否达到配合比设计时要求的钙镁含量,以确定稳定土施工时是否增加剂量。从京津塘和济青高速公路的试验结果来看,不同的土质和不同的石灰剂量对强度有不同的影响。

京津塘高速公路用土塑性指数为 14.5,济青公路用土塑性指数为 9,两种土的各种灰剂量的 7 d 无侧限抗压强度就有明显差距。对同一种土而言,随灰剂量的增加强度不断提高,但灰剂量达到某一数值时,强度增加就不明显了。同时也说明塑性指数高的土,在同样剂量的情况下,灰土的强度越高。因此,一定要通过试验来确定灰剂量并选择土质。

(四)石灰土拌和要均匀

石灰土无论是路拌还是厂拌,都得把土块破碎到规定的粒径范围,只有充分得到破碎的土才能拌和均匀。尤其是对一些塑性指数高的黏土,一般含水量都较大,不易破碎,难以达到要求的粒径范围。常采用先加入 4% ~6% 的石灰进行拌和闷料使之“砂化”,2 ~3 d 后摊开加入剩余的石灰,进行第二次拌和同时碾压成型。通过两次加灰拌和就可以使土的破碎容易满足要求,拌和均匀,含水量也能得到调整和控制。拌和中如果没有控制好,出现素土夹层,哪怕是只有几毫米的素土层,也将影响灰土的整体性,特别是在受到水的浸泡作用时,会软化下沉导致路面破坏,造成质量事故。

(五)石灰土的开裂与龟裂防治

用塑性指数高的土做灰土最容易干裂。这种土的水敏性强,往往含水量高,用它做灰土时,如果含水量超过最佳含水量时,成型的路段开裂现象就会增加。塑性指数高的土在施工中难以破碎,大土块掺杂在灰土中成型后会出现泥饼,而这些泥饼的含水量较高,水分蒸发就容易形成龟裂。另外,灰土无覆盖或覆盖较薄,经过冬季也会引起开裂。如果这些开裂不控制,路面的使用寿命就会受到影响。所以,在施工中应加以防治,其主要措施如下:

(1)选择塑性指数较低的土;

(2)一定要使用塑性指数高的土时,采用两次掺灰法进行施工使土通过“砂化”得到充分破碎；

(3)严格控制含水量，一定要在最佳含水量以下，在接近最佳含水量时压实成型；

(4)加强前期的养护，别让灰土失水过快，可能的情况下应尽早进行上层覆盖施工。

(六)石灰土坑洼、起皮、弹簧的防治

坑洼、起皮、弹簧是常见的灰土通病，引起的原因是：①灰土标高控制不严，有缺料薄层找补现象，尤其是5 cm以下的灰土贴补；②压路机碾压次数过多、时间过长，灰土上下层含水量(即干湿)程度不同，剪切破坏形成两层皮；③表面过湿，碾压过早造成粘轮，将灰土表层带起；④灰土中夹有土块、石块，平地机刮平时带成沟槽；⑤灰土的弹簧是由于含水量控制不严造成的，含水量过大造成湿弹，过小造成干弹。

针对上述原因，在施工中应采取以下措施进行防治：

(1)灰土粗平时，标高控制应高于设计5～10 mm，尽可能不用带料找平，必须要找平时，应将需要找平的局部翻松，达到上下松铺系数均匀一致，精平时以刮料削平为好。

(2)灰土使用的石灰一定要过1 cm筛，筛除未能消解的石灰块。人工配合机械作业时将石块、土块捡除。

(3)灰土最后一次拌和前，试验人员及检测人员应及时检测含水量，根据施工季节、施工气温及气象情况控制好含水量。在春夏季由于风大、气温高，含水量一般控制在高出最佳含水量1～3个百分点，在雨季控制在最佳含水量上下1个百分点。碾压时含水量一定要控制在适合值范围内。

(4)碾压应按试验规定的机械组合压实程序和遍数进行，不能少压，也不要过压。

(七)压实度、强度控制

石灰土的压实度、强度是决定石灰土质量好坏的两个重要指标，控制好这两个指标，就抓着了石灰土质量的关键。

石灰土的压实度取决于压实机具、压实工艺及灰土混合料的均匀性。要控制好压实度应注意以下几点：

(1)同一种土不同层次或不同土场的土，其土质差别随时变化，而土的最大干密度也随之变化。因此，在同一施工段落最好选择同一种土质，否则将导致局部地段很容易达到压实度，而有的地段却很难达到。遇到这种情况时，如果排除了含水量方面的因素，石灰剂量和压实工艺都正常，那么其原因就是土质发生了变化，标准干密度随之变化。如果标准干密度不能代表该路段土质的真实干密度，测出的压实度是不会合格的。应对原土样重新取样做标准击实试验，采用新的有代表性的标准干密度来重新作判断。

(2)石灰剂量的变化对压实度也有较大影响。试验得知，灰剂量每增加1%，干密度可能降低0.5%～1%，如果施工布灰出现随意性，将导致压实度出问题。因此，控制布灰均匀性、拌和均匀性非常重要。另外，还应注意的是消解的石灰放久了，钙镁含量便损失了，往往是增加石灰剂量来补充已损失的钙镁含量，这时必须按实际取样重新做标准击实试验用于检测压实度。

(3)一定要控制好碾压时的含水量。

(4)碾压设备一定要配套，控制好压实工艺。

石灰土强度控制应注意以下几点：

(1)选择尽可能好的、合格的土，塑性指数在12～18之间较为理想。如果塑性指数较低或较高，施工都比较困难，在施工中要作一些特殊处理。

(2)选择符合质量要求的石灰，并充分消解过筛，其钙镁含量应达到Ⅲ级以上。

(3)施工中把好拌和均匀关，控制好碾压含水量和碾压程序与工艺，保证压实度达到要求。压实度越高，强度才能越高。试验资料表明，压实度提高2%，强度平均提高14%左右。因此，施工保证有良好的拌和设备及性能良好又配套的压实机具有着重要的意义。

(4)石灰土强度的增长与施工环境温度、湿度有关，尽可能安排在4～10月施工，尽量避免在低温不利季节施工。石灰土是气硬性材料，养生能暴露在外，但保湿养生不能少于7 d，这一点是非常重要的。

二、石灰粉煤灰稳定土

石灰、粉煤灰有着良好的使用性能，同时成本低。使用石灰、粉煤灰混合料做路面结构层，施工工艺简单，不需要严格控制从加水拌和到完成压实成型的时间，完全可以利用传统施工设备进行拌和、摊铺，压实成型到需要的厚度与密度，一旦碾压结束后，就不必担心雨水浸湿，可以较早地在上面通行施工车辆。为了保证石灰粉煤灰稳定土的施工质量，在施工中应注重以下控制措施。

(一)材料质量控制

二灰稳定土的质量取决于石灰、粉煤灰粒料或土的性质。因此，在选材时一定要把好材料关。

材料质量控制应注意以下几点：

(1)石灰应符合Ⅲ级以上要求，使用前应经过充分消解，过1 cm的筛。

(2)粉煤灰的各项技术指标应符合《公路路面基层施工技术规范》(JTJ 034—2000)的要求。在有条件的情况下选用含CaO高、比表面大的粉煤灰，保证结构层强度。

(3)石灰粉煤灰稳定土的工程质量在很大程度上取决于被稳定的材料，石灰、粉煤灰适宜于稳定碎石、砾石、矿渣及各种粒状废渣等集料，也能用于稳定粉土，但不适宜于用来稳定高黏性的细粒土。同时，注意控制和调整集料的级配也是非常重要的。

(二)配合比设计

配合比设计时必须考虑混合料具有适合的强度与耐久性，收缩性要小，抗冲刷的能力要强，便于摊铺和压实，工程成本低。由于材质的不同，采用的配合比也就不同。二灰土混合料的性质主要取决于石灰、粉煤灰和小于4.75 mm的颗粒。在混合料中，必须有足够的基体材料，才能保证结构层有足够的强度和耐久性。通常采用的比例是石灰∶粉煤灰为1∶3～1∶4，多用1∶3。二灰碎石或二灰砾石中二灰与集料的比为2∶8或者更小一些。这种混合料中，集料应具有良好的级配，二灰在混合料中既应起到填充集料间孔隙的作用，还应起到将个别大料、小料黏结成整体的作用。另一种混合料为二灰和集料各占1/2的悬浮式结构，粒料的规格可随意，但这种混合料结构的收缩较前种结构大，同时也易产生冲刷唧浆现象。在施工中对已确定的配合比还应作适当的调整，以补偿施工中的变异性。根据经验，应将石灰粉煤灰的用量提高2%～3%，石灰含量增加0.5%。

(三)施工控制

1. 拌和

无论是路拌或厂拌都应充分地使全部材料拌和均匀，才能达到最大的稳定效果。

2. 密度

有一定配合比的混合料,如果压实不到要求的密度,就会影响强度和耐久性。在施工中,一定配备足够的压实设备保证压到规定密度。压实时,必须严格控制混合料含水量,含水量过大出现弹簧;反之,则表面松散。

3. 养生

压实成型后,应及时的养生,二灰土的养生不怕湿,不怕水浸。因为石灰粉煤灰在进行火山灰反应时需要水,如没有水,让它暴露在空气中逐渐变干,就会影响强度。另外,养生的时间越长,强度越高;养生的温度越高,强度增长越快。快速测定强度就是通过提高温度条件实现的。

三、水泥稳定土

水泥可以稳定任何一种土,把它加入塑性土中,能大大降低土的塑性指数,随着龄期的增长,塑性指数就会逐渐减小。它具有增加土的强度和稳定性两大优点而被广泛应用。

水泥稳定土的强度是最重要的指标,因它受多种因素的影响,在施工中要严格控制这些影响因素,确保工程质量。

(一)选择符合要求的土

水泥稳定土做基层时对集料的粒径要求:最大颗粒粒径不超过37.5 mm(高等级公路不超过31.5 mm),并符合规范规定的级配范围。做高等级道路基层时,应尽可能采用不含塑性细料的级配料,限制0.075 mm颗粒的含量有塑性时不超过5%,无塑性时不超过7%。由于施工中颗粒越粗,在拌和、运输、摊铺或整平过程中就越容易产生离析,不易整平,所以在实际施工中,应尽可能地减少最大粒径颗粒的含量,使用均匀系数大于10的粒料。试验和有关资料证明,重视土的颗粒组成,把级配调整到最佳,可以用小的水泥剂量而获得高的强度,且收缩裂缝会大大减少,适当地加入或限量地使用0.075 mm的无塑性粉料对提高稳定土强度大有用处。黏性土粉碎越细,对水泥稳定土的强度和耐久性就越有利。使用黏性土时,一定要粉碎到符合要求为止。

(二)选择符合施工要求的水泥

水泥稳定土通常使用硅酸盐水泥。由于施工从拌和到压实成型,通常需要2~3 h,所以一般应选择初凝大于3 h,终凝大于5 h的水泥。从拌和到压实成型,时间越长,水泥稳定土的干密度、抗压强度就越小。快硬水泥、早强水泥绝对不能使用。

(三)水泥剂量

在通常的水泥剂量范围时,水泥稳定土的抗压强度随水泥剂量的增加而增加。但在进行配合比设计时,应在满足强度要求的条件下尽量少用水泥。为了减少开裂,水泥剂量不应超过6%;为了使拌和均匀,保证水泥稳定土的质量,水泥剂量不宜少于4%。因此,应将水泥剂量控制在4%~6%,如果使用剂量仍满足不了强度要求,应从土的级配上加以调整。

(四)含水量控制

水泥稳定土混合料需要有足够的水,以满足水泥水化的需要和压实的需要。如果混合料中含水量小了,水泥水化时与土争水,如果是黏性土,与水的亲和力大,水泥就可能不会完全水化而降低强度。通常在适合压实的含水量情况下压实,养生过程中保证不损失水分,水泥也同样可水化。若压实时水分少,养生又得不到保证,则稳定土的强度会受到很大影响。

因此，在施工中对于水泥稳定中粒土和粗粒土，碾压时混合料含水量应高出最佳含水量0.5%～1%；对于稳定细粒黏性土，碾压时混合料含水量应高出最佳含水量1%～2%，这样既可满足水泥水化需要，也可弥补碾压过程中水分的损失。

（五）拌和均匀的控制

水泥必须均匀地分布在土中，才能充分发挥水泥的作用，否则将会在水泥多的地方出现裂缝，水泥少的地方强度不够。无论是路拌还是厂拌，都必须使拌和料均匀。

（六）严格控制从加水拌和到成型的时间

水泥遇水就要水化，因此水泥稳定土混合料一旦加水拌和，应尽快碾压成型。将厂拌料运输到现场摊铺及压实成型，均不能拖延时间，如果拖延时间，水泥就会产生部分硬化作用，碾压时就会破坏已经形成的硬结，就要花费额外的压实功能，从而影响水泥稳定土的压实度，使稳定土的强度下降。在施工中一定配足机械设备，合理的组织施工把成型时间控制在2～3 d以内。

（七）控制交通、重视养生

对已完成的路面结构层应及时养生，使水泥在养生的情况下得到充分水化，同时养生使结构处于潮湿状态，可以减少稳定土收缩裂缝。在养生期不开放交通，只允许洒水车控速通行洒水。

四、水泥粉煤灰稳定细粒土

粉煤灰稳定细粒土或石灰粉煤灰稳定细粒土的早期强度都低，为使其早期强度得到提高，就在这两种稳定土中加入一定剂量的水泥成为水泥粉煤灰稳定细粒土或水泥石灰粉煤灰稳定细粒土。由于水泥和粉煤灰等材料的大量加入，使土的塑性指数下降很多，给施工质量控制增加了不少的困难。尤其是在一些地区，土的塑性指数本来就不高，其他的代替材料又没有，只能采用这种结构层才经济合理，另外又要保证质量，因此只有在施工上严加控制才能达到设计要求。

这种结构类型的稳定土除用于水泥稳定土施工质量的控制方法外，还应在以下6个方面加以特别重视：

（1）要特别重视下层的质量，保证下层是完全合格的。

（2）要杜绝平整过程（路拌法）中出现薄层贴补现象。

（3）压实应选用合适的压路机型，合理组合并保证数量充足，压实应遵从先轻后重，先慢后快，先低后高，不能过压的原则。

（4）严格控制含水量。试验证明，考虑水分蒸发和水泥水化等因素，一般在拌和时混合料含水量控制在高出最佳含水量3%～4%，碾压时混合料含水量控制在高出最佳含水量1%～2%，在平整和压实过程中适量洒水始终保持表面湿润。

（5）选择塑性指数合适的土，使土破碎到规定的粒径要求，最好是将拌和料的塑性指数控制在10以上为好。

（6）认真组织、合理安排施工，尽量把延迟时间缩短。

总之，所有半刚性路面结构层施工质量的控制都要根据使用的具体材料的特点及规范的具体要求而采用不同的方法。它的主要控制点各异，施工方法、操作工艺基本相同，只要找到各自的主要特点加以行之有效的控制，半刚性路面结构层的施工质量是容易做好的。

第五节　石灰土路拌法施工

石灰土是用石灰稳定细粒土而得到的混合物，是在土中掺加一定比例的消石灰或生石灰粉，通过加水拌和、平整、辗压成型、养生等工序后，使之成为一种具有一定抗压、抗折等性能的半刚性结构，常用做高等级路面的底基层或低等级路面的基层。

石灰稳定粗粒土、中粒土，视稳定土的种类可分为石灰稳定砂砾土、石灰稳定碎石土和石灰稳定钢渣土。

一、施工工艺流程

石灰土路拌法施工工艺流程见图 9-1 所示。

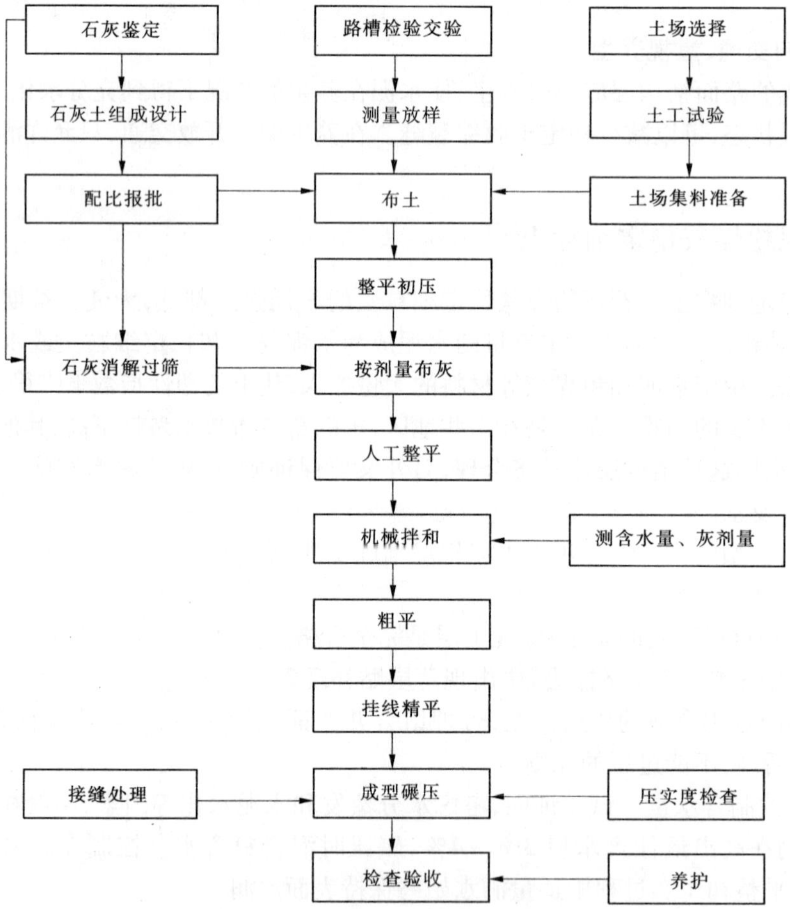

图 9-1　石灰土路拌法施工工艺流程

二、施工的一般要求

石灰土较适合在春末和夏季组织施工，气温应在 5 ℃以上，并在第一次重冰冻到来之前一个月到一个半月完成。在施工时应遵循以下规定：

(1)细粒土宜尽可能粉碎,土块最大粒径不应大于15 mm。

(2)配料必须准确,拌和应均匀。

(3)严格控制厚度、标高和横坡。

(4)应使混合料处于或稍大于最佳含水量时碾压至规定的压实度。

(5)在冰冻地区的潮湿路段以及其他地区的过温路段不宜采用灰土,当只能采用灰土时,应采取适当措施,防止水分浸入石灰土层并避免雨淋石灰。

(6)土宜采用塑性指数为12~20的黏土。塑性指数偏大的黏土应加强粉碎,宜采用二次加灰的方法施工,第一次加部分石灰拌和后,闷放1~2 d,再加余下石灰进行第二次拌和。塑性指数小于10的亚砂土、细砂土、粉土,用石灰量大,难成型,在施工时对压实机具的选择、压实工艺的控制、混合料含水量的控制都与常规施工不同,只要把握了其中的规律也能保证工程质量。另外,在有条件的情况下,可以增加部分黏土或采用水泥石灰综合稳定方法施工,虽在成本上偏高一些,但只有这样才能保证工程质量。

(7)一级公路、高速公路宜采用磨细袋装生石灰粉来做石灰稳定土。

三、石灰土的路拌法施工

(一)准备工作

(1)下承层准备。石灰土的下承层多为路基顶面层,要求表面平整、坚实,标高、路拱、压实度、弯沉值指标符合规范要求,否则应处理至符合要求,并在上土前将表面洒水润湿。

(2)施工放样。在路基上恢复中桩,每20 m设一桩,并在边线外0.3~0.5 m处设指示桩,进行水准测量,在两侧指示桩上用红油漆标示石灰土边缘的设计高程。

(3)根据现场可选择的经济合格的材料进行配合比组成设计,优选最佳配合比报批。

(4)材料准备。根据配合比组成设计确定的土场,作好取土的准备,让合格石灰进场并在使用前进行不少于7 d进行消解,必要时过1 cm筛。

(5)人员与机械配备准备:①人员组织。技术员1人,工长1人,测量员3人,试验员2人,电工(视现场情况而定)1人,机械工8人。②机械配备。灰土拌和机1台,平地机1台,推土机1台,洒水车1辆,压路机(振动)2台,压路机(三轮)1台,压路机(轮胎式)1台,上土、上灰的机具根据每日工程量和运距确定。

(二)布土

1.按批准的配合比中土的用量布土

每延米用土数量用车数控制,车数的计算为

$$N = bh\rho S(1+\omega)/G \qquad (9\text{-}2)$$

式中 N——每延米需要的车数;

b——灰土摊铺宽度,cm;

h——灰土摊铺厚度,cm;

ρ——灰土混合料最大干密度,10^3 kg/m^3;

S——混合料中土的百分含量(%);

G——每车湿土的标准质量,10^3 kg;

ω——土的含水量(%)。

以每车土摊铺的面积作为一个方格,在路上划定方格网,将每车土卸在已划定的网格中。然后用推土机摊土，初平并排压，使厚度基本一致。

2. 洒水预湿

当已摊铺好的土的含水量小于最佳含水量时，应根据每立方米土中的含水量进行计算，用洒水车控制喷洒量一次补足到最佳含水量，并视具体情况高出1~2个百分点，细粒土宜闷一夜，中粗粒土视细粒土含量多少可缩短闷料时间。

当土的含水量较大时，应摊开翻拌晾晒，当含水量合适后，再整平使厚度达到要求。

（三）布灰

用机动车布灰。先在灰土作业层面的路中央画撒一条灰线，根据每延米使用的石灰剂量，将消解合格的石灰运至作业面沿灰线码出一梯形灰带，每延米梯形石灰带的量，就是该延米路的石灰用量，待检验合格后，用人工扣反锹逐次排列均匀布撒在相应段落上。

用手推车运灰布灰时，以一车石灰为单位计算摊铺面积，并按此面积大小画定网格，人工均匀布撒石灰。

袋装灰布灰时，宜以50 kg或100 kg为单位按比例计算摊铺面积，并按此面积大小划定网格人工均匀布撒石灰。

（四）拌和

一般采用稳定土拌和机拌和为好，拌和遍数在两遍以上。使用稳定土拌和机拌和时，第一遍不宜翻拌到底，应留2~3 cm，以防止石灰下沉集中在底部翻拌不上来，形成灰夹层；第二遍翻拌时一定要翻拌到底，对下层略有破坏，并宜控制1 cm左右。这样既能消除夹层素土，又能使上下两层更好结合。翻拌过程中，人应跟随拌和机随时检查翻拌深度是否满足要求。翻拌两遍后，如果检查含灰量满足要求，混合料色泽均匀一致，没有灰条、灰团和花面，没有粗细颗粒“窝或带”就算拌和合格，否则应以旋耕犁或铧犁配合作业，或者补灰，或者补水后再用拌和机翻拌至满足要求为止。

在没有专用灰土拌和机时，或者在一些低等级道路工程中，也可以用农用旋耕机与铧犁或平地机配合拌和。先用旋耕机拌和，但一定不要拌到底，旋耕机拌完一遍后，用铧犁或平地机将底部素土翻起，再用旋耕机拌和两遍，用铧犁或平地机再将底部翻起。使用铧犁或平地机时，应随时检查深度，一定要使稳定土层全部翻透，不能留有素土夹层，但也不能过深、过多破坏下承层。最后再用旋耕机翻拌至均匀。这种方法也能保证灰土的拌和质量。

铧犁或平地机配合缺口圆盘耙拌和也可以满足路拌灰土的质量要求。其方法是先用铧犁或平地机在前面翻拌，圆盘耙跟在后面拌和。但也不要在开始拌和的前两遍拌到底，防止石灰沉到底部，后几遍应翻拌到底，随时检查，控制翻拌深度，使稳定土层全翻透拌匀，符合规定要求。

在没有上述机械的低等级公路施工时，也可以采用推土机拌和。这种拌和方法经实践证明拌和质量也不错。其方法是将每延米所需的土按剂量在作业面中央沿路码成一梯形状，石灰也按每延米剂量均匀地撒布在梯形条状的土上；拌和时采用两台推土机与路中线成30°左右的交角，一台由路左向右推，另一台由路右向左推，交替由路的一端向另一端推拌。推拌时，一定要推到底，推到路边2.5~3 m左右停下，倒回再重复作业至另一端结束算一遍（见图9-2）。这就把中央的一条混合料分成两条堆在路的两边。第二遍是把路右边的混合料再向左边推拌，把左边的混合料向右边推拌（见图9-3）。第三遍是将混合料向全路边拌边摊。根据已有的经验，经过三遍就可以把混合料拌均匀。

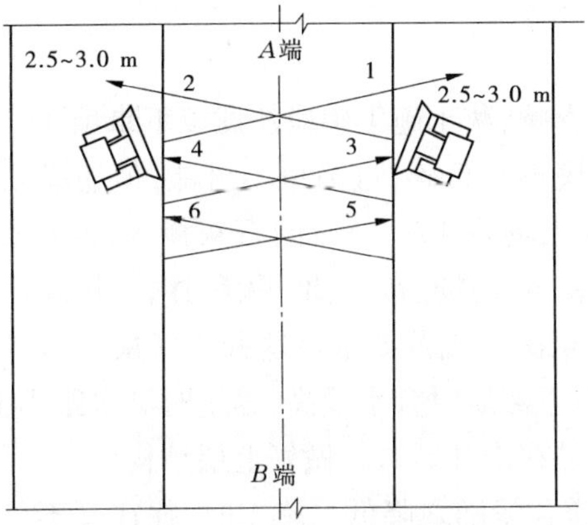

图 9-2　第一遍拌和示意图

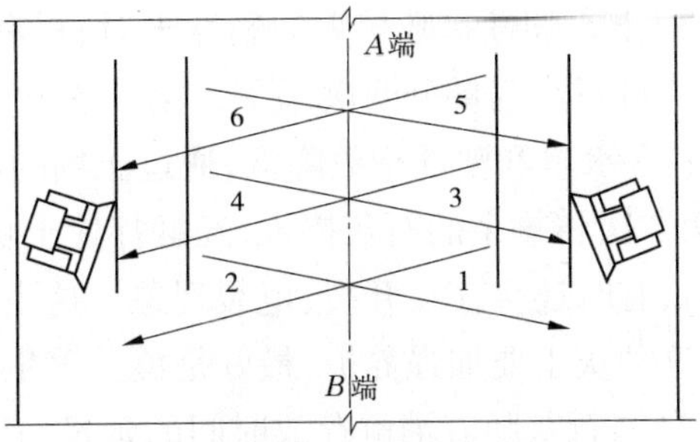

图 9-3　第二遍拌和示意图

混合料在拌和过程中，试验人员应跟班检查含水量和灰剂量，测量人员要检查拌和深度，使混合料均匀一致，含水量应大于最佳含水量 1% ~2%，灰剂量应符合设计要求，然后就可以进行整型了。

（五）整平

利用边桩上预先标出的控制标高，人工拉线控制灰土面的松铺标高，指导平地机作业。在直线上平地机由两侧向中心刮平，在曲线上由内侧向外侧刮平，需反复刮 1 ~2 遍。用履带推土机排压一遍，以暴露潜在的不平，再用平地机如前述那样平整，直到合格为止。每次整平在桩位处都在标高和横坡控制下进行，特别注意接头处的平整，必须使接缝顺适平整。对局部低洼处应将表面 5 ~8 cm 耙松用新的混合料找补平整。

（六）碾压

整型后，经检查标高、横坡、平整度、含水量、含灰量均符合要求后，即可进行碾压。采用振动压路机和三轮压路机联合作业较好。其压实工艺如下：先用振动压路机不开振排压一遍，然后用振动压路机振压 2 ~3 遍，接下来用 12 ~15 t 三轮压路机静压 1 ~2 遍，达到表面无轮迹，无软弹后及时按频率检测压实度达到要求时停压；否则继续压实至达到规定为止。碾压时，直线段由两侧路肩向中心碾压，平曲线段由内侧向外侧路肩进行碾压；振动压路机重叠 1/3 轮宽，三轮压路机后轮重叠 1/2 轮宽；静压速度 1.7 km/h，振动压路机振压速度 2.0 ~2.5 km/h。

压实过程中，若发现弹簧、松散、起皮等现象，应及时翻开处理。在两个工作段接头处采用对接形式，前一段拌和后留下 5 ~8 m 不进行碾压，后一段施工时将前一段留下未压部分进行再拌和、整平，与新铺段同时进行压实。严禁压路机等机械在已完成或正在碾压的灰土路段上调头或急刹车，以保证稳定土表面不受破坏。

（七）养生

石灰土碾压完成后第二天或第三天开始养生，一般使用洒水车洒水养生，使灰土表面保湿养生 7 d。养生期内勿使灰土过湿，更不能忽干忽湿。一定要控制好交通，除水车外应封闭交通。若灰土的压实度、平整度等指标合格后，上层结构能马上施工，可不进行养生。但是，必须保证灰土有合格的强度，在进行上层作业时要采取措施保证不破坏灰土表面。

四、施工中注意事项

根据我们的施工经验，为了不给灰土质量造成影响，灰土施工中应注意以下事项：

(1)土为塑性指数较大的黏性土时，拌和中土块不易打碎，过筛也不可能，但还必须使用时，应将石灰剂量分两次添加。第一次备土时在土场将4% ~5%的石灰掺入，闷放2 ~3 d使其含水量和塑性指数降低，通过土场的翻倒、装运、现场、布土、推平、翻拌，土块就易碎了。第二次将剩余的石灰掺入，经翻拌使土块破碎至满足规范要求。这种土解决了打碎的问题后，有时还会存在开裂、龟裂现象。这主要是由于碾压时含水量高，养生时洒水跟不上。因此，这种灰土要加强养护，最好是覆盖养生，或者是在未开裂时就做好上层结构。

(2)消石灰随着消解存放时间的延长，有效钙镁含量随之降低。施工时，往往又不可能及时将已消解的消石灰用完，因此使用时所含钙镁的有效成分下降，如果还按设计配合比的剂量掺入，灰土的强度将会受到影响。为了保证强度，必须多掺灰才能使灰土中的钙镁含量满足要求。但是，这时的灰土标准密度也要根据新的掺量重新确定，否则，灰土的压实度就不能满足要求。

(3)弹簧现象也时有发生，这主要是由于压实时含水量大，或者是含水量过小引起的。一旦发现就应挖开处理，或晾晒，或换料，或加水拌和。控制好压实时的含水量就能避免出现弹簧现象。

(4)应避免薄层贴补、起皮和夹层的发生。在灰土拌和厚度控制不好时，特别是整平工艺不当时，易造成在光面上贴补薄层，这就造成两层结合不好，从而发生起皮脱层破坏。因此，整平时的排压是必须的，但不能压成光面，对一些局部低洼的光面，一定要耙松后补料。对一些低塑性的粉土灰土，若含水量偏小，压实功能超过土的抗剪力，表面易起皮开裂。对于这类土，应将含水量提高到比最佳水量高3% ~4%。在压实工艺上一般是先静压(排压不错轮)，后强振压两遍，根据表面情况适度洒水湿润后再轻压两遍即可，决不可过压。夹层是绝对不允许存在的，哪怕只有薄薄的几毫米，对路面的影响也是非常严重的。由于夹层见水就软化，使路面强度下降，引发路面破坏，所以拌和时一定要消灭夹层。如果是两层以上的灰土，当第二层灰土也采用路拌法时，层间就容易出现夹层。因此，拌和深度一定深入下层1 cm左右，在上第二层灰土之前，应处理表面浮土，并洒水湿润，以解决夹层问题。另外，也可以在拌和第二层灰土时，在灰土铺筑的起点预留5 ~10 m不上料，然后在拌和铺筑段上，把拌和均匀的灰土混合料依次向前，清底倒运至铺筑位置，然后按要求控制标高、横坡，用平地机整平，每10 ~20 m一个断面拉线用5点法控制高程与横坡，这也是消除夹层的好方法。

(5)桥头、涵背铺筑灰土时，由于机械无法操作，应留下5 ~10 m不上土，将已拌好的混合料倒运至此，按要求摊铺。压实时，先沿桥(涵)向碾压，后顺路向碾压，压路机压不到的地方，应用电夯夯压至规定要求。

五、石灰土基层、底基层测试项目与标准

石灰土的实测项目如表9-9所示。

表 9-9　石灰土实测项目

项次	检测项目		规定值或允许偏差值				检测方法和频率
			基层		底基层		
			高速公路	其他公路	高速公路	其他公路	
1	压实度（%）	代表值		95	95	93	每 200 m 每车道 2 处
		极值		91	91	89	
2	平整度（mm）			12	12	15	3 m 直尺每 200 m 2 处×10 尺
3	纵断高程（mm）			+5，−15	+5，−15	+5，−20	水准仪每 200 m 测 4 处
4	宽度（mm）		不小于设计		不小于设计		尺量:水准仪每 200 m 测 4 处
5	厚度（mm）	代表值		−10	−10	−12	每 200 m 测 1 处
		极值		−20	−25	−30	
6	横坡（%）			±0.5	±0.3	±0.5	水准仪每 200 m 测 4 处
7	强度（MPa）		符合设计要求		符合设计要求		半刚性基层和底基层材料强度，以规定温度下保湿养生 6 d、浸水 1 d 后的 7 d 无侧限抗压强度为准。在现场按规定频率取样，按工地预定达到的压实度制备 1 组试件。每 2 000 m^2 或每工作班制备 1 组试件：不论稳定细粒土、中粒土或粗粒土，当多次偏差系数 $C_v \leq 10\%$ 时，可为 6 个试件；当 $C_v = 10\% \sim 15\%$ 时，可为 9 个试件；当 $C_v > 15\%$ 时，则需 13 个试件。试件的平均强度 R 应满足式(9-1)的要求

第六节　二灰土施工

一、二灰土的特性

二灰土是用石灰、粉煤灰和土三种无机材料按一定比例并通过专用机具，加水、拌和均匀，再摊铺碾压成型的一种路面结构层。它的具体名称视所用土的不同而定，二灰与砂砾称二灰砂砾土，二灰与碎石称二灰碎石土，二灰与细粒土称二灰土，二灰与工业废渣称二灰渣。由于二灰土具有以下优点而被广为采用：

(1)二灰土具有较高的强度，它虽然早期强度偏低，但后期强度比较高，如在夏季 1 个月就能达到 1.7 ~2.0 MPa,2 个月能达到 3 MPa,以后还会慢慢增长。

(2)二灰土成型后经过一段时间的养护,强度逐渐增高,最后形成一个板体,有较好的扩散应力的作用。

(3)二灰土在形成过程中,内部进行物理化学反应,形成致密整体,具有良好的水稳定性和抗冻性。

(4)二灰土具有废物利用,有利环保的优点。特别是在粉煤灰废料多的地区,如果当地土的塑性指数过小或过大,只靠石灰稳定达不到要求的强度,或是难以压实成型,这时最适宜采用二灰稳定土。在衡水 106 线施工时,当地土的塑性指数在10 以下,采用二灰土 7 d 强度为 0.6 MPa 以上,30 d 就达到 1.7 MPa。

二、二灰土的施工方法

二灰土施工最突出的特点是容易施工,不需要严格控制从加水拌和到完成压实的时间。另外,二灰土施工可使用传统的施工设备,可根据工程情况使用路拌设备进行路拌法施工;也可以采用厂拌法拌和,摊铺机摊铺施工;或者是厂拌法拌和,平地机摊铺施工。

高速公路和一级公路底基层的下层采用二灰土施工时,可用路拌专用设备进行路拌法施工,其他各层均应采用厂拌法拌和,摊铺机施工;二级以下公路可以采用人工沿路拌和法施工。

三、二灰土施工质量控制重点

二灰土施工质量控制是保证工程质量的关键,只有科学组织施工,按操作要求施工才能做出高质量的二灰土结构来。否则,就会出现弹簧、起皮、开裂等常见通病。因此,在施工中要进行以下几方面的重点质量控制。

(一)原材料控制

严格控制原材料的质量,不使用不合要求的材料。在选材上应作质量经济比较,在满足质量要求的前提下,力求经济。

从二灰土的材料组成上看,土在二灰土中所占的比例最大,它是起骨架作用的。有关试验资料表明,在同样组成比例的二灰土中,由于土的塑性指数的变化,特别是塑性指数在10 ~20 变化时,二灰土强度的变化尤为明显。塑性指数高的土,强度亦高,但是土的塑性指数越高,越难粉碎,不易施工,塑性指数在 20 以上的土更是难以施工。所以,有条件的情况下,尽量挑选塑性指数在 13 ~18 的土较为理想,不但好施工,而且各项技术指标易达到设计要求。在实际施工中,应结合当地土质情况多做试验、多比较,同时考虑工程成本进行优选。

粉煤灰由于产地的不同,材性差别较大。由于它在二灰土中的石灰的激发下,有慢性固结作用,使后期强度有较多的增长。因此,应选用较细的、比表面积大的、烧失量小的粉煤灰。比如在大同—张家口公路工程中,大同电厂的粉煤灰运到工地的价格比太原电厂粉煤灰运到工地的价格低,从成本观点看,应使用大同的粉煤灰。但是,通过试配试验的比较,使用太原电厂的粉煤灰的二灰砂砾土 7 d 无侧限抗压强度可以达到 4 MPa 以上,且保证率相当高。使用大同电厂的粉煤灰做二灰砂砾土 7 d 无侧限抗压强度达不到要求,要达到预期的强度还要掺加水泥,不但增加施工的难度,还提高了成本。结果还是选用价格高的太原电厂的粉煤灰。石灰只要能满足Ⅲ级以上要求即可。

(二)配比设计控制

认真进行二灰土的组成设计,施工中严格控制混合料的组成比例。一个好的组成设计不仅能满足设计和规范要求的各项技术指标,同时还应是一个经济合理的配合比组成设计,这对施工企业的工程质量保证和成本降低都有着极为重要的意义。

应采用正交试验的方法进行配比设计。通过在 103 国道的试验可看出,石灰含量从 8% 增至 14%,其强度不断增加,尤其是早期非常明显,但大于 14% 以后,其强度增加并不明显。粉煤灰含量从 15% 增至 45%,其强度也不断增加,特别是后期强度(一两个月内)比较明显,超过 45% 以后强度为负增长。粉煤灰含量到 45% 是个界限,由于它是灰质,粉煤灰含量越大,其施工难度就越大。设计二灰土混合料遵循的原则是经济合理、早期强度高、便于施工。

一个好的组成设计只是完成设计还不行,应在施工中不折不扣地加以实现,使拌和出来的混合料能把各种材料的组成误差控制在规定的范围内。这同样是一项关键工作,施工中应特别重视。

(三)施工工艺流程控制

1. 拌和

当配合比组成设计确定后,首要控制的过程就是拌和料拌和过程,拌和料均匀一致是保证二灰土质量的前提,无论采用路拌法或是厂拌法,这都是必须严格控制的过程。

就路拌法而言,应注意以下几个方面:①要根据施工配套设备能力由试验确定各种材料松铺系数;②布土、布灰(石灰、粉煤灰)要均匀,厚薄一致,特别是粉煤灰、石灰应码成标准断面,控制好剂量,人工均匀撒布,并严格监控;③拌和前要先洒水,拌和一遍后抽样测含水量,视情况进行第二次洒水,一般含水量控制应高于最佳含水量 2% ~3%,然后拌至均匀;④拌第二层时,应控制层间避免产生夹层,拌和深度一定要深入下层 0.5 ~1.0 cm。

采用厂拌法时,应调试好各种材料剂量,但对土的破碎、土的含水量应严加控制,对石灰、粉煤灰的含水量也应控制,不能因过干造成飞扬污染环境,过湿成团不利拌和均匀。

2. 摊铺

二灰土路拌法施工:当二灰土拌和均匀后,立即用平地机进行整型平整,平整过程中应避免薄层贴补,尽可能地采用刮削平整,用拉线法控制标高及横坡。

厂拌法摊铺机摊铺施工:采用摊铺机走钢丝控制标高、横坡;若采用平地机摊铺施工,宜采用推土机分料初平,并排压进行初平整型,然后用平地机精平,控制方法同路拌法施工。

3. 压实

整平符合要求后,立即压实成型。碾压应遵循先静力稳压、后振压、再静压的原则压至规定的压实度。

4. 养生

养生过程对二灰土的强度增长、防止早期开裂、板体的形成都有重要的影响,但往往易被忽视。所以,应做好保湿养生工作。

第七节　水泥稳定土施工

水泥能稳定各类土，并具有较多的优点而被广泛应用在道路、机场工程中。

水泥稳定碎石、砂砾石土做高等级道路的基层、底基层较为普遍。其施工技术水平的高低直接影响路面的使用质量。

一、路拌法

一般水泥稳定级配碎石（砂砾石）做底基层时采用路拌法施工，其具体施工方法介绍如下。

（一）下承层准备及测量放样

1. 在已做好的路基上进行全面检查验收

在已做好的路基上进行全面检查验收，主要应进行标高、宽度、平整度、横坡度、压实度和弯沉值检查，检测值若不满足要求应处理至合格。另外，还必须用 12 ~ 15 t 三轮压路机或等效的碾压机械进行 3 ~ 4 遍碾压检查，看是否有弹簧现象，有无起皮、松散情况，若有应处理至合格。当检查完全符合要求后，方能进行下道工序。

2. 测量放样及下层清扫洒水润湿

在验收合格后，施工摊铺前，首先恢复中桩。一般每 200 ~ 300 m 用全站仪放出一个控制点，后用经纬仪每 10 m 设一加密点。根据中桩及摊铺宽度每边加 30 ~ 50 cm 定出边桩指示桩。

每 200 ~ 300 m 增设一临时水准点，把设计标高在指示桩上标出来作为施工控制标准。

施工放样后就可清扫下承层，并在上料前洒水润湿使下承层潮湿而无积水。

（二）集料准备

在配合比设计前，就应事先在沿线所有料场选取技术、经济都比较合理的料场，并取有代表性的土样进行原材试验及水泥混合料的物理、力学和配合比试验。

集料预湿视集料含水量情况而定，如果集料含水量小于最佳含水量，宜在料场先补水预湿。这样能使集料中含水量均匀（特别是细粒土），可节省撒布水泥后加工操作时间，可以使砂砾类土在与水泥的拌和中黏结紧密，不致落入底部。补水预湿也可在集料初平轻压后进行。不论什么时候补水预湿，都应比混合料最佳含水量低 2% ~ 3%。

（三）集料运输

将采集合格的集料，用自卸翻斗车按每车摊铺的面积卸至准备好的铺筑段指定位置。

（四）平整轻压

将按量运送至路基上的集料，使用推土机推开，平地机整平，采用每个断面的边桩指示桩上已标明的高程控制平地机整平。当平整度符合要求后使用光轮压路机轻压 1 ~ 2 遍，使表面平整光滑并有一定的密实度。

（五）摊铺水泥

根据配合比设计的水泥用量计算每袋（50 kg/袋）或者是两袋水泥应撒铺的面积，用白灰线画格网，并在格网内将一袋或两袋水泥人工均匀撒布。若有撒布车，可使用散装水泥（撒布车效率高，撒布均匀性比人工撒布强），但撒布机压实的部分应该立即耙松。

（六）拌和

当水泥撒布完成后，立即使用稳定土拌和机开始拌和。在进行第一、二遍拌和时，不能洒水，当水泥全部拌入土中后，应根据测定的混合料含水量进行定量补水拌和，补水量应使混料的含水量略高于最佳含水量1%～2%。洒水时的洒水距离应长些，洒水汽车起洒处、调头处都应超过施工作业起终点2 m以上。拌和应与补水紧密配合，防止水分流失，拌和深度一般应达下层0.5～1.0 m，应设专人跟机检查、监督、控制。拌和深度过深，影响混合料含水泥剂量，会降低强度；过浅会出现素土夹层，对路面质量危害极大。拌和应以补水量充足，混合料均匀，色泽一致，没灰条、灰团和花面，没粗细粒料"窝或带"作为判定合格的标准。

（七）整平

当混合料拌和均匀后，应立即使用平地机整平。直线上平地机由两侧向中心平刮，曲线上由内侧向外侧平刮。平地机刮平过程中紧跟轮胎压路机进行碾压，以暴露潜在的不平，提高平地机在拉线控制标高、横坡精平时的准确性。在精平时，严禁薄层贴补，一般以刮削为宜。

（八）碾压成型

当精平符合要求后，应立即进行碾压成型工序。压实机械组合宜以25 t或30 t振动压路机与YC－16轮胎压路机或者是三轮压路机配合碾压。

碾压成型工序如下。

（1）先用振动压路机不开振稳压一遍，再先轻振后重振碾压至要求压实度，一般为4～6遍，最后用轮胎压路机或三轮压路机碾压2～3遍，用来光面和消除轮迹。压实时各部分碾压的次数应相同，并使路的两侧多压2～3遍。接头处应将压路机的后轮超过接缝位置。

（2）碾压时，由路面低的一侧向高的一侧碾压。开始碾压时，边部留下30 cm左右不压，待内侧压实一遍后，再将其压实，以免边部混合料向外推移。

（3）稳压时压路机的主动轮应在前方，作到慢起动，空挡停车，起动后起振，停车前停振，严禁急转弯和急刹车。

（4）为保证每个压实段的接头平整度，稳压时，通常采用以下方法：①纵向静压时，压成锯齿形状（最小错开1 m），不能在同一断面上压齐。在下一个压实段静压前，静压压路机应在静压的锯齿接头处，错成斜向压平锯齿型后，再按前述静压方法进行下个段落稳压。②若稳压将其压实终止面设在一个断面上成一直线，复压结束后，应人工把不平的拥包整平至符合要求，再用压路机横压赶光成活，这样做效果不错但比较费工。

（5）稳压后紧接复压，使用振动压路机振压，纵向压实振轮应重叠1/3～1/2，压完全宽为一遍，压到规定遍数后，紧接光面碾压成型。

（6）水泥稳定土从加水拌和到压实成型应控制在试验确定的延迟时间内完成。压路机的行走速度要求为稳压阶段1.5 km/h，压实阶段2 km/h，光面压实阶段2.5 km/h左右。

（7）压实完成后立即进行压实度检查，若达不到要求应马上补压，直至达到要求为止。

（8）平整度控制。压实完成时用3 m直尺检查平整度，发现不符合要求的地方应及时处理。

（九）接头处与调头处处理

1. 同日两次施工工作段接头处的处理

同日两次施工工作段的接头处，应搭接处理，第一段拌和后，留下5～8 m不进行碾压。第二段施工时，前一段留下的未碾压部分，要再加水泥重新拌和，并与第二段一起碾压。

2. 每天最后一个施工缝和调头处的处理

在已完成的水泥稳定土层末端用直尺检查平整度，在压实度和平整度都符合要求的部分与不符合要求的部分的分界处拉线垂直于中线，并沿该线垂直切至底面。

用与结构层等厚等宽的方木，放在切除后断面处并紧靠做好的水泥稳定土层，以便保护该层不被破坏。

为保护已做好的水泥稳定土层，在其表面覆盖10 cm厚的土或砂等物，长度满足机械调头要求为宜。

经过上述处理后，就可上料进行正常施工作业。

当拌和、平整完成达到要求后，将方木取出，并用拌和好的混合料回填方木处。按要求的松铺厚度进行填筑整形，一般应比已铺筑层高5 cm左右，待压实后刮除。

（十）养生

水泥稳定土经压实成型后，必须养生7 d，应使表面潮湿，防止水分蒸发，保证水泥充分硬化。保水养生的方法很多，不管采用哪种方法，一定要在保养7 d中使水泥土处于潮湿状态。

二、厂拌法

水泥稳定土厂拌法施工应用最普遍，一般情况下底基层的第二层及基层都是采用厂拌法施工。

（一）厂拌法的拌和工艺流程

厂拌法的拌和工艺流程如图9-4所示。

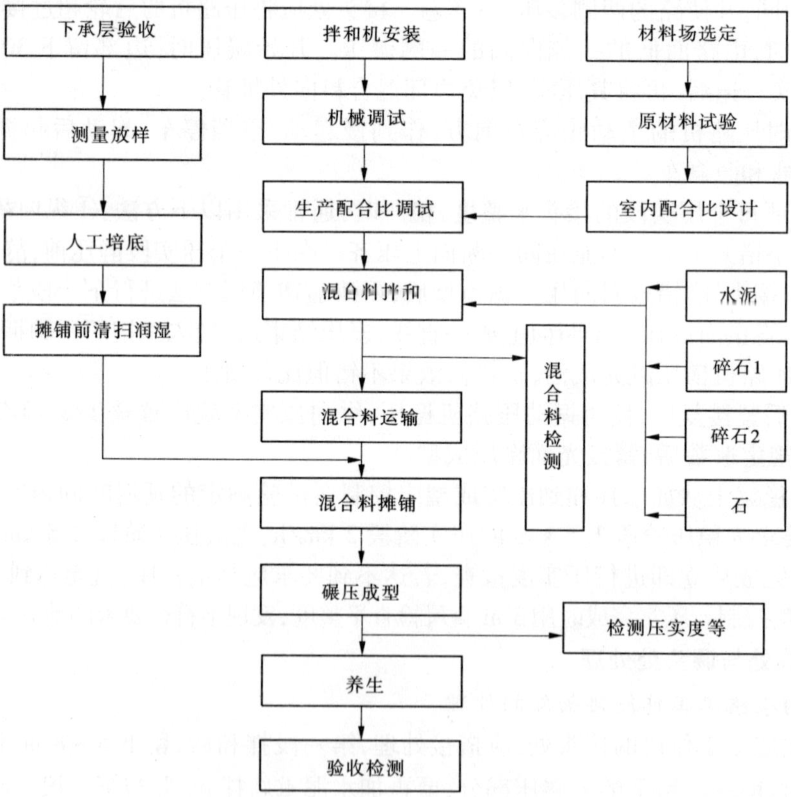

图9-4　厂拌法的拌和工艺流程

(二)混合料配合比控制

路面基层(底基层)的配合比可根据不同的情况进行调整。对硅铝粉煤灰,采用粉煤灰做基层或底基层时,石灰与粉煤灰之比为1∶9～1∶2。采用石灰粉煤灰土做基层或底基层时,石灰与粉煤灰之比为1∶4～1∶2。石灰粉煤灰与细粒土之比为30∶70～10∶90。采用石灰粉煤灰粒料做基层或底基层时,石灰与粉煤灰之比为1∶2～1∶4。石灰粉煤灰与级配粒料(中粒土和粗粒土)之比为1∶6～1∶4。

按上述的配合比制成所需要的试件,采用重型击实试验确定混合料的最大干密度和最佳含水量,并根据工地预计达到的压实度,计算各种结合料剂量时试件应有的干密度。

根据最佳含水量和计算的干密度制备试件,在标准温度下(冰冻地区(20±2)℃,非冰冻地区(25±2)℃)保湿6 d、浸水1 d,养生期满后,进行7 d无侧限抗压强度试验,计算试验结果的平均值R(见式(9-1))。

(三)压实度的控制

现场压实度是指工地实际达到的干密度与室内标准击实试验所得的最大干密度的比值。路面基层(底基层)的现场压实度控制通常采用灌砂法、环刀法、核子密度仪法和钻心法。

灌砂法:适用于现场测定基层(底基层)的各种材料压实层的密度和压实度。当集料的最大粒径小于15 mm,测定层的厚度不超过150 mm时,宜采用ϕ100 mm的小型灌砂砂筒;当集料的粒径等于或大于15 mm,但不大于40 mm,测定层的厚度超过150 mm,但不超过200 mm时,应采用ϕ150 mm的大型灌砂砂筒测试。现场测定时,量砂要准确、规则,试坑的周壁应垂直,同直径且贯穿整个碾压层。

环刀法:适用于龄期不超过2 d的无机结合料稳定细粒土的密度测试,所取的试样宜处在碾压层的中部,不适用于含有粒料的稳定土及松散性材料的基层(底基层)。

核子密度仪法:适用于施工质量的现场快速测定,不宜用做仲裁试验或评定验收试验,但现场测试时对人体有害。打洞时,洞壁附近的结构受到一定的破坏,影响了测定的准确性,因此需要与常规方法进行比较,验证其可靠性。

钻心法:适用于龄期较长的无机结合料稳定类基层和底基层的密度检测,也适用于检验从压实的沥青路面上钻取的沥青混合料心样试件的密度,以评定沥青面层的施工压实度。由于沥青混合料标准密度的确定存在不定性,新的检测方法规定了三种标准密度方法,即马歇尔击实试件密度、试验路段钻孔取样密度、由实测最大密度按空隙率折算的标准密度。

(四)下承层准备及测量放样

下承层的验收检查同本节路拌法施工。

测量放样及下承层清扫、洒水润湿工序如下。

(1)恢复中桩,设两侧指示边桩,水准测量与路拌法同。

(2)在铺筑段两侧培做土模路肩,土模宽度比设计宽度宽10～20 cm,土模高度与水稳层松铺厚度同高,土模必须拉线垂直切除,其密实度在80%左右,培设路肩后应每隔一定距离(5～10 m)交错设泄水沟或做盲沟。

(3)设置钢丝基准线:①选用$\phi2$～$\phi3$ mm的钢丝作为基准线。②每段基准线长度300 m左右为宜(曲线上不超过100 m为宜),在钢丝两端必须用紧线器同时张拉,张力1 kN以上,以钢丝不产生挠度为准。③固定钢丝基准线的钢钎采用刚度大的$\phi16$～$\phi18$ mm圆钢筋加工,并配固定架,固定架采用丝扣以便拆卸和调整标高,钢钎间距一般采用5～10 m(直线上 10 m,曲线上 5 m)。钢钎就设在距铺设宽度外 30 ~ 40 cm 处。两侧均设钢丝基准线,其标高控制误差为 -2 ~ +5 mm。钢钎应支设牢固,在整个作业时间内派专人看管,严禁碰撞,发现问题及时纠正。

(五)混合料拌和

1. 准备工作

(1)拌和场应设置在空旷、排水良好、运输方便、位置适中的地方,并综合考虑生产能力和供应情况。

(2)各种集料分仓储存,防止混料、污染、受水浸害。

(3)拌和时应选用性能好的、拌和质量高的、配有电子计量装置的拌和设备。拌和站必须满足现场摊铺设备的要求。

(4)施工拌和前应安装调试好拌和机,使配料计量满足施工配合比的误差要求。

2. 拌和质量控制

(1)拌和前检测集料含水量,并作为拌和用水量的调整依据。

(2)混合料拌和前检查各种材料的运送线路,开启拌和机,按照规定的上料比例上料。

(3)考虑施工的离散性,拌和时水泥用量应比试验室所确定的水泥剂量提高 0.5%。

(4)混合料含水量对其成型质量影响较大,在拌和中应严加控制。在炎热的夏季施工,应考虑拌和、运输、摊铺过程的水分散失,应适当加大含水量。其增加量应由拌和出料时的含水量和碾压时的含水量进行测试比较,蒸发损失多少,就补充多少。根据施工经验,在夏季 9 点前和 17 点后,补水量应比最佳含水量大 1% ~1.5%;在 9 ~ 17 点内,应增加补水 1.2% ~2.5%。在雨季施工期间,由于集料含水量增大,拌和时应实测集料含水量,调整拌和用水量。

(5)每天开始拌和前几盘料应抽样做筛分试验,若有问题应及时调整。全天拌和料应按摊铺规定的频率进行抽样试验,检测各项技术指标,使之达到规定要求。

(6)拌和时,应严防水泥下料口堵塞不流动或者流量不足,造成缺少水泥现象,应勤检查,观看拌和料是否均匀、色泽一致,否则应废弃。

(7)拌和机尤其是国产拌和机上料斗的斗与斗间距太近,上料时易串料,这种现象应严格加以杜绝,否则造成配比不准,影响混合料质量。

(六)混合料运输

(1)运输混合料宜采用大吨位的自卸翻斗车,其运输车的数量应根据运距长短、道路状况、摊铺能力等因素综合确定,以满足摊铺要求为准。一般以在摊铺现场有 1 ~2 辆车等待摊铺为宜。

(2)每天都要对运料车认真检查,排除故障,并准备好覆盖苫布,以便需要时进行覆盖。

(3)装料时,车要有规律的移动,使拌料在装车时不致产生离析。

(4)发料时,应认真填写发料单,记录车号、出料时间、吨位等,运至摊铺现场,应由收料人核对查收,并注明摊铺时间,以备检查剔除超出延时时间的混合料误铺影响工程质量。

(5)自卸汽车将混合料倒车进行摊铺喂料时应听从现场人员指挥,严禁撞击摊铺机。

(七)混合料摊铺

1. 摊铺机选择及调整

(1)优先考虑全幅摊铺机、性能良好的摊铺机,没有全幅摊铺机也可采用两台摊铺机递进摊铺。

(2)根据摊铺速度、厚度和宽度等因素调整好摊铺机夯锤频率,保证碾压前摊铺的混合料有足够的密实度。

(3)把螺旋送料器调整到最佳状态,使螺旋送料中混合料的高度能将螺旋送料器直径的2/3埋没,以避免离析和大料沉底的现象发生。一般情况螺旋器轮边距底面为15 ~20 cm。

2.松铺系数的确定与调整

使用不同的摊铺机、不同的混合料及不同的夯重振动频率就会产生不同的松铺系数,一般常用的ABG、福格勒摊铺机,其松铺系数为1.15 ~1.35,施工时使用的松铺系数应在铺筑试验路时实测计算确定。在摊铺前,应按松铺系数调整好摊铺机。

3.混合料摊铺

1)一台摊铺机摊铺

为避免水泥稳定土中间产生纵向接缝时采用一台摊铺机摊铺:

(1)拌和好的混合料运至现场,等到存有一定车数应立即按松铺厚度均匀摊铺。在开始摊铺前应检查两侧分料器接头处(50 ~60 cm)有无离析的料,并清除处理。在摊铺时应清除送料器送料时离析的大石子,在摊铺后如发现离析,应人工处理,注意检查含水量大小是否合适,及时反馈拌和站适当调整。

(2)开始摊铺时,当铺到10 m左右时,应检测摊铺面标高、横坡、厚度,若不符合设计时,应适当调整,使之满足要求后再进行摊铺。正常施工时,应每10 m做一次松铺厚度检查并记录,每50 mm检测一次横坡。若发现摊铺面上有杂物、大块石料应清除并补填合格料。

(3)摊铺时应保持匀速摊铺,根据拌和能力确定摊铺速度,一般规定为1.0 ~3.0 m/min。派专人指挥喂料车卸料以保证不撞击摊铺机。摊铺机的夯锤或夯板的振动频率应均匀一致,一旦确定不得随意改动。夯锤应尽可能大,以保证摊铺密度,以传感器在钢丝上不产生较明显的振动为宜。为保证平整度,当摊铺机正常行走后,摊铺机传感器应自动控制标高,尽量减少人工手动操作和调整摊铺机熨平板仰角。

(4)摊铺过程中因故中断2 h或每天的工作结束时,必须设置横缝,摊铺机应驶离混合料末端一定距离。

2)两台摊铺机摊铺

当没有可摊全幅的摊铺机时,或者为减小边部离析现象,可采用两台摊铺机摊铺:

(1)两台摊铺机宜为同种型号的摊铺机,前后相距8 ~10 m,同时向前摊铺。

(2)前一台摊铺机使用一侧钢丝基准线控制标高,并用摊铺机横坡仪控制横坡。第二台摊铺机以一侧的钢丝基准线控制标高,另一侧走滑靴控制横坡,滑靴放在第一台摊铺机摊铺好未碾压的混合料上,摊铺宽度应与先摊铺层搭接5 cm左右,以保证两次摊铺接缝处的紧密。

(3)其他操作程序与采用一台摊铺机摊铺相同。

(八)横缝施工

(1)人工把末端混合料弄整齐,紧靠混合料放置方木,方木应与混合料压实厚度同高,与宽度等宽。

(2)方木的另一侧设支撑,保证在碾压时不移动变形。

(3)混合料碾压密实。

(4)用3 m直尺检测平整度,不合格处应处理至合格。同时检测压实度,若不合格则继续碾压至合格。

(5)在重新摊铺混合料时，应先清扫下承层。

(6)摊铺机返回已压实好的末端，就位设好松铺厚度重新开始摊铺混合料。

(7)两层结构的横缝应避免设在同一断面上。

(九)纵缝施工

一般在不可避免必须设置纵缝的情况下，应按下述方式施工：

(1)摊铺前一幅时，在靠后一幅的一侧用方木或钢模板做支撑，使前幅施工成型后纵缝顺直，断面与下层垂直。其支撑高度与结构层厚度相同，并且支撑牢固稳定不变形。

(2)当养生结束，施工后一幅时，拆除支撑，清扫并洒水润湿后铺筑。

(十)混合料的碾压施工

压实机具组合、压实顺序、压实工艺与路拌法施工相同。

结构层的成型应尽快完成，必须在延时试验确定的时间内完成。

(十一)养生

养生要求同路拌法。

(十二)施工机具的配备及劳动力组合

1. 拌和站设备

ZL45 装载机 5 台，120 kW 发电机 2 台，自卸汽车 40 辆，WDB－300 拌和机 2 台，T140 推土机 1 台。

2. 摊铺压实设备

1)摊铺设备及机具

ABG423 摊铺机一台，4 t 洒水车 3 辆，小推车 2 辆，三轮车 2 辆，ϕ3 mm 钢丝绳 2 km 300 钢丝支架 300 个。

2)压实机械

德州产压路机(50 t)一台，德州产压路机(YZC－14)2 台，12 t 三轮压路机一台。

3. 劳动力组合

1)后台拌和人员配合

工长 1 人，技术负责人 1 人，拌和机 2 台/(20 人)，维修工 3 人，试验负责人 1 人，运输 60 人。

2)前台施工人员配备

现场负责 1 人，试验员 2 人，摊铺压实人员 8 人，测量放样人员 8 人，清扫人员 6 人，整平检查人员 8 人。

(十三)质量标准

以施工图和招标技术条款的质量要求为控制依据。以《公路工程质量检验评定标准》(JTG F80/1—2004)进行质量检测评定。

本章小结

(1)基层、底基层可分为无机结合料稳定类和粒料稳定类。无机结合料稳定类又分为半刚性型或整体型，主要有水泥稳定类、石灰稳定类和综合稳定类。粒料稳定类主要有嵌锁型和级配型。

(2)半刚性型或整体型结构的特点是整体性好、承载力大、刚度大、水稳定性好，而且还是一种因地制宜的较为经济的结构，国内外都广泛运用于基层、底基层的结构中。

(3)半刚性基层、底基层的组成设计原则是：①在保证质量的前提下，因地制宜，就地取材，结合工地实际进行合理组合，只在万不得已时才远运材料；②对材料的剂量，应通过试验优化，求得最合理的用量；③对集料要求应有尽可能好的级配，能做到集料数量满足只靠拢而不坚密，其间隙由结合料填充，形成各自发挥特点的稳定结构。

(4)二灰稳定土的质量取决于石灰、粉煤灰粒料或土的性质，因此在选材时一定要把好材料关。

(5)石灰土是用石灰稳定细粒土而得到的混合物，常用做高等级路面的底基层或低等级路面的基层。

(6)水泥稳定碎石、砂砾石土做高等级道路的基层、底基层较为普遍。其施工技术水平的高低直接影响路面的使用质量。

【小知识】 拆架子的注意事项

拆架子要遵从由上而下，先绑者后拆，后绑者先拆的原则。即先栏杆、脚手板、十字撑、斜撑，而后小横杆、大横杆、抛撑、立杆等。不得用推倒或拉倒的方法进行拆除。

(1)拆架前应将周围隔离，以免闲人进入，发生危险。必要时应设置明显的警告标志。

(2)拆架子时，要注意动作协调，当解开与另一人有关的结扣时，应先告诉对方，以防发生危险。

(3)拆除斜杆及大横杆时，需四人相互配合，三人在架上，一人在地面，先解中间扣，再解两头扣，拆下后由中间的人负责往下顺送杆子。顺送杆子时，应先顺下大头，握住小头尽量往下送，送至不能送时，即告诉下边的人，待答复后再放手。

(4)拆立杆接头时，应有一人扶杆，一人解扣。扶杆人应一手抓住横杆或立杆，另一手将需解的立杆拢在未解的立杆上，并用腿拐住。解扣人应先解上扣，后解下扣，最后将中间扣解松，把杆子缓缓顺下。向下顺杆时，不得跨在两根横杆上，防止前倾坠下。

(5)拆下来的杆件往下顺时，要察看周围情况，若有电线或其他障碍物，应预先拆除或采取防护措施，确认安全后方可顺下，并不得使周围的建筑物受损。

(6)拆下来的材料应有秩序地分类堆放在指定的地方。防滑条要有专人收拾，以免钉子扎脚。

(7)在拆架子的过程中，最好中途不要换人。若需要换人，必须将原来已拆除的情况交待清楚，以免发生事故。

(8)拆上层较高的架杆，应用绳索或滑轮往下送，不得投扔。

复习思考题

9-1 路面基层(底基层)的结构类型有哪些？各有何特点？

9-2 路面基层(底基层)对主要材料有何要求？

9-3 稳定类路面基层(底基层)的施工特点有哪些？

9-4 稳定类路面基层(底基层)的压实度控制方法有哪些？

9-5 垫层的类型有哪些？

9-6 垫层对材料有什么要求？

9-7 垫层施工要点有哪些？

第十章　沥青路面工程施工

职业能力目标与学习要求

通过对公路沥青路面工程施工的学习，使学生对公路沥青路面工程施工特点、方法、要求、标准和有关施工中应该注意的问题有一定的了解和掌握，并且结合工作过程，通过案例分析提高学生分析问题和解决问题的能力，为今后从事施工员、技术员、管理员、测量员工作奠定良好的基础。

教学重点

1. 透层、黏层、封层施工的方法；
2. 沥青表面处治的施工方法和要求；
3. 沥青贯入式路面施工的方法和要求；
4. 热拌沥青混凝土路面施工的方法和要求；
5. 沥青玛瑞脂碎石混合料（SMA）施工的方法和要求。

第一节　透层、黏层、封层施工

一、透层施工

为了使沥青面层与基层牢固结合，一般在做沥青面层前都应在半刚性基层、碎（砾）石基层上洒喷透层油进行透层施工。

（一）透层油的技术要求

1. 乳化石油沥青

使用路用乳化石油沥青做透层油应符合《公路沥青路面施工技术规范》（JTG F40—2004）的技术要求。

2. 液体石油沥青

透层若使用液体石油沥青喷洒，应符合《公路沥青路面施工技术规范》（JTG F40—2004）的技术要求。

3. 煤沥青

透层若使用煤沥青喷洒，应符合《公路沥青路面施工技术规范》（JTG F40—2004）的技术要求。

（二）透层油施工一般要求

（1）凡是用水泥、石灰、粉煤灰等无机结合料稳定土或粒料的半刚性基层、级配砂砾、级配碎石基层都应喷洒透层油。

（2）透层油沥青的稠度宜通过试验确定，对于表面致密的半刚性基层宜采用渗透性好的稀透层沥青；对级配砂砾、级配碎石等粒料基层宜采用软稠的透层沥青。

(3)透层油沥青宜采用慢裂的洒布型乳化石油沥青,或者是中、慢裂液体石油沥青或煤沥青。

(4)使用乳化石油沥青时,用于制作乳化沥青的沥青标号应根据基层种类、当地气候等条件确定。

(5)透层沥青的品种和用量应根据基层的种类通过试验确定,并符合《公路沥青路面施工技术规范》(JTG F40—2004)的技术要求。

(三)透层油施工准备

1.洒布机械准备

高速公路、一级公路应使用汽车洒布机洒布;二级以下的公路可以使用人工沥青洒布机洒布。因此,根据道路情况应准备性能良好的汽车洒布机或人工洒布机,并在使用前检查保养、调试安装喷油嘴、进行喷油量试喷检查,使机械处于完好的待用状态。

2.喷油的用油准备

选择合适沥青品种、对沥青进行乳化生产,使其符合使用技术要求备用,或是购买合格的成品乳化沥青储存备用。

3.基层准备

(1)验收基层合格后,放出喷洒边缘线。

(2)如果基层已完工较长时间,表面过分干燥时应对基层进行清扫,在基层表面洒少量的水润湿,等表面稍干后喷洒透层油。

(3)紧接基层施工后喷洒透层油施工,只需基层满足验收条件,并表面稍干后,即可喷洒透层油。

(4)对路缘石及人工结构物作适当保护,以防污染。

(5)起点处铺盖1~2 m油毛毡,以保证喷洒整齐均匀、不致重叠,多洒沥青。终点准备接油槽,待喷洒结束时,接喷管道的油,不致污染基层。

(四)透层油喷洒施工

根据透层油喷洒量、喷洒宽度安装好喷油管,调试喷油嘴高度、喷油斜度并检查油泵系统、管道系统是否正常无故障。

检查油车沥青罐油表是否准确,行车排挡、行车速度、油泵排挡、沥青节门等是否调整正确,确保喷洒量均匀准确。

一切都检查无误后按下列步骤进行洒布施工:

(1)洒油汽车从洒油起点处启动加速到喷洒油速度后,匀速沿导向标指引方向前进。

(2)当洒油车喷油管进入洒油起点油毛毡覆盖区时,打开喷油开关节门进行喷洒。

(3)当油喷洒结束,鸣笛,开关手关闭节门,油车稍前行停下。事先等候的工人用油槽把喷管中还在细流的油接住,避免污染基层。

(4)核对喷洒耗量与喷洒面积是否吻合,并卸下喷油管进行清洗备用。

(5)一车油为一个洒油施工段,下一车开始喷洒时,将上次施工起点油毛毡移至终点覆盖上已洒的部分作为新洒喷起点。以后工序按前述步骤进行。

(6)洒过透层油后,严禁车辆通行。

(五)施工注意事项

(1)透层油洒布后应不致流淌,应渗入基层一定深度,不得在表面形成油膜。

(2)若遇大风或将下雨,不能喷洒透层油。

(3)气温低于 10 ℃时不宜喷洒透层油。

(4)应按设计喷油量一次均匀洒布,当有漏洒时,应人工补洒。

(5)喷洒透层油后,一定要严格禁止人和车辆通行。

(6)在摊铺沥青前,应将局部尚有多余的、未渗入基层的沥青清除。

(7)透层油布洒后应待充分渗透,一般不少于 24 h 后才能摊铺上层,但也不能在透层油喷洒后很久不作上层施工,应尽早施工。

(8)对无机结合料稳定的半刚性基层喷洒透层油后,当不能及时铺筑面层,并还需开放交通时,应铺撒适量的石屑或粗砂,此时宜将透层油增加 10% 的用量。用 6 ~ 8 t 钢筒式压路机稳压一遍,并控制车速。在摊铺上层时发现局部沥青剥落,应修补,还需清扫浮动石屑或砂。

二、黏层施工

黏层的作用就是使上下层沥青结构层或沥青结构层与结构物完全黏结成一个整体。层间使用黏层沥青后,确实能使层间结合牢固。在施工中常常会因沥青结构层下层未被污染,而连续摊铺上层,省去黏层施工。这种做法是极其错误的,它将使沥青结构层间的结合力大大减小,不能很好地发挥整体作用。由于喷洒黏层油后能形成一层薄膜,还能起到防水作用。

(一)黏层沥青的技术要求

黏层沥青材料目前一般多采用乳化沥青。使用乳化沥青时,宜使用快裂型的乳化沥青,也可以使用快、中凝液体石油沥青或煤沥青。黏层油的规格、质量应符合《公路沥青路面施工技术规范》(JTG F40—2004)的要求。

黏层沥青的种类、标号宜与面层所用沥青相同,但需经乳化或稀释。

(二)黏层沥青的用量、品种选择

路面的基层结构不一样,使用黏层沥青的品种就不一样。若级配碎石基层的渗透性好,可采用慢裂型乳化沥青,而半刚性基层使用慢裂石油沥青洒布后会严重流淌,应使用快裂型沥青。

乳化沥青分为阳离子乳化沥青和阴离子乳化沥青。阳离子乳化沥青的沥青微粒带正电荷,阴离子乳化沥青的沥青微粒带负电荷。当阳离子乳化沥青与集料表面接触时,由于所带电荷不同,产生异性相吸,两者在有水膜的情况下能使沥青微粒裹覆在集料表面,仍能很好吸附结合。因而在阴湿、低温(5 ℃以上)情况下仍可以施工。但阴离子乳化沥青正好相反,它与潮湿集料表面都带负电荷,产生同性相斥,沥青微粒不能很快黏附在集料表面上,若要使沥青微粒裹覆在集料表面,必须待乳化液中水分蒸发后才行,所以遇上阴湿或低温季节时就难以施工。

(三)喷洒黏层的适用范围

(1)双层式或三层式热拌热铺沥青混凝土路面在铺筑上层前。

(2)旧路面上加铺上层沥青混合料前。

(3)水泥路面上,桥面铺装前。

(4)与新铺沥青混合料接触的路缘石、雨水进水口、检查井等的侧面。

(四)黏层沥青的施工

1. 施工准备

(1)应将需喷洒黏层沥青的下层清扫干净,确保无灰尘。如果用水冲洗,应使表面干燥;如果是喷洒过透层沥青,应使透层表面干燥。

(2)准备沥青洒布车,使之处于良好状态,保证洒油量准确、均匀。

2. 喷洒工艺、质量要求

(1)黏层油的喷油工艺同透层油喷洒工艺。

(2)黏层沥青应喷洒均匀,或涂刷均匀,喷洒过量处应刮除,严格控制喷洒量。

3. 施工注意事项

(1)喷洒表面一定清扫干净,并保持表面干燥。

(2)当气温低于 10 ℃或路面潮湿时禁止喷洒。

(3)喷洒黏层后,严禁车辆、行人通过。

(4)黏层沥青喷洒后,一定要等乳化沥青破乳,水分蒸发完后才能铺筑上层沥青混凝土。

三、封层施工

(一)封层的作用

路面封层的作用可归结为 4 点:①封闭某一层起着保水防水作用;②起基层与沥青表面层之间的过渡和有效连接作用;③路的某一层表面破坏离析松散处的加固补强;④基层在沥青面层铺筑前,要临时开放交通,防止基层因天气(如多雨、冬季等)或车辆作用出现损毁。

(二)封层施工类型

封层可分为上封层和下封层。就其施工类型来分,可采用拌和法或层铺法的单层式表面处治;也可以采用乳化沥青稀浆封层。

(三)封层使用的沥青材料

上封层使用的沥青材料应按《公路沥青路面施工技术规范》(JTG F40—2004)的技术要求选择使用,沥青的标号应根据当地气候情况确定。

(四)封层施工规定

(1)使用层铺法沥青表面处治铺筑上封层时,施工方法按层铺法表面处治工艺施工。

(2)使用层铺法沥青表面处治铺筑下封层时,施工工艺同上封层。

(3)采用拌和法施工上、下封层时,应按照本章第四节热拌沥青混凝土路面的施工工艺进行。当为下封层铺筑时,宜采用 AC-5(或 LH-5)砂粒式沥青混凝土,厚度宜为 1 cm。

(4)使用乳化沥青稀浆封层施工上、下封层:①稀浆封层的厚度宜为 3~6 mm。②稀浆封层的矿料类型及矿料级配,应根据封层的目的、道路等级进行选择。③稀浆封层使用的乳化沥青可采用慢裂或中裂的拌和型乳化沥青,当需要减缓破乳速度时,可掺加适量的氧化乳做外加剂。当需要加快破乳时,可采用一定数量的水泥或消石灰粉做填料。④乳化沥青的合理用量通过试验确定。⑤混合料的湿轮磨耗试验的磨耗损失不宜大于 800 g/m^2;轮荷压砂试验的砂吸收量不宜大于 800 g/m^2。⑥稀浆封层混合料的加水量应根据施工摊铺和易性由稠度试验确定,要求的稠度应为 2~3 cm。

（五）稀浆封层施工注意事项

（1）当在被磨损的旧路面上铺筑稀浆封层时，施工前应先修补坑槽、整平路面。

（2）稀浆封层施工时应在干燥情况下进行。稀浆封层施工气温不得低于 10 ℃。

（3）稀浆封层施工应使用稀浆封层铺筑机，其工作速度宜匀速，铺筑应达到厚度均匀、表面平整的要求。

（4）稀浆封层铺筑后，必须待乳液破乳、水分蒸发、干燥成型后方可开放交通。

四、下封层施工实例

（一）工程概况

某高速公路南段路面二合同段位于定远县境内，里程桩号为 K38 + 500 ~ K75 + 583.83，全长 37.083 km。

主要工程量：厚 18 cm 水泥稳定碎石 921 860 m^2，厚 17 cm 水泥稳定碎石 921 860 m^2，厚 6 cm 沥青混凝土下面层 882 567 m^2，厚 5 cm 沥青混凝土中面层 903 106 m^2，厚 4 cm 沥青混凝土上面层 899 668 m^2。

（二）下封层施工

该工程的下封层施工是采用人工和机械施工相结合的施工方法，即人工清扫基层，沥青洒布机喷洒乳化沥青，人工再撒铺集料，压路机压实。

1. 工艺流程图

下封层施工工艺流程如图 10-1 所示。

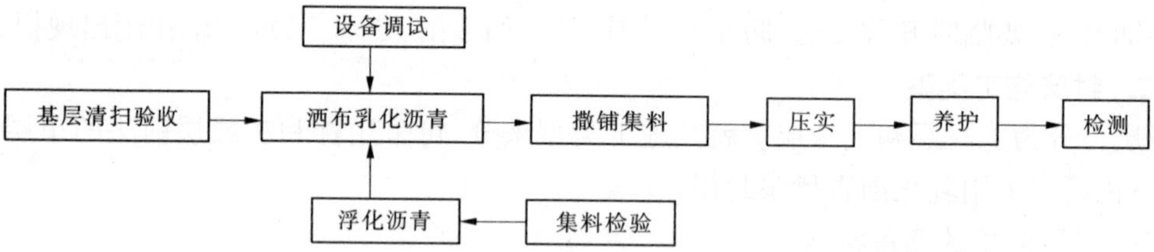

图 10-1　下封层施工工艺流程

2. 施工准备

1）材料准备

（1）乳化沥青。该项目使用的乳化沥青由业主提供，每 100 t（或 100 t 以下）的供货只对乳化沥青的蒸发残留物含量、残留物针入度、延度、软化点进行检验。检验结果应符合表 10-1 的要求。

（2）集料。宜采用坚硬、清洁、干燥、无风化、无杂质并符合规定级配的轧制矿料，应以石灰岩为佳。该工程使用的矿料符合《公路沥青路面施工技术规范》（JTG F40—2004）要求。

2）人员、机械设备准备

现场人员：现场负责人 1 人，质检员 1 人，操作手 5 人，工长 1 人，试验员 1 人，工人 15 人。

机械：沥青洒布机 2 台，洒水车 1 辆，森林灭火鼓风机 4 台，轮胎压路机 1 台，装载机 1 台，石屑运输车 2 辆。

试验设备：针入度仪 1 台，软化点仪 1 台，路面渗水仪 1 台，延度仪 1 台，乳化沥青稠度仪 1 台，方孔标准筛 1 套。

表 10-1　沥青路面下封层施工阶段的质量检查标准

项目	检查频率	质量要求或允许误差	试验方法
乳化沥青喷洒量	每半天 1 次	纯沥青量 ±0.2 kg/m²	称定面积收取乳化沥青量
集料撒铺量	每半天 1 次	在规定的范围内	利用集料总量与撒铺面积求得
渗水试验	1 处/1 000 m²	渗水量 <5 mL/ min	利用渗水仪，每处 2 点
刹车试验	1 处/2 000 m²（仅试铺段做刹车试验）	沥青层不破裂	7 d 后用 BZZ－60 标准汽车以 50 m/h 车速急刹
外观检查	随时全面	外观均匀一致，用硬物刮开封层观看，与基层表面牢固黏结，不起皮，无油包和基层外露等现象	

3）基层准备

（1）验收基层，若不符合要求应处理至符合要求为止。

（2）用秃的竹扫帚用力将基层表面的所有杂物扫出路外，污染严重的地方用铁锹铲除后清扫，用水冲洗干净。

（3）用 3 台森林灭火机沿半幅路基的纵向，3 人成一条斜线，前面的人靠近中央分隔带，后面的人依次递进，将路基表面的浮尘吹干净，尽量使表面集料外露，以利于乳化沥青与基层的黏结，根据当时风向调整吹风机的布置方位。

（4）在喷洒乳化沥青之前 1 h 左右，根据基层表面的干燥情况，用洒水车洒水润湿，以便使基层表面的孔洞打开，降低粉尘。若遇阴雨天，基层表面已经湿润，则无需洒水预湿。

（5）新施工的基层验收合格后能马上施工封层效果最好。

（6）放样宽度宜比设计宽度每边增加 25 cm。

3. 两油两料的层铺法施工

高速公路的下封层是采用的半幅两次全宽洒油和洒料施工。其工艺要求与沥青双表处路面相同：

（1）第一次洒油为基质沥青，用量为 0.4～0.5 kg/m²，洒后不流淌、不露石，否则应人工补洒或者将多洒的油扫开使之均匀。

（2）撒铺集料。乳化沥青洒布后，紧接着使用汽车和人工撒铺集料，其石料总量控制在 3～4 m³/（1 000 m²），第一次撒铺量为 2 m³/（1 000 m²）左右，应撒铺均匀，不得有重叠。

（3）碾压。集料撒铺后，使用轮胎压路机轻压。

（4）第二次洒油，一般宜在 5～7 d 后进行，并在第一层的基础上，认真清除浮动颗粒，并洒布中裂乳化沥青，其用量为 0.5～0.6 kg/m²。

（5）撒铺第二层集料，用量为 2 m³/（1 000 m²）左右，要保证乳化沥青表面的集料均匀。

（6）集料撒铺均匀后，用轮胎压路机轻压。石料撒铺应均匀，应覆盖乳化沥青表面 60%～90%，仅保持少量露黑。料堆处基层表面，当集料用完后，必须清扫、气吹干净后，才能喷洒沥青和撒铺集料。气温高时，为防止粘轮而多撒的集料可在铺下面层时扫除回吸。

（7）集料撒铺完后，立即碾压，局部露黑处发生粘轮时，应补撒少量集料。

(8)桥头、结构处控制油量,不能多洒,也不能露白少洒。

(9)喷洒乳化沥青时,不能污染路缘石。

(10)洒布乳化沥青的气温不应低于 10 ℃,且温度保持稳定上升,风速适度。有雾或下雨时不应施工。

4. 施工质量控制

检测项目包括乳化沥青喷洒量、集料撒铺量、渗水试验、刹车试验和外观检查。

检验方法和检验标准如表 10-1 所示。

第二节　沥青表面处治施工

一、概述

沥青表面处治用于三级公路和三级以下的公路,各级施工临时便道及旧沥青路面层上加铺罩面层或磨耗层,其施工方法有两种,即拌和法与层铺法。一般铺筑厚度不大于 3 cm。

某公路全长 156. 8 km,公路等级为二级至三级公路,路面为三层沥青表面处治路面(简称沥青表处),路面结构如图 10-2 所示。

二、三层表面处治的施工

(一)准备工作

1. 材料准备

(1)表面处治使用的矿料,应按所需的规格、数量进行备制,并运到指定堆放地点或指定施工路段上按要求堆放,防止材料被污染。

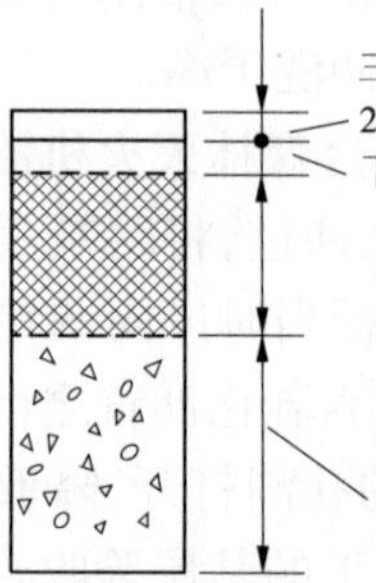

图 10-2　路面结构图

(2)沥青选购后运到工地,取样试验合格后存放备用。

(3)沥青加工站的设置准备包括安置油锅、开挖预热火道、整理装油场地、搭建油工休息棚及修筑洒油车运输通道。油场一般供油长度以 10 ~ 15 km 为宜,不应超过 13 km。加热站的布置应结合地形实际,做到充分利用、合理布局、操作方便、安全生产。

2. 基层准备

对已做好的基层进行验收检查。首先是强度、压实度满足要求,表面坚实平整、干净,纵坡、路拱和标高也应符合设计规定,否则处理至达到要求为止。在喷洒透层油前进行测量放样。

3. 机具准备

(1)检查洒油车油泵、洒油管道和保温系统运转是否正常有效,并进行试喷,以确定洒油车在单位面积上洒油量的准确性。

(2)压路机配置要合理,检修完好待用。

(3)碎石撒铺机的准备与检修。

(二)沥青表面处治的施工

沥青表面处治层铺法施工按施工工序的不同,可分为先油后料法和先料后油法两种。一般多用先油后料法,但当路肩过窄无法堆放全部矿料,采用人工撒料施工或在低温施工时，为加速反油成型，可采用先料后油法施工。先料后油法的优点是节省一道洒油工序，但由于没有底层油，可能会产生路面脱皮或拥包现象。故施工前应严格清扫底层，同时初期养护时应加强控制行车速度，防止上述病害发生。基鲁公路施工采用碎石撒铺机铺料先油后料法的施工工艺。

1. 施工程序

清扫底层→洒透层油→洒封层油→撒石屑→行车成型或中午高温轮胎碾压成型→撒第一层沥青→撒第一层集料→第一遍碾压→洒第二层沥青→撒第二层集料→第二遍碾压→洒第三层沥青→撒第三层集料→第三遍碾压→初期养护成型。

2. 操作方法

1）清扫底层及喷洒透层油

表面处治施工时，对基层上的浮土、杂物及松散砂石料等均应清扫干净。如在旧黑色路面上，水泥路面上有污泥黏附，须铲除或用水冲洗干净。对于石灰稳定土、水泥稳定土、石灰水泥土、泥结类级配砂石、红土砾料基层，为保证其与表处更好的黏结，减小湿度向上聚积的现象，应洒透层油。

公路基层为红土砾料基层，每平方米洒透层油 0.8 kg，使用汽车洒喷，经 24 h 使透层油下渗后再做下道工序。有的基层经压实后面光，透层油很难下渗，影响基层与面层的结合，为此应对基层开放交通，待消除光面后才能洒透层油，或者调整透层油的稠度，使之渗入。

透层油由柴油与沥青掺配制成，其掺配比例为柴油∶沥青 = 20∶80（质量比），喷洒油温控制在 120 ~ 140 ℃，稠度 $C_{25.5} = 15 \sim 20$ s。

2）下封层的施工

为了保证面层与基层的牢固结合，油渗透得应深些，同时为了使下封层有良好的隔水性，公路透层油与封层沥青分别使用不同稠度指标分两次喷洒，即先洒透层油（$C_{25.5} = 15 \sim 20$ s），24 h 后再洒封层沥青（$C_{60.5} = 25 \sim 30$ s），随后撒铺石屑。不论透层油或封层沥青，都要特别注意搅拌均匀。下封层一般比路面宽 0.5 m。

基层做好后，必须隔一定时间，尽量让基层干燥后再做封层，不掺水泥的砾石土尤需如此。封层成型后再做面层，若行车少，封层不易成型，则选择中午高温时用载重汽车或轮胎压路机碾压，促使其成型。

3）洒第一层沥青

在下封层成型并且表面干燥后，才能进行第一层沥青的喷洒。

公路使用洒油车喷洒沥青。每次喷洒，洒油车都应根据 0.8 kg/m² 的用油量喷洒。由于施工时断绝交通，因此采用全幅喷洒。

在喷洒前应全面检查洒油车的油泵系统、管道系统有无故障，沥青油罐上的油表是否准确，洒油喷嘴的高度、喷油斜度、行车排挡、行车速度、油泵排挡、沥青节门开关等是否都调整正确，确保洒油量的均匀性和准确性。

在公路施工中，洒油用量为 1.8 kg/m²。使用 1 号洒油车喷洒时，车速排挡为 2，车速为 10 km/h，油泵排挡为 2，沥青开关节门为 3 号。使用 2 号洒油车喷洒时，车速排挡为 2，车速为 10 km/h，油泵排挡为 2，沥青节门开关为 4 号。因此，喷洒沥青时一定要根据油车性能，调节好使用排挡与沥青节门开关。

喷洒接头的处理。为使接头处喷油均匀，通常在接头处铺 1 ~ 2 m 宽的薄铁板或油毛毡，以保证接头处洒油整齐不重叠。当油车启动后，车速达到喷洒速度时，车行至铁板覆盖的接头处，开关手准时打开洒油管控制节门的开关，油先洒在覆盖板上，然后均匀地洒在路面上，直到洒完一车油或是洒至某一规定终点处后，关闭节门开关驶离洒油现场。

如果是两次喷洒或多次喷洒，应使纵向接头处的宽度控制在 10 ~ 15 cm，覆盖铁板应备足数量重复使用（洒在铁板上的沥青，可在使用前清除后重复使用）。

4）撒铺第一层矿料

当洒布汽车喷洒第一层沥青后（不必等全段洒完），应立即撒铺第一层主层矿料。碎石撒铺机料斗可装 0.5 m^3，撒铺宽度为 1 ~ 3 m，撒铺厚度为 5 ~ 50 mm。撒铺 1 号料时，使用慢速挡，间隙开至 40 ~ 45 mm，就能满足设计要求的厚度。一次撒铺 3 m 宽，两次撒铺 6 m 宽。若有露沥青的地方，用人工补撒，并适当扫匀，清除波浪及坑凹。

5）第一遍碾压

当矿料撒铺一段后（不必等全段撒铺完成），应立即用 6 ~ 8 t 压路机碾压。先从路边开始，再渐移至中心，碾压速度以 1.5 cm/h 为宜，每次轮迹重 30 cm，压至表面平整稳定无明显轮迹为止。注意不要过压，一般压 2 ~ 3 遍。

6）洒第二层沥青

当第一层碾压工艺完成后，即可喷洒第二层沥青，其喷洒工艺与第一层相同，用油量为 1.8 kg/m^2。

7）撒铺第二层矿料

第二层沥青喷洒完成一段后，立即撒铺第二层矿料，撒铺方法同第一层。每 1 000 m^2 用 10 ~ 15 mm 的 2 号矿料 10 ~ 11 m^3。这里需要特别注意的是，撒铺机撒铺完 1 号矿料后，换撒 2 号矿料时，一定要清除扫尽料斗中余料，否则斗中矿料易卡滚筒，造成撒铺机断链条的事故。矿料的装运、存放中注意小料中不能混入大料。

8）第二遍碾压

当第二层矿料撒铺好一段后，即进行碾压，碾压工艺同第一层。

9）洒面层沥青

第二层碾压完成后即可喷洒面层沥青，喷洒工艺同前两层。

10）撒铺面层矿料

面层沥青喷洒一段后，立即撒铺 3 号面层矿料。采用 5 ~ 10 mm 的矿料，每 1 000 m^2 用量 5 ~ 6 m^3。

11）第二遍碾压

面层矿料撒铺好一段后，立即进行碾压，碾压工艺同前两层。注意防止过压破坏矿料棱角。用 6 ~ 8 t 压路机压 2 ~ 3 遍后，用 16 t 轮胎压路机反复揉压；在第二天高温时，再用 12 t 三轮压路机碾压，并配合人工扫匀。

12）初期养护

第三遍碾压结束后即可开放交通，并进行初期养护。养护期可采用指挥交通的方法，或设置路障控制行车路线与速度（一般为 20 ~ 30 km/h），尽量使路面全宽获得均匀行车碾压，2 ~ 3 周后便可成型。

在养护期内，若发现有泛油现象，应补撒 3 号料并扫匀，当表面矿料被行车挤向路边时，应及时扫到路面上。

三、质量检验标准

(一)外观检验标准

外观检验标准包括油量准确、喷洒均匀,表面平整、坚实、不松散、无掉渣、无条状痕迹,无油包、油丁和泛油现象。

(二)检测标准

检测标准包括:①路面宽度不小于设计值;②厚度允许误差为 ±10%;③平整度不大于 10 mm;④路拱、超高、横坡允许误差为 ±0.5%;⑤测点计算弯沉值不大于设计值。

四、施工质量评价

(一)面层厚度

某公路全长 160.4 km,竣工检查抽挖 100 个点,最大厚度为 3.5 cm,最小厚度为 2.0 cm,一般在 2.5 ~3.0 cm,小于 2.5 cm 的共 7 个点,只占 4.4%。

(二)平整度

该公路的平整度很好,竣工检查时专门选择目测平整度差或雨后稍有积水现象的地方进行检查,共抽查 26 处,平整度为 5 ~10 mm 者 19 处,11 ~16 mm 者 6 处,大多数为油面接头处。

(三)宽度、路拱

宽度、路拱两项指标均符合设计要求。

(四)路面总体质量

(1)从路面强度看,K0 +000 ~ K65 +500 段平均弯沉值为 0.46 mm,K65 +500 以后平均弯沉值为 0.473 mm。在考虑季节及潮湿系数因素后,分别为 0.53 mm、0.544 mm,而其允许弯沉值分别为 1.0 mm 及 1.1 mm,其保证率达到 99% 以上,所以路面的整体强度较高。

(2)从道路内部结构水分变化方面看,除 K58 +900 ~ K59 +000 一段特殊情况外,其余地段在历时 3 个月的大雨季后,基、垫层及土基各层含水量都处于稳定和少许下降,而路面强度处于稳定和少许增加,这说明表处表面层防水性好,路表水未能渗入。有的路段竣工已达 26 个月(经历了 3 个大雨季),下面亦无水分聚集现象。这一现象表明路面不会因反潮湿化而导致破坏。

(3)从观测资料的季节与潮湿系数及路面总体强度看,除个别特殊情况外,都没有因地带类型和基层材料的不同而有明显差异,说明由于路段基层材料的不同而有明显差异,路段基层结构与路面总厚度是基本符合实际的,从而也说明当地红土砾石,只要有条件的选择使用,不掺或少掺水泥也同样能保证路面质量。

(五)外观质量

路面的外观坚实不松散,层间沥青饱满,油与石料黏结裹覆良好,无油包、油丁及泛油现象,施工质量非常好。

五、注意事项

沥青表处路面施工应注意以下事项,以避免表面处治病害的发生。

(一)下封层的施工

粗面的表处面层必须有防水措施,防止表面水渗入基层,这是非常重要的,否则即使是水泥稳定的基层,也会招致湿化而破坏。经调查,某公路就是因为表层渗水而导致大面积的破坏。虽然基层常掺水泥3%以上,但无下封层,又没有洒透层油,在雨季时沥青表面的积水日夜不断下渗入基层导致破坏。为防止表面水渗入基层,采用下封层效果显著。但是,对纯红土砾料基层不做下封层。油面铺好后,曾用井水浸泡10 d试验,基层含水量只增长1.0%,路面强度基本无变化,说明基层水稳定性好。为保证工程质量,对纯红土砾料基层或低掺量水泥基层设下封层是有必要的。对掺量在3%以上的水泥红土砾料基层,洒了透层油,不做下封层也是可以的。

下封层的施工一定要在基层尽可能干燥后才施工。为使透层油渗透得深些,使下封层有良好隔水性,透层油洒24 h表面干后再洒封层油,随之撒0~5 mm石屑3~5 kg/m^2,开放交通3~4 d,待封层形成后才能进行下道工序。如果洒了封层油第二天就洒下主层油作表处施工,封层未成型,防水效果不好;封层油内的轻质油分未挥发完,它就会与下主层油融合在一起,使下主层油受到稀释造成油石比过大而泛油。

下封层的宽度一般应比路面宽0.5 m。

(二)雨季施工

解决雨季施工问题是一个非常迫切的问题。沥青表面处治在什么条件下能进行雨季施工是经过实践认识到的。雨季初期,施工中时晴时雨,有时还在施工作业时遇雨。当地多为阵雨,历时一般0.5~1 h,最多2 h左右,雨过天晴,很快就把表面晒干,雨季施工是可以进行的,其具体做法是:①洒透油时基层表面要干;②洒封层油时,透层油的基面要干;③洒第一次主层油时,下封层要干;④当在矿料层上再洒油时,矿料层要干;⑤撒矿料遇雨时或矿料潮湿时,待雨过天晴高温,加强碾压。总之,应注意掌握天气,遇雨必须停止洒油、撒料,矿料未干时禁止碾压,施工地段禁止行车,未成型地段控制行车速度。

(三)洒油量的控制

单位面积上的矿料量确定之后,正确控制单位面积上的洒油量是表面处治成功的关键。因为洒油车洒油时可能行驶在上、下坡道上,也可能行驶在弯道上,速度很难控制一致,因此洒油量也很难控制均匀。实践证明,宜将各层的洒油总量控制在上、下限平均值范围内,才不致出现泛油和少油现象。

(四)碎石(砾石)撒铺控制

碎石(砾石)撒铺主要就是控制撒铺厚度,由于撒铺出来的厚度为松铺厚度,撒铺时应考虑压实系数。机械撒铺碎石时,碎石从出料口间隙挤出时存在内摩阻力,机械的钢丝、滚筒与碎石间也存在阻力,所以出料口间隙必须调至比松铺厚度大才行,另外碎石(砾石)撒铺量与撒铺速度有关。因此,1号料撒铺时使用慢速挡,间隙开至40~45 mm,撒铺出的碎石(砾石)可满足厚度要求;若用快速挡则应撒铺两次。2号料撒铺也用慢速挡,间隙约20 mm。无论撒铺哪种矿料,撒铺完后,若发现有露沥青未被覆盖的地方,应用人工找补,随即人工扫匀,清除波浪、坑凹。

(五)辗压控制

各层矿料扫匀完成一段,即可用两轮6~8 t压路机碾压2~3遍。第二层、第三层矿料碾压三遍后,应用轮胎压路机反复碾压,并在第二天高温时,用12 t压路机或振动压路机继续碾压。碾压时，如果2号料松散，应配合人工扫匀收集。实践证明：气温降至20 ℃以下时，地温也随之降低，2号料难以黏结牢固；当开放交通时，行车速度达到20～30 km/h，2号料易被车胎卷起松散。因此，第二天高温时的碾压与扫匀是非常重要的。

（六）养护与交通管制

表面处治层铺法很难控制好洒油量，洒油过量易引起泛油现象。泛油处需用3～5 mm石屑养护，泛油严重的地段应用2号料撒铺，并用压路机辗压，使矿料黏结在泛油薄层上。

采用层铺法施工的路段，在表处碾压完成后，即可开放交通，但应控制车速，设置路障使车辆行驶时表处路面全幅进行控制碾压，使下层的油上翻而达到路面成型。最有效的控制方法是在路上每80～100 m用0～5 mm石屑堆起一道高0.3 m左右的小埂，汽车行驶的路线与速度均能有效控制，路面成型才能按要求完成。

第三节 沥青贯入式路面施工

一、一般规定

沥青贯入式路面适用于二级和二级以下的公路，沥青贯入层也可以作为沥青混凝土路面的联结层。

沥青贯入式路面是用不同粒径的碎石或砾石分层铺筑，粒径尺寸自下而上逐层减小，并分层贯入沥青，经碾压密实而构成的沥青碎石（砾石）路面。其厚度宜为4～8 cm，但使用乳化沥青贯入时，厚度不宜超过5 cm。当贯入层上部加铺热拌沥青混合料（亦称上拌下贯式路面）时，总厚度宜为6～10 cm，其中拌和层厚度宜为2～4 cm。

沥青贯入式路面层为多孔型结构，为防止表面水的浸入和加强路面水稳定性，应在其表面上撒铺封层料或加铺拌和层。若是乳化沥青贯入式面层并铺筑在半刚性基层上，应铺筑下封层。沥青贯入层作为联结层时，可不撒表面封层料。

沥青贯入式路面宜选择在干燥和较热的季节施工，并宜在雨季前及日最高温度低于15 ℃到来以前半月结束，使贯入结构层通过开放交通碾压成型。

二、材料要求及用量

（一）集料

集料是有棱角、嵌挤性好的坚硬石料，强度大于3级，尽量选择石灰岩等碱性石料，以保证与沥青的黏结性。若石料选择不好，在碾压时，压碎过多，嵌挤不良，会堵塞空隙，将影响沥青贯入和成型。当使用破碎砾石时，其破碎面积应不小于40%，沥青贯入式主层集料中大于粒径范围中值的数量不得少于50%。细粒料含量偏多时，嵌缝料用量宜采用低限，表面不加铺拌和层的贯入式路面，施工完成后，每1 000 m^2应另备2～3 m^3与最后一层嵌缝料规格相同的石屑或粗砂等材料供初期养护使用。其主层集料最大粒径宜与贯入层厚度相同，当使用乳化沥青时，主层集料最大粒径可采用贯入层厚度的0.8～0.85倍。

集料的规格和用量如表10-2、表10-3所示，按贯入厚度及表面是否设热拌加铺层选用。

表 10-2　沥青贯入式面层材料规格和用量

（单位：集料，$m^3/(1\ 000\ m^2)$；沥青及沥青乳液，kg/m^2）

沥青品种	石油沥青					
贯入层厚度(cm)	4		5		6	
规格和用量	规格	用量	规格	用量	规格	用量
封层料	S14	3～5	S14	3～5	S13(S14)	4～6
第三遍沥青		1.0～1.2		1.0～1.2		1.0～1.2
第二遍嵌缝料	S12	6～7	S11(S10)	10～12	S11(S10)	10～12
第二遍沥青		1.6～1.8		1.8～2.0		1.8～2.0
第一遍嵌缝料	S10(S9)	12～14	S8	16～18	S8(S6)	16～18
第一遍沥青		1.8～2.1		2.4～2.6		2.8～3.0
主层石料	S5	45～50	S4	55～60	S3(S2)	66～76
沥青总用量		4.4～5.1		5.2～5.8		5.8～6.4

沥青品种	石油沥青				乳化沥青			
厚度(cm)	7		8		4		5	
规格和用量	规格	用量	规格	用量	规格	用量	规格	用量
封层料	S13(S14)	4～6	S13(S14)	4～6	S14	4～6	S14	4～6
第五遍沥青								0.8～1.0
第四遍嵌缝料							S14	5～6
第四遍沥青						0.8～1.0		1.2～1.4
第三遍嵌缝料					S14	5～6	S12	7～9
第三遍沥青		1.0～1.2		1.0～1.2		1.4～1.6		1.5～1.7
第二遍嵌缝料	S10(S11)	11～13	S10(S11)	11～13	S12	7～8	S10	9～11
第二遍沥青		2.6～2.8		2.4～2.6		1.6～1.8		1.6～1.8
第一遍嵌缝料	S6(S8)	18～20	S6(S8)	20～22	S9	12～14	S8	10～12
第一遍沥青		3.3～3.5		4.0～4.2		2.2～2.4		2.6～2.8
主层石料	S3	80～90	S1(S2)	95～100	55	40～45	S4	50～55
沥青总用量	6.7～7.3		7.6～8.2		6.0～6.8		7.5～8.5	

注：1. 煤沥青贯入式的沥青用量可较石油沥青用量增加 15%～20%；

2. 表中乳化沥青用量是指乳液的用量，并适用于乳液浓度约为 60% 的情况；

3. 在高寒地区及干旱风沙大的地区，可超出高限，再增加 5%～10%；

4. 本表符合《公路沥青路面施工技术规范》(JTG F40—2004)的规定。

表 10-3　表面加铺拌和层时贯入层部分的材料规格和用量(方孔筛)

(单位:集料,$m^3/(1\ 000\ m^2)$;沥青及沥青乳液,kg/m^2)

沥青品种	石油沥青					
贯入层厚度(cm)	4		5		6	
规格和用量	规格	用量	规格	用量	规格	用量
第二遍嵌缝料	S12	5 ~ 6	S12(S11)	7 ~ 9	S12(S11)	7 ~ 9
第二遍沥青		1.4 ~ 1.6		1.6 ~ 1.8		1.6 ~ 1.8
第一遍嵌缝料	S10(S9)	12 ~ 14	S8	16 ~ 18	S8(S6)	16 ~ 18
第一遍沥青		2.0 ~ 2.3		2.6 ~ 2.8		3.2 ~ 3.4
主层石料	S5	45 ~ 50	S4	55 ~ 60	S3(S2)	66 ~ 76
沥青总用量		3.4 ~ 3.9		4.2 ~ 4.6		4.8 ~ 5.2

沥青品种	石油沥青		乳化沥青			
厚度(cm)	7		5		6	
规格和用量	规格	用量	规格	用量	规格	用量
第四遍嵌缝料					S14	4 ~ 6
第四遍沥青						1.3 ~ 1.5
第三遍嵌缝料			S14	4 ~ 6	S12	8 ~ 10
第三遍沥青				17 ~ 1.9		1.4 ~ 1.6
第二遍嵌缝料	S10(S11)	8 ~ 10	S12	9 ~ 10	S9	8 ~ 12
第二遍沥青		1.7 ~ 1.9		1.6 ~ 1.8		1.5 ~ 1.7
第一遍嵌缝料	S6(S8)	18 ~ 20	S8	15 ~ 17	S6	24 ~ 26
第一遍沥青		4.0 ~ 4.2		2.5 ~ 2.7		2.4 ~ 2.6
主层石料	S2(S3)	80 ~ 90	S4	50 ~ 55	S3	50 ~ 55
沥青总用量	5.7 ~ 6.1		5.9 ~ 6.2		6.7 ~ 7.2	

注:1. 煤沥青贯入式的沥青用量可较石油沥青用量增加 15% ~ 20%;

2. 表中乳化沥青用量是指乳液的用量,并适用于乳液浓度约为 60% 的情况;

3. 在高寒地区及干旱风沙大的地区,可超出高限,再增加 5% ~ 10%;

4. 表面加铺拌和层部分的材料规格及沥青(或乳化沥青)用量按热拌沥青混合料(或乳化沥青碎石混合料路面)的有关规定执行;本表符合《公路沥青路面施工技术规范》(JTG F40—2004)的规定。

(二)沥青

沥青结合料可采用黏稠石油沥青、煤沥青或乳化沥青,其标号可参照表 10-4 选用。贯入式各层次的分次用量应根据施工气温及沥青标号等在规定范围内选用,在寒冷地带或当施工季节气温较低、沥青针入度较小时,沥青用量宜用高限。在低温潮湿气候下用乳化沥青贯入时,应按乳液总量不变的原则进行调整,上层较正常情况适当增加,下层较正常情况适当减少。

表 10-4 沥青贯入式路面选用的沥青标号

沥青种类	寒区	温区	热区
黏稠石油沥青	A－140 A－180 A－200	A－100 A－140 A－180	A－60 A－100 A－140
煤沥青	T－6 T－7	T－6 T－7	T－7
乳化沥青	PC－1 PA－1	PC－1 PA－1	PC－1 PA－1

注:沥青路面施工气候分区如表 10-5 所示。

表 10-5 沥青路面施工气候分区

气候分区	最低月平均气温(℃)	所属省区
寒区	<－10	黑龙江、吉林、辽宁(营口以北)、内蒙古(包头以北)、山西(大同以北)、河北(承德、张家口以北)、陕西(榆林以北)、甘肃、新疆、青海、宁夏、西藏等省区
温区	－10～0	辽宁(营口以南)、内蒙古(包头以南)、山西(大同以南)、河北(承德、张家口以南)、陕西(榆林以南、西安以北)、甘肃(天水一带)、山东、河南(南阳以北)、江苏(徐州、淮阴以北)、安徽(宿县、亳州市以北)等省区
热区	>0	河南(南阳以南)、江苏(徐州、淮阴以南)、安徽(宿县、亳州市以南)、陕西(西安以南)、广东、广西、湖南、湖北、福建、浙江、江西、云南、贵州、台湾、四川(成都东南)等省区

注:青藏高原、四川盆地、贵州高原或其他地区气候呈环状分布时,气候变化较大,应根据本地实际气候情况确定气候分类。

第四节 热拌沥青混凝土路面施工

一、施工工艺流程

热拌沥青混凝土路面施工工艺流程如图 10-3 所示。

二、施工准备

(一)拌和站的建设

(1)沥青混合料拌和站的选址。沥青拌和站宜设置在空旷、干燥,并且具有较好的运输条件的地方;供料半径不得大于 40 km,场站应有足够大的地方放置各种矿料;沥青的贮存加热、拌和的场地,应符合国家有关环境保护、消防、安全等规定和要求。

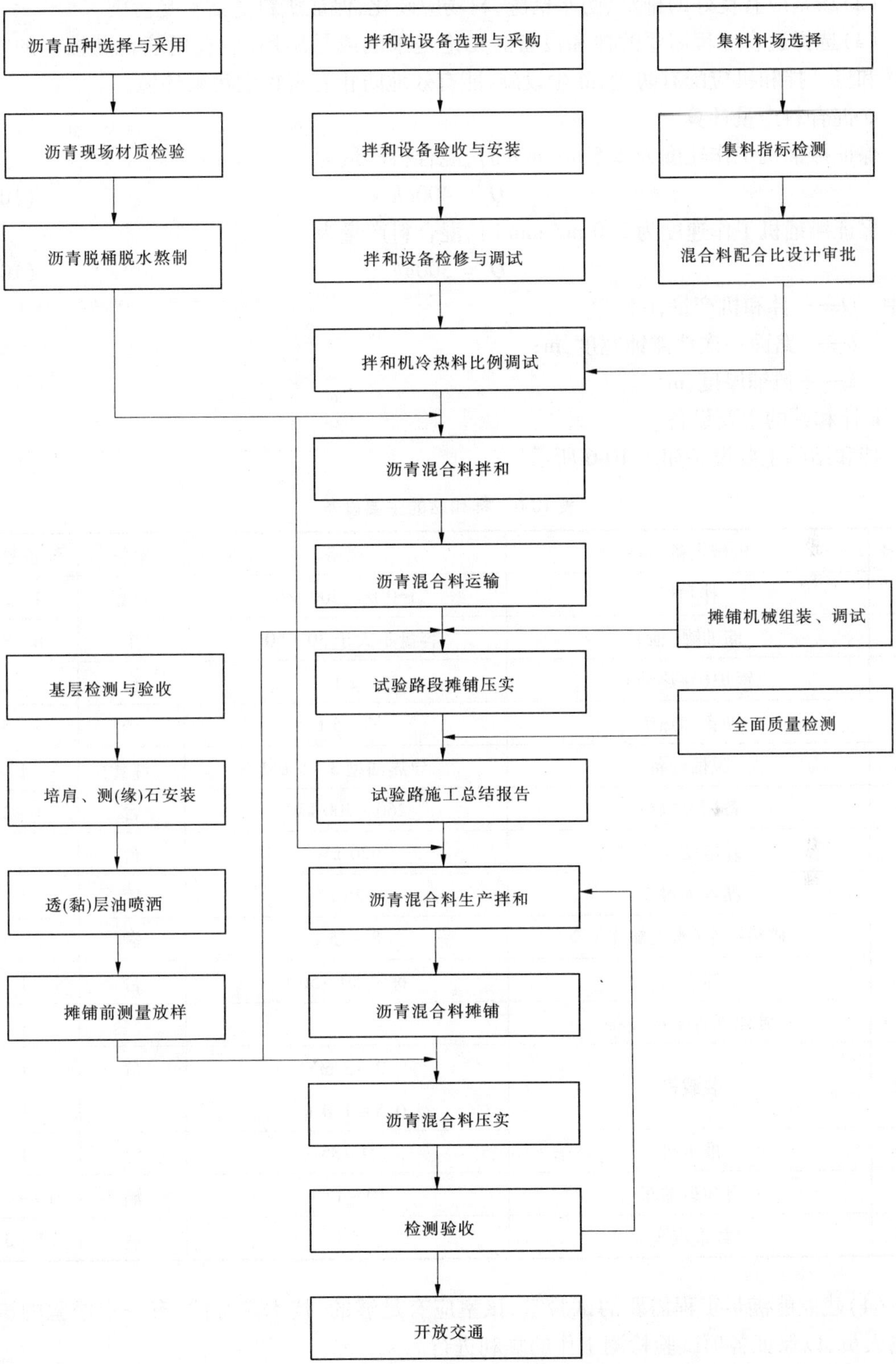

图 10-3　热拌沥青混凝土路面施工工艺流程

(2)场站应有良好的排水、防水措施,料场应硬化,保证矿料清洁不受污染。

(3)选择适合工程需要的拌和设备。无论是采购或是调用,应选用能自动控制的间歇式拌和机。拌和机应配有防尘、除尘设施,能有效地防止有害粉尘污染环境。

i. 混合料产量计算

保证摊铺机工作速度为2.5 m/ min时,混合料产量为

$$Q = 400bh \tag{10-1}$$

保证摊铺机工作速度为2.0 m/ min时,混合料产量为

$$Q = 300bh \tag{10-2}$$

式中 Q——拌和机产量,t/h;

b——路面一次性摊铺宽度,m;

h——摊铺厚度,m。

ii 拌和站的主要设备

拌和站的主要设备如表10-6所示。

表10-6 拌和站的主要设备

序号	机械设备名称	规格	单位	配备数量
1	拌和机	160 t/h,200 t/h	台套	1~2
2	储油罐(池)	容量不大于30~50 t	个	6~8
3	锅炉(导热油)	2 t	台	1
4	沥青加热锅	3~5 t	个	3~5
5	脱桶设备	导热油型3~5 t/d	台套	1
6	备用发电机	260~300 kW	台	1~2
7	外电变压器	620 kW	台	1
8	沥青油罐车	25 t	辆	1
9	矿粉罐车(水泥罐车)	8~15 t	辆	2~3
10	地中衡	称量30~50 t	台	1
11	乳化沥青生产设备		台套	1
12	装载机	2~3 m^3	台	1
		0.5~1.0 m^3	台	1
13	推土机	D-85	台	1
14	自卸运输车	10~15 t	辆	10~20
15	载重汽车	5 t	辆	1~2

(4)建立能满足工程需要的试验室,该室应有足够的、技术熟练的、有一定经验的试验检测人员,以保证各项试验检测工作的顺利进行。

对原材料进行现场调查、选择,对进场材料进行有效控制,按规定进行材质检测鉴定,把好进料关。

取代表性材料进行目标配合比设计，具体方法步骤见有关论述。

试验室主要试验检测设备配置如表 10-7 所示。

表 10-7　主要试验检测设备配置

序号	试验设备名称	规格	单位	配备数量
1	马歇尔稳定度试验仪	包括流值计	台套	1
2	小型电动拌和机		台套	1
3	电动击实仪	包括击实试模 25 个	台套	1
4	电动脱膜仪		台	1
5	60 ℃恒温水箱		个	1
6	静水力学天平	称重 2 500 g，感量 0.1 g	架	1
7	吊篮		个	1
8	针入度	包括水槽和测针 3 根	套	1
9	沥青延度仪	0～150 cm，包括八字模 9 副	套	1
10	沥青软化点仪	包括架、球、套环等	套	1
11	沥青标准黏度仪		套	1
12	可调温电炉	（测软化点用）	个	1
13	沥青闪点试验仪		套	1
14	沥青比重瓶		只	10
15	精密天平	称量 200 g，感量 0.001 g	架	1
16	沥青抽提仪	离心式	台	1
17	洛杉矶磨耗机		台	1
18	标准筛（mm）	37.5、31.5、26.5、19.0、16.0、13.2、9.5、4.75、2.36、1.18、0.6、0.3、0.15、0.075	套	2
19	针片状规准仪		个	2
20	压碎值试模		套	1
21	大小搪瓷盘		个	40
22	烘干箱	容量 200 L，温控 0～200 ℃	个	1
23	烘干箱	容量 200 L，温控 0～150 ℃	个	1
24	电子秤	称量 2 000 g，感量 0.1 g	个	1
25	电子秤	称量 3 000 g，感量 0.1 g	个	1
26	台秤	称量 10 kg，感量 5 g	台	1
27	托盘天平	称量 1 kg，感量 1 g	台	1
28	公升筒（L）	20、10、5、2、1	只	80

续表 10-7

序号	试验设备名称	规格	单位	配备数量
29	温度计(℃)	0～360、0～200、0～100、0～50	只	80
30	秒表		块	2
31	熬奶锅	带柄	个	10
32	酒精灯		个	2
33	刮刀	带柄	把	3
34	干燥器(mm)	250	个	2
35	量筒(mL)	1 000、500、100	只	10
36	广口量筒(mL)	100	只	3
37	烧杯(mL)	800、600、500	只	9
38	吸管(mL)	50	只	2
39	玻璃棒		只	20
40	甘油	200 mL/瓶	瓶	1
41	钻孔取心机		台	1
42	小型发电机	与钻孔机配套	台	1
43	核子密度仪		台	1
44	3 m 直尺		把	3
45	平整度测试仪	连续式	台	1
46	摆式摩阻仪		台	1
47	砂补仪		套	1
48	弯沉仪		副	2

(二)下承层准备

(1)下承层的检测验收。保证下承层的各项检测指标符合技术规范的要求。否则一定处理至满足要求。

(2)测量放样。在交验合格的下承层上恢复中桩并把中桩加密为每 10 m 一个、复核水准点,并每 200～300 m 增设临时水准点一个,根据中桩及摊铺宽度定出边桩(供支架基准线用)和边线桩(为摊铺机行走导向用)。

(3)安装好路缘石或培好路肩。

(4)清扫下承层。在稍带湿润的基层上,按规定的油质、油量喷洒透层油。一次喷洒均匀不流淌,封闭交通,待其充分渗透或水分蒸发后摊铺,或在下层油面上喷洒黏层油后铺筑上层油面。

(5)在摊铺之前根据边桩订好可调基准线支架,按设计高程挂好基准线,作为摊铺机控制高程的基准,并用白灰标明摊铺边缘线供摊铺机行驶导向。

(三)建立健全施工组织机构

作为一支技术较强的施工作业队伍,一般在执行任务时,应按岗位落实人员,对新增人员进行基础技术培训,对全体人员进行技术质量要求交底,明确岗位责任和技术质量要求。其劳动组合(按日产2 500 t生产能力计)如表10-8所示。

表10-8 劳动组合

项目	所需人员(个)	说明	项目	所需人员(个)	说明
后台混合料拌和人员	21~34	21~34人1台拌和机	技术负责人	1	
拌和站工长	1		混合料运输组人员	10~20	
机械技术人员	1~2		测量放样组人员	3~4	
拌和组人员	7~10		摊铺组人员	3~4	
供油供电组人员	6~10		压实组人员	5~6	
材料供应组人员	4~7		试验检测组人员	6~7	
机械维修组人员	3~4		专职质检员	1	
前台施工组人员	36~46	36~46人1个工作面	路面工组人员	6~8	
工长	1				

整个施工过程中,前后台通信联络畅通,指挥协调,步调一致。

(四)前台路面施工机械配套准备

路面摊铺压实成型的配套机械如表10-9所示。

表10-9 路面摊铺压实成型的配套机械

序号	机械设备名称	规格	单位	配备数量
1	摊铺机	福格勒、ABG	台	1~2
2	压路机	净重4~6 t双轮双振	台	2
	压路机	16 t以上胶轮,充气压力>0.5 MPa	台	2
	压路机	8~10 t双轮钢筒式	台	1
	轻型振动压路机	手扶式1~2 t	台	1~2
3	沥青洒布机	3~5 t	台	1
4	洒水机	5~8 t	辆	1
5	空压机	3~6 m^3	台	1
6	切割机		台	1

摊铺前对机械进行维修保养和调试,保证使用状态良好。

(五)沥青混凝土配合比设计

一个好的沥青混凝土配合比,必须满足设计要求,同时应在符合质量标准的前提下就地取材。在保证工程质量的前提下,以降低成本增加经济效益为目的而进行优化设计。一个好的配合比,如果在施工中不进行严格控制,也达不到好的施工效果。所以,在施工中,不只是要优化配合比,而且还应始终按优化后的配合比准确地进行施工。

1. 配合比设计的选材原则

沥青：选用沥青品质的优劣，对热拌沥青混合料的成品质量尤为重要，特别是高等级公路。必须是符合本地区气候特点要求的重交通道路石油沥青，详见《公路沥青路面施工技术规范》(JTG F40—2004)。在选用时，除符合规范要求外，应重点选用含蜡量低、低温延度大的沥青。

目前，公路表面层的发展趋势是多选用改性沥青用来解决交通量日益增大、轴载重不断增加、适应高温稳定好、抗低温变形能力强、减少车辆噪音等特殊性能要求。

碎石（粗集料）：在沥青混合料中起着骨架作用，在结构层中起着承重稳定以及抗高温变形性能等作用。碎石规格的选用必须与沥青路面结构层类型相吻合，若结构层类型为粗粒式 AC－25 型，则选择碎石最大粒径为 26.5 mm（碎石规格可为 25～15 mm 和 15～5 mm 两种），并按规范要求进行一系列试验。在各项试验指标满足规范要求的情况下，选用与沥青黏结力大于 4 级以上的碎石。当碎石为酸性且与沥青黏结力小于 4 级时，必须采用在沥青中掺加抗剥离剂进行处理。

抗滑表层粗集料碎石多采用石质坚硬、韧性好、耐久、耐磨的玄武岩。

细集料：包括石屑和天然砂。细集料在沥青混合料中起到填充粗集料空隙，使成型的沥青混合料整体性能好，减少粗集料的离析，提高沥青混合料的密实性和防渗作用。因此，细集料材质必须符合：质地坚硬、干净、无杂质，含泥量（水洗法）保证高等级公路不大于 3%、其他公路不大于 5%。

矿粉（填料）：矿粉在沥青混合料中起着非同小可的作用。它不单纯是填充集料空隙，最大价值是与沥青混合后对集料起胶结作用。当沥青混合料在粗细集料和沥青用量相同的条件下，矿粉用量的改变导致沥青混合料马歇尔试验各项技术指标及软化点也随着发生变化（见表 10-10、表 10-11）。

表 10-10　矿粉含量与马歇尔试验指标的关系

矿料配比（%）	沥青用量（%）	矿粉用量（%）	马歇尔试验指标				
			密度（g/cm^3）	稳定度（kN）	空隙率（%）	饱和度（%）	流值（0.1 mm）
粒径 5～10 mm 颗粒	5.5	0	2.285	1.18	8.6	60	20
碎石：59		2.08	2.332	2.39	10.0	56	24
石屑：15		3.70	2.354	4.51	7.6	63	25
粗砂：10		5.27	2.400	5.54	4.2	76	23
细砂：10		6.71	2.452	7.55	0.6	96	25

从表 10-10、表 10-11 中不难看出，沥青混合料马歇尔试验的各项技术指标随矿粉用量的变化而变化。例如，沥青混合料的密度随矿粉用量的增加而增加，稳定度和饱和度随矿粉用量的增加而提高；空隙率则随矿粉用量的增加而减少，沥青混合料的软化点指标随矿粉用量的增加而提高。因此，矿粉用量对沥青混合料的各项技术性能都起着不可估量的作用。

若矿粉用量过多，也会对沥青混合料起到相反作用，致使沥青混合料在碾压过程中不易稳定，甚至产生推移裂纹，给沥青混合料拌和摊铺带来困难等。

表 10-11 掺加矿粉后软化点变化情况

沥青与矿粉用量			软化点指标		
沥青	矿粉	比率	1	2	平均
5.5	0.0	1:0	48.5	49.0	48.8
5.5	2.0	1:0.36	50.0	50.0	50.0
5.5	4.0	1:0.73	51.0	51.0	51.0
5.5	6.0	1:1.09	53.0	53.0	53.0
5.5	8.0	1:1.45	56.5	56.5	56.5

矿粉必须是由碱性石灰岩矿料加工而成的，也可用水泥和生石灰粉替代。矿粉的质量技术要求必须符合《公路沥青路面施工技术规范》(JTG F40—2004)的规定。

2. 目标配合比设计

(1)目标配合比设计流程如图 10-4 所示。

(2)沥青混合料矿料合成级配选定步骤。首先根据类型确定矿料规格尺寸，现场取样，进行性能实测和颗粒分析，然后依据不同规格矿料筛分结果，求每个筛孔通过平均值的百分率，也可采用图解法或计算(电算)法求出矿料配合比。

(3)沥青混合料马歇尔试件制作。

(4)沥青混合料试件马歇尔稳定度和流值测试。

(5)沥青混合料最佳油石比的选择。

(6)目标配合比的优化及报批。

3. 生产配合比的调试和确定

为保证沥青混合料优化设计配合比的准确实施，确保用量误差准确控制在规定的允许范围内，必须结合沥青混合料拌和设备进行调试，即把目标配合比变成生产配合比。拌和机在混合料拌和时，矿料按目标配合比的计量进入加热筒，加热后分级筛分进入不同的热料仓，热料仓的料必须重新确定比例进入拌和锅，使拌和的混合料符合目标配合比容许拌和误差的要求。

三、沥青混合料的拌和

(一)开盘前的准备

(1)操作人员应检查油路管线是否畅通，仪表显示是否清晰、准确、无故障。

(2)试验室应在开盘前，向拌和组提供有负责人签认的配合比通知单。内容包括混合料配合比、各种集料含水量。拌和组按通知单进行换算调整生产使用配合比。

(3)沥青应采用导热油加热，脱水加温至 140 ~ 160 ℃备用。

(二)严格控制料温

应经常量测运料汽车中的混合料出厂温度，特别是前几车沥青混合料的出厂温度应接近高限。料温要求必须符合《公路沥青路面施工技术规范》(JTG F40—2004)的规定。

(三)混合料拌和

(1)操作手持证上岗，明确岗位责任，严格操作规程。

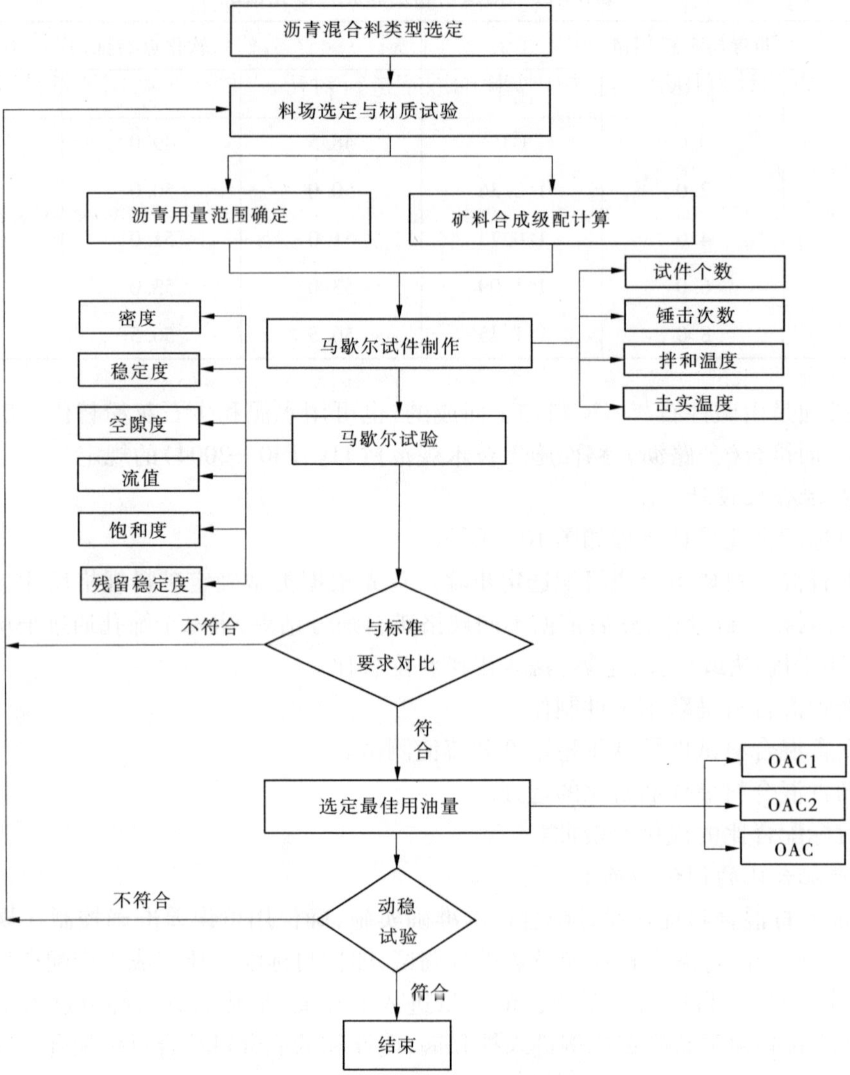

图 10-4　目标配合比设计流程

(2)拌和过程要求混合料均匀,颜色一致,无花白料现象,沥青均匀地裹覆在矿料颗料表面,表面黑色略带棕色光泽,装车时堆不塌,不离析。

(3)拌和过程应使用自动操作装置,不随意改为手动操作,严防施工配合比变化。

(四)拌和注意事项

(1)集料加热温度一般控制在 140 ~ 160 ℃,沥青加热控制在 130 ~ 160 ℃。

(2)混合料净拌时间应控制在 30 ~ 40 s。

(3)出料温度视施工时气温的变化(早、中、晚,开工与收工)、摊铺温度、道路状况、运距和有无覆盖等情况决定,一般控制在 130 ~ 160 ℃。

(4)拌和初期操作手及试验人员应观察成品颜色、级配大致比例、拌和料温度等情况是否满足要求,以便采取措施改进,但拌和人员无权改变配合比。

(5)混合料在储料仓中要有一车半以上的储料,方可卸入运输车,同时分堆卸入车箱内。

(6)拌和机停机前应用部分不含矿粉、沥青的热料进行洗仓。

(7)应对仪表控制盘显示的沥青用量和材料用量作出数理统计分析,得出相关系数,指导生产。沥青的计算用量与油罐中实耗油数字进行对比,以校正油面用油量是否准确。

(8)工作人员应及时、认真地作出完整的运输记录、生产过程记录和事故记录。

(五)混合料的质量检查

(1)拌和料应拌和均匀,色泽应一致,无花白料,不离析,不结块成团。观察拌和结果并及时反馈以便处理调整。

(2)每半小时检查一次加热情况和出仓混合料温度,随车填好出厂单。

(3)每250 t混合料取样做混合料颗料级配分析、油石比试验。每生产500 ~ 1 000 t混合料取样做马歇尔试验,获取各项技术指标,并作好试验记录及试验台账。

(六)协调

拌和、试验、现场铺筑是一个密切联系的整体,应互通信息以便协调,每日应召开协调会,及时发现问题,制定改进措施。

四、沥青混合料的运输

(1)沥青混合料运输应考虑拌和能力、运输距离、道路状况、车辆吨位,合理确定车辆数量。

(2)自卸汽车装料前清扫车厢,必须涂刷防黏剂薄膜(柴油:水=1:3),但不应有多余的防黏剂积存车厢中。

(3)拌和机向车厢内卸料时,每卸一斗沥青混合料后,汽车向前移动一下位置,以减少沥青混合料中粗细集料的离析现象发生。

(4)运输车一般应覆盖好,防止降温、污染和雨淋,以免影响工程质量和造成浪费。

(5)运输混合料的车辆,通过路口、交叉道口或视线不通的地方,应指派专人指挥交通或设置明显的行车指示标志。

(6)运送沥青混合料的自卸汽车后退卸料时,应在后轮胎与摊铺机接触前10 ~ 30 cm处停车,严防撞击摊铺机,此时汽车挂空挡等候摊铺机推动前进并卸料。

(7)满载的车辆不得在中途停留,必须直接将混合料运至现场等候摊铺,运到现场的沥青混合料温度应不低于130 ~ 150 ℃。

(8)自卸车卸完沥青混合料后,若有黏结在车厢内的沥青混合料剩余物,严禁随意乱倒,更不准倾倒在已铺或未铺的路面上,应倒在指定地点。

五、沥青混合料的摊铺

(1)在准备就绪的下承层上,将摊铺机就位于正确的位置上。如是在已铺筑沥青混合料面层接茬处摊铺,应先将已铺层的接头处切除处理,切除长度用3 m直尺反复量测确定,把切除后的断面用黏层油涂刷后就位摊铺机。根据摊铺宽度调整好熨平板宽度,按摊铺的松铺系数(一般变动范围为1.15 ~ 1.30,根据试验路段施工确定)垫好垫块,按路面横坡度调整好摊铺机,使机上自动找平传感器的标尺与横坡保持一致,并用横向拉线进行校准。

(2)将摊铺机的螺旋送料器调至合适高度。为防止摊铺后的沥青混合料出现路中线与边线、表面与下面集料粗细不均匀现象,一般摊铺6 cm以下的面层时,螺旋送料器下缘距底层高度应为 10 cm 左右；当摊铺层厚度大于 6 cm 时，可调整为 15 cm 左右。

(3)根据摊铺的结构层部位选择合适的摊铺形式。一般摊铺表面层和中面层多采用拖杆滑靴，基准梁的长度一般不小于 6 m，多则以 7 ~ 10 m 为宜。为保证路面标高，底面层采用走钢丝基准线的形式控制标高。钢丝绳支架桩应牢固可靠，间距多为 5 ~ 10 m，钢丝绳直径以 2 ~ 2.5 mm 为宜，拉线长度一般为 250 ~ 300 m，钢丝绳的紧线器拉力通常为 1.5 ~ 2 kN，前后两根钢丝绳搭接 10 ~ 20 m。在摊铺机传感器未驶过搭接段时，前一根钢丝绳的全部桩支架和钢丝绳不准松动或拆除。

(4)摊铺机在操作前应预热，熨平板温度不低于 65 ℃。

(5)沥青混合料摊铺温度，正常情况下应控制在 120 ~ 150 ℃，最高不超过 165 ℃；低温时施工，温度应控制在 130 ~ 160 ℃，最高不超过 175 ℃。若没有特殊情况，摊铺时气温应高于 5 ℃。

(6)摊铺机开始受料前，应在受料斗和送料刮板上涂刷少许隔离剂(柴油∶水 = 1∶3)，防止沥青混合料粘在其上。

(7)沥青混合料的松铺系数和松铺厚度必须从实际施工中测得。因为摊铺机不同，混合料类型不同，松铺系数和松铺厚度也就不同。每天在开铺后的 5 ~ 15 m 范围内进行实测，以便准确控制路面的摊铺厚度与横坡。

(8)摊铺机摊铺作业时，起步速度要慢，平稳匀速前进，尽量减少中途停机。中途停机后，沥青混合料温度下降，再起步摊铺会使该层出现波浪，严重影响路面平整度。

摊铺机的工作速度应根据拌和站生产能力确定，可用式(10-3)计算，即

$$v = \frac{Qn}{60hb\rho} \tag{10-3}$$

式中 v——摊铺机施工行驶速度，m/min；

Q——一台拌和站的产量，t/h；

n——拌和站的拌和机台数，台；

b——摊铺宽度，m；

h——摊铺厚度，m；

ρ——沥青混合料压实密度，t/m^3。

(9)摊铺时接缝处理。

①纵缝：两台摊铺机阶梯排列，同时进行热接缝处理时，应将已铺筑混合料留下 10 ~ 20 cm 不碾压，作为后摊铺的基准面，后摊铺面应与先摊铺面重叠 5 cm 左右(在碾压前进行平整，最后跨缝碾压)，两台摊铺机前后距 20 ~ 30 m。

当面层分两幅摊铺或特殊情况下导致冷接缝时，宜加设挡板或在第二次铺筑前将纵缝边线切除，切成垂直面，清扫干净并涂刷热沥青后再进行第二幅摊铺，摊铺时重叠 2 ~ 5 cm，上、下层的纵缝应错开 15 cm 以上，表面层纵缝应顺直，宜留在行车道标线位置上。

②横缝：横缝多为工作缝或者位于结构变化处。横缝施工的好坏对行车舒适性影响极大，应予以高度重视。

上、下层的横缝应错位不小于 1 m，中、下层横缝宜采用斜接缝接头，表面层应采用垂直平接缝。

斜接缝搭接长度一般宜为 0.4 ~ 0.8 m，搭接处应清扫干净并喷洒黏层油，剔除超过压

实厚度的粗料，或用5 mm筛子筛铺一层细料，以保证平顺美观。

表面层平接横缝，可采用挡板法预留，操作时在已铺层面端部挖槽将挡板按标高拉线放入，在挡板外部覆盖一部分热料，以防止碾压时产生推移，在下次摊铺前拆除，也可以将横缝切直并与底面层垂直。无论哪种方法都应把横缝清扫干净，并涂刷沥青后用摊铺料覆盖接缝口使之加热软化，摊铺时将其消除废弃。当气温较低时，还应用喷灯把接缝口加热至20 ℃左右才能摊铺。

(10)在摊铺作业时，当面层出现下列情况时，可以用人工找补或更换混合料：①纵、横断面上的新老接茬处和构造物接头处，用3 m直尺检测不合格时，用人工仔细找补。②靠近路侧(缘)石摊铺带的边线处，当局部缺料或粗料过多时，应人工找补。③摊铺表面局部有混合料离析或明显不平整及拖痕时，应人工用细料找补。④超高、加宽处，摊铺机作业不能到位的狭窄部位、交叉道口处以及匝道变断面处都需要人工仔细找补。⑤人工找补时采用扣锹，不宜平甩。在摊铺刮平的过程中，用力时轻重应一致，应避免沥青混合料人为离析。铁锹应加热，并用油水隔离剂清洗干净。

(11)应有专人指挥运料车辆倒车卸料。严禁撞击摊铺机和将料卸出摊铺机料斗外。

(12)应有专人清除摊铺机两条链轨板行驶路线上撒落的混合料，使摊铺机平稳前进，确保摊铺平整度。

(13)当摊铺作业过程不能保证连续供料而停机待料时，料斗中必须有足够的存料，严禁摊铺机的送料刮板外露，人为造成开机后铺面出现粗细集料集中的现象。

(14)当因故障停机后，摊铺机料斗内的沥青混合料若结有硬块应清除干净后，才能倒入新料进行摊铺作业。

(15)摊铺机的熨平板上，非本机工作人员不得站立和通行，防止浮动熨平板瞬间下沉，影响摊铺平整度；同时也禁止所有人在刚铺完尚未碾压成型的油面上行走留下痕迹，影响平整度。

(16)禁止在铺面上用柴油清洗机械。

(17)摊铺作业现场与拌和站通信联络应通畅，如有意外应及时联系并处理，避免造成损失。

六、沥青混合料的压实成型

摊铺好的沥青混合料，应在合适的温度下尽快碾压成型。

(一)控制好沥青混合料的压实温度

在合适的温度下压实有事半功倍的作用。沥青混合料初压温度过高，沥青混合料不易稳定，碾压轮迹深，不易消除，同时容易推移发裂，不但压实效果不好，而且还会对平整度产生影响；若初温度过低，碾压效果差，沥青混合料难以压实。混合料的压实温度一般要求必须符合《公路沥青路面施工技术规范》(JTG F40—2004)的规定。

(二)合理选择压实机械组合和压实程序

合理选择压实机械组合和压实程序是保证沥青混合料能尽快达到最佳碾压效果的唯一手段。

初压：多采用6～8 t双轮钢筒式压路机或6～8 t双轮双振压路机静压2～3遍。

复压：宜采用20～25 t轮胎式压路机柔压(轮胎充气压力为0.7 MPa)或采用6～14 t振

动压路机振压(振动频率 35 ~ 50 Hz,振幅为 0.3 ~ 0.8 mm);也可以采用混合压实法,先胶轮柔压,后振动振压,碾压不少于 4 ~ 6 遍。复压过程中随时用 3 m 直尺连续检查碾压平整度,当发现有凸埂时,应及时采用振动压路机沿横向顺埂振压消除。

终压:宜采用 6 ~ 14 t 振动压路机或 6 ~ 8 t 双轮钢筒式压路机静压 2 ~ 3 遍。

除上述压实机械外,还应配备 1 ~ 2 t 手扶式小型振动压路机以及人工热夯,以便在边角及狭窄路段使用。

(三)压路机碾压工作速度控制

压路机碾压工作速度原则上是均匀慢速,其具体要求如表 10-12 所示。

表 10-12　碾压速度

(单位:km/h)

压路机类型	初压速度		复压速度		终压速度	
	适宜	最大	适宜	最大	适宜	最大
钢筒式压路机	2 ~ 3	4	3 ~ 5	6	3 ~ 6	6
轮胎式压路机	2 ~ 3	4	3 ~ 5	6	4 ~ 6	8
振动压路机	2 ~ 3 (静压或振压)	3 (静压或振压)	3 ~ 4.5 (振压)	5 (振压)	3 ~ 6 (静压)	6 (静压)

(四)碾压方法

(1)应将压路机驱动轮面向摊铺机,行驶路线和碾压方向不能任意改变。在压实过程中,不允许突然加速、急刹车、中途调头、左右摇摆行进。在回程中应慢停车、慢起步、慢回程,若是振动压路机,必先停振,慢停车,再启动回程后才起振,防止沥青混合料在碾压过程中造成推移、印痕、拥包等现象发生。

(2)压路机应从外侧的低处向中心高处碾压,相邻碾压带应每次重叠 1/3 ~ 1/2 轮宽,最后直到碾压至路中或全宽为一遍。当路线外侧无支撑物时,碾压轮应伸出边线 10 cm 以上;而外侧边线处开始初压时,应先预留 30 ~ 40 cm 宽不进行碾压,待压完一遍后,使压路机大部分重量重叠压在已压面层上时才压预留的 30 ~ 40 cm,防止边线处沥青混合料外移和发生纵向微小裂纹。

(3)压路机不宜在同一断面处回程碾压,每次回程向前后错开不少于 1 m 距离。初压、复压和终压的回程应不在相同断面处,前后相距应在 5 ~ 10 m 范围内。本次碾压应与前一次碾压段搭接不小于 10 m。压路机改变方向进退,应在已压铺面上进行。

(五)接缝的压实方法

横缝压实:使用轻钢轮压路机垂直于路线进行横缝碾压,开始压路机多在已压成的铺面上,伸入新铺层的宽度为 15 cm,然后每压一遍向新铺混合料移动 15 ~ 20 cm 直至全部在新铺层上后再顺路方向进行正常压实。此时,边压边用 3 m 直尺测量并配以人工细料找补,直至平整度和压实度符合要求。

纵缝碾压:一般使用两台摊铺机递进摊铺作业,纵缝为热接缝时,应以 1/2 轮宽进行跨缝碾压,以消除缝迹。若分成两半幅施工形成冷接缝时,应先在已压实路上行走,只压新铺半幅铺层的 10 ~ 15 cm,随后将压实轮每次再向新铺面移动 10 ~ 15 cm(同横缝),直至把纵缝压平压实。

（六）防止粘轮

为防止压路机碾压过程中出现粘轮现象，可以向压路机碾轮上喷洒雾状水液，但不应过多或流淌。应严禁向碾轮涂刷柴油。

（七）碾压完成

施工机械、车辆、压路机等严禁停留在尚未成型或已成型但还未冷到自然温度的路段上，振动压路机在已成型的路段通过时应关闭振动，禁止履带式机械在已成型的油面上直接穿行。

七、施工质量标准及质量控制措施

（一）质量标准

整个施工过程必须按《公路沥青路面施工技术规范》（JTG F40—2004）相关试验规程进行施工控制，并且符合规范规定的要求。

（二）质量控制措施

（1）严把材料进场关，不合格的材料不进场，进场材料要以醒目标志牌分规格堆放，当材料有变化时，要及时调整配合比。

（2）施工要准确控制施工配合比，通过每天检测数据分析及时调整施工配合比。

（3）拌和站应做到没有通知配合比不得开盘，操作人员无权改变配合比，发现问题及时反映或停机，要做好冷料计量、颗料分析验证，保证计量准确；严格掌握沥青混合料的拌和温度和拌和时间。

（4）摊铺机的摊铺速度应与拌和速度匹配，严格按照摊铺碾压工序施工。

（5）认真按照要求的质量检测项目、频率进行检查控制。

八、施工安全措施

（1）沥青场地严禁烟火，并备有防火设施和警示牌。

（2）沥青在脱水和熬制过程中，温度不应超过 180 ℃，宜采用文火熬制，要严防沥青溢锅与明火接触发生火灾。

（3）燃料油罐存放库及加油站，应远离沥青场地不小于 200 m。

（4）凡是运料汽车通过交叉路口，均应指派专人把守和指挥，避免发生交通事故。

（5）摊铺机施工现场也要有专人指挥运料车卸料，防止汽车互相碰撞，以及碰伤工作人员。

（6）摊铺施工现场停工后，应设警卫看守，以防破坏和偷盗，造成不必要的停工停产损失。

第五节　SMA 路面施工

一、概述

沥青玛𤧛脂碎石混合料（SMA）是近来国际上非常引人注目的沥青混合料，以其优良的抗车辙性能和抗滑性能而闻名于世。第一条 SMA 路面是德国于 20 世纪 60 年代修建的，距今已有 40 多年，使用状况仍然良好。

SMA 是一种由沥青、纤维稳定剂、矿粉及少量的细集料组成的沥青玛琋脂填充间断级配的粗集料骨架间隙而组成的沥青混合料，经过碾压成型后具有抗车辙、抗裂、抗滑、不透水、耐久性强等技术优点。

在我国，1993 年 9 月吉林省公路管理局首次在梅河口修建 SMA 试验路，以后江苏省、辽宁省、河北省也相继修建试验路。

二、SMA 的组成特点

SMA 是一种全新的混合料，它是由沥青玛琋脂填充碎石骨架，组成骨架嵌挤型密实结构的混合料，接近于我国的沥青碎石混合料的孔隙中用足够的沥青玛琋脂填充的情况。它具有以下 6 个特点：

（1）SMA 是一种间断级配的沥青混合料。以 SMA－16 为例，4. 75 mm 以上颗粒的粗集料比例高达 70%～80%，其中 9. 5 mm 以上的占 1/2，矿粉用量高达 8%～13%，0. 075 mm 筛孔的通过量一般为 10%，粉胶比远超出 1. 2 的限制，由此形成的间断级配细集料使用量很小。

（2）加入沥青多，一方面增加矿粉用量，另一方面使用纤维稳定剂。通常使用木质素纤维，用量为沥青混合料总质量的 0. 3%，矿物纤维的用量则为混合料总质量的 0. 4%。

（3）沥青结合料用量多，比普通混合料高 1% 以上，黏结性要求高。要求选用针入度小、软化点高、温度稳定性好的沥青，或者采用改性沥青。

（4）SMA 的配合比设计不是完全依靠马歇尔配合比设计方法，主要由体积指标确定。在马歇尔试验中试件成型是双面各击 50 次，目标孔隙率为 2%～4%，稳定度、流值不是主要指标；车辙试验是设计控制的手段，沥青的用量可以参考高温析漏试验确定。

（5）SMA 对材料要求高。粗集料必须特别坚硬，表面粗糙，针片状含量少，细集料不用天然砂，宜用坚硬的人工砂，矿粉必须使用磨细石灰粉，最好不使用回收矿粉。

（6）SMA 的施工工艺要求高，特别是拌和时间要适当延长，施工温度要提高，压实时不能采用胶轮压路机碾压。

综上所述，SMA 的特点是混合料中粗集料多、矿粉多、沥青结合料多、细集料少、材料要求高、使用性能高，归纳成“三多一少两高”。

三、SMA 表面层的优点

（1）由于 SMA 是一种以粗集料为主骨架嵌挤结构，对高温的抗车辙能力强。

（2）表面构造深、粗糙、孔隙大、抗滑能力强。

（3）沥青玛琋脂用量大，低温抗裂和耐疲劳性能高。

（4）空隙率小，基本不透水、耐久性好，路面使用寿命长。设计时可以减薄表面层的厚度达到节约成本的目的。

总之，SMA 表面层的最大优点就在于使高温稳定性与低温稳定性、水稳定性与抗滑性等相互矛盾或相互制约的性能得到了统一与兼顾。

四、SMA 路面材料的选取

(一)沥青

用于 SMA 路面的沥青结合料一般要求采用稠度较大的沥青。与普通沥青混凝土相比，SMA 路面对沥青结合料的要求要高，但是否一定要使用改性沥青，则应根据所在地区的气候特点、经济条件以及施工能力而定。保石高速公路工程 SMA 路面采用的是改性沥青(AH－90沥青加 3% SBS 改性剂)。

车辙试验表明，改性沥青的混合料的动稳定度比不改性沥青混合料高出两倍多，但不改性沥青混合料的动稳定度也是符合要求的。

(二)集料

SMA 表面层的高温稳定性源于粗集料的骨架嵌挤作用。为此，要求粗集料必须特别坚硬，棱角好，有良好的嵌挤能力，其压碎值不大于 25%，针片状颗粒含量不应大于 10%，粗集料形状宜为立方体或近似立方体的碎石集料。石料不宜使用鄂式破碎机加工，必须使用锥式(回转式)或锤式破碎机加工。锤式破碎机的锤头比一般情况要小，锤头个数应增多，这样加工轧制出的碎石具有良好立方体形状，针片状极少。

细集料在 SMA 表面层中所占的比例不超过 10%，数量虽少，但它对 SMA 表面层的影响不小。因为普通天然砂不具有良好的棱角性与嵌挤性能。

(三)填料

矿粉只有吸附在沥青表面形成油膜构成沥青结合料才能对集料产生黏结作用。SMA 的沥青用量大与矿粉的用量大有关。矿粉在沥青混合料中的作用至关重要，应采用亲水系数小于 1 的矿粉，小于 0.075 mm 的含量应大于 75%；矿粉应干燥不结团、不要太细，通过 0.02 mm 筛孔用的量要限制不超过 20%，矿粉本身要有棱角和粗糙性。保石高速公路采用的矿粉是用河北产石灰岩加工的矿粉。另外，为提高沥青与碎石的黏结性，添加了 2% 强度等级为 C32.5 的水泥。

(四)纤维稳定剂

因为 SMA 中使用了较多的矿粉，需要添加纤维稳定剂起加筋作用、分散矿粉作用、吸附吸收沥青作用及增黏稳定作用。

木质素纤维是天然木材经过化学处理加工得到的纤维。纤维应满足的要求：纤维长度小于 6 mm；pH 值 7.5 ±1，平均直径 0.045 mm，吸油量为自身质量的(5.0 ±1.0)倍；含水率小于 5%。

保石高速公路使用的是颗粒状木质素纤维，用量为矿料总重的 45%，工程后期又使用了少量 VIATOP66、VIATOP80(66、80 是指木质素纤维比例)。如 VIATOP66 是指纤维占 66.6%，沥青占 33.3%；VIATOP80 指纤维与沥青之比为 4:1。混合料组成设计应将木质素中的沥青部分考虑进去。

木质素不宜长期码垛存放，否则易受潮结团，在拌和时就不易打撒，拌和不均匀。

稳定剂也可以采用矿物纤维。

五、SMA 的配合比设计方法

SMA 的设计方法一般有两种：一种是采用旋转式搓揉压实机设计法，另一种是马歇尔试验设计法。我国多采用马歇尔试验设计法确定目标配合比，再通过其他辅助试验对配合比进一步确认。其步骤所述如下。

（一）粗集料设计

粗集料设计主要是确定4.75 mm以上的粗集料通过率这一关键指标，即设计好矿料间隙*VMA*和粗集料骨架孔隙率*VCA*。

（二）玛蹄脂胶浆设计

玛蹄脂胶浆中应含有足够的沥青结合料，并具有相当劲度的沥青玛蹄脂胶浆，它填充在粗集料骨架嵌挤成的石与石的结构间隙中，玛蹄脂胶浆设计就是确定最小沥青用量和空隙率两个关键指标。

（三）SMA配合比设计

（1）SMA材料选择。

（2）根据粗集料间隙率确定具有良好嵌挤作用的矿料级配。

（3）确认所选择的级配最小*VMA*及沥青最小用量。

（4）选择最佳沥青用量*OAC*，确认混合料的空隙率。

（5）评价SMA的水稳定性和析漏情况。

（四）SMA设计流程图

SMA设计流程如图10-5所示。

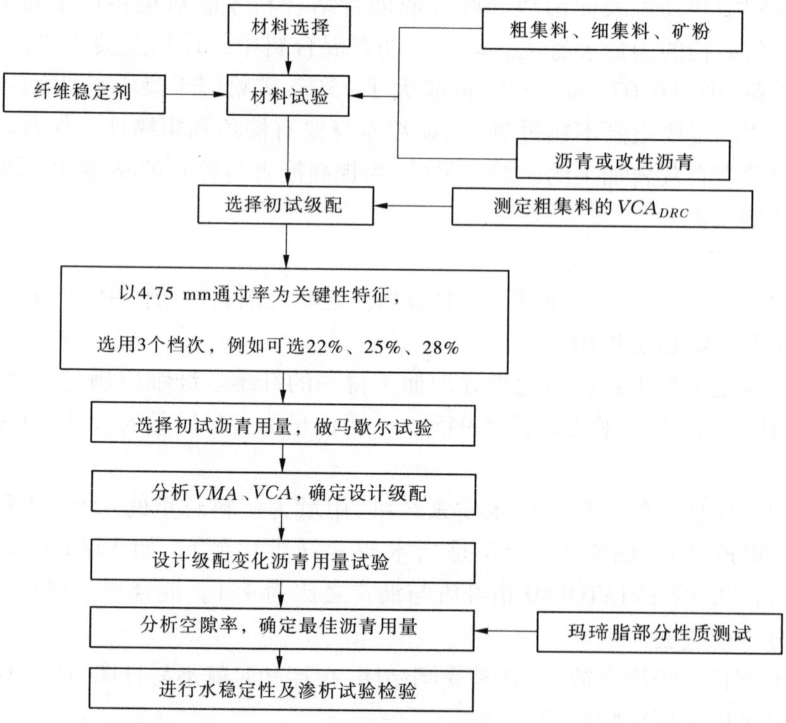

图10-5　SMA设计流程图

（五）SMA马歇尔试验配合比设计技术要求

SMA马歇尔试验配合比设计技术要求如表10-13所示。

表 10-13　SMA 马歇尔试验配合比设计技术要求

试验项目		技术要求	
		非改性沥青	改性沥青
马歇尔试件击实次数(次)		两面击实 50	
空隙率 W(%)		3 ~ 5	
粗集料骨架间隙		不大于 VCA_{max}	
矿料间隙 VMA(%)		不小于 6.5	
沥青饱和度 VFA(%)		75 ~ 85	
最小油石比			
合成集料毛体积相对密度	2.9	不小于 5.5%	不小于 5.7%
	2.8	不小于 5.8%	不小于 6.0%
	2.7	不小于 6.1%	不小于 6.3%
稳定度(kN)		不宜小于 5.5	不宜小于 6.0
流值(mm)		2 ~ 4	2 ~ 5
谢伦堡沥青析漏试验的结合料损失		不大于 0.2%	不大于 0.1%
肯塔堡飞散试验的混合料损失(20 ℃)		不大于 25%	不大于 20%

注:1. 对高温稳定性要求较高的重交通路段或炎热地区,空隙率可宽到 4.5%;
2. 最小油石比与集料的毛体积相对密度有关;
3. 马歇尔稳定度不能作为配合比设计通过与否的唯一条件使用;
4. 谢伦堡沥青析漏试验在施工最高温度下进行,没有明确规定时,非改性沥青混合料的试验温度为 170 ℃,改性沥青混合料的试验温度为 185 ℃。

(六)SMA 的配合比设计检验

根据我国的具体情况,SMA 混合料在由马歇尔试验确定矿料级配和沥青用量后,还必须进行下列试验与验证:

(1)用谢伦堡析漏试验检验沥青用量;

(2)用肯塔堡飞散试验检验沥青用量;

(3)用车辙试验进行高温稳定性检验;

(4)用水浸马歇尔试验和冻融劈裂试验进行水稳定性试验;

(5)透水性试验;

(6)表面构造深度检验。

(七)保石高速公路 SMA 目标配合比设计

保石高速公路 SMA 的级配设计参考了美国关于 SMA 的规范。根据保石高速公路试验路工程的使用情况,业主及总监办专家建议级配曲线 4.75 mm 以下筛孔适当靠上限,偏细些,防止局部产生渗水现象。

试验室根据各种矿料的筛分曲线,借助计算机,用人机对话方式试配计算各种材料的配合比为粒径 10 ~ 20 mm 颗粒∶粒径5 ~ 10 mm 颗粒∶3 ~ 5 mm 颗粒∶机制砂∶矿粉∶水泥 = 26∶45∶4∶12∶11∶2,详见表 10-14。

表 10-14 目标配合比设计矿料级配数据

筛孔(mm)	10～20 mm	5～10 mm	3～5 mm	机制砂	矿粉	水泥	合成级配	级配范围
	26	45	4	12	11	2		
19	100						100	100
16	91.8						97.9	95～100
13.2	53.2	100					87.8	85～95
9.5	27	98.1	100				73.8	60～75
4.75		4.7	90.1	100			30.7	20～28
2.36			1.3	89.7			23.9	16～24
1.18				29.4			16.5	14～18
0.6				14.7			14.8	12～16
0.3				6.9	100	100	13.8	12～15
0.15				5.1	96.7	98.0	13.1	10～12
0.075				1.5	90.0	95.0	11.9	8～10

最佳沥青用量沿用马歇尔试验方法确定。沥青用量按 0.5% 间隔递增，共制作 5 组，每组 6 个试件。用蜡封法（每组 12 个试件）或饱和面干法测定其密度。试件单个配料，用小型沥青混合料自动拌和机拌和。拌和时首先将木质素纤维与矿料干拌 60～90 s，使木质素纤维分散。沥青含量的计算要考虑木质素中所含沥青。马歇尔试件的击实次数为双面各 50 次，击实温度控制在 150～160 ℃。确定 *OAC* 为 5.7%，试验结果如表 10-15 所示。

表 10-15 SMA－16 混合料试验结果

试验项目	单位	各组试验结果					要求	代表值
		1	2	3	4	5		
油石比	(%)	4.5	5.0	5.5	6.0	6.5		5.7
理论密度	(g/cm^3)	2.772	2.749	2.728	2.707	2.687		2.719
实测密度	(g/cm^3)	2.595	2.607	2.625	2.626	2.621		2.626
空隙率	(%)	6.4	25.2	3.8	3.0	2.5	3～4	3.4
矿料间隙率	(%)	17.2	17.2	17.1	17.4	18.0	≥17.0	17.1
饱和度	(%)	63.0	70.2	77.8	82.8	86.1	75～85	80.2
稳定度	(kN)	8.60	9.42	9.94	9.59	8.41	≥6.2	9.79
流值	(0.1 mm)	27.8	29.8	31.4	33.7	37.2	20～40	34.5

按最佳沥青用量拌料，对目标配合比进行检验。经检验，浸水马歇尔试验、烧杯法沥青析漏试验、肯塔堡飞散试验、车辙试验均符合要求。

（八）生产配合比设计

采用的 ASTEC 间歇式拌和机，分别安装 22 mm、14 mm、10 mm、5 mm 四层振动筛，按目标配合比上冷料，进行生产配合比调试。其配合比设计计算的比例为:4 号仓(14 ~22 mm): 3 号仓(10 ~14 mm):2号仓(5 ~10 mm):1号仓(<5 mm):矿粉:水泥 =19:18:38:12:11:2。级配如表 10-16 所示。

表 10-16 生产配比设计矿料级配

筛孔(mm)	4 号仓	3 号仓	2 号仓	1 号仓	矿粉	水泥	合成级配	级配范围
	19	18	38	12	11	2		
19	100						100	100
16	85.9	100					97.3	95 ~100
13.2	37.6	96.3	100				87.4	85 ~95
9.5	3.2	64.0	93.1				72.5	60 ~75
4.75		5.1	12.6	98.6			30.5	20 ~28
2.36		0.7	0.7	72.5			22.1	16 ~24
1.18				31.8			16.8	14 ~18
0.6				18.2			15.2	12 ~16
0.3				10.6	100	100	14.3	12 ~15
0.15				5.7	96.7	98.0	13.3	10 ~12
0.075				2.1	90.0	95.0	12.1	8 ~10

由于表面层 SMA－16 与 AC－16I 型是同时施工的，振动筛在施工中没有变动。拌和机 5 个冷料仓有两个同时供给用量占 45% 的 5 ~10 mm 碎石，在以后生产施工中，冷热料仓供给基本平衡，没出现待料及溢料现象。按此配合比进行马歇尔等试验，各项指标均能达到设计要求。

(九)试验段试铺验证

SMA－16 试验段铺筑了 200 m，拌和机每盘拌和质量为 2 800 kg，矿粉、水泥有两套装置分别计量。木质素纤维分装成小袋，由拌和缸观察口直接人工投放。回收粉尘全部排出，一点也不使用，在粉尘出口处安装了水喷头，减少了环境污染。拌和过程中各个料仓的材料比例、沥青及矿粉、水泥用量逐盘打印数据，由此可见配合比误差变化。试铺过程中，按《公路工程质量检验评定标准》(JTG F80/1—2004)要求进行了抽提筛分、马歇尔试验，结果均能满足要求。抽提筛分、马歇尔试验结果如表 10-17 和表 10-18 所示。

表 10-17 混合料抽提筛分试验结果(平均值)

型号	油石比(%)	通过下列筛孔(mm)的百分率(%)										
		19	16	13.2	9.5	4.75	2.36	1.18	0.6	0.3	0.15	0.075
SMA－16	5.68	100	96.0	87.3	68.1	30.3	21.8	16.9	15.6	13.9	12.3	9.7

表 10-18　马歇尔试验检测结果(平均值)

型号	油石比(%)	理论密度(g/cm^3)	实测密度(g/cm^3)	空隙率(%)	矿料间隙率(%)	饱和度(%)	稳定度(kN)	流值(0.1 mm)
SMA－16	5.68	2.672	2.572	3.7	17.2	78.3	10.0	28.8

经过三个阶段的 SMA 配合比设计,保石高速公路工程所配制的 SMA－16 混合料的矿料级配符合业主的要求。试铺施工中所表现出的粗集料嵌挤作用良好;路面构造深度达到 0.8～1.1 mm,满足要求;路表面不透水,防水效果好。由此可见,此配合比设计是成功的。

六、SMA 路面的施工

SMA 路面施工较普通沥青混凝土路面施工除温度应提高 10～20 ℃,混合料拌和与压实工艺也有所不同,其他工艺都与普通沥青混凝土施工大体相同。所以,本节重点叙述它们的不同之处。

(一)SMA 的拌和

拌和是 SMA 施工的关键工序。其实,只要是拌制出的 SMA 合格,摊铺、碾压等工序都是比较容易控制的。

1. SMA 拌和温度要求

SMA 中矿粉和稳定剂都是未加热的冷料,因此加入拌和后会降低混合料温度,为保证出料温度满足 SMA 摊铺要求,所以拌和温度要比普通沥青混合料高。保石高速公路工程混合料的施工拌和温度如表 10-19 所示。

表 10-19　保石高速公路 SMA 拌和温度控制　(单位:℃)

项目	普通沥青	SBS 改性沥青	测量部位
沥青加热温度	155～160	160～165	沥青加热罐
集料加热温度	>190	>190	热料提升斗
SMA 出厂温度	160～170	175～185	运料车
混合料废弃温度	<195	<195	运料车

2. 集料及填料的添加

SMA 的特点是粗集料多、矿粉多、沥青多、细集料少,这三多一少使拌和的难度增大。

SMA 的粗集料含量在 70% 以上,矿粉含量在 10% 以上,细集料加石屑加砂含量共 15% 左右,再加上粗集料中也含有部分细集料,这就使小于 5 mm 的细集料实际添加量更小。细集料用量的过大悬殊,要求在拌和时应合理调整安排料仓,使配料尽可能平衡,最大限度地保证拌和生产率达到最高。具体做法是增加一个粗集料供料斗,保证粗集料的足量供给。细集料因用量少,若冷料仓开口小,细集料较潮湿时下料就困难;若开口过大,则往往过量。为保证细集料顺利供给,细集料应尽量保持干燥,储存场地要硬化,并使用盖遮雨棚等措施,保热料仓不出现粗集料亏料,细集料溢仓的不正常现象。改造拌和设备是一项重要的工作内容。

SMA 的矿粉用量大,为普通沥青混合料的 2 倍,而又不能使用回收粉尘,所以拌和站矿粉提升能力明显不足,必须增加一套提升设备。保石高速公路配合比设计时,为增加混合料黏附性,拌和时添加 2% 的水泥、10% 的矿粉,拌和站的提升能力刚好满足要求。因为粉尘需要全部排除,占用了拌和时间,再加上 SMA 拌和时间延长,故拌和站拌和 SMA 生产率有所降低,只有普通沥青混合料 AC－25 生产率的 2/3。保石高速公路使用的是 ASTEC－200 拌和站,拌制 AC－25,产量为 240～280 t/h,拌制 SMA 时仅为 160 t/h 左右。

3. 稳定剂的添加

保石高速公路使用的稳定剂是木质素纤维。为了准确、准时加入,在拌和锅观察窗外自制了一个翻板式投放口,并安装上传感器与粗集料放料传感器相联,在发出粗集料放料信号的同时,纤维投放口自动开启,将预先称量好的木质素纤维与粗集料同时投入拌缸,纤维在干燥粗集料干拌的冲击下打散并均匀地分布在干混合料中,再加入沥青湿拌,出料效果非常好。

4. 拌和时间的控制

SMA 沥青混合料的拌和时间应以混合料拌和均匀、纤维分布均匀、所有矿料均裹覆上沥青结合料为准。根据保石高速公路拌和经验,材料添加顺序及拌和时间如表 10-20 所示。拌和过程中视混合料拌和情况,拌和时间可作相应增减。

表 10-20　材料添加顺序及拌和时间　（单位:s）

<table>
<tr><td colspan="2">35～40</td><td>约 20</td><td>约 10</td></tr>
<tr><td>加矿料</td><td>加纤维约 10</td><td>加沥青</td><td>搅拌</td></tr>
<tr><td colspan="2">干拌</td><td colspan="2">湿拌</td></tr>
</table>

(二)SMA 的运输

由于 SMA 黏性很大,运料车车厢及底部均需涂刷油水混合物隔离剂,但底部不得存有残液。为保证摊铺温度,当使用改性沥青时,混合料出料温度应为 160　～170 ℃,当使用普通沥青时应为 150～160 ℃。为防止表面结硬,运料车必须加盖苫布保温。

SMA 应在气温及路床温度均高于 10 ℃且处于上升的情况下,在干燥的中面层上铺筑。由于它的压实余量很小,在保石高速公路使用 ABG423 摊铺机摊铺,松铺系数在 1.05 左右。因为拌和效率低,其摊铺速度应适当放慢与拌和站匹配,尽量减少停机等待摊铺次数。停机后摊铺机下残留的混合料温度下降结硬后难以压实,影响路面的压实度和平整度。若有此现象出现,应作工作缝处理。

(三)SMA 的碾压

对 SMA 路面来说,碾压是重要的一环,保证及时碾压非常重要。由于 SMA 的粗集料嵌挤良好,碾压过程中推挤很小,可以使用较重型的压路机在很高的温度下碾压。碾压要紧跟在摊铺机后面隔一定距离碾压,一旦 SMA 的温度下降,若是使用的改性沥青,黏度增大,压实就更难达到要求。

1. 碾压温度控制

保石高速公路 SMA 面层碾压温度控制范围如表 10-21 所示。

表 10-21　保石高速公路 SMA 面层碾压温度控制范围　（单位：℃）

项目	使用普通沥青	使用 SBS 改性沥青	测量部位
初压开始温度	>130	>140	摊铺机后
复压最低温度	>120	>130	碾压层内部
终压最低温度	110	120	碾压层内部

2. 碾压要领

SMA 路面碾压施工工艺应采用“刚碾、高频、低幅、紧跟、慢压”的十字方针。SMA 必须用刚性碾碾压，不能使用胶轮压路机碾压，因为胶轮压路机的揉搓容易使玛琋脂上浮，造成构造深度下降，甚至泛油，破坏 SMA 的结构。压路机压实时采用高频率、低振幅，可以防止表面石料损伤，保持良好的棱角性与嵌挤作用。“紧跟、慢压”是指压路机应紧跟在摊铺机后，在高温状态下碾压，以不产生推挤现象为宜，速度宜控制在 4.0 ~ 5.0 km/h，切忌在低温下反复碾压，压碎石料，破坏集料棱角。

3. 碾压控制参数

保石高速公路碾压控制参数如表 10-22 所示。

表 10-22　保石高速公路碾压控制参数

项目	初压	复压	终压
碾压温度（℃）	150 ~ 160	130 ~ 140	120 ~ 130
碾压机械	CC21 型两台，不带振动	英格索兰两台，带振动	英格索兰两台，不带振动
碾压速度（km/h）	1.5 ~ 2.0	2.0 ~ 4.0	4.0 ~ 5.0

实际上静压一遍后，高频率、低振幅振压一遍，再静压两遍就能达到压实要求。英格索兰压路机轮宽、振动力大，用于 SMA 压实较为适合。

（四）SMA 的施工缝处理

SMA 路面一般用于表面层，所以应尽量全断面摊铺。由于 SMA 混合料拌和生产率较低，混合料拌和跟不上摊铺速度，停机待料现象难以避免。遇到这种情况，要迅速抬起摊铺机熨板，用切割机垂直切齐，接缝处冲洗干净，涂刷上黏层油后再摊铺，工作缝就是这样处理的。切忌停机等料，待 SMA 混合料冷却结硬后将很难处理。

横缝碾压与普通沥青混凝土路面施工压实方法相同。

（五）SMA 路面质量检测及常见病害

1. SMA 路面质量检测

对 SMA 的马歇尔试验，最主要的指标是空隙率、*VMA*、*VCA*、*VFA*，而稳定度和流值并不像对普通沥青混凝土混合料那样显得非常重要。

SMA 路面的压实度检验用常规钻孔取样很难办到，特别是改性沥青 SMA 混合料黏性大，钻孔有困难。若采用核子密度仪检测，因 SMA 表面为开式结构使核子密度仪读数变异性较大。因此,只有靠增加检测次数,取平均值作为参数,依靠保证碾压遍数观察碾压情况来控制。是否为真正的 SMA 路面有两个重要标志:一是在高温下振动碾压而不产生推挤;二是表面有足够的构造深度又基本不透水。这两个条件都满足了,这才是成功的 SMA 路面。

2. SMA 路面的常见病害

1)过度碾压

SMA 的压实度比较容易达到。但是,若碾压过度,不仅将碎石碾压破碎,破坏了棱角,还会使玛琋脂上浮,甚至出现油斑,减小构造深度。所以,压实过程中要经常观察表面情况,严格避免过度碾压。

2)出现油斑

油斑是 SMA 路面又一常见病害,主要是由于混合料拌和时纤维分布不均造成的,或者是由于人工加纤维时漏投、晚投、少投等,或者因纤维受潮结团不能充分拌和打散。

另外,拌和料是以盘为单位,一般是某盘料拌和不均匀,故油斑出现一般都相距不远。此外,油斑出现在路幅的两侧较多,这是由于摊铺机布料时螺旋输送器将比较轻的结团纤维甩至两端所致。发现油斑,应首先检查纤维加量是否合适,拌和时间是否够长,是否是过压所致。过高的用油也容易出现油斑。因此,要求经常检查拌和站沥青计量器具的准确性。另外,纤维掺加剂和路面表面滞水也易导致出现油斑。

(六)质量标准

保石高速公路的 SMA 路面采用的是河北省制定的《公路工程施工质量控制标准》,其主要控制指标如表 10-23 所示。

表 10-23　质量控制指标

检测项目	质量要求	试验方法及频率
外观	拌和均匀、无花白料等	目测
施工温度	拌和、摊铺、碾压等符合规范	用温度计,1 次/车
矿料级配	在规范范围内	拌和站取样抽提筛分,1 次/台
沥青用量	±0.3%	离心抽提随时检验
马歇尔试验稳定度	≥6.2 kN	拌和厂取样
流值	2 ~ 4 mm	拌和厂取样
空隙率	2% ~4%	拌和厂取样
动稳定度	≥1 500 次/mm	共取 9 组
混合料弯曲试验	≥2 000 μs 改性沥青≥2 000 μs	取 9 组
摩擦系数	≥55	2 次/km
构造深度	≥0.8 mm	1 次/d

续表 10-23

检测项目	质量要求	试验方法及频率
压实度	≥97%	每 2 km 检查 1 处
平整度 纵断高程	≤3 mm ±10 mm	每 100 m 半幅用 3 m 直尺检查 用水准仪每 100 m 测 5 点
宽度	不小于设计	钢尺量每 100 m 量 2 处
厚度	±10%	每 2 km 钻心取样 1 处
横坡度	±0.5%	水准仪每 100 m 3 个断面

(七)施工质量效果

保石高速公路三合同施工的 SMA－16 表面层,经检测,各项指标均达到预期要求,具体内容如下。

(1)矿料级配:由于原材料规格较好、拌和控制偏差很小,经筛分检测,矿料级配基本靠近级配范围中值。

(2)油石比:由于拌和控制偏差很小,经抽提检测,油石比均值为 5.68%(目标值 5.7%),远小于要求的 0.3%的偏差。

(3)压实度:由于压实控制较好,经钻孔取心检测,压实度均值为 98.8%(目标值 97%)。

(4)平整度:由于中面层的平整度较好、表面层施工时采用的摊铺机械性能较好且碾压控制到位,平整度指标完全满足 3 m 直尺检测小于 3 mm 的要求。

(5)表面构造深度:由于混合料的配合比较好、碾压控制到位,表面构造深度达到 0.8～1.1 mm(目标值≥0.8 mm),达到了采用 SMA－16 结构作为抗滑表层的目的。

(6)透水性:由于配合比控制较好、碾压控制到位,经检测,路面基本不透水。

其他指标如高程、横坡、宽度、马歇尔稳定度、马歇尔流值、马歇尔空隙率、动稳定度、摩擦系数、弯沉值等均符合要求。

(八)SMA 表面层施工设备配置

保石高速公路 SMA 路面层施工使用的是普通沥青混凝土路面施工设备。投料部分经过适当的改造方能适合拌制 SMA 混合料。在碾压工艺上,取消了不适用的胶轮压路机,全部使用钢轮压路机。

本章小结

(1)为了使沥青面层与基层牢固结合,一般在做沥青面层前都应在半刚性基层、碎(砾)石基层上洒喷透层油进行透层施工。黏层的作用就是使上下层沥青结构层或沥青结构层与结构物完全黏结成一个整体。

(2)沥青表面处治用于三级和三级以下的公路,各级施工临时便道及旧沥青路面层上加铺罩面层或磨耗层,其施工方法有两种,即拌和法与层铺法。沥青表面处治层铺法施工按施工工序的不同,可分为先油后料法和先料后油法两种。

(3)沥青贯入式路面适用于二级和二级以下的公路,沥青贯入层也可以作为沥青混凝土路面的联结层。

(4)沥青混凝土配合比设计的选材原则,生产配合比的调试和确定、拌和注意事项。

(5)沥青玛瑞脂碎石混合料(SMA)是近来国际上非常引人注目的沥青混合料,其以优良的抗车辙性能和抗滑性能而闻名于世。第一条SMA路面是德国于20世纪60年代修建的,距今已有40多年,使用状况仍然良好。

SMA是一种由沥青、纤维稳定剂、矿粉及少量的细集料组成的沥青玛瑞脂填充间断级配的粗集料骨架间隙而组成的沥青混合料,经过碾压成型后具有抗车辙、抗裂、抗滑、不透水、耐久性强等技术优点。

(6)国际上尚无公认SMA的设计的成熟方法。设计方法一般有两种:一种是采用旋转式搓揉压实机设计法,另一种是马歇尔试验设计法。我国多采用马歇尔试验设计法确定目标配合比,再通过其他辅助试验对配合比进一步确认。

(7)水泥混凝土路面是由适当级配的粗细集料、水泥、外加剂和水混合,经过水泥的水化作用凝固硬化而成的路面结构。

【小知识】 人工打眼的具体操作方法

单人锤击法:一手握钎、一手打锤,锤把不宜太长,约30 cm即可,锤与钢钎成一直线打在钎上,举锤时应向耳侧上举与头同高,此时锤头横向左右两侧约成水平位置。在硬岩中打眼,反弹力很大,可借力举锤。打一锤提一次钎,提一次两次钎后要转动一下钎,每转8次转完一周,使眼孔圆顺不成三角形。

双人锤击法:一人扶钎、一人打钎,两个约成直角,动作紧密配合。先用短钎开口,开口时先轻打成一个"十"字形,再慢慢转动打成圆眼,打锤的力量逐渐加大,每打一下,提一次钎同时转一个小角度,转动一圈最少要打击10~12次,否则容易卡钎或打成三角眼。新换的钢钎,先要轻打,待钢钎发热后再重打,这样作可以保护钎口。打一段时间用掏勺把石粉掏出来,打眼可以加水打或干打,加水打时钢钎不易损坏,粉尘少,石粉容易掏出来。但钢钎应用草绳造一个套套住,使石粉浆不易溅到人身上来。随着孔眼加深换用适宜的长钎子,扶钎要稳,要保持正确的方向,每打一锤要猛拔猛捣转动钢钎一次,打锤要稳、准、狠。

冲钎法:作业时,手持3~5 m长的钢钎在眼中猛拔猛捣。冲钎时,要注意保持钢钎方向,身体要稍向前倾,两脚分开与肩同宽,一手置于胸前,一手置于腹部,两手上下相距35~45 cm。冲钎时,可两手同时用力提起和下冲,也可以一手用力提起钢钎,而另一手用力向下冲。冲钎可单人或多人进行,操作方法基本上相同,但动作要协调一致。

当发生夹钎时,可将无把镐套在钢钎上,楔紧之后搬动,即可拔出;若冲成三角眼,可用比被冲打的岩石稍硬的石屑回填,然后再冲打,直至冲圆完止;若眼壁掉渣,可用黏土加水适当放入眼内,反复抽动钢钎,即可护壁。

复习思考题

10-1 透层油喷洒施工的要求和注意事项有哪些?

10-2 黏层沥青的技术要求有哪些?

10-3 什么情况下应喷洒黏层？黏层沥青的施工方法和施工注意事项有哪些？

10-4 简述沥青表面处治的施工程序和操作方法。

10-5 沥青表处路面施工应注意哪些事项？

10-6 简述热拌沥青混凝土路面施工工艺流程。

10-7 简述沥青混凝土配合比设计的方法。

10-8 沥青混凝土配合比设计的选材原则是什么？

10-9 沥青混凝土拌和时应注意哪些事项？

10-10 SMA 的组成具有哪些特点？

10-11 简述 SMA 表面层的优点。

10-12 简述 SMA 配合比设计方法。

10-13 SMA 拌和时对温度、时间、运输、碾压和施工缝处理有什么要求？

10-14 简述 SMA 路面质量检测的方法及常见病害。

第十一章　水泥混凝土路面机械化施工

职业能力目标与学习要求

通过对水泥混凝土路面机械化施工的学习，使学生对水泥混凝土路面机械化施工的特点、施工方法和施工要求有一定的了解和掌握，并且结合工作过程，通过案例分析提高学生分析问题和解决问题的能力，为今后从事施工员、管理员工作奠定良好的基础。

教学重点

1. 水泥混凝土路面施工方法及注意事项、质量控制；
2. 水泥混凝土路面轨道式摊铺机施工方法和要求；
3. 水泥混凝土路面滑模摊铺施工方法和要求。

第一节　概　述

一、我国水泥混凝土路面发展简述

水泥混凝土路面作为一种高等级路面结构形式，其最早建造史可追溯到大约公元前1世纪，当时的罗马人就以火山灰作胶结材料用于古代的建筑、水利、港口及道路和广场工程。我国混凝土路面和地坪的最早使用始于秦汉时期。近现代意义上的水泥混凝土路面，在欧洲是从1824年10月21日英国工匠取得波特兰水泥的发明专利后开始发展起来的。全世界第一条水泥混凝土路面是1865年在英国修筑的，至今已有140多年的历史。20世纪30年代，水泥混凝土路面在各主要的发达国家大量使用并发展起来，德国在当时还没有沥青路面的高速公路情况下，建成了第一条水泥混凝土路面的高速公路。从这一时期开始，经过多年的试验观测，水泥混凝土路面的经验性设计理论、计算方法和施工技术迅速地发展建立起来。

我国第一条水泥混凝土路面是1928年在浙江奉化溪口镇修筑的，当时采用日本进口的水泥，至今已有80多年的历史。自1936年开始，我国引进德国技术设备，在唐山建立了第一家生产和销售水泥的启新洋灰公司，开始在室内建造水泥混凝土地面和室外地坪，并在该工厂建造一段水泥混凝土路面试验段。

1960年全国仅有60 km水泥混凝土公路，1970年累计200 km，1980年累计1 600 km，1990年累计11 373 km，1998年累计83 652 km，到2010年估计为20万km。

水泥混凝土路面快速发展的主要原因有以下几点：

(1)水泥混凝土路面具有承载能力大，使用寿命长，日常养护费用少的优点。

(2)我国水泥生产量大、分布广，水泥品质能满足道路使用要求。

(3)砂石材料遍布全国，容易做到因地制宜、就地取材。

(4)施工上可以采用小型配套机具施工，投入小、施工工艺成熟、易掌握，施工质量能达到道路使用要求，特别是能达到二、三级以下道路要求，对于高等级道路也可使用滑模、轨模等施工机械施工。

(5)国家高科技攻关项目的成功，使水泥混凝土路面的设计、施工、养护等诸多的技术难题得到解决，为高等级道路的运用打下了坚实的基础，铺平了道路。

(6)国家"八五科技攻关"课题圆满成功，解决了使用滑模摊铺水泥混凝土路面的成套技术，掀起了机械化施工的高潮，目前全国高等级公路使用水泥混凝土路面较为广泛。

(7)改革开放使我国经济迅猛发展，为缓解公路交通对国民经济发展的瓶颈制约作用，国家加大了对公路基础设施的超前建设，这也为水泥混凝土路面的建设发展提供了良好的机遇。

(8)水泥混凝土路面更为适合我国的资源约束条件。我国沥青资源相对不足，而水泥资源很丰富。沥青路面与水泥混凝土路面初期投资对比，有的地方持平，有地方贵 1/4 ~ 1/3，但水泥混凝土路面具有养护费低的优点，所以近期得到很快发展。

二、材料要求

水泥混凝土路面是由适当级配的粗细集料、水泥、外加剂和水混合，经过水泥的水化作用凝固硬化而成的路面结构。下面介绍其组成材料的技术要求。

(一)水泥

水泥的品质直接影响水泥混凝土路面的抗折强度和疲劳强度、耐久性、体积稳定性。因此，应采用抗折强度高、收缩小、耐磨性强、抗冻性好的道路硅酸盐水泥、硅酸盐水泥、普通硅酸盐水泥，中等以下交通量的道路也可以采用矿渣硅酸盐水泥。各等级交通的路面适用的水泥强度等级如表 11-1 所示。

表 11-1　各等级交通路面适用的水泥强度等级

交通等级	抗折强度(MPa)	水泥品种和强度等级	说明
特重	≥7.5	旋窑硅酸盐水泥 62.5、普通水泥 62.5、道路水泥 52.5	硅酸盐水泥 52.5、普通水泥 52.5、道路水泥 42.5，实测弯拉强度达到要求可以使用
重	≥7.0	旋窑硅酸盐水泥 52.5、普通水泥 52.5、道路水泥 42.5	旋窑硅酸盐水泥 42.5、普通水泥 42.5，实测抗折强度达到要求亦可用
中等、轻	≥6.5	硅酸盐水泥 42.5、普通水泥 42.5、矿渣水泥 42.5	所有水泥施工时均应以抗折度都满足要求为准

注：该表摘自《公路水泥混凝土路面滑模施工技术规程》(JTJ/T 037.1—2000)。

水泥的初凝时间不小于 3 h，终凝时间不小于 10 h。另外，水泥不得混合堆放，严禁混合使用，出厂期超过 3 个月或受潮的水泥，必须经过试验，按试验结果决定正常使用或是降级使用。已经结块变质的水泥不得使用。

(二)细集料

混凝土中用的砂，称为细骨料或细集料。一般采用粒径为 0.15 ~ 5 mm、颗粒有棱角、洁净、级配良好、细度模数为 2.3 ~ 2.5 的粗砂和偏细粗砂，这样的砂与水泥浆的胶结能力强且耐磨。

1. 砂的标准颗粒级配范围

砂的标准颗粒级配如表 11-2 所示。

表 11-2　砂的标准颗粒级配范围

砂级配区	砂的分类	筛孔尺寸(mm)						
		圆孔			方孔			
		10	5	2.50	1.25	0.63	0.315	0.16
		通过百分率(以质量计)(%)						
Ⅰ区	粗砂	100	90 ~ 100	65 ~ 95	35 ~ 65	15 ~ 29	5 ~ 20	0 ~ 10
Ⅱ区	中砂	10	90 ~ 100	75 ~ 100	50 ~ 90	30 ~ 59	8 ~ 30	0 ~ 10

2. 砂的质量要求

砂的技术要求如表 11-3 所示。

表 11-3　砂技术要求

项目	技术要求	项目	技术要求
含泥量(冲洗法)	≤3%	有机物含量(比色法)	不深于标准溶液的颜色
硫化物及硫酸含量(折算为 SO_3)	≤1%	云母含量	≤2%

(三)粗集料

混凝土中使用的碎石或砾石称为粗集料,其粒径在 5 mm 以上、30 mm 以下,质地坚硬,无风化,强度不低于 50 MPa。

碎石和砾石技术要求如表 11-4 所示。

表 11-4　碎石和砾石技术要求

项目	技术要求	项目	技术要求
石料强度等级	≥3 级	泥土杂质含量(冲洗法)	≤1%
压碎值	≤16%	硫化物及硫酸根含量	≤1%
针片状颗粒含量	≤15%	有机物含量(比色法)	不深于标准溶液的颜色

注:该表引自《公路水泥混凝土路面设计规范》(JTG D40—2002)。

为了使路面混凝土形成嵌挤型的骨架密实结构,提高路面使用品质及耐久性,应严格控制粗集料级配。水泥混凝土路面使用粗集料标准级配范围如表 11-5 所示。

(四)水

拌和用水应是一般能饮用的水。水的 pH 值大于 4,硫酸盐的含量以 SO_4^{2-} 计算不超过 2 700 mg/L,各种盐的总含量不超过 5 000 mg/L。对于污水、工业废水、含矿物质的泉水应事先化验确认无害后方可使用。

(五)外加剂

水泥混凝土路面的混合料中加入了外加剂后,能改变路面使用品质和满足施工的特定要求,尤其是满足机械化施工的要求。外加剂已成为水泥混凝土混合料中不可缺少的组成成分。

表 11-5　水泥混凝土路面使用粗集料标准级配范围

级配类型	粒径范围(mm)	筛孔尺寸(圆孔)(mm)						
		30	25	20	15	10	5	2.5
		通过百分率(以质量计)(%)						
连续级配	5～30	95～100	67～77	44～59	25～40	11～24	3～11	0～5
	5～20			95～100	55～69	25～40	5～15	0～5
间断级配	5～30	95～100	67～77	44～59	25～40	25～40	3～11	0～5
	5～20			95～100	25～40	25～40	5～15	0～5

1. 减水剂

水泥混凝土路面的设计抗弯拉强度是一般公路为4.5 MPa、高速公路和一级公路为5 MPa，加上施工保证率其抗弯拉强为5.0～5.75 MPa，对应的抗压强度为C35～C40级，强度均已达到高强度等级的钢筋混凝土的要求。所以，使用的外加剂均应满足一等品的技术要求，其一等品的性能指标如表11-6所示。

表 11-6　混凝土外加剂产品种类和性能指标

试验项目		普通减水剂	高效减水剂	早强减水剂	缓凝高效减水剂	缓凝减水剂	引气减水剂	早强剂	缓凝剂	引气剂
减水率不小于(%)		8	12	8	12	8	10	—	—	6
泌水率不大于(%)		95	90	95	100	100	70	100	100	70
含气量(%)		≤3.0	≤4.0	≤3.0	<4.5	<5.5	>3.0			>0.3
凝结时间(min)	初凝	-90～+120	-90～+120	-90～+90	> +90	> +90	-90～+120	-90～+90	> +90	-90～+120
	终凝									
抗压强度比不小于(%)	1 d	—	140	140	—	—	—	135	—	—
	3 d	115	130	130	125	100	115	130	100	95
	7 d	115	125	115	125	110	110	110	100	95
	28 d	110	120	105	120	110	100	100	100	90
收缩率比28 d不大于(%)		—	135	135	135	135	135	135	135	135
相对耐久性指标200次不小于(%)		—	—	—	—	—	—	—	—	80
对钢筋锈蚀作用		应说明对钢筋无锈蚀危害								

注：1. 该表数据摘自《混凝土外加剂》(GB 8067—1997)，高速公路水泥混凝土路面上应全部满足一等品要求，仅摘录一等品数据；
2. 除含气量外，表中数据为掺外加剂混凝土与基准混凝土差值或比值；
3. 凝结时间指标“-”表示提前，“+”表示延缓；
4. 相对耐久性指标，200次不小于80%表示掺外加剂混凝土试件冻融循环200次后，动弹性模量保留值不小于80%。

2. 引气剂

使用滑模摊铺水泥混凝土路面时规定应使用引气剂。引气剂既可引气也起减水作用，其减水率为6% ~8%。它可增加新拌混凝土的黏聚性，改善和易性，防止泌水离析，提高混凝土匀质性。引气剂以松香树脂类（文松树脂、松香皂、松香热聚物）为最好。

（六）钢筋

钢筋在水泥混凝土路面中主要用于接缝处的传力杆和拉杆、角隅钢筋和钢筋网四大类。一般传力杆为 $\phi25 \sim \phi30$ mm 光圆钢筋，拉杆为 $\phi12 \sim \phi16$ mm 螺纹钢筋，角隅钢筋为 $\phi12 \sim \phi14$ mm 螺纹钢筋，钢筋网一般以 $\phi8$ mm 光圆钢筋或 $\phi12$ mm 螺纹钢筋制成。

（七）接缝材料

1. 填缝材料

水泥混凝土路面的面板，会因气温变化而热胀冷缩，板间的接缝会夏天变窄、冬天变宽。因此，对板缝间的填缝材料应有如下要求：

（1）应当坚韧而富有弹性；

（2）能阻止砂、石嵌入，以免板体自由收缩时受阻；

（3）具有良好的封水性能，并能与板缝黏结牢固，避免水分渗入；

（4）应耐晒、耐磨、耐油。

2. 胀缝板

胀缝板可采用各种木板、沥青纤维板、泡沫橡胶板、泡沫树脂板及各种纤维复合板，其技术要求如表 11-7 所示。

表 11-7　胀缝板的技术要求

试验项目	接缝板种类			说明
	木材类	塑料（橡胶）泡沫类	纤维类	
压缩应力（MPa）	5.0 ~ 20.0	0.2 ~ 0.6	2.0 ~ 10.0	吸水后不应小于不吸水的 90%
弹性复原率（%）	>55	>90	>65	木材应挖除树节并用原木修补
挤出量（mm）	<5.5	<5.0	<4.0	接缝板厚度误差范围为 ±5%
弯曲荷载（N）	100 ~ 400	0 ~ 50	5 ~ 40	长度与宽度误差范围为 ±2%

3. 嵌缝材料

胀缝板上部的密封嵌缝条，由于胀缝伸缩量较大，一般不使用缩缝用的实心填缝料，多采用空心的预制橡胶嵌缝条来填塞，橡胶条应符合表 11-8 的技术要求。

4. 润滑黏结剂

胶条润滑黏结剂是接缝安装预制橡胶嵌缝条的专用材料。要求黏度适中，固化前不发黏，有较强的润滑作用，固化速度可调，固化后与橡胶填缝条和混凝土缝壁黏结牢固，低温不脆、不溶于水等。

5. 缩缝填料

1）常温施工式缩缝填料技术要求

常温施工式缩缝填料技术要求如表 11-9 所示。

表 11-8　预制橡胶嵌缝条材料的技术要求

性能	要求	
	Ⅰ类	Ⅱ类
公称硬度(IRHD)	60	70
公称硬度(IRHD)公差	±5	
最小拉伸强度(MPa)	12	
最小扯断伸长率(%)	250	200
最大压缩永久变形(100 ℃,22 h)(%)	40	
耐老化性能(100 ℃,72 h 热老化后)		
公称硬度(IRHD)变化	0 ~ +12	
最大拉伸强度变化(%)	-20	
最大扯断伸长率变化(%)	-25	
耐臭氧性能(伸长率 20%,40 ℃,96 h) 一般条件:臭氧浓度 50 mg/m^3 苛刻条件:臭氧浓度(100 mg/m^3)	不龟裂	
在 -10 ℃、72 h 后公差硬度(IRHD)增加	15	10
耐水性:标准室温、7 h 后的体积变化(%)	0 ~ 15	
(压缩 50% 后)成品填缝件的压缩最小恢复率(%)		
-10 ℃,72 h	88	
-25 ℃,22 h	83	
100 ℃,72 h	85	

表 11-9　常温施工式缩缝填料技术要求

试验项目	一般技术要求	较高技术指标	试验项目	一般技术要求	较高技术指标
灌入稠度(s)	<20	<10	拉伸量(-10 ℃)(mm)	>15	>25
失黏(固性)时间(h)	6 ~ 24	1 ~ 3	与混泥土黏结强度(MPa)	>0.6	>1.0
弹性(恢复率)(%)	>75	>90	黏结延伸率(%)		>1 000
流动度(mm)	0	0			

注:较高技术指标是已经在高速公路上使用的改性聚氨脂、硅树脂填缝材料实测数值。

2)加热施工式缩缝填料技术要求

加热施工式缩缝填料技术要求如表 11-10 所示。

表 11-10　加热施工式缩缝填料技术要求

试验项目	低弹性型	高弹性型	试验项目	低弹性型	高弹性型
针入度(0.1 mm)	<50	<90	流动度(mm)	<5	<2
弹性(复原率)(%)	>30	>60	拉伸量(mm)	>10	>15

3）缩缝背衬泡沫塑料垫条

为使缩缝填料不流入底部，填缝深度保持基本一致，可设置缩缝填料背衬泡沫塑料垫条。其技术要求包括背衬材料应具有良好的弹性、柔韧性、不吸水、耐酸碱腐蚀性等；耐热型背衬材料应在 180 ℃时不软化；背衬材料形状最好为圆形，也可为方棱柱形，一般直径或宽度应比接缝大 2 ~4 mm。

4）纵缝填料

由于纵缝设有拉杆约束，对填料要求不高，所有缩缝材料都适用。

（八）养生材料

水泥混凝土路面采用洒水覆盖养生最为简单方便，但跟不上机械化施工的需要，因而使用养生剂养生是机械化施工的主要方式，对养生剂的主要技术要求如表 11-11 所示。

表 11-11　水泥混凝土路面养生剂的主要技术要求

项目	技术指标	试验条件
保水率（%）	≥90	标准配合比：$W/C=0.45$，$C=350\ kg/m^3$，$D=200$ mm，$S_P=32\%$，养生温度（38 ±1）℃，相对湿度 32% ±2%，72 h；试件尺寸 15 cm×30 cm×5 cm。保水率为上述条件下不养生的总失水量与涂养生剂 250 mL/m² 失水量之差除以总失水量的百分数
强度保持率（%）	抗折强度≥95 抗压强度≥95	试件尺寸 10 cm×10 cm×40 cm，养生 3 d；试件尺寸 15 cm×15 cm×15 cm，养生条件同上。涂养生剂试件与完全不失水试件强度之比
表面硬度比（%）	≥95	试验条件同上，试件尺寸 15 cm×15 cm×15 cm，使用养生剂表面维氏硬度和完全不失水表面维氏硬度之比
相对磨损率（%）	≥95	试验条件同上，试件尺寸 15 cm×15 cm×15 cm，使用养生剂表面磨损率和完全不失水表面磨损率相减再相除
含固率（%）	≥40	养生剂烘干质量与液体质量比
耐水冲刷性	微量	养生剂烘干后，浸水 2 h，不再溶解，能抗雨水冲刷
储存稳定性	不得结皮沉淀	产品使用和天然储存 6 个月后，不得结皮沉淀
干燥时间	2 ~4 h	气温（23 ±2）℃，相对湿度 50% ±10%，风速 3 m/s

三、水泥混凝土路面施工

（一）水泥混凝土混合料拌和

（1）拌和配料。在开拌前，试验人员应先测量现场砂、石的实际含水量，这个含水量必须有充分代表性，否则将影响配料准确性。如果材料规格含水量发生了变化，应及时通过试验修正施工配合比，并计算出砂、石、水等各种材料准确用量。

（2）开盘前校准地中衡以保证称量准确，其配料的计量允许误差为水泥 ±1%，粗细集料 ±3%。

应该注意的是,当水泥以袋计量时,应抽测其质量是否准确,是否需要采取修正措施。

(3)开盘前,按拌和用水标准调整水量控制盘的指针,使每次加水量符合标准,其允许误差以 ±1% 控制。

(4)外加剂的掺入。若使用固体外加剂,应先准确称量,分包投放;若使用液体外加剂,应准确配制,均匀测定浓度,使其符合要求。允许误差为 ±2%,指派专人负责添加。

(5)进料次序。先上砂,再上水泥,最后上石料(先小后大),也可以按石料、水泥、砂的次序上料,固体外加剂和水泥同时放入。待全部材料都倒入料斗后方可进行搅拌,同时开启水阀,使调整好的水量均匀洒布在正在拌和的料中。

为避免第一盘混合料被拌和机鼓筒吸附影响质量,应先拌适量 1∶2(水泥∶砂)砂浆,废弃后再按《公路水泥混凝土路面施工技术规范》(JTG F30—2003)规定配合比拌混合料。

(6)拌和时间。混合料拌和时间与拌和机的类型和混合料要求的和易性有关,拌和时不能少于规定的最短搅拌时间(见表 11-12)。

表 11-12 混凝土拌和物最短搅拌时间

搅拌机容量(L)		转速(r/min)	搅拌时间(s)	
			低流动性混凝土	干硬性混凝土
自由式	400	18	105	120
	800	14	165	210
强制式	375	38	90	100
	1 500	20	180	240

(7)台口工作开始和结束前,或因故中断拌和 1 h 以上时,均应用水冲洗,可放入石料若干加水搅拌 5 ~ 10 min,再将石料卸出,使其保持清洁。

(二)混合料的运输

1. 混合料对运输的要求

(1)根据工程实际和工地运输条件选择合适的运输机具,一般工程量大、运输距离长时,应选用机械运输。

(2)流动性大的混凝土在运输途中易产生离析,宜选用搅拌运输车运送。

(3)运输容器必须严密,以免水分流失。

(4)运输应避免时间过长,产生初凝现象。从混合料拌和到成型的允许最长时间应根据水泥初凝时间及施工时的气温确定,不得超过《公路水泥混凝土路面施工技术规范》(JTG F30—2003)规定的时间。

2. 搅拌混合料的卸料

拌和机搅拌的混合料卸出时,应通过溜槽和不小于 60 cm 长的垂直导管。溜槽坡度根据混合料的流动性而定,宜大不宜小。倾卸混合料须防止产生离析,同时应注意不要碰撞已安装好的模板。

(三)混合料的摊铺、振捣、做面和压槽

1. 摊铺

摊铺前应在已准备就绪的基层上作进一步检查,模板间距(板宽)、高度(板厚)、模板支撑稳定性、基层平整度、基层润湿情况、钢筋传力杆位置等均应符合要求。若为摊铺第二幅填混凝土，应注意纵缝拉杆调直和纵缝处涂刷沥青。

运到现场的混合料，应先检查拌和质量，若发现问题应及时处理调整，运输车卸料时尽可能分成几小堆，若有离析现象应用铁锹翻拌均匀后再摊铺。路面板厚不大于 24 cm 时可一次摊铺，大于 24 cm 时宜分两次摊铺。下层摊铺厚度宜为总厚度的 3/5。松铺厚度应考虑振实影响，预留一定高度，一般宜比设计高出 2 cm，或者由试验确定。用铁锹摊铺一定要扣锹摊料，严禁抛掷，当摊铺到模板附近时，应用铁锹靠模板插捣几次，捣出砂浆，以免发生蜂窝麻面。

摊铺有传力杆或布设钢筋的混凝土时，需要配合传力杆、角隅钢筋、钢筋网的安放工作进行，即先摊铺钢筋下半部混合料，待钢筋就位后再摊铺上半部混合料。

当未摊铺完成一整块板因故停工时，应视停工时间长短作特殊处理。停工半小时内，可将混合料表面用湿布盖上，待恢复工作时把此处混合料耙松，继续摊铺；停工超过半小时时，可根据施工时的气温和水泥混凝土的初凝时间作施工缝处理，但应把不足一块板的混合料铲除废弃。

现场取样制作抗压试件 1 组 3 块，制作抗折试件 1 组 3 块，并与路面同条件养生。

2. 振捣

摊铺好的混合料应立即进行振捣，应先用插入式振捣器和平板振捣器联合振捣。插入式振捣器宜选 4 000 次/ min 以上频率的，平板振捣器宜选激振力大的。待混合料基本铺平后才进行振捣，不能边摊铺边振捣，以防过振和漏振。

首先，用插入式振捣器在模板边缘、角隅处全面顺序插入振捣一次。其至模板的距离不应大于振捣器作用半径的 0.5 倍，移动距离不应大于其作用半径的 1.5 倍，振捣器在一个位置振动的时间不宜少于 20 s，以混合料停止下沉，不再冒气泡振出砂浆为准，避免碰撞模板与钢筋。

其次，用平板振捣器全面覆盖性振捣后，再用振动梁（行夯）作全幅拖拉振实 2 ~ 3 遍，使表面泛浆并赶出气泡。振动梁移动速度要缓慢均匀，前进速度以 1.2 ~ 1.5 m/min 为宜，振实过程中发现不平之处应人工及时挖填找平，补料时宜使用较细混合料，禁止使用砂浆找补。振动梁行走时不允许中途停留。

目前，生产的铝合金双梁振动梁或槽钢焊制的振动梁都有刚度小、挠度大的问题，在高速公路施工中将钢管式双梁振动梁改制后行走平稳、振平效果好。其将两根直径 15 cm、壁厚为 5 mm 的加厚钢管用钢筋焊起来，管间净距 60 cm，两钢管上分别加焊钢桁架，连成整体，使振动梁的刚度加大、重心降低。

3. 做面

水泥混凝土路面的平整度、抗滑功能、耐磨功能的好坏关键在于做面，施工中必须高度予以重视。

1）提浆刮平

振动梁振实后，立即采用提浆辊拖压滚揉，起到进一步的揉压、二次匀浆作用，一般沿纵向进行 3 ~ 4 次即可。遇到有个别石子露出处，要在原地反复滚动数次以解决石子露出问题。经过滚压揉搓匀浆使表面有一层厚 3 ~ 4 mm 的滋润砂浆，为做面准备。

提浆辊一般选用直径 15 cm 钢管制作，其构造示意如图 11-1 所示。

2) 抹面

提浆刮平工序完成后，就可立即着手抹面修整工作，这是保证路面平整度，提高路面耐磨、抗裂的关键工序。这道工序有人工用木抹子抹面或用抹光机两种方法。

i. 人工用木抹子抹面

人工用大木抹子多次抹面至表面无泌水为止，用木抹抹面时每次应与上一次抹过的痕迹重叠 1/2。用 3 m 直尺边抹边检查，并刮填不平之处，保证表面平整、接缝平顺。

ii. 用抹光机抹面

采用普通手抹式抹光机只能起到局部平整作用，达不到要求的平整度。为此，利用改制的抹光机以纵横向自动全幅抹平，一般每处横向抹平 3 ~ 4 次、纵向 2 次，相接处抹平重叠至少 1/3，就可达到很好的抹平效果。抹光机抹平后，两人配合用精刮尺（用 6 m 长方钢制成）沿横向来回刮动，将抹光机造成的砂浆棱消除。随后用 3 m 直尺检查，不平整处用原浆找补。

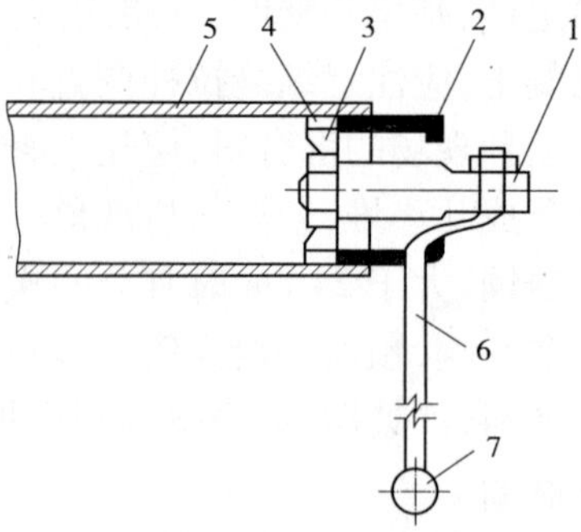

1—牵引轴；2—准拉定位销；
3—滚动轴承；4—端头板；
5—无缝钢管；6—牵引推拉管；7—手把

图 11-1　提浆辊构造示意图

改进自动抹光机的构造为用两根工字钢做成一个导向轨道，轨道可沿路面模板纵向滑动，把普通圆盘式抹光机焊上四个滑轮，置于导轨架上，抹光机上装上顺倒、开关，使抹光机可沿导轨前进、退后。导轨外侧各边安上踏步，导轨上边焊上桁架增加导轨刚度。

3) 制作微观抗滑构造

经抹面使路面板表面光滑，不利于行车抗滑，一般应用毛刷垂直于路中线拉毛，使路面板表面粗糙些。

4. 压槽（拉纹）

水泥混凝土路面板若只有微观的粗糙构造则远远不能满足抗滑的需要，还要构筑宏观的纹理，增加抗滑摩擦力以保证行车安全，为此需压纹或刻纹。这里只介绍压纹（拉纹）。

1) 压槽

压槽是靠压辊自重在做面后的面板上压出要求的横向槽纹。一般深为 1 ~ 2 mm，宽为 3 ~ 4 mm，凹槽间距以不等为好，槽纹应垂直于路中心线。

压槽的时间不宜过早或过晚、过早会使压槽深，影响平整度；过晚则压不进去，造成压纹过浅满足不了压槽纹理深度要求。一般凭经验掌握，以混凝土表面不泛浆，用手指按压有轻微硬感时的压槽为宜。

2) 拉纹

面板表面纹理也可用专用工具拉出，根据面板对纹理要求的深度、宽度做一个耙齿，在抹面结束后拉成（见图 11-2）。

3) 修整

压纹或拉纹后，混凝土面板上都会出现毛刺，这对平整度有不良影响。为此，上述工序后 10 ~ 12 h 用平锹或水平刮尺沿横向铲刮一下，将突出的毛刺铲刮掉。

（四）做缝

水泥混凝土路面有纵缝、横向胀、缩缝，且数量较多。接缝正是水泥混凝土路面的薄弱

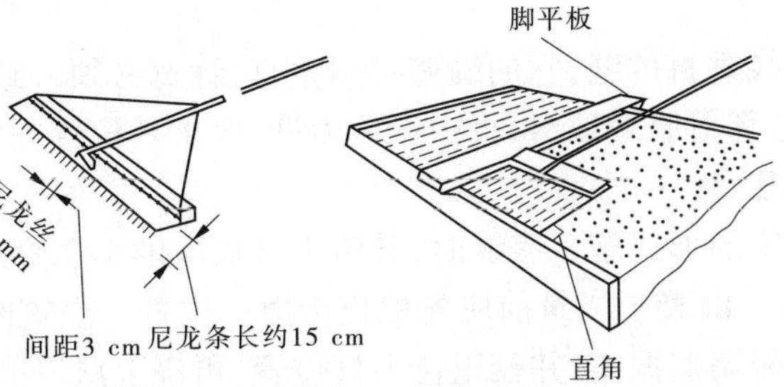

图 11-2　混凝土表面拉毛(槽)

环节。接缝质量的好坏,直接影响行车的舒适性和路面的使用寿命。因此,应加以重视,认真做好接缝施工。

1. 纵缝

小型机具施工时,路面的纵缝一般都按一个行车道宽度 3.25 m 或 4.25 m 设置,其纵缝为平接缝加拉杆或者是企口缝加拉杆的形式。

一般在施工第一幅时,在模板打孔立模后、浇筑混凝土前将拉杆放入孔内。施工时控制拉杆在第一幅板中的位置与长度,拆模时别摇动拉杆以免面板在此处产生裂缝。在第二幅面板施工时,应调直拉杆并在第一块面板的纵缝竖直面上刷上沥青,施工时注意与相邻板接缝平顺。常用纵缝构造如图 11-3 所示。

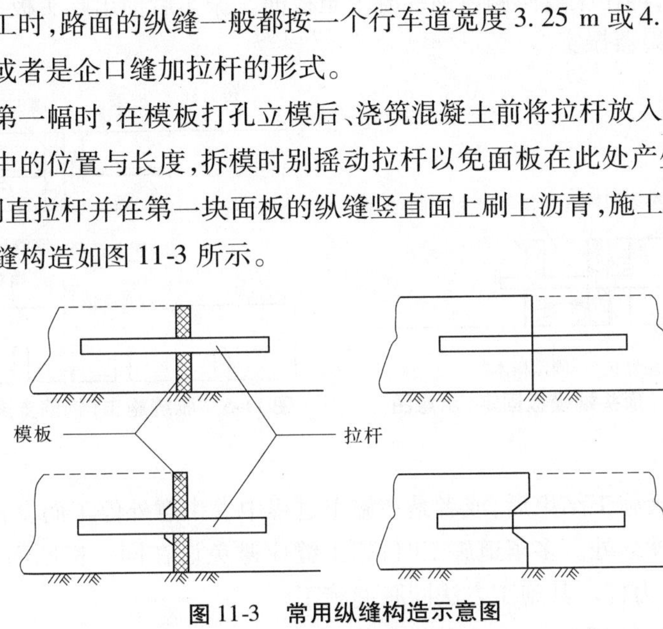

图 11-3　常用纵缝构造示意图

2. 缩缝

混凝土面板的缩缝一般多采用在混凝土硬结后锯切,也可以在新混凝土面板施工时采用压入的方式成缝。切缝质量虽好,但切缝时控制不好切割时间可产生早期裂缝,造成断板,所以有时隔几条切缝做一条压缝以防止断板。

切缝注意事项如下:

(1)切缝时间是否得当是控制断板的关键。一般切缝应在混凝土面板开始收缩、自由开裂前进行,即在 200 ℃或混凝土强度为 6 ~ 9 MPa 时及时切缝,也可以以锯试切,切口无毛刺、无缺损为宜。

(2)切缝深度不宜小于 6 cm 或 1/4 板厚,切缝应与路中心线垂直。切缝时,一定切到合适深度,切到边。缝宽以 5 ~ 6 mm 为宜。

(3)为了避免断板,切缝时可先间隔跳切(以 20 ~ 30 m 为宜),然后再逐块切割。

3. 胀缝

胀缝是与路中心线垂直的缝，它的缝壁必须垂直，缝宽必须一致，缝中不得有砂浆进入，胀缝下部是胀缝板，上部贯胀缝填料，板中设传力杆，要求其位置固定、定向准确。

1）施工终了设置胀缝

采用顶头端模固定的形式施工胀缝时，其传力杆长度的1/2穿过端模挡板，固定于外侧模板中如图11-4所示。混凝土浇筑前应先检查传力杆位置。浇筑时，应先浇筑传力杆下层的混合料并用插入式振捣器振实，并校正传力杆位置，再浇上层混凝土。浇筑邻板时先拆除端模板，并设置下部胀缝板、木制嵌条和传力杆套管。

2）施工过程中设置胀缝（钢筋支架固定施工法）

在一天的施工过程中需要设置胀缝时，应在设置胀缝的位置按图11-5所示形式固定传力杆。将传力杆长度的1/2穿过胀缝板和端头板，并用钢筋支架将传力钢筋固定就位。浇筑时应先检查位置，再在胀缝两侧摊铺混凝土至板面。振实后抽出端头板，空隙部分填补混合料并用插入式振捣器振实。

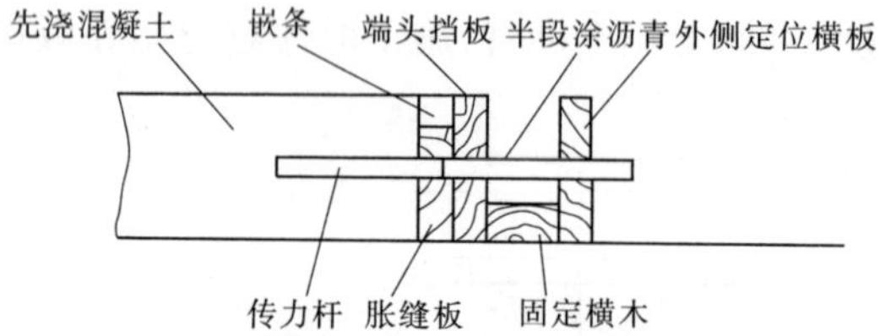

图11-4　胀缝施工（顶头端模板固定）示意图

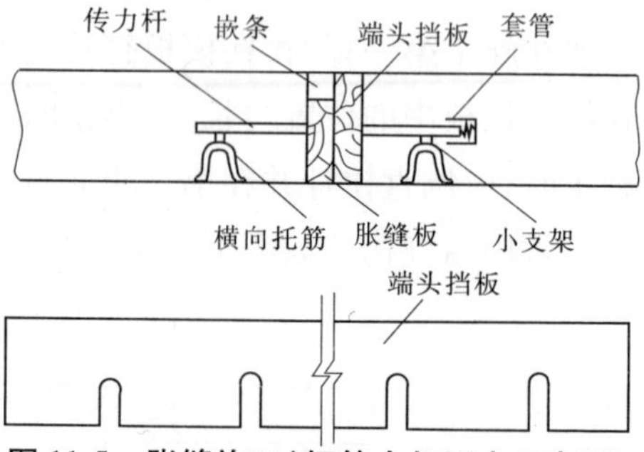

图11-5　胀缝施工（钢筋支架固定示意图）

4. 施工缝

施工缝是在一天施工结束后，或者是在施工过程中发生意外停工而设置的横缝，一般应设在胀缝处或者是缩缝处。多车道施工时，施工缝应避免设在同一横断面上。施工缝设在缩缝处，板中应加传力杆。其施工方法同胀缝施工。

（五）养生、拆模、填缝

1. 养生

混凝土面板表面修整以后就应进行养生，以避免混凝土的水分蒸发和风干产生收缩裂缝，另外应控制和减小温差，避免面板产生温缩开裂，还应控制交通，防止人畜的损坏。

养生早期宜采用防风雨和日晒的遮挡覆盖设施。当混凝土表面无泌水时，可以在表面喷洒薄膜养生剂，养生剂喷洒应纵横方向各喷洒一次以上，洒布均匀，洒量足够。

养生也可以采取洒水湿养，用湿草帘或麻袋片等覆盖表面，每天洒水2~3次，也可以土堰围水养生，水深5~10 mm，具体方法选择以经济适用为原则。养生期不少于14~21 d。

2. 拆模

当混凝土强度达到设计强度的25%以上时可以拆模，最早拆模时间可参见表11-13。

拆模时，应先拆支撑，然后向外慢慢撬动模板，切忌损伤面板边、角或是摇动拉杆造成板的拉杆处开裂。拆下的模板应清除黏附在上面的砂浆，或修整涂刷隔离剂待用。

表 11-13　最早拆模时间

昼夜平均气温(℃)	最早拆模时间(h)	昼夜平均气温(℃)	最早拆模时间(h)
5	60	20	24
10	48	25	18
15	36	30 以上	12

3. 填缝

1)清缝

水泥混凝土路面的填缝施工,不论使用哪种填缝材料都要求先将胀缝内的嵌缝条取出,并把缝内的尘土、灰浆等杂物清理干净,特别是黏附在接缝壁上的灰浆会影响填缝料与缝壁的黏结。清缝工作应用铁钩勾出缝内砂石,然后用 2.5 MPa 压力的水把缝内灰尘自高向低冲洗干净,晒干后才可填缝。

2)填缝施工

i. 高温填料施工

加热施工式填缝料,如聚氯乙烯胶泥、橡胶沥青类等要求均匀加热,应采用双层加热锅加热,中间用石蜡或耐高温机油作介质,两锅间距一般为 30 ~ 50 mm,容积一般为 200 ~ 300 L 为宜。

聚氯乙烯胶泥的灌入温度为 136 ~ 140 ℃,橡胶沥青的灌入温度为 100 ~ 170 ℃,滤去渣物后即可倒入预热填缝机内进行灌注施工。

填缝机工作时,前进速度与出料速度必须协调,使其均匀出料并灌到规定高度。填缝料一般比板面低(2 ± 1)mm,在填缝的同时边填边用铁钩来回勾动,使缝壁上残存的灰尘掺入填料中以增加与缝壁的黏结性。

施工要求气温应大于 15 ℃,气温过低时,应用喷灯将接缝预热以增加黏结性。

ii. 常温填料施工

常温施工式填料主要有聚氨酯焦油类、聚氨酯类和聚氨酯沥青类等。

灌缝可使用填缝机,也可使用填缝枪。使用双组分填缝料时,应按规定把甲、乙两组分别严格按规定比例倒入容器内,用人工或机械拌和至颜色均匀、表面发亮为止,随即倒入填缝机或者填缝枪内进行填缝施工。若是单组分填料,可直接使用。填缝深度一般为 25 ~ 30 mm,切割过深的接缝可用背衬料泡沫塑料或油麻绳塞垫缝底。填料高度比面板低 1 ~ 2 mm。填缝以后随即用铁钩快速轻轻来回勾动一次,以增加黏结作用。施工中应保持面板清洁,洒溢填料及时清除,再洒些水泥擦干,尽量保持面板色泽一致。

(六)开放交通

养生期间禁止通行,养生期达一个月后,就可开放交通。

四、施工注意事项

(1)对基层的标高、路拱、平整度、压实度、强度应进行严格的检查验收,不合格不能铺筑,应处理至达到要求。

(2)模板安置位置准确、稳定牢固、接头平顺,铺筑时基层清扫干净,充分洒水润湿和减小基层顶面的摩阻力(以防止早期开裂)。

(3)拌和站的计量装置要定期校核,保证其配料的准确性,拌料时间一定要满足规定要求。

(4)雨季施工:①要收集掌握气象资料,建立健全雨季施工组织,制定雨季施工具体计划和预防措施,准备防雨材料、机具。②保证拌和站、运输道路、铺筑施工现场和整个施工路线排水畅通。③拌和站原材料不受水浸害,砂、石、水泥应具备防雨设施,砂、石料含水量发生变化时应及时调整配合比。④铺筑现场应备有易移动的轻便工作雨棚,保证未做好的面板在初凝前不被雨淋。⑤遇大雨或暴雨时应及时停工。施工中途遇雨时,铺筑完一块板后立即停工。若施工不能停止,必须有防雨措施,应保证施工质量和安全。

(5)夏季高温施工。拌和、摊铺工地的气温大于等于 30 ℃时,即为高温施工。当气温大于35 ℃时应停止施工。高温会促使水泥水化作用加快,水分蒸发加快,不易做面,而且混凝土板面易出现裂缝,所以高温季节施工时应采取以下措施:①控制拌和混合料温度使之不超过 35 ℃。不使用温度高于 55 ℃的散装水泥,使用低水化热水泥,严禁使用早强型水泥。②对砂石材料搭棚遮阳,洒水降温,尽可能地取料堆内部材料使用。③对使用水降温,避免太阳直射贮水柜和水管,在贮水柜内放冰块,在贮水柜壁周设隔热层等。④掺加缓凝剂,延缓初凝时间,使混合物保证适合的工作性能,并降低拌和稠度,使之易拌和、易出料、易振捣、易做面。⑤对模板、基层洒水降温,并保证基层湿润状态。⑥混凝土拌和后尽快运到现场,运时加遮盖,到现场及时摊铺、及时振捣、及时做面、及时养护,做面后及时盖临时敞篷。⑦必要时设挡风墙,以降低吹到面板表面的风速,减少水分蒸发量以控制面板表面湿度。⑧当白天日照强烈,气温高于35 ℃,夜间最低气温低于30 ℃时,应适当采取保温措施防裂。

(6)冬季低温施工。水泥路面施工操作和养护的环境气温等于小于 5 ℃或昼夜最低气温小于 −2 ℃时视为低温施工。这时混凝土的水化速度慢,强度增长过慢,同时还会因结冰而受冻害,而且在低温季节施工时应有专门的低温施工的操作设计和养护措施。

(7)施工时,一定要做好防日晒、风吹、雨淋的防护准备,保证施工顺利进行。

(8)做面时,一定要控制表面提浆的厚度,应控制在 3 mm 左右。为保证路面平整度和粗糙度,应按规定的操作规程做好拖毛压纹工作,特别掌握好压纹时间。

(9)切缝是控制断板的关键,一定要按要求及时切缝。

(10)养生期第一个星期最为重要,而前三天又是最关键的养生时间。因此,要抓好前期养生工作。

五、施工质量控制

(一)质量标准

为保证水泥混凝土路面的施工质量,应对施工操作工序和工艺进行严格检查与控制,表 11-14为水泥混凝土面层的质量验收标准。

(二)混凝土原材料

混凝土使用的水泥、砂、碎石(砾石)、水、外加剂和钢筋以及拌制的混合料都要按规定进行检测试验,并作好检测试验记录,把好材料关。

(三)钢筋网片的允许误差

钢筋混凝土板的钢筋网片允许误差如表 11-15 所示。

表 11-14　水泥混凝土面层质量验收标准

验收项目		质量标准和验收项目	检验要求		检验方法
			范围	点数	
抗弯拉强度		不小于规定合格强度	每天或每 200 m^3（400 m^3）每 1 000～2 000 m^3	2 组增 1 组	小梁抗弯拉试验和现场钻圆柱体试件校核
纵缝顺直度		15(10)mm	100 m 缝长	1	拉 20 m 线量取最大值
横缝顺直度		10 mm	20 条缩缝	2	沿板宽拉线量取最大值
板边垂直度		±5 mm,胀缝板边垂直度无误差	100 m	2	沿板边垂直拉线量取最大值,用水准仪测量
平整度	路面宽 <9 m	5 mm	50 m	1	用 3 m 直尺连量 3 次,取最大三点的平均值
	路面宽 9～15 m	5 mm	50 m	1	
	路面宽 >15 m	5 mm	50 m	3	
	高速公路	3 mm			
相邻板高差		±3(2)mm	每条胀缝	2	用尺量
			20 条横缝抽量 2 条	2	
纵坡高程		±10(5)mm	20 m	1	用水准仪测量
横坡	路面宽 <9 m	±0.25%	100 m	3	用水准仪测量
	路面宽 9～15 m	±0.25%	100 m	5	
	路面宽 >15 m	±0.25%	100 m	7	
	高速公路	±0.15%			
板厚度		±10(5) mm	100 m	2	用尺量或现场钻孔
板宽度		±20 mm (1/2 000)	100 m	2	用尺量
板长度		±20(10)mm	100 m	2	用尺量,两缩缝间板长
板面拉毛压槽深度		1～2 mm	100 mm	2	用尺量

注:括号内数值为高速公路的允许误差。

表 11-15　钢筋网片的允许误差

项目	允许误差(mm)	检测方法	项目	允许误差(mm)	检测方法
钢筋网长度	10	尺量	上下网片保护层厚度	5	尺量
网眼尺寸	10	尺量	钢筋网	50	拉线尺量
上下网片高度	5	水准测量			

(四)传力钢筋安装检测

传力杆应与面板平行并垂直于伸缩缝,其偏差不得超过 5 mm,传力杆的间距偏差不得大于 10 mm。

(五)外观质量

混凝土面板的外观质量可用看、敲、听的方法进行检查:

(1)看是否有蜂窝、麻面、裂缝、断板、起壳脱皮、石子外露和缺边掉角现象,以及是否有麻袋、草帘等养生印痕。表面是否平整、不积水,纵横接缝是否顺直,胀缝是否连通不搭接,填缝是否饱满整齐和是否有污染路面。雨后初晴时,刚建成路面表面潮湿或返潮者为好,否则不好。

(2)用小铁锤敲过,发出清晰而响亮的"p 当 p 当"声则质量好,否则差。

(3)用小铁锤敲击后,用裂缝观察仪检测发现敲击处四周有发丝裂缝时质量差。

第二节　水泥混凝土路面轨道式摊铺机施工

高等级公路修建水泥混凝土路面,对平整度要求高,由于工程量大,要保证施工进度和工程质量,适宜采用机械化施工。水泥混凝土路面机械化施工时,除要投资购置相当数量的配套设备外,还应具备一定的技术条件,主要是指施工人员的机械使用素质和相应的维修保养能力。下面结合施工实例,介绍水泥混凝土路面的轨道式摊铺施工技术。

一、工程概况

某国道施工段全长 56.510 718 km。其中,一级公路长 47.055 km,二级公路长 9.463 km。

一级路段为平原微丘区标准,路基宽 23 m。其中行车道 2 ×7.5 m,中央分隔带 1.5 m,内、外侧路缘带 2 ×2 ×0.5 m,硬路肩 2 ×7.5 m,土路肩 2 ×0.5 m,最大纵坡 2.6%,最小平曲线半径 1 000 m。路面底基层为 15 cm 石灰土,基层为 15 cm 水泥石灰土,面层为 24 cm C30 水泥混凝土。

二级路段的路基宽 15 m,其中行车道宽 12 m,硬路肩 2 ×1 m,土路肩 2 ×0.5 m。路面为沥青混凝土路面。

二、施工工艺流程

轨道式摊铺机施工工艺流程如图 11-6 所示。

三、施工准备

轨道式摊铺机施工的准备工作和小型机具配套施工一样,也包括原材料质量检测与备料、混凝土的配合比设计优化与试调验证、基层的检验与修整等项工作,另外还包括轨模安装。

(一)原材料的选择与质量检验

碎石:选用辉县碎石,0.5 ~3 cm 占 70%,2 ~4 cm 占 30%,其各项技术指标如表 11-16 所示。

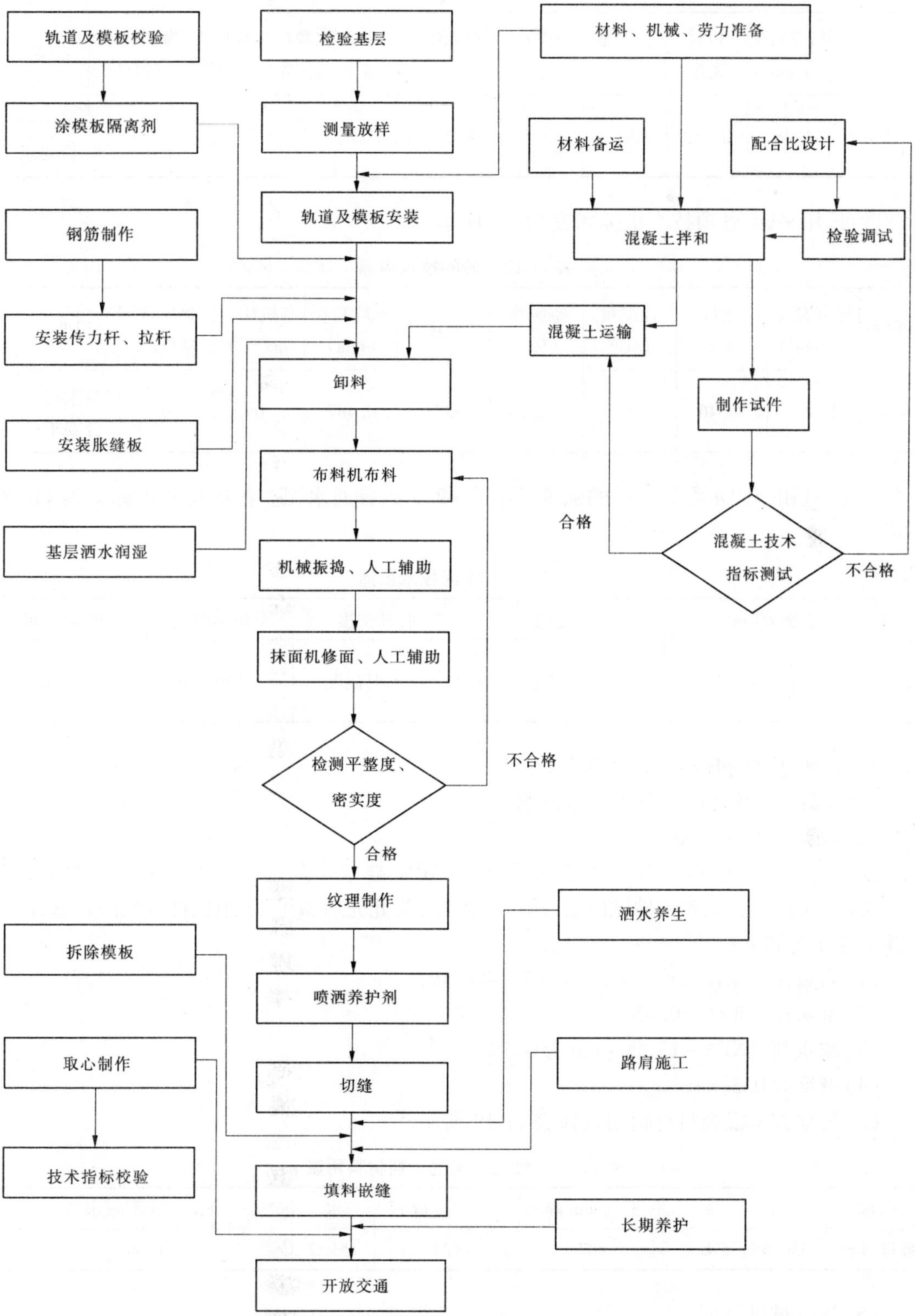

图 11-6　轨道式摊铺机施工工艺流程

表 11-16　碎石的技术指标

项目	松方密度（g/cm³）	相对密度	含泥量（%）	空隙率（%）	压碎值（%）	针片状含量(%)	软颗粒含量(%)	有机质含量(%)	硫酸盐含量(%)	说明
指标	1.482	2.633	0.8	43.6	8.2	10.08	4.2	0	0	级配符合要求

砂:选用平砂,各项技术指标如表 11-17 所示。

表 11-17　砂的技术指标

项目	松方密度（g/cm³）	相对密度	含泥量（%）	空隙率（%）	细模度数	平均粒径（mm）	有机质含量(%)	SO_3 含量(%)	说明
指标	1.495	2.546	3	41.2	3.08	0.447	0	0	级配符合要求

水泥:选用李固水泥厂生产的强度等级为 42.5 的普通水泥。各项技术指标见表 11-18 所示。

表 11-18　水泥技术指标

项目	细度(80 mm)	安定性	胶砂强度	初凝时间	终凝时间
指标	筛余量不大于 11%	煮沸法无异常,良好	≥水泥强度	150 min	270 min

水:井水,中性 pH =7,不含 SO_4^{2-}。

减水剂:中州牌 NFA－B 型高效减水剂。

(二)配合比设计与优化

设计抗压强度为 30 MPa,抗折强度为 4.50 MPa,要求水灰比不大于 0.45,水泥用量不大于 336.6 kg/m³。依此条件试配后,施工有困难,为此先后做了 13 组试件,经比较,选用的最佳配合比为如下:

(1)质量比。水泥:砂子:碎石 =1:71.4:4.19。

(2)水灰比。W/C =0.45。

(3)减水剂。NFA－13 型,掺量为 0.5%。

(4)稠度为 0.3 cm。

(5)每立方米混合料材料用量如表 11-19 所示。

表 11-19　每立方米混合料材料用量

名称	水泥	砂	0.5～3 cm 碎石	2～4 cm 碎石	水	NFA－13 型减水剂
数量(kg)	336.6	576.0	987	423	151.5	1.68

(6)28 d 试件强度。

抗压强度 R_y =35.8 MPa >30 MPa。

抗折强度 $R_z = 4.7\ \text{MPa} > 4.5\ \text{MPa}$。

该配合比坍落度偏小，施工时由 1 cm 调至 2 ~ 2.35 cm。

（三）基层的验收与修整路面基层

在做水泥混凝土路面前应按规定进行回弹模量或回弹弯沉值、压实度、厚度、平整度、标高、横坡高等的检测，其值应满足设计要求，否则应修整至符合要求为止。

基层达到要求后，再进行测量放样。

（四）轨模安装

轨道式摊铺机施工的整套机械在轨道上移动推进，是以轨道为基准控制路面高程的。由于轨道和模板同步安装，统一调整定位，将轨道固定在模板上，既作为水泥混凝土路面的侧模，也是每节轨道的固定基准座，详见图 11-7。

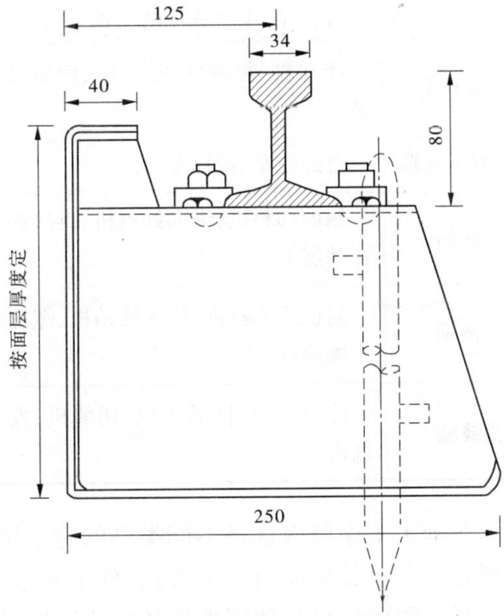

图 11-7　轨道模板　（单位：cm）

轨道安装高程控制的精度、轨道是否平直、接头是否平顺，对路面平整度和行车性能有着密切影响。其质量要求及安装允许误差应符合表 11-20 和表 11-21 的规定。

表 11-20　轨道模板的质量指标　（单位：mm）

项目	纵向变形	局部变形	最大不平整度(3 直尺)	高度
轨道	≤5	≤3	顶面≤1	按机械要求
模板	≤3	≤2	侧面≤2	与路面厚度相同

表 11-21　轨道模板安装允许误差　（单位：mm）

纵向线形顺直度	顶面高程	顶面平整度	相临轨板间高差	相临模板间距离误差	垂直度
≤5	≤3	≤2	≤1	≤3	≤2

设置纵缝时，应按设计要求的拉杆间距，预先在模板上的拉杆位打孔，以便施工时插入拉杆。支拆模板由一名管理人员负责，18 ~ 20 名操作员即可。

轨道模板安装牢固后，应对路面铺筑厚度、几何尺寸进行校验和调整，混凝土铺筑前应在模板内侧涂刷隔离剂，并作好防止漏浆工作，上料摊铺前洒水润湿基层。

四、施工机械的选型配套

轨道式摊铺机械施工是机械化施工中较为普通的一种施工方法。它只是减轻了人工的劳动强度，各工序由一种或多种机械相应的工艺要求进行操作代替原小型机具或人工操作，却大大提高了施工质量，特别是平整度得到了改善和提高。

轨道式摊铺机施工各工序可选用的机械如表 11-22 所示。

表 11-22　轨道式摊铺机施工各工序可选用的机械

工序	可考虑选用的机械	工序	可考虑选用的机械
混凝土拌和	拌和机、装载机、推土机、称量设备	表面修整	修面机、纵向表面修整机、斜向表面修整机
混凝土运输	自卸汽车、搅拌车	抗滑构造制作	拉毛机、压槽机、刻纹机
卸料	侧面卸料机、纵向卸料机、直接卸在基层上	灌缝	灌缝机
摊铺	刮板式匀料机、箱式摊铺机、螺旋式摊铺机	养生	洒水车、喷洒养生剂机
接缝施工	传力杆、拉杆插入机、切缝机、发电机		

各施工工序可以选择不同类型的施工机械，其生产率和工艺要求不同，因此应考虑机械选型和配套。首先应对施工方式、施工质量、施工进度起主导作用的机械加以选择。决定水泥混凝土路面质量和使用性能的主要工序是混凝土的摊铺与拌和。只要把摊铺机械作为主要机械，把拌和机作为主配套来选择配套机械就抓住了问题的关键。

（一）摊铺机的选型

根据工程情况，结合单位的经济能力选择 JUNIQR 型混凝土摊铺列车，该机是以金属模板作为滑行基准的轨道式摊铺列车。它由三部分组成，包括布料机、振捣机、抹光机，故称为摊铺列车。

该机主要技术性能：柴油发动机额定功率 14.2 kW，摊铺列车摊铺宽度为 3.5 ~ 5 m，最大摊铺厚度 30 cm，摊铺速度 1 m/min，空驶速度 25 m/min，摊铺生产率为 60 m/h。

摊铺列车在施工中，可一次完成混合料的摊铺、刮平、振捣、抹平、成型、磨光等工序的施工作业。

（二）拌和机选型、配备

根据摊铺列车的生产能力，拌和站的拌和能力应与之匹配适应，拌和质量要好、要稳定。

1. 混凝土拌和机生产率的确定

根据混凝土摊铺列车的摊铺速度、摊铺宽度和厚度，可以计算出要求拌和机的生产能力。在工程量和工期确定之后，就可以根据机械能力确定应发挥哪种机械的最大生产能力并配备具有相应生产能力的配套机械，才能保证工程质量、保证工期。根据摊铺列车的生产能力配备拌和站的拌和机，其生产能力计算公式为

$$Q = HvA \tag{11-1}$$

式中　Q——混凝土生产能力，m^3/h；

H——路面板厚度，m；

v——摊铺列车的摊铺速度，m/h；

A——路面板摊铺宽度，m。

根据工程情况，每小时需要拌和混凝土为

$$Q = 0.24 \times 60 \times 4.25 = 61.2(m^3/h)$$

2. 选择拌和机型号、台数

工程施工单位原有阜新产 HZQ25 型拌和机一台，该机性能能满足水泥混凝土路面对拌和机的要求。因此，以该机型为对象补足生产能力。所需拌和机台数 N 按式(11-2)计算为

$$N = \frac{Q}{P\eta} \tag{11-2}$$

式中 P——拌和机的生产率，m^3/h；

η——实际生产系数，取 85%。

为满足摊铺列车的生产率，每小时需摊铺 61.2 m^3，HZQ25 拌和机生产率为 25 m^3/h，则

$$N = \frac{61.2}{25 \times 0.85} = 2.88(\text{台}) \approx 3\ \text{台}$$

该工程配置 3 台 HZQ25 拌和机，就可以使摊铺机和拌和机都充分发挥其生产效率。由于工程的工期不受路面层控制，实际配置了两台 HZQ25 拌和机就满足工期要求，只是生产中摊铺机没有充分发挥生产能力。

(三)混合料运送车选型及数量

运送车辆的选型主要根据混凝土的运送量和运送距离来确定。实践表明：运距在 1 km 以内，2 t 以下小型自卸车较为经济；运距在 5 km 左右时，以 5 ~ 8 t 中小型自卸车运送为最经济。考虑在运送中水分的散失和混合料的离析问题，更远的运送距离以 6 m^3 拌和运输车为好。

在施工中，根据单位拥有的车型，结合实际运距最大 5 km，混凝土的坍落度为 1 ~ 2 cm，使用翻斗自卸汽车，在运送过程中可根据天气情况确定是否覆盖混合料运车。运送车数量 n 需按式(11-3)计算为

$$n = \frac{\alpha\left[60\left(\frac{L}{v_1} + \frac{L}{v_2}\right) + t_m + t_n\right]}{t}N \tag{11-3}$$

式中 α——途中通行阻滞的安全系数，一般取 1.2 ~ 1.3；

L——运距，km；

v_1——自卸车运料速度，km/h，取 30 km/h；

v_2——自卸车空回速度，km/h，取 35 km/h；

t_m——倒车、卸料时间，min；

t_n——等待装料时间，min；

t——一台拌和机装满的时间，min；

N——拌和站台数。

在施工中，在两台拌和站拌和的情况下，自卸汽车每车装混合料 3 m^3，配车辆数如表 11-23 所示。

表 11-23 自卸汽车配置

运距(km)	车辆(辆)	运距(km)	车辆(辆)
1	4	4	9
2	6	5	10
3	8		

（四）卸料机械配置

混凝土运到工地铺筑处卸料时，如果基层上没有预先安置钢筋网、传力杆及其支架时，可以将混凝土拌和料直接卸在基层上。反之，则采用卸料机械（见图11-8）。

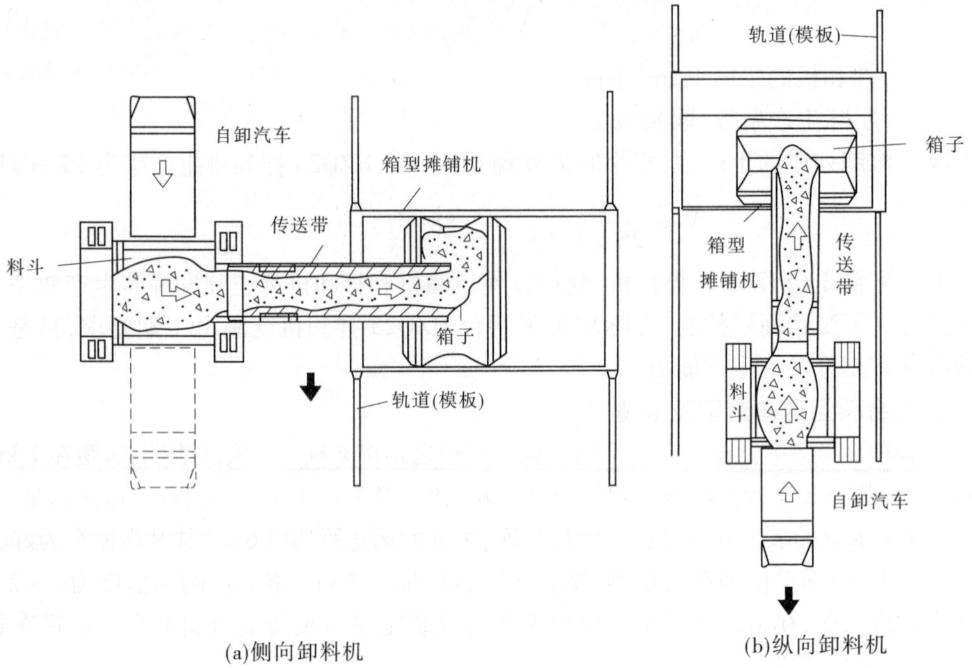

图11-8　卸料机械

在工程施工中采用的是直接卸在基层上的方式，没有选配卸料机。

（五）混合料铺筑养生系统的机械配置

以JUNIQR型摊铺列车为主导机械时，还应配套以下机具：

纵向修光机1台（未配，而用人工修光代替），养生剂喷洒器2台，纹理制作机2台，调速调厚切缝机2台，灌缝机1～2台，移动式发电机20～25 kW 1～2台，养生薄膜（0.3 mm）按需要定，插入式振捣器4台，木抹4把，4 m直尺1根，轨道模板1 000 m。

轨道模板根据工作进度配备，并考虑拆模周期周转数量，一般日平均温度20 ℃以上按日进度的1倍配置，日平均温度在19 ℃以下按日进度的2倍配置。

（六）拌和运输系统配置

在工程施工中配置两台25 m^3/h双卧轴强制式拌和站，拌和站的配置是未能满足摊铺机充分发挥生产能力的配置，但满足当时工程实际需要，不致造成投入过大的浪费。拌和站配备以下机具：送料推土机1台，供水泵1台，发电机（外接电源）1台，地中衡1台，水计量泵1台，散装水泥罐2个，运输车同自卸汽车配置表数量。

合理的机械配套是重要的，主要应把拌和机与摊铺机、运输车辆之间配套好。当主导摊铺机造好后，应在保证其生产能力充分发挥的前提下，使拌和机的生产能力也得到相应的正常发挥。运输车应根据道路情况、运距长短等因素确定，以保证拌和、摊铺两不误，配足运力，使施工均衡、协调。

五、混凝土的拌和、运输与卸料

（一）混凝土拌和

混凝土拌和质量决定路面的质量，尤其是机械摊铺的进度与面板的平整度、密实度在很大程度上取决于拌和质量，而拌和质量的好坏又与材料的规格、技术指标以及配合比计量的准确性有着密切的关系。因此，拌和站供料系统尽量采用电子秤，能自动准确称量各种材料。在拌和前应根据混凝土配合比要求，对水泥、水和各种集料的用量准确调试后，经试拌检验无误后才能正式生产。一般国产强制式拌和机，拌制坍落度为 1 ~ 5 cm 的混凝土。最佳拌和时间为立轴式强制拌和机 90 ~ 180 s，双卧轴强制拌和机 60 ~ 90 s。最短拌和时间不得低于低限，最长拌和时间不得超过最短拌和时间的 3 倍。拌和过程中，外加剂应单独计量。各种材料的计量误差，水和水泥不超过 1%，其他材料不超过 2%。拌和的投料顺序宜为砂、水泥、石子或石子、水泥、砂。进料后边拌边加水。

机械摊铺要求新拌混凝土的均匀性要好。一台拌和机械的每盘之间、几台拌和机之间的新拌混凝土之间的坍落度之差小于 2 cm。拌和混凝土的时间以拌和均匀的最小拌和圈数来控制。一般双卧轴搅拌机拌和圈数按不小于 25 圈控制；立轴强制拌和机拌和圈数按不小于 30 圈控制。

在工程施工中拌和站使用的是两台阜新产 HZQ25 型拌和机，拌和站由拌和机、储料系统、配料系统、控制系统组成，搅拌过程全自动控制。拌和外加剂添加时事先称量，人工添加。

（二）混合料运输

混合料运输车辆的选型与数量前面已交待。为保证混凝土拌和物的工作性，在运输过程中，应考虑蒸发失水和水化失水以及在运输途中的颠簸和振动使混凝土产生离析。在工程施工中采用 3 m^3 的自卸车，除要求把运输道路维护好外，还在混合料上加盖防止水分蒸发。运输的最长时间按表 11-24 所列时间控制，为施工操作留足时间。

表 11-24　运输和摊铺完毕允许最长时间

施工气温（℃）	运输允许最长时间(h)	摊铺完毕允许最长时间(h)	施工气温（℃）	运输允许最长时间(h)	摊铺完毕允许最长时间(h)
5 ~ 10	2	2. 5	20 ~ 30	1	1. 5
10 ~ 20	1. 5	2	30 ~ 35	0. 75	1. 25

（三）卸料

侧向卸料机卸料是在路面铺筑范围外操作，自卸汽车不能进入路面铺筑范围，需要有专供卸料机和运输汽车行驶的道路。

纵向卸料机卸料可在铺筑范围内操作，由自卸汽车后退供料，因此基层上不能预先设传力杆及其支架。

纵向汽车直接将料卸在基层上，供布料机布料，基层上也不能预设传力杆及支架。卸料时应将一车料分卸成几小堆，有利于布料和减小离析。

六、混合料的摊铺

混合料的摊铺是把倾卸在基层上或摊铺机箱内的混合料，按摊铺松铺厚度均匀地填满模板范围内。摊铺机分为刮板式、箱式和螺旋式。

(一)刮板式摊铺机

工程选用的是刮板式摊铺机,该机能在模板上自由地前后移动、在前面的导管上左右移动。刮板能自由转动,能将卸在基层上的混合料堆刮向任意方位。刮板式摊铺机布料如图 11-9 所示。

这种叶浆式的布料机摊铺刮板的底面高度调节到与振动梁前沿保持在同一高度,即等于松铺厚度。通过试验,松铺系数为 1.22 ~ 1.25,板厚 $h = 24$ cm,其松铺厚度为 29.3 ~ 30 cm。

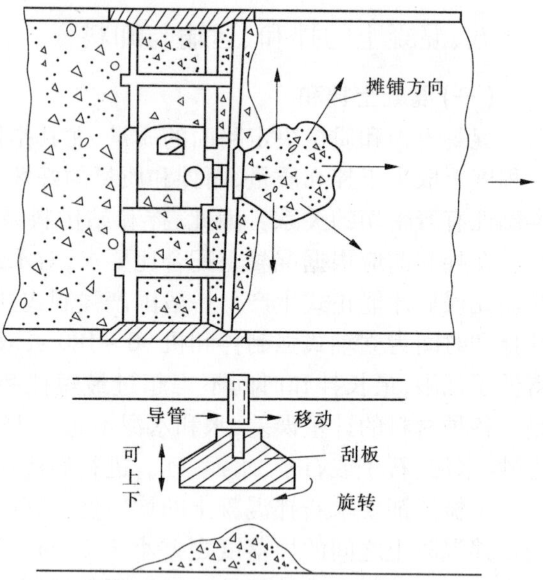

图 11-9　刮板式摊铺机作业图

(二)箱式摊铺机

混凝土通过卸料机纵向或横向把料卸在箱内,箱子在摊铺前进时横向移动,同时箱子下端按摊铺松铺厚度刮平混合料。

(三)螺旋式摊铺机

螺旋式摊铺机是由能正反方向旋转的螺旋杆(直径为 50 cm)将混合料摊开,螺旋杆后面有刮板,可以准确调整高度,其摊铺系数为 1.15 ~ 1.30(见表 11-25)。摊铺系数与混合料配合比、集料粒径和坍落度有关,主要取决于坍落度。为使摊铺均匀平整,螺旋式摊料机前始终保持有 5 ~ 15 cm 的混合料堆积,以保证摊铺中有足够的找平混合料。

表 11-25　摊铺系数

坍落度(cm)	松铺系数	坍落度(cm)	松铺系数
1	1.25	4	1.17
2	1.22	5	1.15
3	1.19		

无论使用哪种摊铺机摊铺,都应保证摊铺的均匀性和平整度。要控制好松铺厚度,这是摊铺混合料的关键。

七、混凝土的振捣

混凝土振捣机是紧跟在摊铺机后面,对混凝土进行再一次整平和振捣的机械。

(一)振捣机

施工中使用振捣机构造如图 11-10 所示。

在振捣机前方设置一道与铺筑宽度同宽的复平刮梁,其作用是补充摊铺机初平的缺陷,使松铺混凝土在全宽范围达到正确的高度。这是与振实密度和路面平整度直接相关的。其

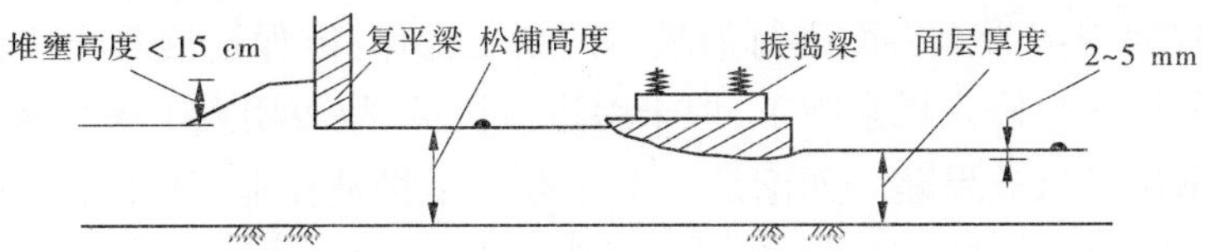

图 11-10　振捣机构造示意图

后是一道全宽的弧面振动梁施振，以表面平板式施振，把振动力传到全厚度。振捣机采用振动频率为 50 ~ 100 Hz 的低频振捣。施工中使用的频率为 75 Hz，能满足振捣要求。这种低频振捣是以集料接触传递振动能量的，振捣梁的弹性支承使施振时具有弹压力。布料的均匀和松铺厚度一定要控制好，并且复平梁前面一定要堆壅有确保充满模板的少量余料，一般不超过 15 cm，过多会加大复平梁推进阻力。弹性振捣梁通过后，混凝土已全部振实。

施工中使用的振捣机的振子位于梁中部，其振捣力中部强、两边弱、中间易振捣密实、两边不易振密。通过试验路段的观察和试验检测，两边拆模后发现蜂窝、麻面，密实度只有中间部位符合要求，而两边达不到要求。因此，在布料摊铺后、振动梁振动之前，增加两个插入振捣棒作为两边的辅助振捣，振捣范围为 1. 3 ~ l. 5 m，同时还配备了 4 人随振捣梁辅助找平调整用料量。通过人工辅助振捣和调整用料的措施，使混凝土板全宽的密实度、平整度均达到要求。

（二）内部振动式振捣机

内部振动式振捣机是用并排安装的振捣棒插入混凝土中，由内部进行振实。其振捣器一般安装在有轮子的支架上，可在轨道上自行或机械牵引进行振捣工作。振捣棒分直插式和斜插式两种。

八、混凝土表面的修整

振捣密实的混凝土必须进一步整平、抹光，以获得平整光洁的表面。混凝土的表面修整采用修面抹光机。修面抹光机有纵向移动和斜向移动两种。斜向移动修面机修面是通过一对与机械行走轴线成 10° ~ 13°的整平梁作相对运动来完成的，其中一根整平梁为振动梁。纵向移动修面机修面使整平梁在混凝土表面沿纵向滑动的同时，还要横向往返移动，由于机体前进而将混凝土板表面整平。施工中使用斜向修面机施工，人工辅助修整。

使用修面机施工，具体操作时应注意以下几点：

（1）在修整时，及时清扫轨道顶及模板面，保证机械能顺畅平滑地通过，其工作速度应根据混凝土工作性能和机械特性等确定。

（2）平整修面时，应使整平机前的壅料涌向路面横坡高的一侧，必要时辅助人工抹面。

（3）抹面工作质量与混凝土坍落度有密切关系，应严格控制混凝土坍落度。施工经验是最佳坍落度控制在 1. 5 ~ 2. 0 cm；气温在 24 ~ 28 ℃时，应保持 1. 5 cm 的坍落度；高温天气的 10 ~ 16 点，坍落度以控制在 2. 0 m 为宜；高温天气的 16 点以后应控制在 1. 5 cm。坍落度太小会出现麻面，但超过 2. 0 m 时也会出现明显的表面不平。

（4）面板表面整修后应保证致密、无露骨和不平现象，其提浆厚度宜控制在 3 ~ 5 mm 内。

(5)精光工序是对混凝土表面进行的最后的精工操作,能保证混凝土表面更加致密、平整、美观。本应采用纵向修光机来施工,但未引进该机械,故改用人工来代替,同时辅助人工光面,其效果比采用机械效果差。无论是人工作业还是机械作业,均不得采用洒水、撒干水泥等非正常操作。

(6)如果在施工时碰上阵雨天气,混凝土还未收浆就被雨淋坏,表面出现砂面,可用抹面机开二挡位快速行进把水赶净,再抹出水泥浆恢复原来的状态,会取得较好的效果。

九、混凝土路面的纹理制作

水泥混凝土路面上的纹理是行车安全保证的必要措施,施工时在保证平整度的前提下,可以采用压纹或拉槽方式制造,也可等混凝土板硬化后用刻纹机刻出。

(一)纹理要求

(1)压纹、拉槽的深度为一般纹宽 1 ~2 mm,间距为 20 mm;

(2)纹理的走向应与路面前进方向垂直,横向相邻板的纹理互相沟通以利排水;

(3)纹理制作应保证平整度的要求。

(二)制作工艺

压纹(拉纹)制作工艺与小型机具配套施工的方法相同。

(三)刻纹

使用硬刻槽方式制造宏观抗滑构造的几何尺寸要求是槽深 2 ~3 mm,槽宽 3 ~5 mm,间距 5 ~25 mm,最小整刻宽度 50 cm。硬刻宜在摊铺 3 d 后开始,两周内完成。

十、施工特点及注意事项

(一)施工特点

(1)轨道模板施工水泥混凝土路面是机械化程度较高的施工,比人工摊铺快 3 ~4 倍,而且劳动强度比人工施工又有很大降低。

(2)轨模施工的路面质量好,但是保证施工质量必须在基层质量、轨模安装质量、混合料拌和运输质量好的前提下,还应及时地、认真地做好有关辅助工作,如压纹、养生、锯缝防裂等。若有哪项工作不及时、不到位都会给路面质量带来不良影响。

(3)由于轨模施工生产率高,为不使摊铺工作受到影响,应该配足拌和能力和运输能力,必须提供足够基层作业面和周转轨模,否则将不能发挥高效率的施工。

(4)轨道模板一般只能进行一种宽度和厚度路面板的施工。

(二)施工注意事项

(1)轨模是标高和横坡控制的基准,安装轨模时应严格控制,固定要牢固,接缝要平顺,行走轨道的接头一定要平顺,施工中应及时清扫轨顶撒落物。

(2)基层在上料前必须洒水湿润,但水不能过多而成积水,也不能没洒到而留有干的表面。

(3)拌和时材料用量一定要准确,不能超出允许误差,应根据施工的气温调整拌和物坍落度,以保证摊铺修面的需要。

(4)自卸汽车卸料,一定不能把一车料卸成大堆,应卸成几小堆,以缩小刮料摊铺后料堆内与料堆外松铺密度的差别,也便于刮料摊铺和减少离析。

(5)由于拌和物的坍落度小,一般 1.5 ~2.0 cm,刮板摊铺的料的料堆下密度大,刮铺范围(靠近模板 1.3 ~1.5 m 范围内)密度小。因此,配插入式振捣器和人工辅助振捣于边部 1.3 ~1.5 m,另外,由于振动梁振子在中部,对板边振捣力也有所减弱,边部加配人工辅助振捣是必不可少的。

(6)由于混凝土拌和物坍落度小,斜向移动修面机修面后会出现局部麻面,应配纵向移动修面机再精光面一次,在没配精光机时应配人工进行修整工作。

(7)自卸车卸料的料堆处,松铺密度比其他地方大,混合料的坍落度又小,有可能出现多料现象,振动梁在此处振动困难,也有地方出现缺料现象,需配人工辅助挖料或补料。

(8)混凝土的提浆厚度宜控制在 3 ~5 mm 以内,不应过少或过多。

(9)掌握切缝时间,及时切缝,防止断板。若切缝时还未拆模,板缝切不到边,应在拆模后及时补切到边。否则,未切到边的地方板角会开裂。

(10)纵缝施工时,先施工的一块由于轨模顶有一 2 cm 的圆弧,因此拆模后缝边会留下一块薄弱多余的三角混凝土伸向相邻板内。施工相邻板时应用锯将其切除,保证纵缝顺直,而不致出现不规则的裂缝。

(11)拆除带有拉杆的模板时,应严加注意,否则会因拉杆被扰动使受拉处的板产生裂缝。

(12)压纹应准确掌握作业时间,过晚压不出纹理,过早压纹会破坏平整度。

第三节　水泥混凝土路面滑模摊铺施工

京海高速公路第六合同段 15.2 km 水泥混凝土路面施工工程采用滑模施工技术,通过这项工程实践,证明滑模施工质量高、进度快。

一、工程概况

京海高速公路为双向四车道,路基宽 28.0 m,设计行车速度 120 km/h。其主线路面结构为 26 cm 水泥混凝土面层,15 cm 水泥稳定砂砾基层,17 cm 水泥稳定砂砾底基层。

混凝土路面宽 2×11.75 m,每幅路面分两次摊铺,先摊铺主板 8.25 m,再摊铺 3.5 m 宽的边板。

路面混凝土设计抗弯拉强度为 5.5 MPa,抗压强度为 40 MPa,路面板厚为 26 cm,路面平整度用 3 m 直尺检测,要求 3 mm 以下大于 95%,颠簸累计仪测定 $\delta \leq 1.5$ mm。路面每半幅划分为三块板,半幅混凝土板宽 11.75 m,按从中到边的顺序,混凝土板块的宽度依次为 4.5 m、3.75 m、3.5 m,板长为 5.0 m。横向缩缝按正交切缝,所有缩缝均插入传力杆,采用的方式为预制钢筋支架法。纵向缩缝及纵向施工缝均设置 ϕ16 mm 的拉杆。另外,填挖交界处以及半填半挖处(高度大于 3 m)的混凝土路面采用单层钢筋网补强。在软基路段使用重配筋的连续钢筋混凝土路面。

基层采用6%的水泥稳定砂砾,底基层采用4.5%的水泥稳定砂砾。使用厂拌法拌和混合料,机械摊铺成型,基层顶面用沥青封层防水。

二、施工组织

滑模施工的机械化程度高、进度快、工程质量好,其施工组织管理必须严密科学。否则,将由于管理失调造成不良后果。

(一)滑模施工工艺流程

水泥混凝土路面滑模施工的施工组织必须根据施工工艺流程的要求来进行。其施工工艺流程如图11-11所示。

工艺流程框图中,最关键的施工工序在框图的中轴线上,对这些工序所对应的各项施工工艺应强化施工组织和管理,只有通过细致严密的科学管理,才能使滑模摊铺施工技术发挥出强大的、高质快速的效果来。

(二)强化组织管理

滑模摊铺水泥混凝土路面是一种现代化、大规模、快速机械施工混凝土路面的新技术,其施工质量和效率都很高,相应的对于其施工组织管理的水平要求也很高。必须建立强有力的组织机构,将人员、材料、机械通过科学的管理机构,组织成一个统一高效的施工系统,才能在预定工期和投标预算范围内保质保量地完成施工任务。项目采用的施工组织管理方法如下:

(1)建立高效权威的施工指挥调度机构。从施工前期准备工作中就必须建立高效权威的施工组织指挥调度机构,即项目经理部。首先,确定指挥机构的负责人,即项目经理和总工,形成对工程项目的全过程质量、人员、材料、机械、财务、安全等的科学管理。其次,在施工期间要有职责明确、反应快速的常设调度室和值班经理来指挥生产。

(2)建立快速反应的无线电通信系统。在施工现场,运输车辆、材料供应和搅拌站之间的生产指挥,依靠现代化的无线通信手段,建立了一套完整的无线电通信系统及报告、联络和会议制度。

(三)人员组织与工作内容

一个大型滑模摊铺水泥混凝土路面施工系统需要140~170人,其中包括施工人员、机械手、管理人员和服务人员。每个人都要充分发挥各自的作用,必须建立分工和职责明确的分管机构及分级目标管理责任制。项目经理部建立以下一些分管机构去加强管理。

1.滑模摊铺机组

滑模摊铺机组由机长或值班机长负责指挥,主机手、副机手和辅助人员进行滑模摊铺施工操作、清洗、保养、加燃料及润滑油、加水、调整和监视传感器及摊铺机各工作机构的工况,包括机械打拉杆和传力杆。该组需要4~8人,一班工作需至少4人,两班工作需要8人。

2.现场施工班

有前台工长负责指挥车辆卸料,人工或机械布料,胀缝支架,缩缝支架,桥头双层钢筋网的运输、安装,路面修整,接头的人工施工,拉毛,锯缝,喷养生剂,发电,油料、水供应等人工辅助的工作。由于没有配备布料机和拉毛养生机,一班工作约需50人。

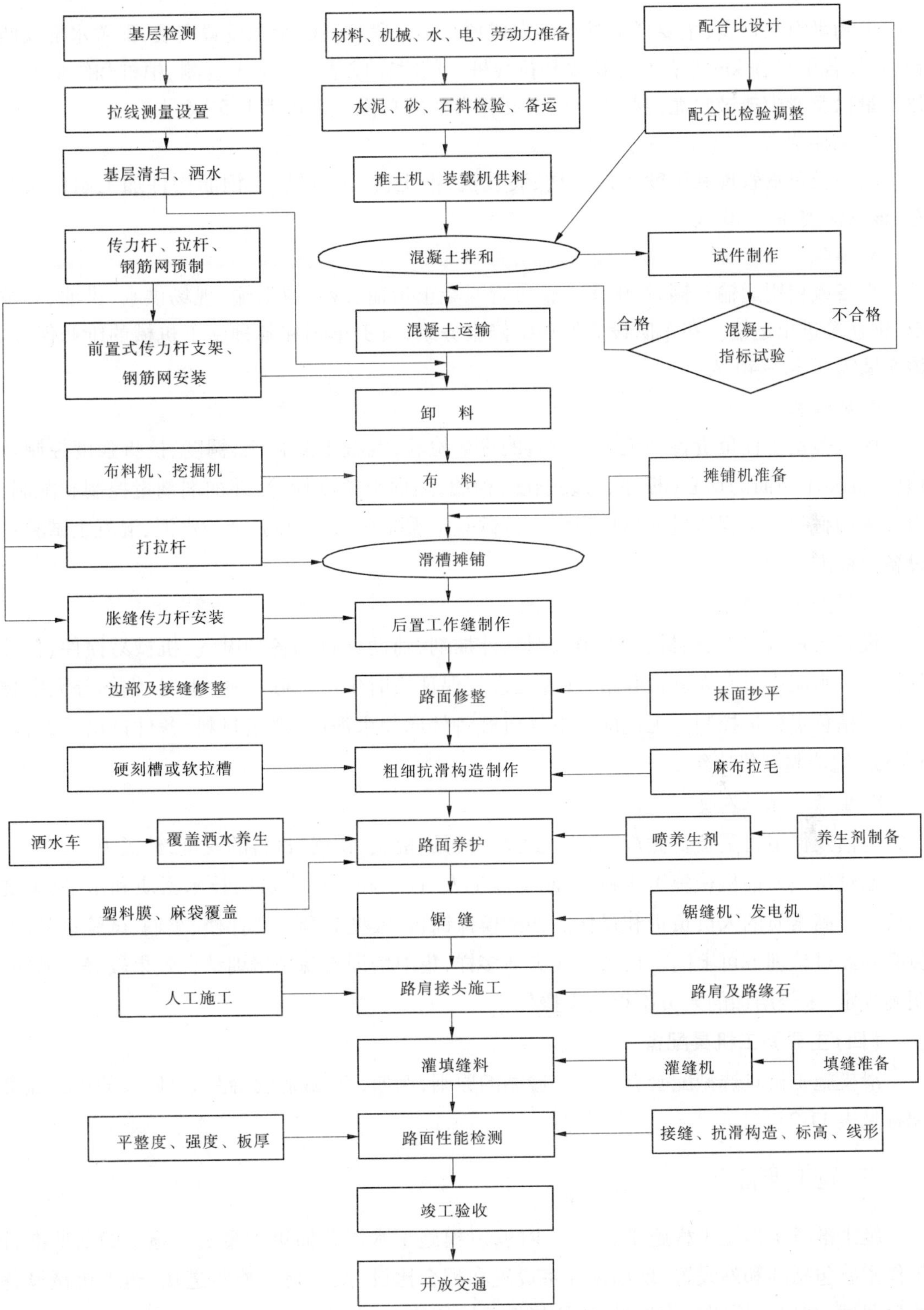

图 11-11　水泥混凝土路面滑模施工工艺流程

3. 测量班

由测量组长负责,主要任务是提前完成预计施工段拉线测量和设置安装,配置水准仪两台、测杆若干根、1 km 左右双侧拉线和拉线桩。同时完成基层的交工复测、中桩和线形的恢复测量以及滑模摊铺水泥混凝土路面各几何参数的自检。该班需要 5 ~6 人。

4. 搅拌站

由站长负责管理和调度各搅拌楼、装载机、推土机、水电供应、钢筋构件加工制作及装车,该站需要 30 ~40 人。

5. 车队

自备或租用运输车辆时,由车队长负责混凝土运输、砂石料运输、现场供水、供油、养护剂、钢筋等进出运输。在车队设立保养维修服务组,负责车辆和各种施工机械的维修保养。该车队需要 30 ~40 人。

6. 试验室

由试验室主任负责各种施工原材料的进场检验,混凝土配合比、稠度、抗折强度控制及检验,混凝土路面的钻心(板厚、劈裂强度)检验,路面平整度检验,外加剂剂量控制和配制,出具各种材料及工程质量的自检报告。该试验室需要 6 ~8 人和齐全的水泥、混凝土试验室设备及标准养护室。

7. 材料供应组

设专人负责水泥、钢材、砂石料、燃料、外加剂、辅助材料和各种电气、机械易损件、备件的供应。水泥指派专人负责联络,视施工进度保证及时供应。砂石料、水泥、钢筋等大宗物资由磅站负责称量控制。工地配备电气机械备件库和水泥库,严格材料、备件进出手续,由 5 ~8 人组成材料供应组。

8. 生活及保卫人员

生活及保卫人员负责做饭、送饭及工具、机具、机械、物资、材料的安全,约需 10 人。

通过滑模摊铺机械施工实践,不断提高工人、技术和管理人员的技术素质和水平,关键岗位需要高素质的人员负责和操作。如滑模摊铺机、大型混凝土搅拌楼、车辆、试验室等,人员必须经过培训方可上岗。培训方式灵活多样,集中培训与现场培训结合效果较好。另外,明确规定,未经培训的人员不得上岗操作。

(四)主要施工机具配备

滑模施工机具选型配套有一个应遵循的原则,例如,京海高速公路六合同段的机具配套配备见表 11-26。

三、施工准备

施工准备工作是工程施工必不可少的,滑模施工水泥路面更为重要。施工的前期准备工作主要包括拌和站设置、现场试验室设置和配合比设计、原材料检验进场、施工机械设备检修调试、基层的检测验收放样、通信指挥系统的建立、人员培训和技术交底等。

滑模摊铺水泥路面施工每天的准备工作包括施工前台准备工作和施工后台准备工作。

表 11-26　主要机械和机具配套

项目	名称	机型及规格	数量	说明
钢筋加工	钢筋截断机	砂轮切割	1 台	
	钢筋折弯机或工作台		2 台	
	电焊机		4 台	
测量放样	水准仪		3 台	
	全站仪		2 台	
	线桩		300 个	
	基准线		3 000 m	
拌和	强制搅拌设备(ORU)	160 m^3/h	1 台	增加 1 台更好
	装载机	ZL50、ZL40	2 台	
	发电机	100 kW、200 kW、300 kW	3 台	
	供水泵或蓄水池	50 ~ 70 m^3/h	日供水量 300 m^3	
	外加剂池	9 m^3	4 个	
运输	自卸卡车	4 ~ 12 m^3	按施工条件定	
摊铺	布料用挖掘机	0. 6m^3、0. 8 m^3	2 台	未配布料机可用挖掘机代替
	滑模式水泥混凝土摊铺机	按施工条件定 wirtgen SP850、SP500 GOMACO GP2600	1 台	购置 1 台不能按期交货，租用 1 台
	人工拉毛行走板、齿耙	自制	3 个	
	锯缝机	国产	4 台	
	水磨石磨机	国产	4 台	
	移动发电机	40 ~ 60 kW	5 台	
	工作缝及胀缝架	稳固固定传力杆	按需要定	
养护	养护喷雾器		4 台	未配喷洒机可用喷雾器代替
	洒水车	4 ~ 6 m^3	2 台	
	塑料薄膜、旧麻袋		按需要定	

(一)施工前期准备工作

1. 技术准备

审查熟悉图纸、设计文件和有关施工技术规范，编制施工组织设计，进行技术交底。

2. 拌和站的设置

(1)拌和站宜设置在摊铺路段的中间位置,拌和站内部布置应满足原材料储运、混凝土运输、供水、供电、钢筋加工等使用要求,并尽量紧凑,减少占地。拌和站应安装在原材料堆放的上风头。因地形等条件限制,砂石料场面积不足时,可在拌和站附近设置砂石料储备转运场。京海高速公路六合同段内拌和站因设置条件限制,只能设在起点的一端,最远运距为18多km。

(2)混凝土拌和站应解决搅拌、清洗用水的供应问题,并确保水质。水源供水量不足、不稳定时,拌和站宜设置体积不小于500 m^3 的蓄水池,所蓄的水量应能至少满足半天以上的滑模施工需要。施工沿途缺少水源时,拌和站还应解决养生用水。

(3)混凝土拌和站应保证充足的电力供应,可就近从电网取用电力。为避免停电影响施工及生产,应自备发电机。电力总容量应考虑全部施工用电、夜间施工照明及生活用电的需要。配电房或发电机应设在地势较高处或架高设置。

(4)离加油站较远的工地应设置油罐或油料储备库,确保滑模摊铺机、运输车辆及发电机等动力设备的燃料供应,并能保证其防火防盗安全。

(5)施工前应储备正常施工1个月以上的砂、石料。料场应建在地势较高、排水通畅的位置,其底部应采用胶凝材料处理或水泥混凝土硬化处理,严禁料堆积水和泥土污染。不同规格的砂、石料之间应有隔离设施,严禁混杂。

(6)在冬季、雨季和热天施工条件下,应在砂、石料堆上架设防雨、防雪、隔晒顶篷或覆盖帆布,覆盖材料的数量不宜少于正常施工时10 d的用量。

(7)拌和站原材料运输与混凝土运输车辆不应相互干扰,应设置车辆进出道口的环形道路。每台或每两台安装在一起的拌和站应设相对独立的运料进出口,并有临时停车场。拌和站下装车部位应采用混凝土铺筑20 cm厚的路面,并应设置清洗污水排水沟、积水渗水坑或可清洗拌和站的废水处理回收设备,确保满足环保要求。

3. 现场试验室的设立及配合比设计

施工工地应建工地试验室,提供足够的试验、养生、办公场所。配齐试验人员和满足试验精度要求的仪器。现场试验室主要对原材料进行调查、检测,定期抽检、分析、设计、调试混凝土配合比,控制混凝土拌和物的工作性,对抗弯拉强度、平整度、厚度、抗滑构造深度进行检测并提供自检报告等。

1)试验室配置

京海高速公路六合同试验室配备了试验人员8人,试验办公场所70多 m^2,在原有公路桥涵水泥混凝土试验设备的基础上,新购了一些试验设备,如表11-27所示。

2)路面混凝土配合比设计

滑模施工的混合料配合比设计步骤与其他方式施工的混合料配合比设计步骤相同。由于滑模施工的特点是对新拌混合料有最优工作性的特殊要求,因此配合比设计就有一定的特点。

(1)配合比必须满足的基本技术要求:①满足道路面板抗弯强度要求。②满足道路面板耐疲劳性的要求。③由于面板接缝多,要求具有小变形量性能,有利于防止路面板破坏。要求混凝土有较低的弹性模量,干缩温缩变形小。④满足道路面板耐久性要求。

表 11-27　京海高速公路六合同段新购试验设备

设备名称	规格	单位	数量
雷式夹、测定仪		套	1
水泥标准养护箱	HBY－B40	台	1
天平	MP－110(最小读值0.01)	台	1
天平	ES－5000(最小读值1)	台	1
天平	ACS－15(最小读值5)	台	1
振动式标准筛	ZBSX－92A	台	1
强制式单卧轴混凝土拌和机	BJD－60 型	台	1
混凝土振动台	ZHV－A 型	台	1
混凝土贯入阻力测定仪	HG－80 型	台	1
混凝土含气量测定仪	GQC－1 型(改良法)	台	1
混凝土维勃稠度仪	HCY－A 型	台	1
混凝土钻心机	HZ－15 型	台	1
抗折强度试验机	YE－1000 型	台	1
自动控制标养室		个	1
3 m 直尺、塞尺		套	1
抗滑检测仪:人工铺仪		套	1

(2)混凝土工作性要求:①路面混凝土应振捣密实,不能出现蜂窝、麻面,对新拌混凝土应有最大的振动黏度系数和最小的坍落度要求。②混合料在经滑模摊铺过后,应不塌边流角,边部平整度和侧面垂直度保持良好。对新拌混合料应有最小的振动黏度系数和最大的坍落度要求(见表 11-28)。

表 11-28　滑模摊铺机施工最佳工作性允许范围

项目	振动黏度系数(Pa·s)	坍落度(cm)		行走速度(m/min)
		碎石混凝土	砾石混凝土	
最佳工作性	150～500	2～4	3～6	1～1.5
允许范围	100～600	1～5	2～7	0.5～3.0
稳定性要求	300±200	32	42	正常 1.5+0.5

(3)滑模摊铺机对新拌混凝土的要求:①流动性。有良好的流动性,施工时摊铺的阻力要小,在高频振捣作用下易于液化,便于成型。②黏聚性。具有抵抗形变保持形状的能力,在运输过程中及摊铺作业中不离析、不分层,摊铺后成型良好,密实无麻面、不塌边、不泌水、不裂纹。以上两条要求相反,这就需要新拌混合料具有良好的触变性,既要有良好的和易性、流动性,又要有足够的黏聚力,以获得优良的摊铺性能,令两者统一起来。触变性能是指混凝土在外力作用下,流动性迅速增加,混合料内部剪应力明显减小,而外力停止时又恢复到原状态,使之有良好摊铺性。③保坍性。混凝土的坍落度随时间延长和运输振动而减小,采用特殊的外加剂来保持,使混合料在摊铺作业时具有施工要求的坍落度。

3)施工配合比

i. 材料选用

保证路面施工质量,最重要的是从源头抓起,严格控制材料质量,选择符合要求的材料品种和规格。

(1)水泥。湖南有三大水泥品种,通过试验检测,结合运距等条件选用了金磊牌水泥为主要品种,韶峰牌水泥为备用品种。

(2)碎石。京海高速公路六合同段对碎石要求非常严格,规定0.5~1.6 cm、1.0~2.5 cm两种规格的碎石进行掺配使用。经过反复检测试验,选定小水铺石场和花桥石场两种品质相同、质量稳定的碎石,其各项指标符合规定要求。

(3)砂。经过测试比较,选用了利生砂场细度模数为2.5~2.8的优质中砂。

(4)引气剂。京海高速公路六合同段通过试验对比,选用了山西城兰化工厂生产的飞云牌AE混凝土引气减水剂为主要品种,上海同济大学生产的SJ-231引气剂为备用品种。

(5)减水剂。由于路面施工横跨两个标段,最远运距16多km,施工气温为10~35 ℃,通过试验选定:夏季高温时使用广东柯杰外加剂科技有限公司生产的KJ-70缓凝高效减水剂;冬季使用该公司生产的KJ-45缓凝高效减水剂。这两种减水剂对混凝土降低温升,延缓凝结时间,提高抗折、抗压强度有较好效果。

(6)水。拌和用水为耒水河水厂的自来水,各项指标符合要求。

ii. 施工使用配合比

通过正交法的试配和调配,最终选用的施工配合比为水灰比0.39,水泥用量385 kg/m^3,水用量150 kg/m^3,砂用量671 kg/m^3,碎石用量1 194 kg/m^3,其中粒径为0.5~1.6 cm的碎石用量占45%,粒径为1.0~2.5 cm的碎石用量占55%,AE混凝土引气剂掺量为0.006%,KJ-45减水剂掺量为0.4%。

该配合比时的实测坍落度为1.2 cm,1 h后坍落度为4 cm,符合滑模摊铺作业要求;实测振动黏度系数η=465.38 Pa·s,符合滑模摊铺振动黏度稳定值(300±200)Pa·s的要求;实测含气量值为3.5%,符合含气量4%±1%的范围要求;实测28 d抗折强度7.03 MPa、抗压强度46.52 MPa,满足路面设计强度要求。

该配合比在施工中根据天气、施工季节、运距及砂、石料含水量变化等因素,微调减水剂、引气剂和用水量。保证摊铺现场混凝土坍落度、振动黏度系数等工作性适宜于滑模摊铺机进行摊铺作业。只有保证变化幅度最小,才能摊铺出高质量的路面。

4. 运输车辆及道路准备

滑模摊铺前,施工道路上各种桥涵、通道等构造物应提前完成,确有困难不能通行时,应有施工便道。施工时应确保运送混凝土的道路基本平整、畅通，不得延误运输时间或碾坏基层。道路的不平整将增大混凝土的离析程度和延长运输时间。在天气炎热的白天施工时，还应给车辆准备好遮阳棚布，以减少混凝土水分蒸发。

运输车辆的数量应根据施工进度、运量、运距及时进行调整，其配置原则上应满足摊铺机连续摊铺，尽量减少因缺料而引起的停机次数的要求，总运力应比总拌和能力略有富余。其配置可按式(11-4)计算为

$$N = 2n(1 + Sr_c m/v_q g_q) \tag{11-4}$$

式中 N——汽车辆数(不同产量拌和站分别计算，再计其和)；

n——相同产量拌和站台数；

S——单程运输距离，km；

r_c——混凝土密度，10^3 kg/m^3；

m——一台拌和站的生产能力，m^3/h；

v_q——车辆的平均运输速度，km/h；

g_q——汽车的载重能力，t/辆。

5. 基层准备

1) 基层验收

在路面摊铺前应对基层进行全面的验收，检测基层的强度、压实度、结构层厚度、平整度、标高、横坡等，各项指标均应满足规定要求，否则应修整至符合规定为止。

2) 测量放样

用全站仪按设计坐标准确放出挂线点的位置，挂线桩间距为平面直线段每 10 m 一桩，圆曲线段、平面纵曲线或纵面竖曲线加密到 5 m 一桩，并作好标志。

3) 传力杆支架固定点放样

一个传力杆支架用 2×4 个点来固定。可以制作一个放样模，借助放好的挂线点，用模板来放出固定点，并在固定点处用冲击钻钻直径为 14 mm、深 70 mm 的孔，在钻好的孔中打入木钉。

4) 清扫、洒水湿润基层

为防止过干的基层吸附混合料中的水分，造成面板底部混凝土失水，强度降低，产生收缩裂纹，在上料前必须洒水湿润基层。这样做在高温天气时还可以降低基层表面温度，有利于混凝土的施工。

5) 挂线

基准线挂线是为摊铺机上四个水平传感器和两个方向传感器提供一个精确地与路面平行的水平(横坡)和直线(转弯)方向平面参考系。路面摊铺的几何精度和平整度在很大程度上取决于拉线的测设精度。因此，拉线是水泥混凝土路面滑模施工的生命线。准确安装设置基准线对滑模摊铺至关重要。

安装设置基准线工作步骤如下：

(1) 根据现场情况选定挂线点 A、B 及其至路面边缘的距离 L_1、L_2，一般情况下选择 $L_1 = L_2 = 1.8 \sim 2.0$ m。

(2) 根据路线及路面设计参数在基层上准确放出 A、B 两挂线点，并钉上钢钉。在钢钉附近打上钢纤，挂线桩打入基层 25 cm 深，以确保挂线桩的牢固，不因弯道水平拉力而倾斜。

有时打入困难时，则用冲击钻钻好眼后，再打钢钎。

（3）挂线点的纵向间距一般取 10 m，半径小于 1 000 m 的曲线上取 5 m。

（4）准确测出 A、B 两点钢钉上的标高 H_A、H_B。

（5）计算 A、B 两点的挂线高度 Y_1、Y_2 为

$$Y_1 = H_1 - L_1 x_i + e - H_A \tag{11-5}$$

$$Y_2 = H_2 - L_2 x_i + e - H_B \tag{11-6}$$

式中 e——摊铺机挂线常数，一般取 $e = 0.5$ m；

x_i——路线纵坡坡度（%）。

（6）根据计算的挂线高度进行挂线。挂线时，对同时控制方向（一般为摊铺机前进方向右边）的基线应用垂球进行精确对中。

为了防止出现施工差错，便于测量工程师施工前复核测量，一般宜提前 1～2 h 设置好基准线。挂线时张拉力不小于 1 kN，拉线张拉紧后挠度不应大于 1 mm。挂线完成后，用眼睛贴近基准线目测顺直度，其线型应顺滑无折线和拐点。一般情况下单根拉线长度为 250～300 m。挂好线后应避免碰撞和振动。

6. 机械准备

施工机械的配备原则：①按工艺要求配齐，缺一不可；②生产稳定可靠，故障率低。拌和站的混凝土生产能力应能满足摊铺机的最低施工速度 1 m/ min 的要求。本项目在没有布料机的情况下，根据需要，摊铺机前可配备一台装载机或小挖掘机进行布料，其履带上最好有橡胶垫，以免施工行走时碾坏沥青封层、破坏其防水作用。

施工前必须对拌和站、运输车辆、布料机、滑模摊铺机、锯缝机等施工机械进行检修；对经纬仪、水准仪、全站仪等测量拉线仪器和人工辅助施工的振捣棒、模板等机具及试验仪器进行全面检查、调试、校核、标定、维修和保养，并试运行正常。对主要设备易损零部件，如滑模摊铺机振捣棒、用于振捣传力杆处混凝土的振捣棒等应有适量储存。

7. 路面施工保护准备

为了防止施工时的突然降雨造成对混凝土路面的破坏，完全有必要在施工现场准备 100 m 左右的防雨棚，以备不时之需。防雨棚在白天施工时还可起到遮阳的作用，减少混凝土路面的水分蒸发。在气温高、水分蒸发速度快的天气进行混凝土路面施工时，完全有必要对刚摊铺成型的路面采取塑料薄膜覆盖保水，以免水分蒸发过快，混凝土路面表面出现收缩裂缝。混凝土路面的养生一般采用喷洒养生剂与覆盖麻袋洒水相结合的方式，不掺粉煤灰的路面至少洒水养生 7 d，按施工高峰期日进度 500 m 计算，准备的麻袋应至少能覆盖 4 000 m 路面。

8. 人员培训与技术交底

滑模摊铺路面施工开始前，应对施工、试验、机械、管理等岗位上的技术人员进行技术交底，对各工种技术操作工人进行技术操作培训。技术人员、操作工人对工序衔接、各工序技术要求应做到心中有数、把握操作要点，不经培训不得上岗操作。

9. 联络指挥

滑模摊铺混凝土路面施工时，应密切加强前后台的联系，建立快速有效的通信指挥系统。在条件允许的地方建立小型电台或用手机进行直接联系。在施工中必须指派专人负责联络指挥，进行有效的生产调度与指挥。

(二)每天开工前施工前台应做好的准备工作

(1)提前清扫干净摊铺机前基层 1 ~2 km。

(2)提前检查所施工路段基层的纵横缝情况,作好记录,并对裂缝进行处理。对裂缝凿开 1 ~2 cm 宽、3 cm 左右深,用沥青进行灌缝处理,以避免水渗入路基,施工时再在裂缝上加铺油毛毡。

(3)提前 1 ~2 d 对所施工路段的基层胀缝进行处理。凿开顶胀处破碎、脱空的基层,用 C20 混凝土修补,在混凝土中留 7 ~8 cm 灌以 5% ~6% 的沥青砂,作为基层的膨胀空间,施工时再对基层胀缝处的混凝土板用钢筋网进行补强。

(4)至少提前 1 d 对松散的基层部位用 C20 混凝土进行修补,施工时在修补部位加铺油毛毡。不得在施工过程中用混凝土填补,这将使上、下层黏结,导致面板厚度发生变化,产生应力集中点,导致断板的发生。

(5)若沥青封层受到破坏,需重新洒油防水,保证基层平滑,减少基层与面板间的摩擦。

(6)按板块划分将固定传力杆的木钉钉好,长度以 2 d 的工作量平均每天 500 m 计,提前 1 km 为宜。

(7)检查基层边缘距中桩的距离,提前调整好摊铺机的履带使之在底基层上行走,或者将超宽的基层用风镐凿除,但这样将破坏基层上沥青封层的防水作用,需对破坏的基层边缘重新进行洒油防水。

(8)清扫摊铺机履带处基层的砂及基层料,以免摊铺机行走时打滑,以及由于履带处不平整导致高度传感器上下抖动影响路面平整度(此项工作亦可在施工过程中派专人进行)。

(9)施工前台机械(发电机、振动棒、挖掘机、水车等)应及时就位,并定期对其进行检修及保养,保证机械性能良好。进行夜间施工时,电工要提前检查电路及灯具。

(10)传力杆、钢筋笼、拉杆、用于基层裂缝处铺的油毛毡、固定传力杆的铁钉等应提前拉到施工现场,并在施工现场准备少量的绑丝,以绑扎在搬运过程中脱落的传力杆。

(11)混凝土路面补强钢筋网提前绑扎并放置于补强路段的两侧。

(12)注意安全,施工人员应戴安全帽。

(13)施工现场应准备振动棒和养生剂喷雾器等施工易损件的备用件。

(14)第一天施工完毕后,及时进行摊铺机的清洗,并进行必要的保养、检修工作。挂线人员至少提前挂好 50 m 左右的线,施工开始处的传力杆钢筋笼应提前安装好,以使摊铺机提前就位,为第二天的开工作好准备。

(15)开盘前检查施工前台人员、水车的到位情况。天气炎热时,需洒水降温后方可开盘。

(三)拌和站的施工准备工作

(1)每天工作完后,清除拌和机、配料机、皮带运输机等机械设备和水电设施周围的所有障碍物并消除其他有可能危及安全的因素。

(2)按说明书的润滑规定,每天工作完成后应对施工机械进行日常保养、润滑,润滑油污染严重时,应予以更换。

(3)起动控制电路,检查供电电压是否在拌和机需要的正常范围内。

(4)检查各仪表、灯光、称量显示屏等信号装置是否工作正常或在允许的误差范围内,照明设施是否齐全完好。

(5)检查空压机、润滑油泵工作是否正常,开闭各料门数次,并进行检查调试。

(6)拌和机主机、配料机、皮带运输机等有关机械设备进行 10 min 的空载运行,检查水电气系统是否正常。

(7)每天开盘前需检测砂石料的含水量,根据含水量调整混凝土的加水量,控制好混凝土的坍落度。

(8)天气炎热施工时,应提前对集料进行洒水降温,保证混凝土的出场温度在 35 ℃以下。每次施工结束后对料筛进行检查,发现破损处及时焊好。

通过认真进行各项准备工作,就能较好地开始每一天的工作,增加了工作的主动性,使每天的工作都有一个良好的开端。

四、水泥混凝土路面滑模施工

(一)混合料的拌和

滑模施工水泥混凝土路面对新拌混凝土混合料要求特别高,主要有三点要求:①配料精确,滑模施工的混凝土是材料精良准确的精细混凝土。②稳定性高,每盘搅拌出的混凝土有较为稳定的工作性,波动要尽量小;否则摊铺机应进行频繁调整与适应,不能进行高质量的摊铺。③大量连续供料,否则将影响平整度和生产效率。如何保证拌和料质量稳定和出料快速是施工的关键。

京海高速公路六合同段拌和站采用与 wirtgen SP850 配合施工 8.25 m 宽的路面主板,与 SP500 和 COMACO GP260 型配合施工 3.5 m 宽的边板。wirtgen SP850、SP500 摊铺机要求混凝土坍落度为 2~4 cm,COMACO GP260 要求混凝土坍落度 3~6 cm,需要混合料 120~200 m^3/h。工程要求拌和机配料精度为水泥 ±1%、水 ±2%、集料 ±3%、外加剂 ±2%,最短纯拌和时间为 25 s,每盘之间坍落度差值 ±1 cm。为优质高效完成任务,拌和站人员经过对影响拌和质量与生产效率的各种因素进行分析,提出了有效的措施,保证了拌和机完好率、使用率,创造了拌和机三点调试法,使配料精度比要求标准提高 2%~3%,配料速度可达到 200 m^3/h。对原材料的质量进行了严格控制和合理组织供应。拌和站的生产能力可达到150~160 m^3/h,高峰时达日拌混凝土 2 860 m^3、连续工作 80 h 的记录。生产的混凝土抗折、抗压强度满足设计要求,全部合格。

(二)混合料的运输

本工程的混合料运输是采用每车装 4~12 m^3 的自卸汽车运输。运输车的车型和数量根据施工进度、运量、运距和路况确定。

运输时间应保证混凝土运到现场适宜滑模摊铺,并短于混合料初凝时间 1 h,同时也应短于摊铺允许最长时间 0.5 h。

装料时应防止混合料离析。防止漏浆、漏料污染路面,特殊气候下应加盖,装车前冲洗干净车厢,车厢干时应洒水湿润,但不积水。

（三）安放传力杆及钢筋网

1. 安放传力杆

按设计位置先打好木钉，摆放传力杆支架。以 8.23 m 板为例，基层上每隔 5 m 打好两排木钉，既便于指挥倒料，又能保证摊铺时快速固定两个传力杆支架。具体操作为两人将沿线摆放在一边的传力杆支架抬放到木钉处，在木钉中钉入圆钢钉并将其打成 Γ 型固定。用脚轻推传力杆支架，以不摆动为合格。

传力杆支架检查合格后，人工配合挖掘机将混凝土布入传力杆支架中，以刚能盖平传力杆为限，再用插入式振捣器将其振捣，切忌传力杆支架上过多覆盖混凝土与过分振实，以免摊铺机布料经过时，因松铺密实度不均，造成经摊铺机振捣过后传力杆处面板厚度不均、收缩不一致，导致平整度受到影响。

2. 补强段路面连续钢筋网安装

由于该工程没购买配套的侧向布料机，在摊铺路面补强地段的连续钢筋网地段时，不能直接事先布好钢筋网，而是把事先预制绑扎好的钢筋网运到施工路段堆放在两边，施工时按钢筋网距离底面的高度绑好架立筋。架立筋采用形状为接地处向两边相反方向弯曲一小段，防止倾覆。保证钢筋在板中的准确位置，切忌把钢筋网先安放在应放的位置，影响卸料或被料车压坏。其施工安放步骤如图 11-12 所示。

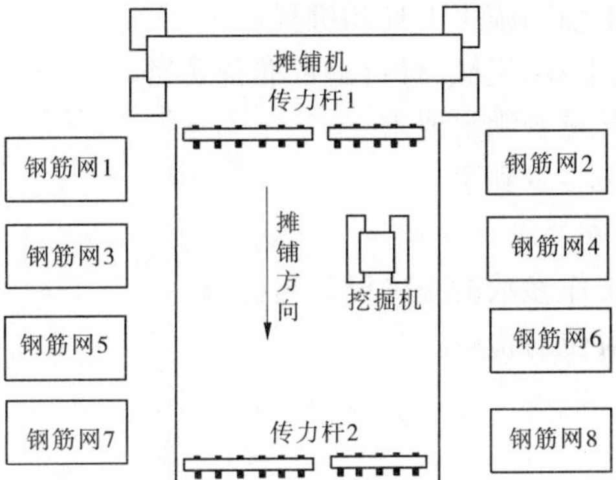

图 11-12　钢筋网安放

补强段路面连续钢筋网安装步骤如下：

（1）安装好钢筋网补强处端头的 1 号传力杆。

（2）组织混凝土运输车卸料，挖掘机进行布料，在基层上平铺一层混凝土，厚度不要超过钢筋网距路面底板的高度，挖掘机后退。

（3）人工把已沿路放好的 1 号、2 号钢筋网摆放就位，并注意控制好钢筋网两侧的保护层，避免出现面板两侧露筋的情况。

（4）运输车进行卸料，注意运输车不要开上钢筋网。

（5）挖掘机将料大致布均匀，人工配合挖掘机将就位的 1 号、2 号钢筋网端头的混凝土除去，以利于钢筋网的搭接，并在放 3 号、4 号钢筋网的位置平铺一层混凝土。如果现场混凝土偏干，应尽快将摊铺机往前开，如果现场混凝土坍落度偏大，则可等放好 10～15 m 钢筋网后将摊铺机前开。这样可减少停机次数，提高路面的平整度。

（6）人工摆放 3 号、4 号钢筋网就位，注意控制好钢筋网相互之间的搭接长度，并应特别注意不要让钢筋端头向上翘起，对向上翘起的钢筋端头应用铁丝绑扎好，否则有可能出现路面露筋的情况。

(7)重复(4)、(5)、(6)三个步骤，使5号、6号钢筋网就位。

(8)固定好2号传力杆，并布料振捣好。

(9)挖掘机进行布料，人工摆放7号、8号钢筋网就位，注意钢筋网不要压传力杆，以利于传力杆滑动。

(10)运输车卸料，挖掘机布料，摊铺机继续摊铺。

(四)水泥混凝土路面的滑模铺筑

1. 摊铺前的检查

1)摊铺现场准备工作的检查

(1)上料前基层是否洁净和洒水湿润。

(2)检查已设置好的基准线是否被扰动，精度能否满足要求。

(3)检查板厚是否满足要求，如果偏厚一点可以直接铺筑，若略薄，则应在50~100 m内调整基准线高程来保证面板厚度要求，或者处理基层。

(4)检查接缝支架是否定位；纵缝为连续摊铺时，前幅已安装的拉杆是否校正、扳直；纵向施工缝壁是否涂刷沥青等。

(5)检查是否备齐人工辅助施工工具和机具。

(6)拉毛及养生设备、工具、机械、材料是否准备妥当。

(7)施工人员组织情况是否满足要求。

(8)监理的开工令是否签发到手。

2)滑模摊铺机械的检查

(1)滑模摊铺机各项工作参数的正确设置与检查。

(2)滑模摊铺机空载对位与检查。

2. 卸料、布料

1)卸料

京海高速公路六合同段采用自卸汽车运料，正面直接卸在基层上。因此，必须有专人指挥车辆卸料。要求卸料分布均匀，不欠料也不多料，料位高度应在螺旋布料器叶片上缘以下，最高料位不得高于松方控制板上缘。以8.25 m板宽为例，每米所需混凝土方量为 $8.25\times0.26\times1.0=2.14(m^3)$。那么，12 m^3 车的自卸车一车料可铺5~6 m。

2)布料

当混合料卸在指定范围后，再用PC-200挖掘机进行布料。混合料松铺厚度控制在高于混凝土板厚6~10 cm为宜，挖掘机应大致整平以减小摊铺机对传力杆的推移力并可改善混凝土摊铺的平整度。

在传力杆与补强钢筋网处的卸料、布料按传力杆和钢筋网安装时所讲的方法进行。

3. 滑模摊铺施工

1)作业开始阶段的调试校核

在开始摊铺的前5 m内，必须对所摊铺路面的厚度、宽度、中线、标高、横坡等参数进行准确测量。机械操作手应根据测量结果，及时缓慢地在行进中微调摊铺机上传感器、挤压底板、超铺角、拉杆打入深度及压力、抹平板的压力和边缘位置等。从摊铺机起步到正常工作应在 10 cm 内完成，并将达到要求的摊铺机工作参数的设定位置固定保护起来，不允许再作改变。

第二天连续摊铺时，应将摊铺机后退到前一天做了侧向收缩的工作缝的路面处，将挤压板前缘与工作缝端部对齐后开始摊铺。施工开始时，每天都应先检查底板、振捣棒等关键工作参数和摊铺效果。

2）滑模摊铺机摊铺作业操作要点

（1）布料器控制。京海高速公路六合同段使用的摊铺机的机载布料器为螺旋式布料器，这种布料器具有二次搅拌的功能，使布料均匀、离析小。布料时一定要控制好布料的数量，不宜过多或过少。特别要重视两侧均衡，边角的料一定要充足。

（2）进料门的控制。进料门是滑模摊铺施工的第一关，对其控制好了，则施工顺利，反之不仅平整度差，还会损坏机械。控制进料门的依据是振捣仓内的料位高度。仓内料位过高，摊铺机阻力大，振捣排气效果差，路面密度差；仓内料位过低，挤压底板供料不足，形不成挤压作用，路面缺料，出现缺料坑。正常料位是控制在振捣棒以上 10 cm 左右，施工的路面质量较好。施工过程中操作手一定要随时观察仓内料位高低，手动控制在一个适宜恒定范围内。

（3）摊铺机施工的行进速度控制。滑模摊铺机施工一定要使摊铺机缓慢、均匀、连续不间断地工作，根据拌和能力可在 1 ~ 2 m/min 选择，京海高速公路六合同段选择的混凝土以坍落度为 2.5 ~ 5 cm、1.0 m/min 的工作速度、1 万次/min 左右的振动频率、167 次/ min 左右的夯板频率较为适宜。

（4）对高频振捣棒的位置和工作情况进行监控。为防止漏振，摊铺机行走前应先开启振动棒，但又严禁振动棒在水泥混凝土外面振动，因为振动棒空载振动很容易遭烧毁，同时要注意观察每个振动棒的振动情况和是否有漏油现象。振捣棒振捣频率总体上应控制在 6 000 ~ 11 000 r/min 内，具体则应根据混凝土的稠度、坍落度以及摊铺机行走速度、停机等料时间来控制，做到振捣密实、排气充分。当新拌水泥混凝土过湿时，应适当降低振动频率，加快机器作业速度；当新拌水泥混凝土过干时，应适当提高振动频率，降低机器作业速度。由于滑模摊铺机只能一次通过，不能倒车重铺，故必须做到既不能欠振、漏振，造成麻面或拉裂，也不得过振、提浆过厚，导致坍边或溜边现象，并导致混凝土表面不耐磨。

（5）控制成型密度。经过捣实后的混凝土能进入成型模板，成型模板可根据施工要求调整成喇叭口、内八字形和调整仰角及路拱等。成型模板与左、右两侧模板组合可调整成前宽后窄的喇叭口形，使更多的混凝土能进入，随后受到挤压，增加混凝土的密实度。成型模板调整成有一仰角，同样能使更多的混凝土进入，随后受到挤压。仰角大小根据施工情况而定，要注意仰角过大也会影响摊铺质量，使路面表面不光滑，同时增加行进阻力，一般控制为 2° ~ 5°。

（6）加设加长滑模板。为了减少水泥混凝土的塌边，于摊铺机后设有加长模板。其与侧模板组合，可调整成侧模端上窄、下宽；加长模板也上窄、下宽，外边缘略高，向内收，成为内八字形。当摊铺机过后，由于水泥混凝土的收缩作用，上边缘高的部分微微塌落，正好消除内八字形，使两侧上、下轮廓线正好形成直角，而表面横坡形状正好符合要求，这样能防止混凝土因坍落度稍大而塌边，保证了施工质量。

（7）控制好挤压底板与振动仓内混凝土的力平衡。挤压底板的料与振捣仓内的混凝土之间,始终应保持相互间压力的均衡,才不致于挤压力忽大忽小而影响平整度。

(8)拉杆置入。采用拉杆置入器置入拉杆钢筋。拉杆置入器分为侧置式和中置式。侧置式置入器由人工辅助半自动打入,中置式拉杆置入器由摊铺机的一个速度传感器计算摊铺机行走过的距离而命令置入器自动插入拉杆。在中部拉杆打入后,混凝土表面将留有一凹坑,可采用人工辅助,使用由搓平梁搓出的砂浆卷来修补。

(9)弯道作业。弯道区作业时,因横坡加大,机手应注意料仓料位及左右高度控制。首先是调整计量板使超高的一边升高一些,低的一边降低一些;其次是提高小搅笼的转速,使之向高的一边提浆加快,确保料仓料位一致,避免一侧过多,而另一侧过少。

(10)坡道作业。在坡道作业时,向高或向低摊铺时,都应较好地控制计量板,保证进入料仓的料位适中;在由低向高摊铺时,应尽量避免大搅笼前堆料过多,防止摊铺机打滑,影响平整度。

(11)表面搓平与修整。搓平梁搓平后,以较小的变形在混凝土表面进行修整,整平成型出混凝土表面,并消除混凝土表面的气泡。搓平梁搓出的砂浆卷还能修补中央拉杆打入后留下的凹坑,随后由超级抹平器抹平。但由于超级抹平器不能完全抹到边,为保证板块边缘的平整度,还须人工抹边,但这项工作应当在摊铺机的加长模板范围内做完。

(12)制造表面微观构造。混凝土面层经摊铺机的超级抹平器抹平后,用拖挂在加长模板后与摊铺机宽度相同的麻布进行纵向拉毛。拖挂麻布长度不宜太长,与混凝土接触面在1 m内效果最好。每次工作开始前,也应将拖挂麻布润湿透,麻布应每隔4~5 h进行更换清洗,工作完毕后也要清洗,以防止凝结的小水泥颗粒破坏路面的平整度,使混凝土表面过于粗糙。纵向拉毛后,不仅能消除混凝土表面的气泡,还能形成路面的粗糙度,增加行车安全系数。

3)滑模摊铺施工的事故处理

滑模施工要求面板表面平滑,形状规矩,不应出现麻面、塌边、溜肩、拉裂等病害现象。一旦出现问题应立即查找原因,采取措施解决。

施工中发现横断面某处多次出现麻面或拉裂,通常是该处的振捣棒或前仰角出了问题,要停机检查,更换该处的振捣棒或调整前仰角位置。若摊铺后,发现路面上留有发亮的砂浆条带,则表明振捣位置过深,必须将振捣棒底缘调至在挤压底板的后缘高度以上位置。

在摊铺不小于8 m的双车道路面时,若左右两边卸下的料稠度不一致,则摊铺速度应按偏干的料设置,并将偏稀一侧的振捣棒频率迅速减小。

滑模摊铺作业出现横向拉裂时,应在以下方面进行检查并采取相应措施:①拌和物整体或局部过干硬、离析、集料粒径过大,不适宜摊铺,或在该部位摊铺过快,振捣频率不够,混凝土未振动液化而导致拉裂,应降低摊铺速度提高振捣频率。②等料时间较长,摊铺起步速度过快,也可能拉裂。在等料时,应间隔15 min开启振捣棒振动2~3 min;起步时,应先振捣2~3 min后再缓慢前进。如超过1.5 h,应设工作缝。③应检查挤压底模的位置与前仰角设置是否有变化。底板设置成前倒角时,必定拉裂;前仰角过大时,也可能拉裂。应在行进中调整前两个水平传感器,将挤压底板调整为适宜的前仰角,消除拉裂现象。④当滑模摊铺机出现故障时,应通知拌和站停拌。在1.0~1.5 h内能排除故障,允许继续摊铺。否则应尽快将滑模摊铺机拖出作业面。

4）摊铺结束后的工作

（1）摊铺机驶离工作面。摊铺机结束作业前：首先，把计量板提到最高，让料充分进入料仓，当混凝土全部进入料仓后，此时振动棒振动控制开关就应全部关闭；其次，把调频旋钮转到零位，提升振动棒到水平状态；再次，当行进到抹平器前端要出路面时，关闭抹平器开关，停止抹平器作业，此时把高程由自动转为手控，拿下传感器杆，略升高机器，让机器在方向传感器控制下驶离作业区一定距离后停止运行；最后拿开方向传感器，把方向传感器控制由自动转为手动，电脑控制板由"运行"转为"备用"。整体升起机器，放下侧模板，打开清洗开关，对机器整个清洗。

机器整体清洗完成后，把大小搅笼、夯板、清洗开关全部关闭，升起侧模板，压低整机，最后全面检查机器是否有需要维修的地方。没有的话应加润滑油，关闭发动机，以备后期作业。确保下次能顺利开工。

（2）横向工作缝。每天工作结束或是摊铺过程中因故中断作业时，中断时间超过初凝时间的2/3，则必须设置横向施工缝。施工缝的设置位置应与胀缝或缩缝设计位置相吻合，并与路中线垂直。横向施工缝采用平缝加传力杆方式设计与施工。

其施工方法有两种：①软作横向工作缝，在起终点设端头模板，后由人工修整平；②缩缝加传力杆支架施工，在传力杆中间切缝，再用手工凿除下部的混凝土。

5）横向连接摊铺

后幅横向连接摊铺时，摊铺机的履带有一边要在先铺筑的面板上通行。因此，控制先铺筑面板的养护时间应不少于7 d，对钢履带的摊铺机应铺垫橡胶垫或者是使用橡胶履带的摊铺机。对纵缝的连接部位先进行人工修整，要求连接缝顺直，横向平整度不大于3 mm，极值不超过5 mm，并校正前幅已设好的拉杆，在侧立面上半部涂刷沥青。滑模连接摊铺过后，要清理干净黏在前幅板面上的砂浆，要求应清刷出抗滑构造来。同时，还应使第二幅的抗滑构造与前幅的抗滑构造一一对应，以利排水。

6）路面板修理

路面板滑模摊铺成型后，一般不应修整，而且禁止使用混凝土或砂浆修补。人工可进行少量局部的修整：

（1）人工操作抹面修整局部麻面、塌边等缺陷，修补后应纵向微观拉毛，并用3 m直尺检查，确保平整度小于3 mm。

（2）修整前、后幅摊铺相接处纵缝，使该处满足平整度要求。

（3）对摊铺机起步处与桥面接头处的修整采用3 m直尺边检查边修整。若混凝土已硬化，才发现这些部位不合要求，可以在早期采用水磨石研磨机研磨至达到规定要求。

（五）抗滑构造施工

为保证行车安全，特别是雨天行车安全，必须要做好路面板的抗滑构造。其微观构造是使用麻袋片拖出的，宏观构造是使用人工软拉槽方式施工的。具体施工方法介绍如下。

1. 滑模摊铺机后微观软拖构造施工方法

在滑模摊铺机后设钢支架，拖挂大于摊铺宽度20 cm的麻布、帆布或棉布，洒水湿润后，使布片接触路面的拖行长度控制在0.4～1.5 m，进行纵向拉毛。具体的拖行长度与施工时砂的细度模数大小成反比。布片在连续施工6～8 h后，每天完工或两次施工间隔时间过长时，应及时清洗，必要时更换新布片。

2. 滑模摊铺后宏观构造要求及软拉槽施工

京海高速公路六合同段路面板上的宏观构造要求:槽深 2 ~ 3 mm,槽宽 3.5 mm,槽间距 15 ~ 25 mm,一次最小拉槽宽度约 50 cm,每耙之间的距离与槽间距相同,槽深基本均匀,槽的方向与路中线垂直。

软拉槽施工时,宜在混凝土表面泌水结束后 20 ~ 30 min 内及时进行。由于路面硬化,有的局部经研磨后,需要恢复宏观构造,就需使用硬刻槽方法。因此,这里也简要介绍一下硬刻槽施工法。硬刻槽使用刻槽机,宜在摊铺后约 72 h,混凝土不掉边、不掉角的情况下开始,半个月内完成。

(六)混凝土面板的养生

混凝土面板抗滑构造软拉制作完毕后应立即养生。滑模摊铺水泥混凝土路面宜采用喷洒养护剂及覆盖的方式养生。

1. 养护剂养生

关于养护剂,目前还没有一个统一的国内和行业规范标准,但使用养护剂的优点是显而易见的:第一,阻止混凝土表面水分的散失,这样就可以大大延长养生时间,只要养护剂没有被磨掉,路面始终处于养生当中,而不受撤除养生的时间限制;第二,在较短的时间内增加混凝土的抗压、抗弯拉强度,提高混凝土表面硬度和耐磨度,从而延长路面的使用寿命;第三,它是有效防止塑性收缩裂缝出现的关键措施之一。目前,国内养护剂的化学品种主要有水玻璃基、石蜡基和聚合物单体树脂基三大类。其主要区别在于水玻璃基养护剂保水率仅 60% 左右,但具有表面快速硬化、耐磨性较强的特点;乳化石蜡基养护剂保水率最高为 70% ~ 85%,缺点是不耐磨。聚合物单体树脂基保水率居中,但易被雨水冲掉。

养护剂的使用主要是注意控制喷洒养护剂的厚度,标准是足以形成一层完全封闭的薄膜,喷洒必须均匀,不能漏喷、多喷,喷洒后的混凝土路面不得出现明显的颜色差异,喷洒剂量一般不小于 300 mL/m^2,保水率大于 90%。

京海高速公路六合同段路面养生剂采用的是浙江省建德市第一建材厂生产的千岛湖牌 ZC－99 型混凝土养护剂,为业主指定使用产品,其保水率不小于 95%,乳白色液体,使用时按 1∶3的体积比混合,搅拌均匀用喷雾器喷洒于新铺混凝土路面上。喷雾器应定时清洗,以免堵塞喷头。

2. 覆盖洒水养生

京海高速公路六合同段路面施工中,除按规定采用喷洒养护剂养生外,还要求使用麻袋覆盖养生,并及时洒水,每天洒水遍数由现场施工情况而定。保证在任何气候条件下,保持麻袋底部在养生期间始终处于湿润状态。一般养生时间宜为 2 ~ 3 周。

3. 雨季施工养生

京海高速公路六合同段地处湖南南部,天气变化无常,故常常遇到在正常施工中雨从天而降。此时,需立即对已成型的混凝土路面采取抢救措施。采用的方法一是盖塑料薄膜,薄膜长度应大于覆盖面 60 cm;两条薄膜对接时,搭接宽度不应小于 40 cm,并在薄膜上加盖细土或细砂压严实,以防止被风吹破或掀起。方法二是用钢管做若干个长 10 m、大于路面宽度2 m左右的防雨棚,为便于拖拉,安装四个车轮,随摊铺机后移动。应该注意的是,养生期间应始终保持薄膜的完好,若发现破裂情况应立即修补或更换。

4. 养生期间的保护

混凝土板在养生期间和填缝前，严禁人、畜、车辆通行，防止对路面造成难以弥补的破坏。在达到大于设计抗弯拉强度的80%，并撤除养生覆盖物之后，方可通行。

（七）切缝施工

切缝是一道相当重要的工序，若此道工序不能及时进行，轻者会出现啃边掉角，严重时则会产生断板现象，前面所做的一切工作都会前功尽弃，唯一的办法就是返工，重新摊铺。

横向缩缝、纵向缩缝、施工缝上部的槽口均采用切缝法施工。硬切缝时间控制在200～300 ℃·h，同时还需要参考养护剂、混凝土外加剂的品种以及温差的变化而现场决定。横向缩缝最长不能超过24 h，纵向缩缝不能超过48 h，切缝宽度为3～8 mm，深度为1/5～1/4板厚。

每道缝间距为5 m，切割深度不低于7 cm、缝宽5 mm，要求与路中线垂直。若一次摊铺过长时，每隔10～20 m跳切，之后再5 m切一道缝，以减少断板率。纵缝施工几何尺寸与横缝相同，要求与路中线平行，且顺直、圆滑。切缝完成后，应立即用高压水枪冲洗干净，混凝土路面不得残余砂浆。若不及时清除，砂浆会形成具有一定强度的混凝土块，从而影响以后填缝工作的进行。

（八）填缝施工

为了保证接缝的宽度，控制接缝口不被破坏，提高面板间嵌锁和荷载传递能力，故按《公路水泥混凝土路面滑模施工技术规程》（JTJ 037.1—2000）要求我国的各等级公路的水泥混凝土路面养生期满后，缝槽口必须及时进行填缝。

1. 填缝材料

填缝材料应具有与混凝土面板壁黏结牢固、回弹性好、拉伸量大、不溶于水、不渗水、低温时不脆裂、高温时不挤出、不流淌、耐老化、不龟裂和耐久性好等性能。

常用的填缝材料有三种：常温施工式填缝料、加热施工式填缝料、预制多孔橡胶条制品。下面主要介绍前两种：

（1）常温施工式填缝料主要有聚氨脂、硅树脂类、氯丁橡胶、乳化沥青橡胶类。

（2）加热施工式填缝料包括橡胶沥青类、聚氯乙烯胶泥类和沥青玛琋脂类等材料。

京海高速公路六合同段横向缩缝和纵向缩缝均采用常温施工式聚氨脂类填缝料填缝，是专利产品。

2. 填缝施工工艺

填缝前，应采用高压水和压缩空气彻底清除接缝中的砂石及其他污染物，确保缝壁内部清洁、干燥。必要时先用3～4 mm宽单锯片补切，把不易冲洗干净的杂物清除出来。具体要求是缝壁口上无灰尘。

用滚轮将多孔泡沫塑料柔性垫条挤压到规定深度，一般是20～30 mm。目的是保证所灌填的缩缝材料深度均匀、一致。缩缝填料形状系数控制在2～4。

按规定比例（厂家已按比例放入不同的容器中）把四种不同种类的聚氨脂混合到一起，充分摇匀，并应随拌随用，不要配制过多，以免造成浪费。

将配制好的材料倒入专用灌壶中，均匀灌入已压好背衬条的缩缝内。由于路面存在横坡，呈液体状的材料因自重顺横坡流向低处，这样高处缝内就会发生缺料现象，此时应过20 min重新填缝一次。靠中央分隔带部分约长10 cm范围内，应灌注整个缝深，以封闭中央分隔带的路表渗水。填缝料的高度,夏天宜与板平,冬天宜低于板面 1 ~ 4 cm。填缝必须饱满、均匀、连续贯通,与缝壁黏结充分,不开裂、不渗水。值得注意的是,在一般路段,已饱涂沥青的纵向施工缝可不切缝、不填缝,让其自然开裂。

3. 养护期

视温度和季节确定养护期的长短,冬天 2 ~ 4 h,夏天 1 ~ 2 h。填缝期间禁止车辆通行,直到养生期结束。

(九)胀缝施工

1. 胀缝设置情况

在水泥混凝土路面的施工过程中,沿线路行进方向摊铺的各段混凝土路面会有时间及位置上的不同。不同情况下施工的混凝土面板,其内部由温差引起的膨胀量也有显著不同。为了避免产生过大热压应力,应给混凝土面板的膨胀预留一个伸长的余地,施工中必须加设胀缝。混凝土面板的膨胀值与温度的关系用式(11-7)表示为

$$L = F(X) \tag{11-7}$$

式中 L——混凝土面板膨胀增加值;

$F(X)$——温差。

由式(11-7)可以看出,在高温季节(指平均气温在 30 ℃以上,下同)施工的混凝土面板由于在施工时温度已经达到或接近当地气温的最高值,所以在施工完成后,它不大可能再有更大的膨胀应力值产生,也因此较少存在由于膨胀应力而引起的混凝土面板破坏;而在低温季节(指平均温度在 30 ℃以下,下同)施工的混凝土面板,伴随着气温的上升,其内部产生的温差膨胀应力将急速增加,直至强大到足够破坏混凝土面板的水平。由此,我们可以看出,不同温度季节的施工中,胀缝的设置间距是不同的。

当然,设置胀缝也会给施工带来不便。此外,由于施工时传力杆设置不当(未能正确定位)或封缝不好等,使胀缝所处的混凝土板块常出现碎裂等病害。根据一些经验和观测资料,胀缝间距较短的路段(小于 100 mm)在设计年限内即会出现胀缝缝隙过大,这将使依靠集料嵌锁作用进行的荷载传递能力大幅度下降,并且由于填缝料难以长久保持较高性能,导致各种杂物落入缝内,造成附近区域的混凝土在膨胀受阻时产生碎裂破坏或平面拱起。为了约束混凝土面板的前后位移,增加传荷能力,减少错台、碎裂和拱起等病害,同时也为了方便施工,胀缝宜少设。

胀缝的设置除与气温有关外,与路线的几何特征、构筑物的数量以及基层结构物等都有十分密切的关系。在邻近构筑物处、板厚改变处、小半径平曲线和凹形曲线纵坡变换处、沿行车道与交叉之间以及其他规定均需设置胀缝处,尤其是在桥梁两侧端头处,为了抵消由于桥面混凝土板块过长而引起的过大膨胀量,需设至少两道胀缝。

2. 施工前期的准备工作

根据该地区以往修建的各条高速公路的经验,以及京海高速公路六合同段本身的施工情况,同时也是针对滑模摊铺机在行走过程中所做胀缝的不足和产生的问题,在施工中采用了"留板"的方法。所谓"留板"就是在混凝土面板施工过程中,处于胀缝所在位置两侧(或一侧)的板块先不浇筑混凝土,而是待气温达到要求后,再用人工方法浇筑。宜尽量避开 10 ~ 17时的高温天气,最好是选在温度为(30 ±2)℃进行施工。

由于是"留板",因此所留出来的板块形式就要视当时混凝土面板的具体施工情况而

定。根据实际情况，所留板块有以下几种类型。具体情况如图 11-13 所示。

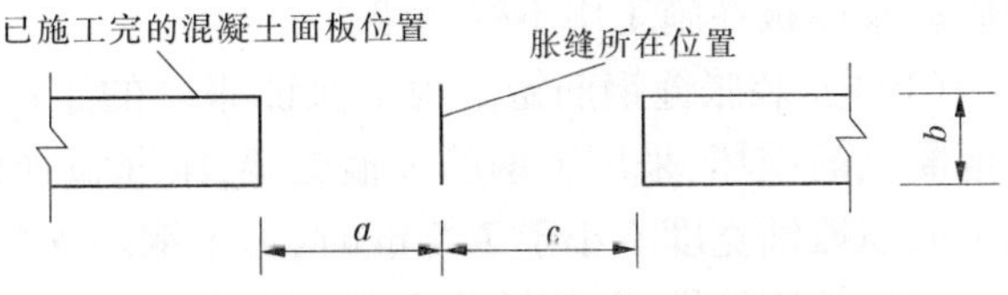

a、c—胀缝与施工缝的间距；b—混凝土面板的厚度，b≥26 cm(联络线中 b≥25 cm)

图 11-13　胀缝与施工缝之间的相对位置

根据 a、c 的大小，图 11-3 中有 4 种可能性存在：

(1) $a \geqslant 3$ m，$c \geqslant 3$ m(即胀缝与两侧施工缝间距不小于 3 m)；

(2) $a < 3$ m，$c < 3$ m(即胀缝与两侧施工缝间距小于 3 m)；

(3) $a = 0$，$c \geqslant 3$ m(即胀缝与一侧施工缝位置重叠，与另一侧施工缝间距不小于 3 m)；

(4) $a = 0$，$c < 3$ m(即胀缝与一侧施工缝位置重叠，与另一侧施工缝间距小于 3 m)。

3. 第(1)、(2)两种情况的胀缝机械施工

胀缝传力杆及其固定钢筋笼在钢筋加工棚集中加工好并运到现场。胀缝采用预留半块板(2.5 m 长)的施工方法。

用全站仪按设计坐标放出胀缝的位置，并在基层上作好记号。用 ϕ14 mm 的冲击钻在基层上钻孔(每片传力杆钢筋笼用 4 点固定)并打上木钉，用铁钉把胀缝的钢筋笼一端固定在打好的木钉上，用挖掘机进行布料至钢筋笼大致平后，用人工进行振捣(注意混凝土不能振捣过于密实)，然后用挖掘机再次布料至混凝土面层顶面大致平，最后用摊铺机走过胀缝处预留板的一端，并多留出约 50 cm 长混凝土，然后将多余的混凝土用人工挖除。待达到一定强度后，找出基层上胀缝位置的放样点，在混凝土表面放好线，然后用混凝土切割机沿着样线切缝，再用人工凿除端部多余混凝土并凿平端部。

按以上步骤做好预留板的另一端。

4. 第(3)、(4)两种情况的胀缝人工施工

京海高速公路六合同段的胀缝主要是采用的“留板”人工施工来完成的。其人工施工的程序和工艺如下：

(1)检查基层上胀缝“留板”处的沥青封层是否完好，否则应补洒沥青做好封层以防渗水及易于混凝土的胀缝滑动。

(2)支模板。支模板时一定要注意模板与胀缝板两端已完成路面板的连接平顺度。

(3)将已完成的两侧混凝土面板端头用切割机切割竖直，人工凿直、凿平传力杆钢筋下板面。

(4)用两端拉线的方法调平、调正已施工的混凝土面板端头的传力杆位置。

(5)根据端头面板传力杆位置在胀缝板上放样，直接用 PVC 导管在胀缝板上进行钻孔，并将钻下来的胀缝板圆片留在导管内不取出作为导管一端封闭材料。

(6)在胀缝的内侧距离顶面约 6 cm 处预切一条 2～3 cm 深的缝(不宜切断)，以便剔除更换嵌缝条。

(7)将安放胀缝板的混凝土板端头顶面向下 1～3 cm 高的面板刷上一层聚氨酯胶水，随后贴上胀缝板。应该注意的是，胀缝板应上下齐平，若下有缝隙，不能用砂浆堵塞，要用同类的胀缝板材料堵塞。

(8)安装 PVC 导管，将管中有胀缝板堵片的一端用胶纸封闭。

(9)用弯成直角的油毛毡垫放在传力杆及胀缝板下，再用薄膜穿过所有的传力杆，以保

护胀缝及面板在施工中不受污染。

(10)安装胀缝钢筋笼。为了保证胀缝的工程质量,增强胀缝两侧抗拉强度,抵抗胀缝处混凝土的破坏,采用了钢筋环箍支架,胀缝板加传力杆结构。胀缝支架,每侧宽度不小于50 cm,当摊铺宽度不小于7.5 m时,加工钢筋支架时可以从中间断开。但在安装时,必须保证胀缝板的连续性,并能够将混凝土完全隔离开。

京海高速公路六合同段路面主板有4.5 m、3.75 m和3.5 m三种宽度,因此胀缝也应按对应的宽度施工。传力杆除尺寸必须合乎要求外,其安装精度应满足水平倾斜不超过1 cm,竖向倾斜不超过1 cm,竖向移位2 cm,纵向移位±3 cm。

桥头搭板处的胀缝,其加强钢筋支架同前述一样,而钢筋网一侧应与胀缝支架相焊接,至少每米3个焊点。双层钢筋混凝土搭板一侧可取消胀缝支架,直接焊在双层钢筋网上,但箍筋不得减少。

(11)浇筑混凝土及其他工作。人工浇筑胀缝"留板"混凝土时,其混合料坍落度要比摊铺机摊铺时的大些,一般运到现场的坍落度宜控制在4~6 cm,而拌和站出料的坍落度控制值应根据当时气温、风力、料车运输情况等因素综合考虑。混凝土的浇筑必须精心施工,与两端已完工的面板接头一定要尽可能地接顺、接平。浇筑振实成型后,着手养生、纵向微观构造、横向宏观构造的施工。覆盖养护1 d以后,将胀缝板上部6 cm(已预切)部分取出,并冲洗干净,然后进行嵌缝施工。

嵌缝施工应注意控制嵌缝条的质量、不合标准的材料禁用。嵌缝时必须保证缝壁干燥清洁无灰尘。黏结剂应均匀地涂在上部以上深度的缝壁形成连续厚的黏结剂膜,以形成紧密的黏结。在嵌缝施工中,嵌缝条长度方向应不拉伸、不压缩,保持自然状态;宽度方向应压缩40%~60%嵌入。养生12~48 h,当黏结剂固化后,将胀缝两端多余嵌缝条齐路面切除,并用海绵堵塞嵌缝条两端通孔。

(十)施工缝的施工

施工缝是为施工间断而设置的横缝,宜设在胀缝、缩缝处。设在非胀缝、缩缝处时,横向施工缝采用平缝加传力杆。施工缝的传力杆钢筋一半预埋在混凝土面板中,另一半须先涂以沥青以利滑动。传力杆必须与施工缝垂直。

五、质量控制

水泥混凝土路面的设计使用年限为20~30年,如何保证新摊铺的路面达到和超过规定使用年限,如何保证行车的舒适和安全,施工时的质量控制是关键。其控制方法应从以下几个方面进行。

(一)确保混凝土路面的抗弯拉强度

水泥混凝土路面要保证设计使用寿命20~30年,而使用寿命的长短与混凝土的抗弯拉强度有很大关系。京海高速公路六合同段公路设计抗弯拉强度为5.5 MPa,混凝土的试配抗弯拉强度应为6.05 MPa。而京海高速公路六合同15 km路面的抗弯拉强度平均达到7.32 MPa。为了给路面长期使用提供足够的抗弯拉强度,在施工过程中应抓住几个关键点。

1.把好混凝土材料进场质量关

滑模摊铺混凝土路面的质量取决于原材料的质量,把好原材料的进场质量检测,就从源头上堵塞了质量漏洞,抓住了根本。

高速公路水泥混凝土路面混合料要求所用水泥抗折强度高、收缩性小、耐磨性强，同时抗冻性也要好。对使用的水泥在施工中每批进场都要事先抽检合格后才收料。

滑模摊铺对粗集料的级配要求最为严格。因此，在选择料场时除强度满足要求外，控制材料的级配是最重要的。由于当地料场生产规模小，技术状况落后，料场供应量小，一种规格的料可能由多个料场供应。一旦确定了供应料场和供料规格后，就应严格按标准检查。京海高速公路六合同段采用0.5~1.6 cm的碎石和1.0~2.5 cm的碎石进行掺配使用。砂为细度模数2.5~2.8的优质中砂。凡是不合格的材料不准进场。

外加剂选用前应严格试配挑选，使用中重视检查，防止其有效成分含量下降，影响使用质量。

2.优化配合比

在进行配合比设计时，一定要按正交试验方法进行配合比设计，使选用的配合比是最优化的，即该配合比不但满足强度要求，也满足施工要求，同时也是最经济的。

试验室的配合比需要在拌和站进行调试和试拌，要使新拌的混合料有好的适铺性，强度、含气量、坍落度损失、密度等都要满足要求。同时，要根据天气、温度以及运输距离和现场摊铺效果，随时对配合比进行微调。

3.采用性能先进的拌和设备

性能先进的拌和设备能较好地保证混凝土的抗弯拉强度。京海高速公路六合同段采用的是意大利ORU型混凝土间歇式拌和站，为双卧轴强制式拌和站。该拌和站的设计生产能力为160 m^3/h。它采用微机自动化系统，对整个拌和过程进行控制，其精度非常高。配料系统采用自落式自动补偿以及含水量自动补偿的质量法。上料系统采用所有进入搅拌锅内的料均经过待料仓斗的方式，从而大大提高了配料的准确性和生产效率。

由于滑模摊铺机的生产能力较大，拌和站的生产能力一般难以满足需要，这样就有可能出现人为地追求高产量导致混凝土搅拌不均匀而降低抗弯拉强度的现象。因此，一定要规定最短纯搅拌时间。京海高速公路六合同段根据混凝土生产的关键线路，对混凝土的拌和过程进行系统分析，在进料顺序及加料方式等方面进行了一些改进，缩短了最短拌和时间，提高了产量。另外，对拌和机定期保养，及时更换机油，作好常用磨损、易损配件的供应工作，确保拌和机完好率，对混凝土拌和料的高质稳质也是极为重要的。

4.选用恰当的养生方法

养生对混凝土强度的增长十分重要，需达到好的养生效果，应根据天气、温度等情况，确定好养生时间及养生剂的喷洒量。京海高速公路六合同段采用喷洒养生剂与覆盖麻袋洒水相结合的养生方法，收到了良好的效果。

(二)严格控制混凝土面板的厚度

路面板的厚度与使用寿命有很大关系。京海高速公路六合同段业主要求面板厚只能比设计厚而不能薄。因此，在施工中要确保板厚100%合格。设计板厚26 cm，京海高速公路六合同段的路面板厚检测代表值为27.3 cm。为保证面板厚度，在施工中应抓好以下工作：

(1)严格验收基层。要想保证路面板厚度符合要求，必须保证基层的标高、横坡、平整度符合要求。因此，对基层应严格验收。对验收不合格的基层要进行认真处理，使之满足要求。

(2)调整拉线、控制板厚。摊铺机的拉线挂好后，应进行人工横向拉线检查路面板厚。

如果板厚小于规定的厚度，则要调整拉线标高，一般调整原则是 2 cm 需要在 100 m 范围内调整。

（3）随时检查板厚，及时采取措施。摊铺机摊铺出路面，要及时检测板厚是否符合要求。如果厚度不够，则要分析原因，若为摊铺机的参数设置不准，应马上调整摊铺机参数；若是路面边缘塌边，则应支顶模板进行修补。

（三）施工质量标准

各级水泥混凝土路面滑模摊铺施工的质量标准和混凝土拌和物水泥混凝土路面的检验项目和频率如表 11-29 和表 11-30 所示。

表 11-29　各级公路水泥混凝土路面滑模施工的质量标准

项次	检查项目	规定值或允许值：高级公路、一级公路	规定值或允许值：其他公路	检查方法和频率
1	弯拉强度（MPa）	100% 符合《公路水泥混凝土路面滑模施工技术规程》（JTJ 037.1—2000）附录 C 的规定		每工作班留 2～4 组试件，日进度≤500 m，取 2 组试件；500 m＜日进度≤1 000 m，取 3 组试件；日进度＞1 000 m，取 4 组试件
2	板厚度（mm）	代表值≥－5；极值≥－10		每 100 m 路面摊铺宽度内左右各 2 处，连接摊铺每 100 m 路面边缘 1 处并考虑岩心高度
3	平整度 σ（mm）	≤1.5	≤2.5	平整度仪：全线每车道连续检测
	平整度 *IRI*（m/km）	≤2.5	≤4.2	每 100 m 计算 σ、*IRI*
	平整度 最大间隙	≤3（≥90%）	≤5（≥90%）	3 m 直尺：半幅每 100 m 2 处×10 尺
4	抗滑构造深度（mm）	0.8～1.2	0.6～1.0	铺砂法：每幅 200 m 测 2 处
5	相邻模板深度（mm）	≤2	≤3	3 m 直尺测：每条胀缝 3 点，每 200 m 纵横缝 2 条，每条 3 点
6	模板连接摊铺纵缝高差（mm）	平均≤2 极值≤3	平均≤3 极值≤5	3 m 直尺测：每 200 m 纵向工作缝，每条 3 处，每处间隔 2 m 测 3 尺，共测 9 尺
7	纵横缝顺直度（mm）	≤10		纵缝 20 m 拉线，每 200 m 测 4 处，横缝每 200 m 测 4 处
8	中线平面偏拉（mm）	≤20		经纬仪：每 200 m 6 点
9	路面宽度（mm）	≤±20		尺测：每 200 m 6 点
10	纵断高程（mm）	≤±10	≤±15	水准仪：每 200 m 6 点
11	横坡（%）	≤±0.15	≤±0.25	水准仪：每 200 m 6 个断面
12	断板率（%）	≤2	≤4	断板块占总块数比例

续表 11-29

项次	检查项目	规定值或允许值		检查方法和频率
		高级公路、一级公路	其他公路	
13	脱皮印痕裂纹露石缺边掉角(%)	≤2	≤3	缺陷的受检面积与总面积比例
14	路缘石顺直度和高度(mm)	≤20	≤20	200 m 测 4 处,越位 20 mm
15	灌缝饱满度(mm)	≤2	≤3	尺测:每 200 m 接缝测 6 处
16	切缝深度(mm)	≥50	≥50	尺测:切缝后每 200 m 测 6 处
17	胀缝缺陷			每条胀缝有明显缺陷者
18	胀缝板连浆偏位倾斜(mm)	≤20 ≤20	≤30 ≥25	胀缝板两侧测量:连浆偏位倾斜视同胀缝明显
19	传力杆偏斜(mm)	≤10	≤13	钢筋保护层仪:每车道 4 根平均值

注:表中 σ 为平整仪测定的标准偏差;*IRI* 为国际平整度指数 σ。

(四)严格控制路面平整度

路面平整度是保证行车舒适的重要参数。京海高速公路六合同段经过严格施工控制,3 m 直尺检测平整度合格率达 95% 以上。平整度仪检查结果 $\delta=1.2$ mm,符合《公路工程质量检验评定标准》(JTG F80/1—2004)规定的 $\delta\leq1.5$ mm 的要求。施工中主要进行以下几方面的控制。

表 11-30 混凝土拌和物及水泥混凝土路面的检验项目和频率

材料	检查项目	检查频率	
		高速公路、一级公路	其他公路
混凝土拌和物	坍落度及其均匀性	每天施工测 3 次,有变化时随测	每天施工测 3 次,有变化时随测
	坍落度损失率	开工气温较高和有变化时随测	开工气温较高和有变化时随测
	振动黏度系数	配合比试拌,原材料和配合比有变化时随测	配合比试拌,原材料和配合比有变化时随测
	含气量	每天测 1 ~ 2 次,有抗冻要求时每天测 2 ~ 4 次	每天测 1 ~ 2 次,有抗冻要求时每天测 2 ~ 4 次
	泌水率	必要时测	必要时测
	密度	每天施工测 1 次	每天施工测 1 次
	温度	必要时测,冬季、夏季每天 1 ~ 2 次	必要时测,冬季、夏季每天 1 ~ 2 次
	凝结时间	必要时测,冬季、夏季每天 1 ~ 2 次	必要时测,冬季、夏季每天 1 ~ 2 次
	水化热	冬季、夏季施工必要时测	冬季、夏季施工必要时测
	离析	随时观察	随时观察

续表 11-30

材料	检查项目	检查频率	
		高速公路、一级公路	其他公路
混凝土路面	弯拉强度	每班留 2 ~4 组试件，日进度 <500 m 取 2 组试件；500 m≤日进度≤1 000 m，取 3 组试件；日进度 >1 000 m，取 4 组试件。测 f_{cs}、f_{min}、C_v	每班留 2 ~4 组试件，日进度 <500 m，取 2 组试件；500 m≤日进度≤1 000 m，取 3 组试件；日进度 >1 000 m，取 4 组试件。测 f_{cs}、f_{min}、C_v
	钻心劈裂强度	每 3 km 每车道钻取 1 个岩心，硬路肩为 1 个车道，测平均 f_{cs}，f_{min}，C_v，板厚 h	每 3 km 每车道钻取 1 个岩心，硬路肩为 1 个车道，测平均 f_{cs}，f_{min}，C_v，板厚 h
	3 m 直尺平整度	每半幅车道 100 m^2 测 10 尺	每半幅车道 100 m^2 测 10 尺
	动态平整度	所有车道连续检测	所有车道连续检测
	板厚	每 100 m 路面摊铺宽度左右各 2 处，连接摊铺 100 m 路面边缘 1 处并参考岩心高度	每 100 m 路面摊铺宽度左右各 2 处，连接摊铺 100 m 路面边缘 1 处并参考岩心高度
	抗滑构造深度	铺砂法；每幅 200 mm 测 2 处	铺砂法；每幅 200 mm 测 2 处
	横坡度	水准仪：每 200 m 测 6 个断面	水准仪：每 200 m 测 6 个断面
	接缝顺直度	20 m 拉线测：每 200 m 测 6 条	20 m 拉线测：每 200 m 测 6 条
	摊铺中线偏位	经纬仪：每 200 m 测 6 点	经纬仪：每 200 m 测 6 点
	纵断高程	水准仪：每 200 m 测 6 点	水准仪：每 200 m 测 4 点
	路面宽度	尺测：每 200 m 测 6 处	尺测：每 200 m 测 6 处
	切缝深度	尺测：切缝后每 200 m 测 6 处	尺测：切缝后每 200 m 测 4 处
	灌缝饱和度	尺测：每 200 m 接缝测 6 处	尺测：每 200 m 接缝测 4 处
	连接摊铺中缝高差	尺测：每 200 m 纵向工作缝，每条 3 处，每处间隔 2 m 测 3 尺，共测 9 尺	尺测：每 200 m 纵向工作缝，每条 2 处，每处间隔 2 m 测 3 尺，共测 6 尺
	胀缝缺陷	每条观察填缝及啃边断脚	每条观察填缝及啃边断脚
	胀缝板连浆	每条胀缝板安装时测量	每条胀缝板安装时测量
	胀缝板倾斜	尺测：摊铺宽度每块胀缝板的两侧	尺测：摊铺宽度每块胀缝板的两侧
	胀缝板弯曲和位移	尺测：摊铺宽度每块胀缝板 3 处	尺测：摊铺宽度每块胀缝板 3 处
	胀缝、缩缝传力杆偏斜	钢筋保护层仪：每车倒 4 根	钢筋保护层仪：每车倒 3 根
	断板率	断面板的块数占总块数的比例	断面板的块数占总块数的比例

1. 经常调整和保养摊铺机

摊铺机是一种比较精密的机器，只要局部某一个细部出问题，其摊铺出的混凝土路面就会存在各种各样的问题，而平整度将会受到更加严重的影响。应将滑模摊铺机的搓平梁和超级抹平器调整合适，防止变形。熟练的机械操作人员在施工前应对机械进行准确的校正，施工中要根据具体情况适当调整虚方板与振动棒的升降、振动的频率以及超级抹平器的速度等，控制摊铺速度并保证混凝土进料均匀、平稳。同时，要经常对摊铺机进行检查、保养，并配备足够的易损零件，这对于机械施工来说是非常重要的。假设超级抹平器坏了，没有合适的配件，而需要人工去整平，是很难达到优良的平整度的。

2. 控制混凝土稳定的工作性

滑模施工对混凝土的稳定性要求极高，要求混凝土拌和料具有最佳的工作特性。混凝土拌和料从拌和站到摊铺机前的过程中，运距、气温等外界环境对混合料的各项技术指标都有影响，会随时改变。为了使运到现场的混合料达到要求的稳定工作性指标，拌和站应根据试验室随时检测的坍落度情况进行微调，保证所供的混合料的稳定工作性。混凝土拌和料质量的稳定完全取决于拌和站拌和的高标准。只有严格对配合比、外加剂加以控制才会拌和出质量稳定的混合料，才能摊铺出平整度优良的路面。

3. 合理的机械配置

确保前台摊铺机的连续作业是提高滑模摊铺混凝土平整度的关键，是进行机械装备选型和配套的指导原则。摊铺机在连续工作状态时的振动搓平梁下的混凝土均匀、稳定地经过搓平梁达到较高的平整度。一旦停机频繁，搓平梁下的混凝土因受摊铺机静止后搓平梁自重的持续作用，一方面高程必然会低于其他部分的混凝土而形成一横向沟槽，严重影响路面的整体平整度；另一方面因混凝土受压集料会下沉，水泥净浆上升，造成此部分的混凝土不均匀，极易形成早期干缩裂缝。因此，要求其他机械的配置都以摊铺机能够连续作业为原则，做到拌和能力充分，运输能力足够，材料供应充足，达到均匀供料、均匀连续摊铺。施工过程中应做到不停机，万不得已时也应少停机。

4. 保证挂线精度

滑模摊铺水泥混凝土路面的施工拉线是保障平整度的“生命线”。为确保拉线精度，首先，要在拉线测量时严防出现差错；其次，要随时对拉线进行抽检测量，贴近拉线观察线的走向及顺直度。要安排边线巡视人员，监视摊铺机的导向系统传感器沿拉线滑行，严防掉线。要用红色尼龙绳清晰表明拉线的位置，严禁任何人、车辆触动已设好的拉线。

另外，拉线最好使用 3 ~ 5 mm 钢绞线，每根钢绞线长 250 ~ 300 m，以保证拉线易于张紧。拉线桩的纵向间距在直线段设置不大于 10 m，而曲线段则视弯道半径大小，内侧宜加密到 2. 5 ~ 5 m，外侧为 3. 5 ~ 5. 0 m。在纵坡较大的地方，拉线桩的间距要加密到 5 m 左右，才能保证摊铺出的平整度较好。

5. 加强面板的及时检测与修整

路面板滑模施工时，即使前面所有工作都做得很好，也可能出现意外。比如局部的麻面及平整度不符合要求，熟练工人会赶在超级抹平器前进行修整处理，但应严禁修整工人在搓平梁上来回走动，使搓平梁下混凝土受力不均，造成更大的平整度损失；对抹平器未抹到的边缘，应人工用木抹刀抹平；有塌边、溜肩时，则对模板进行支顶或对边缘补料修整。两侧修整人员要随时对路面两侧的纵向、横向平整度进行检测，特别是左右连接摊铺的纵缝处更要重点检测，发现问题立即修整。

在混凝土硬化后，专职的平整度检测员应分车道加密检测，发现不合格的地方作上标记，并用粗磨头的水磨石机打磨至规定的平整度，用硬刻槽法补刻抗滑宏观构造。

6. 加强胀缝板的施工控制

在温度较低时，滑模摊铺机每天施工完成后需留下胀缝位置，待温度到 30 ℃左右用人工施工。人工施工时要先对两边的接头板进行检查，若发现平整度达不到要求，则要先用磨平机磨平，然后再安装胀缝板，浇筑混凝土，细心整平，保证人工施工的混凝土板平整度合格。

7. 精心施工工作缝

横向施工缝的连接处往往最易影响路面平整度质量。为确保平整度符合要求，一次摊铺的长度应尽量长，施工缝尽可能调整到胀缝处。施工缝的制作有两种方法：一种是人工立模、抹平；另一种是摊铺机超铺一段距离后待混凝土基本干硬时凿除多余部分，需要配备深层锯缝工具和横向传力杆打入工具。现场因施工机具的限制一般采用人工方式，即在施工前先人工立模，然后摊铺机就位摊铺，施工缝处由人工抹平修整。在施工完毕后摊铺机移走，人工做施工缝接头。这样接头部位的平整度就只能依靠抹面工人的精心修整，故需选责任心强的熟练工人来施工。

8. 加强宏观构造软拉槽后的修整

在软拉槽后，混凝土面板会出现毛刺，这些毛刺对平整度有不良影响。为此，在软拉槽后 10 ~ 12 h，应使用平铁锹或水平尺沿横向铲刮一下，将毛刺铲刮掉。

本章小结

（1）高等级公路修建水泥混凝土路面，对平整度要求高，由于工程量大，要保证施工进度和工程质量，适宜采用机械化施工。

（2）轨道式摊铺机械施工是机械化施工中较为普通的一种施工方法。只是减轻了人工的劳动强度，各工序由一种或多种机械相应的工艺要求进行操作代替原小型机具或人工操作，大大提高了施工质量，特别是平整度得到了改善和提高。

（3）混凝土拌和质量决定路面的质量，尤其是机械摊铺的进度与面板的平整度、密实度在很大程度上取决于拌和质量，而拌和质量的好坏又与材料的规格、技术指标以及配合比计量的准确性有着密切的关系。

（4）混合料的摊铺是把倾卸在基层上或摊铺机箱内的混合料，按摊铺松铺厚度均匀地填满模板范围内。摊铺机分为刮板式、箱式和螺旋式。

（5）振捣密实的混凝土必须进一步整平、抹光，以获得平整光洁的表面。混凝土的表面修整采用修面抹光机。修面抹光机有纵向移动和斜向移动两种。

（6）水泥混凝土路面上的纹理是行车安全保证的必要措施，施工时在保证平整度的前提下，可以采用压纹或拉槽方式制造，也可等混凝土板硬化后用刻纹机刻出。

（7）滑模施工水泥混凝土路面，对新拌混凝土混合料要求特别高。主要有三点要求：①配料精确，滑模施工的混凝土是材料精良准确的精细混凝土。②稳定性高，每盘搅拌出的混凝土有较为稳定的工作性，波动要尽量小；否则摊铺机应进行频繁调整与适应，不能进行高质量的摊铺。③大量连续供料，否则将影响平整度和生产效率。如何保证拌和料质量稳定和出料快速是施工的关键。

(8)切缝是一道相当重要的工序,若此道工序不能及时进行,轻者会出现啃边掉角,严重时则会产生断板现象,前面所做的一切工作都会前功尽弃,唯一的办法就是返工,重新摊铺。横向缩缝、纵向缩缝、施工缝上部的槽口均采用切缝法施工。

【小知识】判别瞎炮及处理方法

判别瞎炮的几种方法如下:

(1)起爆后,被爆破区域的岩体未被破碎或松动;

(2)起爆后,有明显的插花爆堆,即部分炮孔周围的岩体有一定的下沉或爆堆突出,而另一部分炮孔周围的岩体既无爆堆又无裂隙;

(3)水孔炮眼起爆后,孔内水位无变化。

出现瞎炮后,经过调查研究,针对产生原因,可按下列方法进行处理:

(1)由于连线错误或外部线路因故断路,可以重新连线起爆。如果是局部或个别炮孔发生瞎炮,采用此方法时,要考虑到未爆的炮孔最小抵抗线,可能遭到破坏,炮孔参数发生了变化,应扩大飞石危险半径范围,做好人身和设备的安全防护。上述方法对电力或导爆索起爆都适用。

(2)由于电雷管电阻不平衡而发生拒爆,可用高压直流电再次强力起爆;网路中某些线路部分断股损伤,或电雷管桥丝不导通时,也可采用上述办法进行试爆。

(3)瞎炮中确认雷管或导爆索已爆,而炸药未爆炸,可以掏出堵塞物(应该注意的是发现炸药应停止掏挖),再投入一个加强起爆药包进行重爆,若仍不能引爆,说明炸药已失效,这时可用压力水或压缩空气把废药吹出来,重新装药起爆。

(4)重新补孔、装药、起爆。这种方法是在完全失去处理手段时采用。所补新炮孔的位置应是距离瞎炮不少于30 cm,并平行于瞎炮的炮孔,使瞎炮殉爆。若系深孔瞎炮,凿孔前,测绘人员应在图纸上标出瞎炮的位置、深度、角度,以防所补新孔与瞎炮在岩层内重合或不到30 cm,而发生爆炸事故。采取此方法时还要考虑瞎炮附近围岩裂缝中未落入炸药,若不能判断,应考虑采用其他办法处理。

复习思考题

11-1　对水泥混凝土混合料拌和有什么要求?

11-2　水泥混凝土混合料施工时应该注意哪些事项?

11-3　简述水泥混凝土混合料拌和施工工艺。

11-4　水泥混凝土混合料运送车选型及数量是如何确定的?

11-5　在轨道式摊铺机施工时,对混凝土的拌和、运输与卸料有什么要求?

11-6　对混凝土路面的纹理制作有什么要求?

11-7　简述滑模施工工艺。

11-8　路面混凝土配合比设计应满足哪些基本技术要求?

11-9　简述混凝土面板的养生要求。

11-10　混凝土路面胀缝设置的要求有哪些?

参 考 文 献

[1] 中华人民共和国交通部. JTJ 032—94　公路沥青路面施工技术规范[S]. 北京:人民交通出版社,1994.

[2] 国家质量技术监督局. GB 50092—96　重大交通道路石油沥青质量要求[S]. 北京:中国计划出版社,1996.

[3] 中华人民共和国交通部. JTJ 052—93　公路工程沥青及沥青混合料试验规程[S]. 北京:人民交通出版社,1993.

[4] 中华人民共和国交通部. JTJ 014—97　公路沥青路面设计规范[S]. 北京:人民交通出版社,1997.

[5] 金仲秋. 公路设计[M]. 北京:人民交通出版社,2002.

[6] 俞高明. 公路施工技术[M]. 北京:人民交通出版社,2002.

[7] 刘建坤. 路基工程[M]. 北京:中国建筑工业出版社,2006.

[8] 杨少伟. 道路勘测设计[M]. 北京:人民交通出版社,2007.

[9] 张国联. 土木工程施工[M]. 北京:中国建筑工业出版社,2004.

[10] 李明华. 路桥隧工程施工技术[M]. 北京:中国铁道出版社,2004.

[11] 程培峰. 道路检测技术[M]. 哈尔滨:东北林业大学出版社,2005.

[12] 孙大权. 公路工程施工方法与实例[M]. 北京:人民交通出版社,2003.